행정언어 총서 ④
정책으로서의 행정언어 : 국어정책론

행정언어 총서 ④

정책으로서의 행정언어

국어정책론

이 광 석

역락

20세기 학문에서 특기할 만한 사항 중의 하나는 언어에의 관심이다. 언어를 연구하는 학문인 과학적 언어학과 구조주의에서는 언어는 객관적이고 체계적인 구조이기에 그것을 사용하는 인간의 주체성에 의존함이 없이 분석하고 설명할 수 있다고 본다. 이 흐름은 일상언어를 대상으로 언어의 보편적인 구조를 연구한다.

철학에서도 언어에 대한 관심을 드러내는데, 구체적으로는 논리실증주의 언어관, 일상언어 분석의 언어관, 그리고 홈볼트(W. Humboldt)의 사상에 기초한 해석학적 언어관으로 정리할 수 있다. 논리실증주의에서는 언어의 논리적 분석이나 인공언어에 관심을 기울인다. 일상언어 분석의 언어관에 따르면 언어는 그 언어 사용자의 삶의 양식에 의존한다. 이 흐름에서는 보편어(universal language)는 사라지고 화용론의 중요성이 부각된다. 해석학적인 언어철학은 언어의 본질을 주체적인 인간과의 관계에서 이해하고 일상적인 언어현상을 삶의 현상의 핵심으로 해석한다.

근대의 역사에서 국어정책은 실용의 관점에서 발전되어 현대 언어생활의 주춧돌을 놓았다. 이를 국어학의 관점에서는 미시적으로 국어정책을 논의해 왔다. 이 책은 사회과학의 관점에서 거시적으로 설명하려는 시도이다. 사회과학으로서 국어정책은 국어를 대상으로 하여 바람직한 방향을 향해 나아가기 위해 정책을 형성하고 집행하고 평가하는 것을 말한다. 즉 언어의 질서와 구조를 발견하는 것을 넘어서, 인간행위를 규율하거나 조장하도록 제도화하여 그 나름의 의미를 추구하도록 한다. 그 전제는 언어는 의식을 결정하고 언어가 다르면 사상이 다르다는 점이다. 따라서 이 기초를 제공하는 언어공동체의 중요성을 인정한다. 여기서 언어공동체가 모든 것을 해결하리라는 방임정책이 있는가 하면, 국가의 권력이 언어공동체에 개입하는 국가개입정책이 있다. 이들 정책의 선택은 그 처해 있는 상황에 따라 차이가 나는데, 우리에게는 언어공동체를 대상으로 한 정책이 필요한 것으로 보인다.

한국에서의 언어공동체는 국어공동체이다. 지난 시절의 국어학이나 언어학을 전공하는 분들께서 목숨을 잃어가며 지켜내었던 그 정열은 바로 이 언어공동체가 우리들 의식의 밑바탕이라는 데 있었다. 본문에 언급할 서구의 학자인 로칸(S. Rokkan)에 따르면 서구의 국민형성에 지대한 역할을 한 요인의 하나로서 언어를 든다. 국어가 남북대립의 한복판에 설 수도 있고 남북통합의 지름길 역할을 할 가능성을 보여주는 것도 같은 맥락이다. 이에 비해 오늘날은 이런 정신에 입각한 학문은 뒤로 물러나고 '과학적 학문'이 주된 흐름으로 보인다. 그 결과로 언어나 국어에 대해 국어학자들만의 관심영역이라는 생각이 지배하고 있다. 이 책에서 주장하는 점은 언어공동체의 외연이 과학적 학문이 지향하는 것보다 넓다는 함축이 녹아 있다.

이 책은 3부로 이루어져 있다. 제1부는 국어정책이란 무엇인가라는 제목 아래에, 국어정책의 의의(제1장), 한국의 지식인으로서의 언어(제2장), 국어정책의 현실 : 국어책임관 제도(제3장)를 다룬다. 제2부는 변화하는 사회에 어울리는 국어정책이라는 제목 아래에, 다문화사회와 언어복지(제4장), 국어정책의 민간화에 관한 연구(제5장), 한국어의 UN공용어의 가능성에 관한 연구(제6장)를 서술한다. 제3부는 국어정책의 전개에서의 새로운 제도와 새로운 접근이라는 제목 아래에서, 국어발전기금제도의 도입(제7장), 한국어진흥재단의 도입에 관한 연구(제8장), 도로명부여사업에서의 도로명(제9장)을 다룬다. 그리고 국어정책의 재인식을 결론(제10장)으로 삼고 있다.

이 책의 출간을 계기로 정책학의 관점에서 국어정책의 여러 측면을 훑어봄으로써 국어에 관한 논의를 풍요롭게 할 수 있기를 바란다. 이를 통해 일반인의 언어인식은 물론이고 지식인의 언어관도 바뀌는 데 기여한다면 더 바랄 것이 없겠다.

이 책은 필자가 그동안 발표하였던 글들을 모은 것이다. 따라서 자료가 낡은 곳도 있고, 여러 곳으로부터 지적받은 것을 받아들여 고친 것도 있지만 대체로 원문을 그대로 두었다. 또 이 책에서는 국어와 한국어의 개념을 구별하지 않았다. 이 개념 구분은 국어학자의 역할로 보기 때문이다.

이 책의 출간에는 많은 분들의 도움이 녹아 있다. 특히 최인호 선생(전 한겨레신문), 남영신 선생(국어문화운동 본부 회장), 이상규 교수(전 국립국어원장, 경북대 국어국문학과)에게 감사드린다. 그리고 이 책을 출판하는 데 애써 준 김슬옹 교수와 역락 출판사에게도 감사드린다.

2016. 3

이광석 사룀

제1부

국어정책이란 무엇인가?

‖ 제1장 ‖ 국어정책의 의의

제1절 서론

국어정책이란 국어를 대상으로 하여 정책을 형성하고 집행하고 평가하는 것을 말한다. 그 대상이 되는 국어는 오늘날 이상야릇한 모습을 보여주고 있다. 명예퇴직이라는 이름 아래 명예를 훼손하고 자율학습이라는 이름 아래 타율적인 학습을 강요하는 이 시대에, 국어는 어떤 의미를 지닐까? KAL기 폭파범 김현희가 일본인이라 우기다가 한국인이라고 자백한 것은 뜨거운 물을 갑자기 부으니 '앗, 뜨거'라는 말이 나오고 난 이후라고 한다. 필자가 외국에서 수학할 때 책 표지가 한자로 된 책(또 내용의 표기는 국한혼용)을 보고 중국인 학생이 한국의 글자생활을 이야기하면서 일본의 아류라고 규정하는 것을 보면서, 한국인이라는 확신을 심어줄 수 있고 한국인 상호 간의 연결 고리는 그래도 한국어와 한글이 아닐까 하는 느낌을 지울 수 없었다. 그럼에도 불구하고 현재의 일반인이나 지식인의 일반적 분위기를 보면 한국어와 한글이 중요하다는 인식은 지극히 낮다.[1]

---

[1] 이렇게 서술하는 근거는 영어학습 시장과 한자학습 시장과 한국어 학습시장을 비교해 보면 알 수 있을 것이다.

같은 의미의 우리말이 있는데도 어려운 한자용어나 야릇한 영어를 쓰는 것이 그 증거일 것이다.[2] 이런 현상을 생각하면 국어학이나 언어학을 전공하는 분들에게, 지난 시절의 선학(先學)들께서 목숨을 잃어가며 지켜내었던 그 정열이 어디로 가고 좀 젊잖게 표현해서 '기술적(technical & descriptive) 국어(학)'[3]만 남았는가 하는 느낌에 국어학자들에 대한 섭섭한 마음을 지울 수가 없다. 언어나 국어(또는 그 기능)에 대해 오히려 국어학자들이 관심의 영역과 대상을 철저히 좁혔기에(?) 이런 현상을 낳은 게 아닐까 하는 느낌을 말한다. 개인적으로는 국어나 언어의 외연이 국어학자나 언어학자가 생각하는 것보다 넓다는 것을 인식해 주기를 바라는 마음이 이 글에 녹아 있다. 예컨대, 왜 조선어학회 사건이 일어났는지 한 번쯤 생각해 보면 수긍할 수 있을 것이다. 뒤에 언급할 서구의 학자인 로칸(S. Rokkan)에 따르면 서구의 국민형성에 지대한 역할을 한 요인의 하나로서 언어를 든다. 국어가 남북대립의 한복판에 설 수도 있고 남북통합의 지름길 역할을 할 가능성을 보여주는 것도 같은 맥락이다. 어쨌든 이 글의 의도는 정책학의 관점에서 국어정책을 훑어봄으로써 국어에 관한 논의를 풍요롭게 할 수 있기를 바란다. 이를 통해 일반인의 언어인식은 물론이고 지식인의 언어관도 바뀌는데 국어학자들이 기여해 주기를 기대하며 이야기를 계속하기로 하겠다.

---

2) 반대로 이 점은 국어학자의 인식전환을 촉구할 수도 있다. 자신은 열쇠 대신 키(key)를, 아내 대신 와이프(wife)를, 학술잡지 대신 저널(journal)을 사용하면서 일반인들은 열쇠, 아내, 학술잡지를 사용하라고 강요함은 무리가 아닐까?

3) 물론 학문은 근본적으로 사실에 기초하여야 한다. 하지만 사실을 기초로 사실판단으로, 거기에 기초하여 가치판단으로 진행되어야 한다. 지금 현재 국어학의 위치에 관해 필자가 평가할 수는 없지만 그 진행이 만족스럽지 않다고 생각한다. 이에 관한 논쟁은 사회과학에서 많이 진행되었다(박동서, 1984 ; Baldock, 1999 등 참조).

제2절 분석의 틀 : 통시성[4]과 체제이론

이 책에서 채택하는 분석의 틀은 통시성과 체제이론이다. 전자에 관점에서는 왜 국어정책이 오늘날 더 문제가 되는가 하는 측면에서 살펴볼 것이고 후자의 관점에서는 어떻게 정책이 이루어지는가를 설명하기 위해 유용한 틀이다. 통시성은 언어학이나 국어학에서 많이 다루므로 이곳에서는 분석의 틀로는 언급하지 않고 체제이론에 대해 설명하기로 하자. 체제이론은 그 성격상 추상적이고 널리 응용될 수 있는 사회과학 이론이다. 여기서 먼저 체제를 정의하자면 "체제란 모든 것이 다른 모든 것에 관련되는 실체이다(Henry, 1980 : 151)"라고 표현한다. 달리 표현한다면, 체제란 전체의 목적을 위하여 함께 일하는 구성요소들을 말하며, 체제적 접근방법(systems approach)이란 이 구성요소들과 그들과의 관계를 고려하는 접근방법이다. 또한 이 체제이론[5]은 세 가지의 뚜렷한 특징을 가지는데, 그들은 구성요소, 구성요소들 간의 상호관련성, 그리고 외부환경과 구별되는 경계를 가지고 있다(정정길, 1994 : 91). 이 체제이론을 정부의 관점으로 전환하면 정책을 형성하고 관리하는 것이 행정부의 영역에서 이루어진다는 것이다(Spicker, 1995 : 107). 여기서 '어떤 정책(what)을' '누가', '어떻게(how)', '왜', '어디서' 등을 대입시키면 '어떤 정책'이란 국어(언어)를 대상으로 하는 정책을 말하고 '어떻게' 형성하느냐의 의미는 국가가 국어정책에 개입하느냐 내버려두느냐(방임주의)의 관점에서 말하는 것이며, '누가'라는 측면에서는 엘리트주의와 다원주의라는 관점과 위로부터의 결정방식과 아래로부터의 결정방식을 의미한다.

---

4) 이에 대한 자세한 설명은 허웅(1986 ; 1995)을 참고하라.
5) 이 기술은 카츠와 칸의 '개방체제'에 기초한다(Katz & Kahn, 1970 : 149-158).

'왜' 형성하고 관리하는가 하는 것은 정책의제 설정과 정책결정을 말하며 '어디서' 관리하고 집행하느냐 하는 물음에 대한 답은 행정부를 말한다. '왜' 형성하고 관리하는가 하는 문제와 관련하여 국어정책을 설명할 때 또 하나 중요한 개념은 문지기 개념이다(Easton, 1965 : 133-137). 어떤 정책이 정부의 문지기를 통과하지 못하고 사회적 이슈를 그냥 사회에 맡겨두는 경우를 방임주의라 하고 국가가 그 사회적 이슈를 받아들여 해결하려는 태도를 가질 때 이를 국가개입주의라 한다. 또한 이 문지기 개념은 국어정책과 국어운동을 구별 짓는데 유용하다. 즉 국어운동이 가지는 의미를 이 모형은 인식시켜 줄 수 있는데, 첫째로 국어운동은 사회문제의 차원에 머무는데 비해 국어정책은 정부차원의 문제라는 것이다.[6] 둘째로 정부가 어떤 현안문제가(여기서는 국어운동) 정책문제로 전환되는 과정에서 정부가 긍정적이거나 부정적 태도를 취할 수 있다는 점이다. 이는 나중에 기술할 외부주도모형을 설명할 때 유용한 틀이다. 셋째로 국어운동이 활성화되거나 호응을 얻거나 하면 정부는 받아들이지 않을 수 없다는 점이다. 실제로 멀리는 국어정서법 확립을 위한 조선어학회의 노력과 가까이는 한글전용이 국가정책으로 승화한 이면에는 국어운동의 선구자들의 노력이 있었음을 잊어서는 안 된다.

여기서 이 주제를 세 가지 차원으로 나누어 볼 수 있다. 즉 개인차원, 사회차원, 정부차원이 그것이다. 이 각각의 차원에 문제(issue)를 대입하면[7] 개인차원에서는 개인문제(individual issue), 사회차원에서는 사회문제

---

6) 이와 관련하여 정책을 정의하는 방법은 (국가의) 권위 있는 결정이라는 점이다.
7) 여기서 말하는 문제는 영어로 번역하면 issue이지 problem이 아니다. 이와 관련된 개념에 관하여는 Alcock, et al(2005)을 참고하라. 이런 번역어를 찾거나 만드는 작업이 절대로 필요할 것이다. 필자는 이 역할을 각 분야에 언어에 관심이 있는 또는 언어지식을 갖춘 학자의 의사소통망(network)이 필요하다고 생각한다. 이번 통과된 국어기본법에 전문 용어의 표준화,

(social issue), 정부차원에서는 정부문제(또는 정책문제)로 도식화할 수 있다. 이를 전개되는 방향을 중심으로 살펴보면, 개인문제에서 발전하여 사회문제로, 또 정부문제로 진행한다. 이를 체제모형에 대입하면, 비록 체제이론이 널리 이용되는 모형이지만, 우리의 국어정책을 설명하기에는 조금 부족하다. 그 이유는 근본적으로 이 이론은 정태적 이론8)이기 때문에 이른바 자율적 균형은 정책변화를 설명하기에 적절하지 않기 때문이다. 그러므로 동태적 측면을 다루고 갈등의 조정을 언급하기 위하여 정책과정의 이론이 필요하다.9) 라스웰(H. Lasswell)에서 비롯된 정책학에서 정책과정에 관하여는 다양한 견해가 제시되었지만(유훈. 1986 : 162) 여기에서는 일반적으로 받아들이는 이론에 기초하여 이야기를 전개할 때에는(Ham & Hill. 1993) 정책의제 설정, 정책분석, 정책결정(또는 정책형성),10) 정책집행, 정책평가 그리고 정책 효과 등이 기본적 정책과정으로 볼 수 있다. 이를 그림으로 나타내면 아래의 그림과 같다.

기타 정책환경의 문제나 정책 대상의 문제 등을 고려할 수 있지만 정책과정과 관련하여서 이 글에서의 초점은 국어정책의 정책의제 설정, 정책결정, 정책집행이다. 이제 국어정책의 통시성부터 보기로 하자.

체계화(법 17조)는 이런 점에서 기대가 크다.
8) 그 대표적으로는 파슨즈(T. Parsons)의 이론이라고 한다(Giddens, 1993 : 626).
9) 일부 학자들은 정책평가가 기본적 과정 중에 하나라고도 하고(Lasswell, 1956 ; Jones, 1977 ; Anderson, 1984) 또 일부 학자들은 정책종결을 넣기도 하고(Lasswell, 1956 ; Jones, 1977) 정책변화를 넣기도 한다(Ripley & Franklin, 1986).
10) 이와 관련된 문제가 개념의 유사성이다. 정책형성은 정책결정보다 넓은 개념으로 보는 것 같다. 자세히는 안해균(1984, 163-165)을 참고하라.

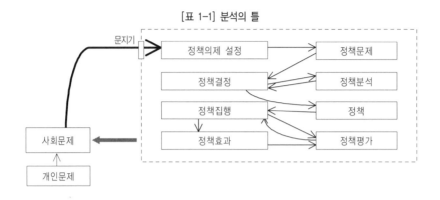

[표 1-1] 분석의 틀

제3절 역사적 변천에 따른 언어정책(통시성)

국어(언어)정책의 참뜻을 사회과학적으로 해석한 대표적인 학자인 로칸 (S. Rokkan)의 이론을 소개하기 위하여 국민국가 성립(Nation-building),[11] 세계화, 그리고 그 이후로 나누어 국어(언어)정책이 문제가 되는 이유를 살펴보기로 하자.[12]

1. 국민국가의 성립

국민국가 이전의 세계는 종교적 보편성과 언어의 다양성의 시기였다. 수도원이나 교회 부속학교에서의 방언을 표준문자화한(alphabetization) 것의 역사적 의미는 표준의 확립과 국민적 차원에서 언어통일을 위한 초석을 쌓았다. 국민국가의 성립은 로마 가톨릭(Flora, 1999 : 163) 권위 의 붕괴와 함께 찾아왔다. 이 과정에서 국민형성에서 중요한 역할을 하

---

11) 그는 영토형성과 국민형성을 구별한다(Flora, 1999). 이 글에서는 국민형성만 다루기로 한다.
12) 이 부분의 기술은 플로라(Flora, 1999)에 의한다.

는 것이 언어였다(Flora, 1999 : 145). 국민국가의 성립에 따라 그 초기단
계에서는 2중 언어 사용이 강요되었는데 하나는 인근 사회와의 의사소
통이고 또 하나는 다른 지방사회와의 의사소통을 위한 것이었다.[13] 국
민형성은 이 과정을 통해 국민국가 이전의 로마 제국이 유산으로 남겨
놓은 라틴어를 대체하고 분화하였다. 그들은 유럽 국민국가의 중심언어[14]
와 (중심언어는 아니지만) 표준으로 확립된 주변언어[15]와 어느 정도의
자율성만 가진 주변언어(ineffective standard but some autonomy),[16] 그리
고 한계언어(marginal status)[17]들이며(Flora, 1999 : 175).[18] 그들은 각국
의 언어로 정착되고 각각 국민적 정체성의 상징이 되었다.

특히 여기서 국가형성과 국민형성의 차이를 구별할 필요가 있다. 로
칸에 따르면 스페인의 경우 국가형성은 되었겠지만 국민형성에는 회의
적이다(Flora, 1999 : 145). 바스크(Basque) 분리주의 운동을 생각해 보면
고개를 끄덕일 것이다. 영국의 경우도 마찬가지다. 스코틀란드나 웨일즈
의 경우 여전히 강력한 반(anti)잉글란드의 정서가 남아 있어서 자국의
학교에서는 자국어 교육이 한창이다.

중요한 점은 국민국가 형성과정에서 각 지역의 방언 수준에 머물러
있었던 언어를 상승시켜 언어와 문자화의 표준으로 만들어 간 역사가

---

13) 로칸에 따르면 인근 사회를 위한 언어가 사용되는 곳은 가정과 지역이고 다른 지방사회는
   시장, 관청, 외부사회라고 한다(Flora, 1999 : 171). 그가 특히 강조하는 것은 많은 언어 중
   소수만이 의사소통 하는데 표준적 지위로 올라섰다는 것이다.
14) 그들은 Portuguese, French, English, Danish, Swedish, Dutch, German, Italian 등이다.
15) 그들은 Welsh, Icelandic, Finnish, Flemish 등이다.
16) 그들은 Irish, Basque, Sardinian 등이다.
17) 그들은 Gaelic, Lappish 등이다.
18) 이런 관점에서 우리의 경우 국민형성이 삼국의 통일로 올라가는 것이 아니라 조선어 표준
   말사정이나 맞춤법의 완비부터이거나 해방이후에 한글이 중심위치로 올라온 시절부터라
   고 할 수 있다. 이런 점에서 1949년의 한글전용법은 그 의미가 심대하다.

유럽의 역사라는 것이다. 이는 일부 학자가 주장하듯 한글이 표준으로 상승한 것이 해방 후 60년에 불과하다는 우리의 언어생활에 있어서도 해당된다.[19] 그러나 그 60년의 세월이 (소수의) 몇몇 원칙을 확고히 하기에는 짧았는지도 모르겠다. 예컨대 띄어쓰기의 경우가 대표적이다. 영어권의 경우, 초등학교 수준을 마치면 쉽게 띄어쓰기를 이해하는 것 같다.[20] 반면 우리는 대학을 졸업하고도 이를 식별하기가 어려운 경우를 많이 경험한다. 이와 같은 문제는 더 많은 시행착오를 요구할 것이다.

2. 세계화의 충격

세계화[21]의 충격은 경제적 의미를 함축하고 있다(김세균, 1998 ; 김윤자, 1998 ; 이우진, 1999 ; Mishra, 1999). 다 알다시피 신자유주의[22]의 공격은 어떤 나라의 고유성을 보존할 공간을 남겨두지 않을 정도로 집요한데(김성구 등, 1998 ; 강내희, 1998) 우리나라에 있어서는 말의 역사성과 민족 구성원으로서의 공통성에 대한 공격도 포함되었다. 지난 60년 동안은 말의 역사성과 민족 구성원으로서의 공통성은 불가침의 영역처럼 견고하였다. 그러나 경제적 이익 앞에서는 그 역사성도 잊혀져가고 민족 구성원으로

---

19) 이러한 필자의 주장에 대해 한글전용이 오랜 우리의 전통이고 국한 혼용이야말로 유길준의 서유견문 이래의 짧은 전통이라는 반론이 있었다. 그러나 여기서는 국가정책의 차원에서 접근하므로 60여 년이라는 주장은 한글전용이 국가정책으로 인가받은 이후를 의미하는 것이기 때문에 이 주장도 큰 잘못은 없다고 본다.

20) 이 기술은 전적으로 필자와 영국 뉴카슬(Newcastle upon Tyne)의 한 초등학교 교사와의 인터뷰(2003. 10)와 필자의 관찰에 의한다.

21) 미쉬라(Mishra, 1999)는 세계화를 '국민경제가 보다 더 개방되고 초국가적(supranational) 경제 변수(economic influences)에 좀더 의존하는 것'이라 정의한다. 이는 지난 세기말에 일어난 3대 사건 중 하나라고 지적한다.

22) 미쉬라(Mishra, 1999)의 견해에 따르면 세계화는 신자유주의 또는 통화주의(monetarism)와 동일시하고 다른 세계화를 고려하지 않는다.

서의 말의 공통성은 바람 앞의 등불이 되어 인류구성원으로서 영어 사용능력으로의 전환을 요구하고 있다.

이 신자유주의의 공격은 국어정책에 전환을 요구하고 영어 사용능력의 증대를 끊임없이 요구하는 이데올로기를 확산시켰다. 영어 사용능력의 증대는 두 단계를 거치는데 영어 문맥(syntax)적 요소의 도입이다.[23] 그것이 통사적이든 비통사적이든 간에 영어 문맥적 요소의 도입은 글 중심에서(즉 쓰기와 읽기) 말 중심으로(말하기 듣기) 옮아가는 중간 단계가 아닌가 한다(예컨대. my wife가 baby-care를 했다). 그 마지막 단계가 영어 사용 능력의 도입이다(보기 : my wife took care of my baby). 이 현상을 국한 혼용자들은 한자를 쓰지 않기 때문에 영어가 범람하는 것이라는 주장을 펴고, 일부 한글전용자들은 국어교육을 등한시한 결과로 인해 영어가 범람하는 것이라는 주장을 펴고 있다. 그러한 관점에서 보면 영어 사용능력이 있는 윗분들의 우아함과 그렇지 못한 아랫것들의 상스러움이 대비되어 '저 높은 분들을 향하여'라는 주장에 점점 더 사회 각 층에 그 이데올로기가 동화되어간다고 할 수도 있다. 즉 제6장에서 자세히 논의하는 바처럼 울타리치기(two-nation)의 사고방식을 보인다는 점에서는 비슷하다고 할 수 있다.[24] 그러나 달리 볼 수도 있다. 영어가 세계에서 차지하

---

23) 가장 초보 단계인 영어단어 사용의 현상은 이 글의 국가개입주의 항목에서 기술한다.

24) 이 책에서 Two-nation을 '울타리치기'로, one-nation을 '하나되기'로 뒤친다. 울타리치기의 사고방식이란 하나되기에 대립되는 개념으로 계층과 같은 어떠한 기준을 중심으로 둘로 나누어 차별하는 것을 말한다(Fraser, 1973 ; Jessop, 1982, 1990). 이는 전통적으로 한자문제를 둘러싼 논쟁에서 그 자취를 볼 수 있다. 즉 한자를 읽고 쓸 수 있는 능력을 중심으로 그 능력이 있는 윗분들의 우아함과 그렇지 못한 아랫것들의 상스러움을 대비시키며 한자 쓰기를 주장하고 그들 나름의 울타리를 친다. 대표적으로 현상윤의 주장을 보라(최현배, 1958). 이를 엘리트주의로 볼 수도 있으나 그보다는 비민주주의로 보는 편이 나을 듯하다. 오늘날의 영어공용화 문제도 이와 관련이 있다고 할 수 있으나 다른 관점도 존재한다. 이에 대해서는 후술한다.

는 비중이나 사실상 국제어로 기능하는 현실에 눈감을 수는 없다. 더욱이 우리의 국부(國富)의 원천이 외부에 있기 때문에, 국부의 원천의 기초가 의사소통에 있고 이를 위한 가장 기본적인 것이 영어 사용능력이라는 주장도 있다. 즉 이 주장은 '저 높은 분들을 향하여'라든가 '낮은 데로 임하소서'의 이데올로기와는 다른 차원의 논의이다.[25]

물론 현재 보여주고 있는 쓸데없이 부추기는 영어산업의 문제는 비판의 소지가 있다. 예컨대, TOEIC이 어느 정도 필요한가? 실제 필요한 능력이 그 시험으로 측정되는가? 영어로 말만 하면 우수한 인재인가? 물론 그렇지는 않다.[26] 그렇다고 하여 앞서 언급한 영어 사용능력의 증대를 외면하기는 어렵다. 영어 사용능력의 증대는 시대의 요구일 수도 있기 때문이다. 영어로 말만 하면 우수한 인재일리는 없지만 영어로 기본적 의사표현을 하지 못한다면 이도 문제이다. 아파트 이름도 영어로 지으면 가격이 상승하는 등의 상황은 어떻게 보면 사회현상이기 때문이다. 이런 상황은 영어의 실용성의 위력에 국어 정책이 흔들리도록 하고 있다. 이보다 더 큰 문제는 국어이다. 좋은 보기가 요즘 신입사원에게는 국어가 더 문제라는 회사의 인사담당자의 지적이다.[27] 또 다른 한편으로는 결국 세계화는 한글과 국어의 후퇴의 측면도 있지만 한국어가 외국으로 진출하고 한국어를 배우려는 외국인이 증가하기에(우리나라에 오는 외국인 포함) 한국어의 중요성도 상대적으로 높아질 것이다. KBS의 한국어 검증시험은

---

25) 이와 관련하여 이른바 아랫것들의 언어도 주목을 하여야 한다. 요즘의 언어 중에서 '쌈박하다', '맛이 갔다' 등의 표현이 쓰이고 있다. 일부에서 주장하는 어휘의 부족문제를 이것으로 해결할 수 있는데 도움이 된다면 언어를 표준으로 받아들이는 문제도 검토하여야 한다. 또 다른 관점은 영어격차의 문제인데 이에 관하여는 동아일보 2005년 10월 3일 자 참조하라.
26) 따라서 우리나라에서 개발한 TEPS나 유학하러 가는 이를 위한 TOEFL이나 IELTS는 요구할 수밖에 없다.
27) 중앙일보, 2005년 7월 5일 자를 참조하라.

이런 추세의 한 보기이다. 따라서 우리의 대응이 어떠하냐가 관건이다.

3. 세방화(glocalism)

유럽에서 관찰되는 현상은 세계화를 지나 세방화(glocalism)[28]로 나아
가고 있다. 즉 국가라는 울타리를 벗어나 가까운 지역 간의 교류가 증대
되어, 하나의 생활권을 이루어 가고 있다. 예컨대, 영국의 도버와 프랑스
칼레의 관계는 영국 도버와 잉글랜드 북부의 뉴카슬 지방의 관계보다
더 돈독하다. 네덜란드의 꽃시장은 인근 지역 전체를 포괄하고 있다.

우리도 앞으로 부산과 후쿠오카의 관계가 부산과 강원도 지역보다 더
긴밀한 관계일지도 모르고 인천과 칭따오의 관계가 인천과 강릉과의 관
계보다 우선할지도 모른다.[29] 이 세방화의 추세는 하나의 공용어, 또는
상대방 언어의 학습 필요성을 증대시킬 수 있다. 이와 아울러 지역 언어
의 중요성도 재인식하도록 강요한다. 이런 현상들은 자연히 다양한 언어
사용능력의 중시라는 정책 방향을 제시하고 있다.

유럽에서 볼 수 있듯이, 지역 언어의 생존 몸부림과 다양한 언어 사
용능력, 공통언어에 대한 이해의 필요성이 증대하고 있다. 한편 필요하
지 않으면 배우지 않는다. 그러므로 앞서 이야기한 세계화와 세방화는
국민국가화의 현상과 세계화의 경향의 2층 구조를 강요하고 있고 '개인
의 선택에 따른 언어'라는 원칙이 많이 작용하는 것 같다. 여기에서 방
향감각을 찾을 수 있으리라 생각한다.

---

28) 이는 globalism과 localism의 합성어이다. 어쩌면 세방화(世邦化)는 이규호(1986 : 111)의 인
   간에 대한 논의가 외부 현상에 적용되는 보기일 수도 있다.
29) 이런 관계 때문에 필자는 외국어 표기정책에 있어 원음주의가 자국음중심주의보다 낫다고
   생각한다.

4. 국민국가의 불가역성 명제

여기서 필자는 우리의 경우 서구에서 진행되어 온 위 도식이 그대로 적용되는가에 회의적이다. 프랑스의 경우, 언어정책의 견지에서는 자국에서 국민국가의 흐름이 그대로 온존한다. 반면 위에서 잠깐 언급한 스코틀란드나 웨일즈의 경우도 자기네들의 정체성을 언어에서 찾으려고 하고 있다.[30] 즉 세계화나 세방화를 지향하는 서구에도 국민국가, 또는 국민국가화의 현상은 확고하며 그 국민국가의 존재 위에서 세계화나 세방화를 추구한다. 따라서 이를 국민국가의 불가역성(不可逆性)의 명제 (irreversibility thesis)[31]라고 할 수 있다.

우리의 경우를 살펴보면 우리 주변에서 서구와 같은 흐름이 일어나기 위해서는 상당한 오랜 세월이 필요할 것이다. 이 과정에서 역사의 청산이라는 시대적 조류와 패권추구에서 공존의 틀의 확립이라는 고통스런 과정을 수반할 것이고 이는 어느 방향으로 나아가든 국민국가의 불가역성은 아시아에서 더 효력을 지속할 것이다. 국민국가의 해체가 불가능하다면 이에 기초하는 현재의 기본적 언어정책도 그 타당성을 얻을 수 있다는 결론이 나온다. 즉 외국과의 의사능력의 증진이라는 교육목표를 지향한다 하더라도 자국어중심주의의 원칙은 변함없는 정책으로 작용하고 있다.

---

30) 다만 이들의 경우 언어에서 정체성을 찾으려고 하는 국민국가적 속성과 아울러 영국이라는 전체 국민국가의 일부로 기능하려고 하는 사이의 모순으로 고뇌하고 있는 듯하다. 그들은 유럽연합의 출현이나 세방화라는 새로운 모습에 희망과 당황이 교차하고 있는 것으로 보인다.

31) 이 용어는 복지국가의 현상을 압축 표현한 말로 미쉬라의 용어이다(Mishra, 1990 ; 김태성 · 성경륭, 1999). 이를 빌려와서 국민국가의 현상을 설명하기 위한 이론적 근거로 사용하려 한다.

글자의 운용이라는 측면에서 국민국가의 언어철학관은 한글전용과 국어전용이었음은 앞서 언급하였다. 한글전용은 글자의 기계화라는 명제에서 보여주는 능률성 관점32)과 누구나가 알기 쉽게 접근 가능하다는 민주성 관점(또는 보편성)33)의 결합이었고 또 민족적 성격을 지니고 있으면서도 국제적 성격도 지니고 있다. 여기서 '국제적' 성격이라는 것은 이제는 한글의 편리함 때문에 과거처럼 한자를 통한 굴절이 필요없다는 의미이다. 과거에는 로망스가 낭만(浪漫)으로 변하거나, 네덜란드가 화란(和蘭)으로, 잉글란드가 영란(英蘭)으로, 나아가 영국으로 변화하고, 더 나아가 영국의 중앙은행(Bank of England)을 영란은행(英蘭銀行)으로 변화하는 과정에 한자의 개입이 있었지만, 이제는 화란(和蘭)이 아니라 네덜란드로 굴절 없이 옮길 수 있다. 이는 한글의 국제적 성격, 즉 다른 나라의 언어와 호환 가능한 능력 덕분이라고 할 수 있다. 그런데 이 명제는 글자의 기계화(또는 컴퓨터화)가 이루어지니 능률성은 추구해야 할 원리로 더 이상 여기지 않고 있다. 또한 누구나가 알기 쉽게 접근 가능하다는 민주성과 보편성도 일단 이루어지니 이를 업신여긴다. 또 민족적이라는 것도 세계적이라는 매력에 밀리는 형편이다. 즉 한글전용정책의 성공이 보편성 대신 수월성의 추구로 이어지게 하였다.34)

한편 남과 북의 관계에서 국민형성은 이룩하고 있지만 국가형성은 아

---

32) 능률성의 기본적 의미는 투입 대 산출의 비율을 말하는 경제적 능률을 말한다(박동서, 1984). 그러나 여기서는 보다 넓게 효율성, 생산성 등을 포괄하여 사용하였다.

33) 여기서 말하는 민주성도 보다 넓은 의미로(박동서, 1984), 보편성이나 쉬운 접근성 등의 개념도 포함한다. 쉬운 접근성에 대한 재미있는 얘기는 한겨레, 2005. 10. 10.를 참조할 것. 기사의 제목은 "노회찬, 법제처장에 한자 몇 가지 물어보겠다"로 법제처장에게 어려운 한자 용어를 물어보았더니 법제처장도 정답을 맞추지 못했다는 내용으로 그 원인은 국어사전에도 없는 한자용어가 버젓이 법전에 등장하기 때문이라는 지적이다.

34) 필자는 한글전용정책의 성공이 영어시장과 한자시장의 확대를 낳았다고 생각한다. 다만 이는 사교육시장을 말하는 것으로 공교육과는 차원이 다르다.

직 완전하게 이루지 못했다. 하지만 국가형성을 이룩하기 위한 가장 좋은 조건은 갖추고 있다. 즉 한반도의 남북 양쪽 모두 한국어와 한글을 주된 언어생활의 도구로 사용하고 있다는 것 자체가 어쩌면 축복인지도 모른다. 왜냐하면 국민형성이 이루어져 한국어와 한글로 언어생활을 한다는 것 자체가 한반도의 재통일에 강력한 자산으로 작용할 것이다.[35] 따라서 국민 국가의 불가역성은 우리에게 더 와 닿을 수 있다. 두루 알다시피 북한의 경우 강력한 한글전용정책을 실시하고 있기 때문에 이 방향에서 언어적(더 넓혀서 문화적) 인프라의 구축에 장애는 없다고 할 수 있다. 그 장애를 가져오는 두 흐름은 국한혼용론자들과 복거일의 주장이다. 이 두 방향은 같은 점도 있고 다른 점도 있는바 먼저 국한혼용론자들의 주장부터 살펴보자.

앞서 말한 바처럼 지난 60년 간 국민국가를 이룩하면서 그 자산 중에서 가장 효율적 인프라가 한글전용이었고, 이는 전통적 사상이었던 울타리치기(two-nation)의 사고방식(Gilbert, 1973 ; Jessop, 1982, 1990)에 대립되는, 하나 되기(one-nation)의 표현이었다. 그런데 최근에 나타난 두 비주류가 있었는데 하나는 국한혼용론자들이며 또 다른 하나는 복거일의 주장으로 대표된다. 물론 그 둘은 시간적으로 차이가 있고 지향에도 차이가 있다. 즉 국한혼용론자의 비판이 글의 정책(즉 한글전용 정책)에 관한 비판이라면, 복거일의 주장은 말의 정책(즉 국어전용 정책)에 관한 비판이다. 전자의 이론은 전통적 보수주의에 기초하였고 그 실용적 기반은 일본에 있었다.[36] 그러나 지난 45년 동안 우리는 그 이론적 근거나 실

35) 개성공단에서 남의 자본과 기술, 그리고 북의 노동력이 결합하여 생산하는 모습을 보라. 외국 인력으로 생산한다면 의사소통에 문제 때문에 최소한 이보다는 비용이 많을 것이다.
36) 그리하여 일본대사관의 문정담당관은 한글전용정책을 뒤엎으려고 노력하였고 한자를 함

용적 근거를 뿌리치고도 경제발전을 하고 문화를 발전시킨 경험에 비추어 국한혼용론자들의 주장을 과대평가할 필요는 없다. 또 국한혼용론자의 주장이 한자문화권[37])에의 종속 가능성을 초래할 수 있다. 이는 경험해 본 현상으로 이를 따르면 국가통일로 나아가는 한글문화권의 창조는 기대하기 어렵고 한글문화권과 국한혼용의 문화권이라는 서로 다른 문화권에 소속될 가능성이 높다.[38])

5. 복거일의 주장 검토

최근의 비주류로 관심사가 된 것은 말의 정책의 변경을 꾀하는 복거일의 주장이다. 이 주장은 신자유주의의 영향권에 있으며 그 신념은 신자유주의적 인식에 기초하고 있다. 신자유주의적 세계화는 영어 사용에 이론적 근거를 두고 미국의 가치관을 전파하고 있는데 그 학문적 배경과 그 파급효과에 주목하여야 한다.

그의 주장에 들을 만한 점은 의사소통에서 영어의 중요성을 지적한 것이다. 이 주장이 세계어로서의 영어의 기능을 강조하는 점은 타당한 주장으로 들을 만하다고 평가할 수 있다. 그럼에도 영어공용화론은 너무 나간 것이라 우려한다. 즉 영어를 공용화하는 것은 국가가 정책으로 영어를 국어화하는 함축을 담고 있다.[39]) 이는 국가 형성을 위한 언어적

께 쓰려고 하는 한국보수주의 운동에 일본 신문들은 '서양에 도취되었던 한국의 언어정책'이 그들의 영향권에 들어왔다고 환호하였다(이규호, 1975). 실제로 필자가 경험한 사실은 국한 혼용에 대한 중국학생들의 평가는 일본의 아류로 생각하고 있었다.

37) 구체적으로는 일본이나 중국을 말한다. 우리가 인용하는 고전이 유교경전인 논어 등이고, 또 인용하는 말들이 '공자왈 맹자왈' 하는 것임을 생각해보라. 더욱이 세계문화유산으로 등재할 때에 우리와 중국이 서로 자기 것이라고 주장하는 것은 무엇을 의미하는가?

38) 그 보기가 우크라이나라고 한다(오마이뉴스, 2004. 12. 7. 참조).

인프라를 변형 또는 훼손하여야 하는 것으로 국민국가의 자산을 일부라도 포기하여야 한다. 물론 일부에서 주장하듯 영어문화권[40])으로의 귀속을 우려하기도 하고 그럴 가능성도 있다. 그러나 영어와의 접촉은 한자와의 접촉과 다른 말의 현상이고 한국말의 위치는 한국 사회에서 확고하다고 보기 때문에 영어문화권으로의 귀속이라는 이슈보다는 한국 사회에서의 영어 격차가 더 큰 문제가 될 것이다. 따라서 세계어로서의 영어기능의 강조는 받아들일 만하고 그 조류에 발맞추어 가야 하겠지만 공용어로서의 영어는 지금에서는 곤란하다.

이 문제를 고급문화와 대중문화로 치환시키는 주장이나 일상용어와 전문학술용어를 구분하는 주장(민현식, 2005 ; 남광우, 1995)도 있으나 이 또한 너무 나간 것으로 보인다. 물론 이른바 울타리치기의 사고방식에 젖어들 수는 있다. 이 현상은 어떤 면에서는 상당한 위험성을 내포하고 있다는 점도 사실이다.[41]) 서구의 역사를 볼 때 하나되기(one-nation)의 노력을 가볍게 보아서는 안 되기 때문이다. 그러나 이는 극복할 문제가 아니라 포용할 문제로 보이고, 이런 관점에서 학술용어의 필요성은 인정하지만 대중과 가능한 한 벗어나지 않는 것이 좋다고 생각한다. 즉 계층 간에 상호 교류 가능한 언어체계의 확립과 그를 지향하는 사고방식이 보다 합당한 것이다.[42])

---

39) 유열의 우리 언어생활에 관한 언급은 의미심장하다(조선일보, 2000. 8. 18 참조).
40) 구체적으로는 미국문화권을 말한다.
41) 이에 대한 자세한 것은 길버트(Gilbert, 1973), 프레이저(Fraser, 1973) 등을 참조하라.
42) 이와 관련하여 앞서 소개한 노회찬 의원의 지적은 중요한 방증이 될 수 있다(한겨레, 2005. 10. 10. 참조).

제4절 국가개입주의와 방임주의(어떻게)

1. 국가의 발전 단계와 개입의 문제

앞에서 언급했던 바처럼 언어에 관하여 개인적 차원과 사회적 차원으로 나눌 수 있는데 개인적 차원은 사회적 제약이라는 점에 기초하지만 구체적 선택의 측면에서는 개인에게 선택권이 주어진다. 문제는 사회차원에서 어떤 언어현상을 사회문제(social problem)로 볼 때 그 해결책이 자율에 맡길 것인가 타율에 의할 것인가 하는 문제이다. 여기서 전자를 방임주의, 후자를 국가개입주의라 일컫는다. 이를 [표 1-1]을 이용해 설명하면 문지기를 넘어 투입으로 이어지고 산출로 나타나면 국가개입주의이고 그렇지 않으면 방임주의이다. 이 논쟁은 세계관에 관련되는 것이므로 어느 한쪽의 일방적인 잘잘못을 따지기는 어렵다. 방임주의와 국가개입주의의 문제는 두 측면에서 검토할 수 있는데 첫째는 국가발전 단계에서의 문제이고 둘째는 정책과정에서의 문제이다. 먼저 발전국가와 민주국가를 논의하고 후자는 정책과정에서 언급할 것이다.

대체적으로 앞서 언급한 국민국가 단계에서 발전국가와 민주국가, 그리고 복지국가 등으로 진행한다(김태성·성경륭. 1999 : 26). 이 단계에서 국가개입(state-interventionism)과 불개입(non-interventionism)의 관점에서 다시 재정리할 수 있는데 개입형태 / 국가기능을 한 축으로 하고 이의 하위분류로서 정부영역의 축소냐 확대냐(또는 큰 정부/작은 정부) 하는 기준과 국가와 시민사회와의 관계에 있어 어디에 힘의 우위에 있는가(또는 강한 정부/약한 정부) 하는 측면을 편향(tendency)이라는 용어로 설명하려는 것이다. 이상의 논의를 도표로 나타내면 다음과 같다.

[표 1-2] 국가개입의 견지에서 본 유형과 변화

		국가기능/개입형태	
		큰 정부	작은 정부
편향(국가와	약한 정부(개인 편향)	복지국가	민주국가
시민사회와의 관계)	강한 정부(국가 편향)	발전국가	정복국가(또는 약탈국가)43)

　한국의 경우, 발전국가를 거쳐 현재 민주국가의 시대에 진입했다고 볼 수 있겠다(김태성·성경륭. 1999).44) 여기서 초점은 발전국가와 민주국가인데, 우리 사회의 갈등의 언저리에는 발전국가의 향수에 치중하는 세력과 민주국가의 지향에 무게를 두는 세력 간의 갈등이 존재한다. 즉 위 표에서 보듯 개인의 권리에 치중할 것인가 국가의 발전에 우선순위를 둘 것인가? 에 대한 합의가 계속 지연되고 있다. 발전국가 단계인 경우, 국가발전을 위하여 국가개입이 그 특징인데 비해(김태성·성경륭. 1999 : 30-31) 발전국가 이후의 단계인 민주국가에서는 국가개입은 사적 분야에는 물론이고 공적 분야에서도 개입의 후퇴를 가져왔다.45)

---

43) 정복/약탈국가의 기능은 국가형성, 전쟁유발, 외부로부터의 보호, 그리고 추출이다(Tilly, 1992). 그러나 이 국가형태는 역사적으로만 의의가 있고 현재에서는 그 의미를 상실하였다.

44) 민주국가에서 복지국가로의 전환은 노동계급의 성장과 그 권한의 확대에 기인한다. 즉 민주국가 운영의 두 원리의 구조적 충돌을 해결하기 위해 복지국가가 출현하는데 그것은 국가에 의해 제도화된 조정원리가 존재하는 것이다. 제도화된 조정원리가 존재한다는 것의 의미는 민주국가보다 확대된 국가개입이 정당화되고 이 점에 있어 다시 발전국가와 궤를 같이한다고 볼 수 있다. 현재 우리나라는 복지국가의 단계라고 하기에는 미흡하다. 따라서 여기서는 민주국가 단계라고 해 둔다.

45) 국가기능은 두 가지 원칙에 입각하는데 민주주의 원리는 공적 분야에서 작동하는 원리이고 사적 분야에서는 자유주의 원리인바, 이는 재산권과 시민권의 보호와 법과 질서의 유지에 목적이 있다(김태성·성경륭, 1999 : 31-33).

2. 국가개입주의

강자의 위치에서는 자생력을 확보하였기 때문에 규제완화를 요구하는 반면에 약자의 경우는 시장에서 강자와 경쟁하면 살아남기가 어렵다. 따라서 국가개입을 요구하는 성향이 있다. 언어의 경우도 매 한 가지이다. 약자의 위치에 서서 국가개입을 요구하여 관철한 대표적인 보기를 프랑스어에서 찾을 수 있다.[46] 프랑스어도 영어의 영향으로 약자의 위치로 전환되었다.[47] 그 전형적 보기가 프랑글레[48]이었고 이에 대한 반응이 국가개입의 요구였다. 그 결과, 국가기관의 설립과[49] 프랑스어 사용법 (바로리올 법)의 제정이다. 이 법의 제정에도 불구하고 영어의 강자적 위치와 프랑스어의 약자적 위치는 계속 강화되어 새로운 법의 제정으로 이끌었다. 이 법이 현재 시행되고 있는 프랑스어사용법 [투봉 (Toubon)법]이다. 프랑스 정부는 '프랑스어사용법 시행령과 다수의 관련 훈령을 제정함으로써 성공적인 시행에 많은 노력을 기울이고 있다'(송기형, 2005)고 한다.

프랑스어에서 왜 국가개입이 필요한가? 영어로부터의 보호를 들 수 있다. 어떻게 국가가 개입하는가? 법령으로 하고 있다. 이 시사점은 무엇인가? 약자의 위치에 있는 (국가의) 언어는 어떤 보호망이 있어야 생

---

46) 이하 프랑스어에 관한 부분은 송기형 교수의 논문(2005)과 저서(2004)에 기초하여 요약하였다. 그러나 만약 잘못이 있다면 필자의 책임이다.

47) 송기형에 따르면 이는 2차세계대전 이후라고 한다(송기형, 2005).

48) 송기형(2005)에 따르면 이는 영어투성이의 프랑스어라고 정의하는데 필자가 보기엔 본문에서 언급한 영어 섞어쓰기의 첫째 단계를 말하는 것 같다.

49) 1966년 3월 31일 자 법령에 의해 국무총리 직속으로 프랑스어 수호와 확산을 위한 고위위원회가 설립되었고 프랑스어사용법안이 1975년 말에 양원에서 만장일치로 가결되어 1975년 12월 31일에 공포되었다. 이 법이 바로리올(Bas-Lauriol)법인데 9개 조목으로 구성되어 있다(송기형, 2004).

존할 수 있고 그 보호망이 사라지면 생존에 위협을 느낄 수 있다. 이 문제는 우리에게 더 와 닿고 있으며 다른 관점에서는 다른 언어권보다 더 많은 어려움이 노출되고 있다는 보기이다. 대표적으로 보호망을 유지하려는 규범화와 외부의 영향으로 변화하고 있는 현실화와의 관계이다.[50] 규범이 어느 정도 현실을 규율할 수 있는가? 예컨대 b가 된소리로 나서 관용으로 굳어진 경우(보기 : 뻐스)[51]도 이 현상을 '국어의 로마자 표기법'으로 제어해야만 하는가?[52] 더 나아가 규범화가 그 작용을 못할 때 현실화의 필요성이 대두되는데 이를 반영하지 못함은 어떤 연유인가? 그 보기가 현재의 영어 섞어쓰기이다.

여기서는 국민국가에서 문제가 되는 영어 섞어쓰기 현상에 대해 간단히 살펴보기로 하자. 섞어쓰기의 초보 단계는 단어의 섞어쓰기이다(보기 : 내 wife가 집에서 아기를 보았다).[53] 이 수준은 지식의 뽐내기 현상으로 차별화 관념의 작용이라 할 수 있다. 그런데 영어에 대한 규범화는 추상적인 수준이어서 이 단계에서부터 작용을 할 수 없다.

예컨대, keeping 하다 / keep하다, manage하다 / managing하다 / management 하다, irony하게도/ ironical하게도/ ironically하게도 등등이 그것이다. 현재 한국어 사용에 있어 영어가 이런 모습을 보이게 된 것은 첫째 이유는 물론 '국어의 로마자 표기법'에서 볼 수 있듯이 규범의 추상성에 기인하지만 또 다른 요인은 로마자의 표현을 소극적으로(또는 마지못해)

---

50) 기타 언어예절의 파괴, 학문용어의 문제, 언어사대주의 등등도 관련이 있을 것이다.
51) 아울러 의미분화의 경향도 보인다. 보이와 뽀이를 참조하라. 아울러 메일과 편지의 의미분화에도 주의하여야 한다.
52) Lenis와 fortis기준보다 voiced와 voiceless를 채택하기에 일반 언중(言衆)이 한국어의 초성에 무성음이 올 때 이를 인식하여 된소리로 낼 것이다.
53) 나머지 단계는 세계화의 충격 절에서 기술하였으므로 이 절에서는 생략한다.

따라가는 현 모습에 더 큰 원인이 있다.[54] 즉 어떤 미래상을 예측하고
그 방향으로 물꼬를 터 줄 필요가 있는데 지금의 규범화는 그렇지 못하
다는 말이다. 이 글에서 주장하는 것은 예컨대 초기 단계에서는 잔디밭
에 들어가지 못하게 금지할 경우가 있을 것이다. 그런데 이용자들이 자
연스레 잔디밭을 가로질러 다니고 더 이상 금지의 강요가 불가능하다고
판단될 때 샛길을 터 줌으로써 규범의 효력도 살리고 쓸데없는 위반을
양산(量産)할 가능성도 막아야 한다는 것이다. 이 점이 국어정책을 하는
데 있어 유용하리라 생각된다.

3. 방임주의

민주국가를 이론적으로 뒷받침하는 이론인 신고전파의 주장에 따르면,
국가개입은 몇 가지 예외를 제외하고는 불필요하기 때문에 있어서는 안
되는 정책이라고 주장한다(Friedman, 1962). 왜냐하면 민간부문의 역량은
자율적 질서(spontaneous order)를 창출할 수 있는(George & Wilding,
1994), 그리고 자체적으로 하나의 체계를 이루는 기제이기 때문이다.[55]

방임주의의 실천적 모습은 영어권에서 찾을 수 있다. 영국의 언어정책
은 '영국인의 언어표출에 충실하다'라는 점이다. 즉 표준영어란 국가에
의한 규제를 의미하지는 않는다.[56] 영어표기의 관행도 사적 영역에서 확

---

54) 예컨대 국립국어원에서는 'blue ocean'을 '대안시장'이라는 대안을 제시하였는데 이것이 채
   택될 가능성은 거의 없다는 것이 필자의 생각이다. 그 이유는 이미 그 단어가 너무 통용되
   었기 때문이다. 따라서 통용되기 전에 거르는 작업이 필요하다. 이런 것을 적극적으로 이
   끄는 방식이라 할 수 있겠다. 이점에 주의를 환기시키고 싶다.
55) 이런 관점에서 LG 연구원 토론회에서 주장하였다고 보도되었다시피 100년 후를 내다보면
   한국어는 생존가능성이 없다는 주장이 나온다. 오마이뉴스(2005. 4. 12)를 참고하라.
56) 그 보기가 포인턴(Pointon, 1983)이 편찬한 영어 발음 사전이다.

립된 것으로 인쇄 기술의 발달과 밀접한 관련이 있다. 인쇄기술에 따른 책들의 전파는 영어표기의 관행을 변경하기 힘들 정도로 정착시켰다. 심지어 발음에 비해 보수적 성향을 보이는 이 영어표기의 관행은 발음의 변화도 맞춤법 아래서 적응하도록 강요했다(송기중, 1993 : 20-22). 예를 들면, make의 원래 발음 [ma:ke]57)는 대모음전이(the Great Vowel Shift) 이후 [meik]로 바뀌었지만, 영어표기의 관행은 표기법을 전과 같이 'make'로 고정시켰다. 영어권 사람들은 약간의 교육을 통해 영어표기의 관행을 이해한다. 즉 표기법과 발음의 차이를 인식하고 있다는 말이다. 비록 영어 표기법이 한국인의 관점에서 한심한 듯이 보여도(송기중, 1993 : 20),58) 영어권의 언중(言衆)에게는 그들 나름의 합리성이 존재하고 그 때문에 그런 표기법이 지속할 수 있었다. 예컨대, 영어 표기법에서 보여주는 장음의 표기가 대표적이다. 한국어 표기에는 [mal]59)과 [ma:l]60)의 구별이 불가능하고 그 둘은 모두 [말]로 실현된다. 그런데 영어 표기와 발음법 체계에서는 [si:n]은 seen을 의미하는 반면, [sin]은 sin을 의미한다. 즉 표기법의 차이는 자연스레 의미의 분화로 연결된다. 이 점에서 우리의 표기법보다 장점이 있고 오랫동안 지속되어 온 이유라 할 수 있다. 이 현상이 국가가 개입하여 강요한 결과인가? 그렇지 않다. 여기에 영어권의 언어정책의 핵심이 있는데 바로 방임정책61)이다.

---

57) 대괄호 안의 표기, 즉 [ma:ke]는 원래 음성기호(phonetic expression)를 나타낸다. 이 글에서는 IPA(International Phonetic Alphabet) 부호가 지원되지 않기 때문에 전자와 후자를 구별하지 아니한다.

58) 어떤 면에서는 한국어 중심주의 때문에 국어학자나 언어학자들이 영어표기법이나 영어발음을 객관적이고 정확하게 평가하지 못하게 한 면이 있는 듯하다. 지금부터라도 각국 언어에 대해 객관적인 실태조사와 평가를 위한 노력이 필요하리라 생각한다.

59) 그 의미는 동물의 일종(horse)을 말한다.

60) 그 의미는 언어(speech)를 말한다.

61) 이 점은 2중 언어 사용자 때문에 언어에 개입하는 경우와는 차원이 다르다. 참고로 한때

영어는 세계를 시장으로 하여 강자의 위치인데 비해 한국어와 한글은 방어적 견지에 서고 있다. 따라서 현실적으로 방임주의를 채택하기가 쉽지 않다. 그리하여 국어기본법에서 보듯 국가개입주의를 선호하고 있다.

4. 질서 있는 다원주의[62]

문제는 과도한 국가개입주의를 우려한다. 즉 민간 부문이 할 수 있는 것도 국가영역이 행하고 있는데[63] 우리에게 임무는 국가개입주의를 채택하더라도 과도한 개입주의에 대한 경계이다. 그러면 어떻게 하여야 하는가? 첫째, 복수의 표준을 인정하는 것이다. 이를 통해 쓸데없는 논쟁의 차단이 필요하다. 둘째, 정책 변화는 최소화하여야 한다. 꼭 필요한 경우는 정책편차의 시정에 한정한다. 셋째, 다양한 결합가능성에 대한 예측 가능한 규범의 정립이다. 휴대폰, 핸드폰, 휴대전화, 손전화, 셀룰로폰(C.P.), 모바일폰 등에서 보는 바처럼 다양한 표현이 쓰인다. 이 중 어느 것이 한국어로 편입될 것인가? 또 이 경우 어원이 영어인 접미사나 접두사의 사용을 금할 수 있는가?[64] 아니면 어떻게 사용할 것인가를 표준으로 정해야 한다.[65] 넷째, 우리말과 외래어 외국어의 관계를 명확

영국에도 언어에 개입하려는 경향이 있었지만(송기중, 1993 : 22) 성공하지는 못했다.

62) 이 용어는 창의 한국에서 따온 것이다(문화관광부, 2004 : 205). 이 책에서 언어정책의 틀 전환을 요약하고 있다. 그 기본 방향은 규범주의적 무질서에서 질서 있는 다원주의로 나아가는 것이며 그 구체적인 설명은 "국어문화지수 개발, 어문규범 영향평가 제도의 도입을 통해 규범과 국민의 현실 언어생활 사이의 괴리를 없애 나가고자 한다"고 주장하며 또 "표준어의 개념과 범위도 재검토하고 지방화, 분권화 시대에 걸맞게 지역어를 전향적으로 수용하고 창조적으로 활용해 나가고자 한다"고 선언하고 있다.

63) 대표적으로 표준대국어사전의 편찬에서 보듯 국가기관이 관여하여 민간시장을 다 죽이고 말았다.

64) -tic 등도 검토대상이다(보기 : 유아tic하다).

65) 예컨대, 예그린, 길벗, 푸르지오 등을 어떻게 볼 것인가 등도 숙고할 필요가 있다고 본다.

히 하여야 한다. 또 이들의 병존이 가능한가? 외래어나 외국어의 우리말화를 위해 각 분야로부터 협조를 얻도록 노력하여야 한다. 예컨대 속옷과 언더웨어는 같은가 다른가?[66] 다섯째, 외국어나 외래어의 번역문제이다. 이때에도 복수의 선택 가능한 번역이 필요할 것이다(물론 이 때도 보다 대중적 접근이 필요하다).[67] 덧붙여 New York가 뉴욕이라면 North Yorkshire는 노스 요크셔인가 / 북 요크셔인가 / 북 요크 주(州)인가 / 노스 요크 주인가?[68] 따라서 이런 문제에 좀 더 적극적으로 나서서 단어를 넘는 단위의 표현에도 신경을 써야 한다. 아울러 복수의 영한대조(용어)표 등의 제정이 급선무이다. 어쨌든 질서 있는 다원주의로의 길을 찾으려는 작은 시도들이 필요하다. 나머지는 다음 절에서 언급한다.

제5절 언어정책의 형성에서의 두 방식(누가)

언어정책의 형성과정에서 토의해야 할 문제는 두 종류의 결정 방식이 있다. 그 하나는 결정주체에 관한 것인데 다원주의냐 엘리트주의냐에 대한 논쟁이고 다른 하나는 결정과정이 아래로부터의 방법이냐 위로부터의 방법이냐가 그것이다.

먼저 형성주체의 측면에서 다원주의(pluralism)와 엘리트주의(elitism)

---

66) 중앙일보, 2005. 9. 23.를 참조하라.
67) 따라서 필자의 견해는 지금 국립국어원에서 하는 뒷북 치는 우리말화 작업은 그 효용이 의심스럽다고 본다.
68) 연장선상에서 샌프란시스코의 Golden Gate는 골든 게이트인가, 금문교(金門橋)인가? Los Angeles는 로스엔젤레스인가, 羅城인가(대중가요 羅城에 가면을 참고할 것)? 등등도 검토 대상이다. 외래어 표기법이 단어의 측면만 언급하고 단어를 넘어간 구 등에 관한 언급은 없는 듯하다.

를 살펴보고자 한다. 원래 이 논쟁은 정치학이나 정책학에서 정책과정에
서 지배집단의 존재 유무를 둘러싸고 진행된 논쟁이다(정정길, 1994 :
264-274). 이를 국어(언어)정책에 적용하면 소수의 국어학이나 언어학을
전공한 엘리트들이 (또는 어느 한 학파가) 그 분야에서 주도하고 결정하
는 것(규범이나 정책 포함)을 말한다. 이 엘리트들은 '동질적이고 폐쇄적이
다. 엘리트들은 비슷한 이해관계를 갖고 있으며 엘리트로서의 집단의식
과 응집력이 강하다'(정정길, 1994 : 266)는 특성을 고려해 볼 때 편파적일
수 있다. 따라서 이의 시정을 위한 방법으로서 다원주의에 주목하는 것
이다. 다원주의란 위에서 언급한 어떤 사항에 대한 주도권과 결정권을
공유하고 있는 것을 말한다. 즉 과두제가 아니라 다두제라는 얘기이다(정
정길, 1994 : 272). 앞으로의 바람직한 방향은 대체로 엘리트들이 국민 전
체의 의사에 따라 주도권과 결정권을 행사한다고 볼 때 엘리트와 국민과
의 일체감이나 동질성이 중요한 변수로 떠오른다. 따라서 어떻게 이를 확
보하느냐가 중요하다. 이는 앞에서 언급된 하나되기 전략(one-nation
strategy)의 정당성과 상통한다. 이를 위하여 다원주의에 입각하여 국어
(언어)정책이 이루어져야 한다. 여기서는 지방화, 분권화, 민간화의 방법
등이 연구되어야 한다(이광석, 2005).

　이제는 위로부터의 방식과 아래로부터의 방식을 이야기하자. 전자는
정책결정자들이나 규범제정자들이 모여 연역적이거나 선험적으로, 또는
논리적 이론의 연장선에서 결정하는 방식이다. 반면에 아래로부터의 방
식이란 일반 언중(言衆)들이 사용하는 용례를 기준으로 하여 귀납적으로,
경험적인 논거를 갖고 결정하는 방식이다.[69] 전자가 논리적 일관성을

---

69) 대표적으로는 영어의 경우 표준발음은 많이 쓰이는 쪽으로 정리된다. 포인턴(Pointon, 1983)
　　을 참조하라.

갖추고 두루 적용될 수 있는 잣대를 지니고 있는 점은 장점이나 현실적 쓰임새와 많이 벗어날 수 있다. 후자의 경우는 그 반대이다. 즉 현실 밀착적인 모습을 보인다. 우리의 경우 전자에 기초하였기 때문에 다른 방식에 대한 검토가 전혀 없었고 너무나 이 방식을 당연한 것으로 받아들인다. 그러나 이 방식은 현실과는 어긋나는, 따라서 현실 규범력이 전혀 없는 현상을 낳게 된다. 이 방식의 문제점을 더 보이면 예컨대, 짜장면이나 껌 등이 대표적이다. 일반 언중의 발음(짜장면으로 발음)과 규범(자장면으로 규정)의 괴리를 볼 수 있다. 물론 이제는 복수 표준어로 하여 인정하였다. 그 과정을 살펴보면 모두 다 짜장면으로 발음하는데 표준발음으로 자장면으로 고집함은 밑으로부터의 방식을 고려하지 않고 위로부터의 방식이기 때문일 것이다. 그러면 그 둘이 어긋날 때는 어떻게 할 것인가? 그에 대한 답은 이미 나와 있다고 할 수 있다. 즉 정책은 현실에 기초하기에 아래로부터의 방식으로 재구성해야 할 것이다. 이 방법이 나중에 언급할 편차의 수정이다(국어정책의 현주소 항 참조). 편차의 수정은 맞춤법을 고칠 때 반영하는 수도 있지만 그 보다는 현실 표기와 발음을 그대로 인정하라는 것이다.[70] 즉 자장면이라 쓰더라도 짜장면으로 쓰더라도 다 표준으로 인정하고 발음도 표준발음으로 인정하라는 것이다. 이것이 질서 있는 다원주의가 아닐까? 실제 국어학자들은 이 점에 유념하여야 할 것으로 본다.

　더욱 심각한 경우는 외래어인 경우이다. battery를 보자. 밭데리, 바테리, 밧데리, 밧테리 등등 이루 말할 수 없이 많은 표기가 등장한다. chocolate의 경우도 초콜렛, 초콜릿, 초콜레트, 쪼꼬렛 등등이 존재한다.

---

70) 이런 점에서 주목할 보기는 삭월세를 사글세로 고친 것이다.

따라서 이 문제점을 해결하기 위하여 방식을 바꾸는 것도 하나의 대안으로 검토해야 할 것이다. 이 방식의 채택을 위하여 실태조사가 필요할 것이다.[71] 즉 위와 같은 경우 현실 속에서 나타나는 표기 또는 발음이 얼마나 많은지 먼저 조사가 이루어진 후에 바람직한 방향으로 유도되어야 한다. 우리는 그 역순으로 진행함으로써 문제가 되고 있다.

제6절 정책과정에 따른 검토(왜)

1. 정책의제 채택과정(Agenda-Setting)

정책의제 채택과정은 사회문제에서 정책문제로 옮아가는 과정을 연구하는 분야이다. 콥과 엘더에 따르면 정책의제라는 용어는 "통치조직의 주의를 끌 만한 정당한 관심사의 범주로 인식되는 일련의 정치적 논쟁을 말하는데 이 과정에서 특정한 의사결정기구에 의한 의사결정을 위한 고려대상임을 의미한다(Cobb and Elder, 1971, 1972 ; 안해균, 1984 : 213)"고 한다. 먼저 정책의제 채택을 콥과 로스의 모델에 따라 기술하자.[72] 그들은 발의, 특정화, 외연확대, 그리고 체제로의 진입을 기준으로 세 가지 모델을 세웠다 : 외부주도모형, 동원모형, 그리고 내부접근모형들이다(Cobb and Ross, 1976 : 127-128). 외부주도모형은 정부조직 외부에서 힘을 얻어 정부가 받아들이는 모형으로 이때 중요한 개념은 문지기인데 외부접근모형에서는 이 문지기를 넘어 체제 안으로 진입하여야 한다. 이에 비해,

---

71) 오해하지 말아야 할 것은 관련된 모든 현상을 다 조사하라는 것은 아니다. 문제가 되는, 또 될 소지가 있는 대표적인 것들만 조사하면 될 것으로 생각한다.
72) 그들은 공중의제(public agenda)와 공식의제(formal agenda)로 나누어 고찰하지만 여기서는 그러하지 아니한다.

내부접근모형은 정부내부의 기관이나 그룹, 또는 정부지도자와 밀접한 관계를 맺고 있는 사람들에 의해 주도되는 유형이다. 그 중간에 있는 형태가 동원 모형이다. 정부의 지도자가 주창하지만 이에 뜻을 같이하거나 그 중요성을 인식하고 있는 정부외부에서 그 주제에 관심을 갖는 집단들의 협조 아래 진행되는 모형이다. 이를 우리의 어문 발전에 영향을 남긴 중요한 세 가지 경우를 간단히 언급하면, 그 첫째가 일제 때이다. 일제하의 어문운동의 특색은 독특한 케이스로 볼 수 있다. 공식적 흐름과 다른 민간주도에 의해 정책이 아닌, 운동으로만 이루어진 경우라 할 수 있다. 이는 민주국가 시대의 정책형성에 중요한 시사점을 제공해 준다.[73] 한편으로 그 당시 국어운동이 거룩한 분노와 아울러 불 뿜는 정열에 기초하였지만 그 시대적 제약으로 일반대중을 이끌어 나가는 엘리트주의적, 위로부터의 방식에 기초하였다는 점에서는 반(anti)민주국가 시대의 모습도 보인다.

이승만 박사의 한글간소화 파동은 그 개인적 이력에 기인하는 것이다.[74] 이를 정책 이슈화하고 확대시킨 것은 당시 문교부 장관을 비롯한 공무원 집단이었다.[75] 이 정책을 포기한 계기도 이승만 박사의 담화였다(1955년 9월).[76] 이를 기초로 판단할 때 이 간소화 파동은 정치권력을

---

73) 필자는 이런 경우가 콥과 엘더의 모형을 보완해 주는 또 다른 한 모형이라 생각한다. 이름을 붙이면 역(reverse)동원모형이라 할까?

74) 그는 오랜 망명생활로 변화된 한글 맞춤법에 적응하지 못했고 그가 눈에 익은 구한말의 맞춤법으로 돌아가고 싶어 했다.
   http://century20.ncafe.net/zboard/zboard.php?id=1950&no=12

75) 간소화 정책에 반대한 문교장관 김법린과 편수국장 최현배에 뒤이어 간소화 정책을 추진하기 위해 이선근이 취임하여 정책을 강행하였다. 이 정책을 포기한(1955년 9월 19일의 담화) 것도 대통령의 의사에 기인한다. 이 점도 동원 모형임을 증명한다.

76) 이때의 문지기(즉 간소화 정책을 포기하는데 큰 역할을 한 분)들은 미국 측의 록펠러 재단, Harvard 대학교 교수 마틴(S. Martin) 등이고 특히 이승만 대통령과 대화 통로가 있던 표상문 의원이 많은 역할을 하였다고 한다(이광석, 1984).

등에 업은 동원 모형이라 할 수 있다.

  1960년대 말의 한글 전용운동은 외부주도모형의 전형이다. 즉 1963년 2월에 공포한 국민학교 교육과정은 국한혼용을 사상(史上) 처음으로 실현하기 위한 기초가 되었으며 같은 해 4월부터 5월까지의 문교부 학교문법 심의전문위원회에서는 국한혼용파의 주장이 채택되었고(이광석, 1984), 이에 따라 1964년 9월 초등학교부터 한자교육이 시작되었다. 이러한 정책에 대해 정책수정의 요구가 외부로부터 나왔다. 그중 핵심적 단체는 그 당시 영향력이 있던 한글학회이지만 이 글에서 주목하는 것은 국어운동 학생회이다. 이들이 전개한 국어운동이 외부에 파급효과와 확산효과를 가져오고 이 과정을 통해 정책변화를 초래하는데 도움을 준 것이다(이봉원, 2005).77) 이 현상은 국어운동의 중요성을 보여주는 좋은 보기라 할 수 있다. 그러면 어느 모형이 바람직한가? 외부와 정책과정이 일치하는 것이 갈등을 줄이는 길이다. 따라서 바람직한 국어운동은 외부주도 모형이라 생각된다. 이와 같은 과거의 사례에서 배울 점은 무엇인가? 미래지향적인 국어정책과 관련하여 앞으로의 국어운동이 이런 전통 아래서 행하여지는 것이 바람직하다. 즉 국어운동이 거룩한 분노와 아울러 불 뿜는 정열이 있어야 하지만 일반대중의 지지를 얻고 일반대중과 함께 가야 한다는 것을 의미한다. 이런 관점에서 영어의 범람에 대해 대중의 의식 수준이 어느 정도인지 진지한 고민을 해야 대중으로부터 벗어나지

---

77) 이봉원(2005)에 따르면 이 단체의 활동을 신문에서 보고 이은상 선생에게 한글전용운동의 근본 취지를 묻고 한글학자 한갑수 선생에게 한글전용 5개년 안을 작성해 달라고 부탁했다는 것이다. 이 단체는 1967년 봄부터 시작하여 그 해 10월 한글날에는 대통령께 드리는 건의문을 발표하였다. 박정희 대통령의 한글전용연차계획 수립 지시는 1967년 11월 16일에 정일권 총리에게 보내졌다. 보다 더 넓은 의미로는 본문에서 언급한 대로 시대의 변화를 박정희 대통령이 읽었다는 점일 게다.

않고 외부주도 모형대로 진행할 수 있을 것이다.

2. 정책결정

정책결정에 있어서 주목할 것은 정책결정자의 개인적 성격보다도 정책의 환경이나 배경이다. 물론 전자가 중요하기는 하지만 정책이 안정적 궤도에 오르기 위하여 그런 정책이 정착하게 된 배경을 짚어보는 것이 정곡을 찌른 방법이다. 즉 어떤 정책이 그 시대 나름의 시대정신(Zeitgeist)의 흐름을 타고 있을 때 정책의 정착 가능성이 증대한다.[78]

이런 관점에서 이승만 시대와 박정희 대통령 시대를 논해 보자. 한글전용정책이 이승만 대통령 시대에 또 박정희 대통령 시대에 강력한 호소력을 발휘했는가? 먼저 이승만 시대는 일제의 약탈 국가적 성격에 대한 반동으로 한글전용정책이 선을 보였고(이광석. 2005), 이 과정에서 전통적 방법을 옹호한 세력과 지루한 논쟁을 거쳤다. 그러나 이 시기의 핵심은 한글간소화 파동이었다. 이는 언어정책을 둘러싼 신구(新舊)세력 간의 대결이었으며 현행 맞춤법의 확립은 이 시련을 극복해 낸 순간부터라고 할 수 있다. 한글전용과 관련해서는 아직 이 단계는 한글전용이 국한혼용을 압도할 인프라가 구축되지 않았다.[79] 따라서 한글전용이 우위를 점하기 위해서 국가의 시대에 접어들어야 했다. 즉 이 시기가 박정희 대통령시대라 할 수 있겠다.

---

78) 이승만 박사 때의 평화통일주장이나 박정희 시대의 남북한 동시가입주장은 그야말로 난센스이지만 오늘날에 북진통일하자고 주장하는 것이나 북한을 괴뢰집단이라고 주장하는 것은 또한 그야말로 난센스이다. 따라서 필자는 정책결정자의 개인적 차원을 넘어 시대의 흐름을 초점으로 하는 방법을 채택한다. 이에 따르면 전자는 '약탈국가 시대와 그 반동'으로, 후자는 Fordism 성격에 관심을 기울인다(이광석, 2005).

79) 가장 대표적으로 이념으로서는 능률성, 현실적 측면에서는 기계화를 들 수 있다.

그러면 박정희 대통령 시대에 왜 한글전용을 하고 학교 문법 통일안에 집착하고 규범화하려고 노력하였는가? 첫째로 국가발전을 하기 위한 인프라로서 표준화가 필요하였다. 그 당시 한국은 발전국가의 초기 진입기였는데 이 때는 포디즘(Fordism) 생산방식에 맞는 제도적 완비가 필요하였고 지금의 관점으로 볼 때 그 방식이 시행착오를 줄이는 것이었다. 따라서 로위(Lowe)의 말대로(1993 : 10) 언어의(표현양식의) 변화는 지금까지 존재했던 표현으로는 적절히 나타내지 못하는 새로운 현상에 대한 인식을 의미하는 것이다.

또 다른 관점에서 박정희 시대의 어문정책을 설명할 수도 있다. 즉 정치권력이 의존할 수 있는 이념은 능률성이라는 관점과 민주성이라는 관점이다. 대체로 독재적 성격의 정권은 민주성에는 취약하다. 따라서 의존할 수 있는 이념은 능률성뿐이다. 따라서 이런 정권은 정권유지를 위해 무엇이 능률적이냐를 따지는 경향이 있다. 히틀러 정권이 고속도로를 왜 처음 건설했으며 라틴문자를 왜 폐지하였는가를 생각해 보면 이해가 가능할 것이다. 박정희 정부를 그 연장선상에서 바라볼 수 있다. 어떤 방법이 능률적이냐(그분 표현대로라면 생산성이 있느냐)? 고속도로는 논의에서 그만 두더라도 언어 표현방식에 관하여는 한글전용이 그 정답이라고 생각했기 때문이다.

다음의 시기 즉 민주국가의 시대를 논해보자. 이 시대는 김영삼 대통령 시대, 김대중 대통령 시대를 포괄한다. 이 시기는 국정(國政)의 중심이 세계화에 있었기 때문에 논의의 초점은 영어의 규범화와 아울러 영어공용화 논쟁이다. 이 논쟁의 뿌리는 신자유주의의 영향에 힘입어 '경제는 모든 것에 앞선다'라는 원칙이며 이는 '언어주체성이 밥을 먹여주지 못한다'는 사고방식으로 연결되었다. 그 원칙에 기초하여 한글날을

폐지하고[80] 동양 3국의 한자체(漢字體) 통일에 집착하였다. 그러나 국어
정책의 근본은 우리를 위한 국어정책이지 '남을 위한 언어정책'이 아니
다. 김영삼 정부의 준비되지 아니한 남을 위한 정책은 내부 통제 없는
자본의 이동으로 말미암아 미증유의 이른바 IMF 위기를 초래했음은 익
히 알려진 사실이다. 김대중 정부는 문화체육부에서 문화관광부로 명칭
을 변경하는 정책에서 보여주듯 '관광은 문화에 앞선다'고 외치면서[81]
IMF 위기의 극복이라는 핑계 아래 한자병기를 꾀하였다. 그러면서 한국
어세계화사업을 추진한다. 그러나 그 결과 일선에서는 자금지원이 되지
않아 한국어 강좌가 속속 폐지되고 있다(이광석, 2005). 따라서 이런 정책
이 효과를 거둘 수 있도록 재검토가 필요하다.

3. 정책집행

1) 정책집행의 기본적 이론

정책집행의 기본적 자료는 이승만 대통령 시대의 한글간소화 파동과
박정희 대통령 시대의 한글전용정책, 김영삼과 김대중 대통령 시대의 국
한혼용의 추진을 비교해 보자. 먼저 거시적 차원의 정책집행연구와 미시
적 차원의 정책집행연구로 나누어 고찰한다. 거시적 정책집행연구로는
세 가지 차원으로 나누어 볼 수 있는데 시대정신, 정치사회체(polity)적
차원 그리고 정부 차원이 그것이다. 시대정신의 분석단위로는 독립의 기
쁨과 경제발전, 그리고 정치적 민주화와 인권의 보호의 셋으로 나누고
여기에 국가 발전단계 이론을 도입하면(이광석, 2005) 약탈국가에 대한 반

---

80) 물론 이는 노태우 정부이지만 편의상 여기서 논한다.
81) 이에 관해서는 스코틀랜드와 웨일즈의 간판과 프랑스의 간판을 비교, 참고하라(이광석, 2005).

작용, 발전국가, 민주국가가 도출된다. 정치사회(polity)적 차원 분석단위
로는 정부차원과 민간차원을, 정부 차원 분석단위로는 정책행위자(결정
차원과 정책집행 차원)와 정책성격을, 그리고 시간의 흐름에 따른 적응 등
을 채택한다(채경석, 2000). 정책성격차원의 분석단위로는 정책목표의 추
진과 그 반응, 정책목표의 현실성 등이다. 여기서 정부차원의 정책목표
의 추진이란 여론주도층과 정책관료의 순응과 불응 등을 말한다. 여론주
도층의 반응은 호응정도를 말하는데 이는 당시 신문에 나타난 사설 등
을 조사하였다. 다음에 이어서 분석할 것은 정책목표의 실현가능성과 현
실성이다. 정책목표를 달성하는 데 있어 정책목표를 이룩하고자 하는 의
지를 정부의지라고 하는데 이는 정부정책의 우선순위를 결정하는 것을
말하고 이는 정부차원의 의지를 뒷받침할 능력을 요구하는 정책수행능력
을 의미한다. 이를 정부능력이라고 한다(정용덕, 2001 : 203). 시간의 흐름
에 따른 적응은 정책결정이 집행에 있어 지속되었느냐 후퇴하였느냐 중
단하였느냐 등을 의미한다. 이를 도표로 나타내면 다음과 같다.

[표 1-3] 분석단위

차원			분석단위		하위분석단위
시대정신			국가 발전 단계	독립의 기쁨	약탈국가 시대에 대한 반작용
				경제발전	발전국가
				정치의 민주화와 인권보호	민주국가
정치사회체(polity)적 차원			정부차원과 민간차원		정부차원
					민간차원
정 부 차 원	정책 행위자	정책결정 차원	정책결정자와 그 반대자		정책결정자
					그 반대자
		정책집행 차원	참모 또는 정책집행자와 그 반대자		참모 또는 정책집행자
					그 반대자
	정책	정책목표의 추진과	여론주도층과 정책관료		관료의 태도(순응, 불응)

성격	그 반응		여론
	정책목표의 실현가능성과 현실성	정부능력과 정부의지	정부능력
			정부의지
시간의 흐름에 따른 적응	적응과 지체, 그리고 부적응		적응
			지체와 흐지부지
			부적응이나 폐기

이를 기준으로 각 시기의 진행사항을 대입하면 아래와 같은 분석 결과를 발견할 수 있다.

[표 1-4] 분석 결과

사례			한글간소화		한글전용		한자도입과 표지판의 한자병기	
국가단계			약탈국가 시대에 대한 반작용		발전국가		민주국가	
정치사회적 차원			정부 차원	민간 차원	정부 차원	민간 차원	정부 차원	민간 차원
정부 차원	정책행위자	정책결정차원	이승만(대통령)	최현배 등이 반대	박정희(대통령)	이병도 등이 반대	김영삼(대통령), 김대중(대통령), 김종필(국무총리)	허웅, 임창순(한학자) 등이 반대
		정책집행행위차원	백두진(국무총리), 이선근(문교부장관)	한글학회 등이 반대	이은상(대통령보좌관), 한갑수 / 김종필(국무총리), 민관식(문교부장관)	학술원[82] 등이 반대	신낙균(문화관광부 장관)	한글학회 반대 : 민관식, 조순 등이 찬성
	정책성격	정책목표의 추진과 그 반응	여론의 반대와 관료의 불응	각계각층(즉 여론)의 반대	최고결정자가 여론이나 관료의 불응을 잠재우고 추진	상당수의 찬성이 있었으나 언론은 반대	추진이 강력한 반대에 부딪힘 (민간부문에 한글전용이 많이 진척되었음을 의미)	반응이 낮음 (즉 반대세력의 힘이 크다는 것을 의미)
		정책목표의 실현가	정부의지는 높았으	민간부문의 힘이	정부의지나 정부능력이 민간부문의 반대를	민간부문의 힘이	정부의지나 정부능력이 민간부문의	한자도입은 비현실적, 한자병기는

능성	나 정부능력이 문제	정부능력을 압도	압도(실용성에도 초점을 둘 수 있음)	정부능력에 제압됨	반대에 절반의 성공(실용성에도 큰 의의가 없음)	현실적이라 판단
시간의 흐름에 따른 적응	높은 의욕으로 한글간소화 추진하였으나 민간의 반대로 인하여 포기		높은 의욕으로 한글전용 추진. 다만 민간차원을 고려하여 약간 후퇴(김종필 총리 때나 민관식 장관 때)도 있었으나 기본정책으로 정착		한자도입검토(김영삼 정부나 김대중 정부)를 공약으로 하였으나 한자도입은 민간차원의 호응도가 낮아 흐지부지	

미시적 차원의 정책집행연구는 집행변수와 상황변수 그리고 문제관련변수로 나누어 고찰한다(채경석, 2000). 다만 문제관련변수는 한글전용과 국한혼용으로 단순화할 수 있고 이는 국어학 분야에서 많이 연구되었기에 생략한다.83) 먼저 집행변수는 나카무라와 스몰우드(Nakamura & Smallwood)의 모형을 많이 따르는데(유훈, 1986) 여기서는 이를 수정단순화하여 정책 주도권이 정책결정자와 정책집행자 중에서 누구에게 있느냐에 따라 세 가지 유형으로 나눈다. 설사형,84) 협력형85) 그리고 체증형86)이 그들이다. 이를 도표로 나타내면 아래 [표 1-5]와 같다.

---

82) 학술원이 한글전용에 계속 반대하는 것은 울타리두르기의 반증으로 엘리트주의의 표현으로 보인다.
83) 이에 대한 자세한 연구는 이광석(1984)을 참고하라.
84) 이 용어는 허범 교수가 사용한 적이 있다고 한다. 여기서는 고전적 기술자형과 지시적 위임형의 합으로 약간 변형하였다.
85) 이는 협상형을 이름바꾸었다.
86) 이 용어도 허범 교수가 사용한 적이 있다고 한다. 여기서는 재량적 실험형과 관료적 기업가형의 합으로 약간 변형하였다.

[표 1-5] 정책 주도권

유형	설사형	협력형	체증형
주도권	정책결정자	둘 사이의 능력	정책집행자
목표설정	정책결정자	정책결정자	정책결정자가 추상적 목표수립에 머물거나 정책집행자가 세운 목표와 그 달성방안을 지지
양자의 관계	목표달성을 위한 필요한 수단을 고안하도록 행정적 권한을 정책집행자에게 위임	목표달성에 관해 정책결정자와 정책집행자가 협력함	정책집행자가 목표달성을 위한 구체적 방안을 수립하는데 광범한 재량권이 인정되거나 정책집행자가 목표를 수립하고 그 달성방안을 강구하여 정책결정자 설득
특징	일사분란한 집행	협상력에 달려 있음	지연과 체증

위 표를 기준으로 보면 이승만 정부에서 한글간소화 파동이 실패하였던 원인은 정책주도권이 정책결정자(이승만 대통령)에 있었고 그 집행이 설사형이었지만 일사불란한 집행이 불가능하였는데 그 이유는 관료의 불응에 원인이 있다. 반면 박정희 정부에서 한글전용정책이 성공할 수 있었던 이면에서는 정책주도권이 정책결정자(박정희 대통령)에 있었고 그 집행이 설사형이었기에 일사불란한 집행이 가능하였다는데 있다.[87] 민주국가에 오면 그 집행이 체증형이었기에 정책주도권이 정책결정자(김영삼 또는 김대중 대통령)에 있었지만 일사불란한 집행은 이루어지지 않았다. 이를 도표로 나타내면 다음과 같다.

---

87) 한글전용 5개년 계획이 대표적이라 할 수 있다. 이 정책집행의 이론을 세종 시대에도 적용할 수 있다. 최만리를 비롯한 반대파에 대한 단호한 태도와 흔들림 없는 세종의 의지가 한글 창제를 가능하게 한 것이라 설명할 수도 있다.

[표 1-6] 정책 주도권의 현실적 적용

유형	이승만	박정희	김영삼, 김대중
형태	설사형	설사형	체증형
목표설정	정책결정자 자신	정책결정자(그 참모)	정책결정자
정책집행	정책집행자의 불응(문교장관 김법린, 편수국장 최현배 사임)	5개년 계획을 수립하여 강력히 추진	간판에 병기는 성공, 나머지는 실패
특징	불응	순응	유산(流産)된 집행

　마지막으로 상황변수를 살펴보자. 이는 남북관계인데 다시 경쟁과 협력의 두 면으로 나뉠 수 있다. 토마스의 2차원 모형에 따르면 경쟁관계란 동일한 목표를 두고 자신의 이익을 만족시키려는 정도는 높고 상대방의 이익을 만족시키려는 정도가 낮을 때 일어나고 협력관계란 동일한 목표를 두고 자신의 이익을 만족시키려는 정도와 상대방의 이익을 만족시키려는 정도 둘 다 높을 때 일어난다(하상군, 2005 : 352). 이를 도표로 나타내면 다음과 같다.

　아래 표가 의미하는 것은 만약 북이 한글전용을 시행하고 경쟁관계가 남북에서 이루어진다면 남도 한글전용을 실시할 수밖에 없다. 실제로 1970년대에 남북에서 이이와 유사한 상황이 나타났다(민현식, 2005). 협력관계에서도 마찬가지이다. 만약 북이 한글전용을 시행하고 협력관계가 남북에서 이루어진다면 남도 한글전용을 통해 협력할 수밖에 없다. 반대로 남이 국한혼용을 실시하면 북도 그 영향을 받는데 그들의 초등학교 4학년부터의 한자교육은 이에 기초하는 것이다. 북한 언어학자들은 우리의 언어생활에 한자를 섞어 넣으려는 시도에 비판적인 태도를 취하였는데 이는 여기에서 다루는 남북 상호 간의 관계를 잘 표시한 것으로 생각된다(조선일보, 1999.8.6. 참고하라). 따라서 현 상태에서 한글전용으로 나갈 수밖에 없다는 결론에 도달한다.

[표 1-7] 상황변수 : 남북관계

남북관계		남	
		경쟁관계	협력관계
북	한글전용	한글전용	한글전용
	국한혼용	국한혼용	국한혼용

2) 앞으로의 방향

현실적 보기로서 한글전용과 국한혼용을 간단히 살펴보았듯이 정책 집행의 이론을 기준으로 보면 그 바람직한 미래로의 길은 한글전용이 사회갈등을 최소화하는 것임을 알 수 있다. 즉 한글전용파과 국한혼용 파의 갈등은 익히 알려진 것이기에 온건한 방향으로의 수렴이 정책적 으로 온당해 보인다.[88] 더 첨가할 필요가 있는 것은 어문정책에 평가 가 전혀 이루어지지 않고 있다는데 있다. 평가측면에서 이론이 확립되 어야 미래의 방향이 객관성을 띠게 될 것인데 이 점은 정책학으로부터 배워야 할 것이다.

4. 국어정책과 국어정책학의 현주소

먼저 국어정책학의 현주소를 논의해 보자. 국어정책학은 어디에서도 환영받지 못하면서 아무나 할 수 있는 분야라고 인식되고 있다. 그 말은 국어학자들이 아무런 분석의 틀도 없이 통시적 고찰이나 공시적 고찰을

---

88) 이 점에 오해 없기를 바란다. 한글전용이 문제가 없다는 뜻이 아니다. 말 다듬기가 필요한 이유 중에 하나가 이와 관련이 있을 것이다. 그 문제를 한글전용을 주장하는 분들이 먼저 고찰하고 연구하고 대안을 내어 놓아야 한다.

하고서는 국어정책을 논하였노라고 주장한다.[89] 한편 국어정책에 관한 전문 학술잡지 하나 없으면서 '국어(또는 언어)정책'이라는 용어는 널리 이용된다.[90] 한편 정책학 분야에서는 언어에 대해 아마추어적인 지식으로 끼어들기도 하고 지식이 전혀 없으면서도 언어정책에 대한 논문의 심사위원으로 행세한다. 더욱이 언어정책은 정책학이나 행정학과는 아무런 관련이 없다고 주장한다. 이 점이 필자로는 아쉬울 따름이다. 국어정책은 어떠한가? 첫째, 정책의 일관성의 문제이다. 가능한 정책은 변경하지 않는 게 좋다.[91] 예컨대, 원음주의와 자국음중심주의가 그 대표일 것이다. 자국음중심주의가 애국적인 것 같아도 국제적 교류의 흐름을 볼 때, 원음주의의 방향은 온당하다.[92] 둘째, 각국의 언어정책에 대한 심도

---

89) 분석의 틀 없이 고찰한 글의 경우는 김민수(1973) 또는 국어학회(1993)를 참조하라. 재미난 현상은 김민수의 경우 국어학의 범위를 언급하고 있는데 국어문제는 언어학이, 국자(國字)문제는 문자학이, 국어교육문제는 교육학이, 국어정책문제는 행정학이 관련이 있다고 설명하고 있다. 그런데 앞의 세 가지는 각 항에서 설명을 베풀고 있으나 국어정책은 더 이상의 설명이 없다. 아마도 국어학자가 국어정책의 문제를 논하는 것이 무리였던 것 같다(김민수, 1973 : 538-540).

90) 따라서 국어정책(또는 언어정책)을 연구하는 필자와 같은 사람은 설 땅이 없을 정도로 토대가 척박하다. 이를 증명한다고 할 수 있는 보기를 들면, 국어정책에 관한 글을 하나 발표하려고 우리 분야에 투고하였더니 국어학 저널에 실으라는 논평이다.

91) 이런 경향의 극단적 표현이 정책무용론이다. 다만 이를 국어정책과 연결시키면 가능한 한 급격한 정책변경을 피하라는 것이다.

92) 필자는 원음주의에 찬성하기에 그 당시 국어정책결정자의 탁견에 감탄한다. 그 근거는 첫째 유럽 상호 간에는 같은 문자를 쓰고 있지만 자기 언어에는 자기 방식의 읽기가 정착되어 있기에 자국어인지 외국어인지 식별할 수 있고 외국어라 판단되면 외국어 방식을 따른다는 점이다. 예를 들면 서양 정치학자들의 이름인 Skocpol, Karl Deutch, Przeworski 등이 그 보기이다. 둘째로 잘못 또는 지나치게 알려진 보기가 Paris, Rome 등이다. 물론 이들은 자국음중심주의를 채택하지만 원음주의도 많이 보인다. 예컨대 프랑스 휴양도시 Nice는 나이스가 아니라 니스로 발음한다. Mont가 들어가는 지명도 매 한 가지이다(보기 : 몽쉘미셸). 아스날 축구팀의 프랑스 출신 공격수 Henry는 어떻게 발음할까? 자국음중심주의대로라면 헨리가 되어야 하는데 영국인들은 앙리로 발음한다. 즉 오랜 기간 동안 익은 지명들은 자국음중심주의로 하지만 그렇지 않은 것은 원음주의로 발음한다. 따라서 어느 한 면만 보고 속단하는 것은 금물이다. 셋째로 상대방 존중의 방식에 관한 합의이다. 예컨대 어느 한 나라에서 지명을 변화시키면(봄베이를 뭄바이로 버마를 미얀마로), 다른 나라에서

있는 연구가 필요하다. 앞 시대에 나온 저서들을 한 단계라도 넘어설 수 있는 연구가 필요하다. 셋째, 실태조사의 필요성을 간과하고 있는 게 아닌가 한다. 넷째, 그 연장선상에서 국어정책의 지방화, 분권화, 민간화가 필요하다. 다섯째, 어휘력 증가를 위한 방법에 대해 고민해야 한다. 영어를 번역할 때 느끼는 점은 한국어의 어휘가 풍부하지 못하다는 것이다.93) 여섯째, 지역 언어에 대한 관심과 지명연구를 촉구한다. 현재 지역 언어나 지명을 알고 있는 연로한 분들이 작고하고 있다. 이 점을 고려하여 시급히 조사해야 할 것이다. 일곱째, 시간적 고려가 전혀 없는 국어정책이 문제이다. 즉 시간적 편차의 수정문제를 어떻게 하여야 하는가? 예컨대, 맞춤법을 바꿀 것인가, 맞춤법은 그대로 두고 표준발음법만 바꿀 것인가, 둘 다 바꿀 것인가, 둘 다 그대로 두고 방임할 것인가? 이런 분야에 연구가 잘 이루어지는지 의심스럽다. 특히 문제가 되는 경우는 외래어 표기나 외국지명의 경우이다(예컨대 봄베이가 뭄바이로 이름을 바꾸었을 때). 여덟째, 학술용어의 우리말화에 관심을 쏟아야 한다. 그러나 그 모든 것보다 중요한 것은 국어에 대한 인식의 변화이다.

제7절 앞으로의 국어정책

이상 언급한 것을 바탕으로 하면 정책학적 관점에서의 국어정책이 무엇인가를 알 수 있을 것이다. 결론으로 몇 가지를 언급하고 바람직한 방향을 생각하기로 하자.

따라 주는 것 등이다. 넷째로 국제화의 현상 등을 들 수 있겠다.
93) 물론 이는 필자의 지식 부족과 편견이기를 희망한다. 다만 다양한 어휘들이 우리의 옛말이나 지명 등에서 올 수 있고 이를 일반화하려는 노력이 홍보되어야 한다.

앞서 이야기했다시피 기술적 국어(학)도 필요하겠지만 우리의 훌륭한 전통의 복원이 국어(학)에서 필요하리라 생각한다. 즉 기술적(technical & descriptive) 국어(학)과 아울러 기능적(functional) 국어(학)이나 메타(meta) 국어(학)도 성립하기 위해 노력하여야 한다.[94] 또 지금의 시대정신은 민주국가 시대로의 진행이다. 이를 고려하면 현재의 과도한 국가개입은 민주국가시대에 걸맞지 않다. 이제는 민간영역의 자율적 질서에 의한 정책(민간화), 지방자치단체에 국어책임관의 지정 등을 규정한 국어기본법에서 보듯 지방분권화, 세계화 등의 방향이다. 이런 측면에서 민간의 능력증진이 중요한 문제로 등장할 것이며, 국어생활상담소의 활성화시켜 지역 언어문화의 중심지와 그 지역의 외국어로서 한국어학습의 중심지로 터 잡을 수 있도록 도와주어야 한다. 한편 한국어의 외국 진출과 관련하여 체제의 정비가 필요하다. 특히 한인학교에서의 교재나 교사의 한국어 능력의 증진 등 여러 문제를 해결하도록 노력하여야 한다. 어쨌든 이런 기회를 통해 국어정책 또는 국어정책학에 관한 인식이 높아졌으면 하는 개인적 소망을 끝으로 글을 마치고자 한다.

---

94) 필자는 이를 위해 국어정책학뿐만 아니라 국어철학 등도 필요하리라 생각한다.

‖ 제2장 ‖ 한국의 지식인으로서의 언어

제1절 서론

언어는 생각하고 그 생각을 전달하는 도구 이상(以上)의 것으로 우리의 세계관을 구성하는데 기본이 되는 요소라고 한다. 그럼에도, 학계에는 '그냥 글을 쓰면 문장이 된다'는 잘못된 인식이 퍼졌다. 그 결과, 모범으로 삼을 만한 문장이 없어 시험문제를 낼 때나 책을 출판할 때 적절한 예문을 구하지 못하는 사례가 빈번하였다는 고백이 학계에서 나오고 있다.[1]

이에 대한 반성으로, 이제는 행정학을 비롯한 사회과학의 영역에서 '그냥 글을 쓰면 문장이 된다'는 식의 구태를 벗어나 언어를 올바르게 쓰기 위한 노력이 필요하며, 미국의 대학원 과정의 '글쓰기 세미나' 과목처럼(Becker, 1999) 우리나라에도 전공으로 글쓰기와 관련된 과목을 개설할

---

[1] 이 글은 이광석 · 김주미 · 김준희 공동의 글로 『한국사회와 행정연구』(제20권 제4호)에 실린 글이다. 또 본문과 관련하여 필자도 좋은 예문을 제공해 주지 못하는 학자 중에 포함되므로 이 글의 비판은 필자에게도 모두 적용된다. 이 글의 태도는 불편한 진실을 감추는 데 있는 것이 아니라 그 진실을 드러내 개선하고자 하는 데 있다. 특히 좋은 예문의 문제는 행정고시에 PSAT 언어논리가 과목으로 들어가 있는 것과 무관하지 않다. 이는 독서능력의 증진과 언어현상의 이해에 관한 인식의 전환을 촉구하고 있다고 이해한다. 덧붙여, 문장을 분석한 필자가, 한국행정학보에 실린 논문을 쓴 필자의 의도를 잘못 파악하고 언급한 것이 있을지도 모른다는 것이 우려스럽기도 하다. 혹여 그런 곳이 있다면 한국행정학보에 논문을 게재한 필자의 넓은 아량을 구한다.

때라고 생각한다. 글이란 정확하고 적정한 정보제공이 있어야 하는 것으로, 이에 관한 대표적인 이론체계들은 커뮤니케이션 이론, 구조주의, 행정언어(Governmentalese) 이론 등이다.

커뮤니케이션 이론에 따르면, 언어는 사회적 상호작용의 도구이기에 그 주된 기능은 소통이다(장윤상, 2009).[2] 즉, 커뮤니케이션은 언어라는 매개체를 통하여 '정보의 창조와 공유를 통한 상호이해(mutual understanding)에 도달하는 과정'(Rogers, 1995 : 35 ; Marsen, 2006 : 3에서 재인용)이다. 이에 따르면, 인간의 사회적 행동이 질서 있는 구조를 갖게 되는 것은 커뮤니케이션의 규칙들 때문으로 이는 언어분석에 의해 파악될 수 있다(이규호, 1974). 여기서 논의하는 『한국행정학보』 봄호에 실린 문장의 코드화 양상을 이 이론에 대입하면 행정학자가 쓴 글과 그 글을 읽는 독자와는 상호이해에 도달하는 과정에 문제가 있다는 것이다.

구조주의 이론에 따르면, 사회적인 현상은 대상화된 자연현상처럼 보편적인 논리의 기제로 파악되지 않으며, 설사 행태과학(형태론)에로 환원된다 하더라도 표층(surface structure)에 불과하고 심층(deep structure)에서는 사회과학적 연구들이 행태과학에로 환원될 수 없다. 즉, S-(O)-R [Stimulus-Organ-Response]의 공식은 표층에 한정되며(이규호, 1974), 표층에 나타난 행위는 그 의미의 연원이 심층에 있고 변형과정을 통해 표층으로 옮아갔다는 것이다. 다시 말해서, 표층에서 보이는 글의 표현은 그 심층에 있는 의미를 왜곡할 수도 있으므로 이를 막기 위해서는 정확한 표현이 필요하다는 관점이다.

행정언어(Governmentalese)[3]의 이론에 기초하면, 행정학이란 행정에서

---

2) 이런 관점을 기능주의라고 하며 형식주의와 구별된다. 이에 대한 자세한 설명은 장윤상 (2009)을 참조하라.

일어날 수 있는 실험비용을 최소화하는 방법이나 이론을 연구하는 학문이라 할 수 있고 그 주된 작용은 판단이다. 이에 따르면, 행정조직은 이슈, 언어와 행동으로 이루어진 체계이다(Watson. 2002).[4] 행정언어 이론을 전개한 Farmer(1999)는 행정현상이란 실존 그 자체가 언어라는 렌즈를 통해 보는 것이라고 주장한다. 이에 기초하면, 행정학의 연구에 패러다임이 서서히 변해가고 있는데 그 변화를 'Modern에서 Post-Modern으로'라고 요약할 수 있다. Post-Modern의 행정학은 의사결정을 이루는 데 의사소통에 많이 의존해야 함을 알 수 있고 따라서 언어가 중요해짐을 알 수 있다(강준만, 2007). 따라서 현실적 측면에서도 학술적 측면에서도 의사소통과 언어의 중요성이 점점 증대되고 있다. 이에 관해서 좀 더 논의를 해 보기로 한다.

제2절 의사소통의 이론

1. 의사소통의 의미와 과정

의사소통이란 무엇인가? 공적 사안에 대한 서로 다른 견해와 믿음들은 공공의 현안과 쟁점으로 부상하게 되며 사회 구성원들이 토론을 통

---

3) 행정언어 이론에 관한 간단한 정리는 김종술(2009)을 참조하라. 이 이론은 행정언어연구회를 중심으로 연구를 진행하는 미완의 이론이다. 행정현상을 언어구조의 분석에 의해서 이해하려 하는 이론으로 언어적인 연구는 경험적이면서 논리적 성격이고 철학적 접근이면서 방법론적 탐색을 아우르는 이론이다. 경험적 행정언어는 그 하위 영역으로 관료언어 또는 공무원언어(Bureaucratese or Officialese), 법적 용어(legal term), 그리고 행정과정언어(Administrative Language) 등으로 이루어진다고 생각한다. 이는 차후 더 연구해야 할 과제로 남겨둔다.

4) Watson(2002)은 language와 action만을 언급하였으나 필자가 여기에 이슈를 첨가하였다. 조직이 아닌 개인의 관점에서는 language, action, consciousness(의식)으로 정리할 수 있다.

해 조정하는(이상철, 2009) 기제는 민주주의 사회의 기본으로 이미 오래 전에 자리 잡았다. 즉 정치적·사회적 기본 소양으로서의 의사소통은 널리 알려져 있으며 학술적 의미에서도 아주 중요한 민주주의 원칙으로 존중되어야 한다는 전제에는 이의를 제기하지 않을 것이다. 그럼에도 실제로는 이 원칙이 지켜지지 않고 어떤 이의 표현이 다른 이에게 혼란을 불러일으키는 일이 다반사가 되었을 정도이다(이광석, 2009). 의사소통은 모든 인간 행위의 핵심(Littlejohn, 1982 : 244 ; 구현정, 2009에서 재인용)으로 '어떤 이(전달자)가 전하고자 하는 내용을 언어기호를 통해 전달되어 다른 어떤 이(수신자)가 그 내용을 이해하는 것'을 말한다(구현정, 2009 : 14).

행정학에서 의사소통이란 전달자가 수신자에게 전하는 내용과 매체이다. 의사소통(Communication)의 과정을 간단히 나타내면 다음 [표 2-1]이 된다.

여기서 언급하고자 하는 것은 의사소통 과정에서 수신자의 반응(response, 피드백(feedback) 과정)이 가능하게 해 주어야 할 책임이 전달자에게 있다는 점이다. 그럼에도 이 과정이 순탄하지 않은 것은 잡음 또는 장애로 인해 그 과정에서 의사전달이 방해를 받기 때문이다. 의사소통의 장애 또는 잡음에 대해서 논의할 때는 대체로 전달자가 수신자에 초점을 맞추는 관점과 내용과 매체에 맞추는 관점의 둘로 나눈다. 전자에는 준거기준의 차이, 지위상의 차이, 전달자의 자기 방어 등이 속하는 한편 후자에 초점을 두면 언어와 지리적 거리 등을 든다(박동서, 2005 : 588). 이 글은 전달자(speaker)가 수신자(audience)에게 전하는 내용(message)과 이를 전달하는 수단인 언어에서[5] [표 2-1]의 전달자 항의 「② 쓰는 것」을 중심으로 고찰하는데 상징 항의 「② 내용」의 명료성, 일관성, 적정성 등에 문제가 있음을 보이고 이를 나은 방향으로 다듬고자 한다.

[표 2-1] 의사소통의 과정

정보원	→	전달자	→	상징	→	수신자	→	반응

① 권위성
② 신뢰성
		① 말하는 것
		② 쓰는 것
		③ 행동하는 것
		④ 그림그리는 것
				① 수단 :
				  단어, 행동,
				  그림, 숫자
				② 내용 :
				  명료성,
				  일관성,
				  적정성,
				  적시성
						① 호의성
						② 무관심
						③ 반 감
								① 수령
								② 거부

출처 : 박동서(2005 : 581)

2. 의사소통에서의 장애에 관한 선행연구와 이 글의 연구방법

전달 수단인 언어와 관련해서는 언어의 논리성과 추상성, 잘못된 언어 사용 등이 지적되어 왔으나(박동서, 2005 : 588), 행정학에서 많은 연구는 이루어지지 않았다. 다만 지금까지 이루어진 것 중 특히 설문지 작성에서의 언어문제를 다루는 실용과 결부된 연구가 있다. 먼저, 김광웅(1996)은 여론조사의 신뢰도를 저해하는 요인으로 '지역발전·개발'과 '지역경제활성'과 같은 개념이 중복되었음을 지적하고 개념 구성과 조작적 정의의 잘못을 저지르는 사례를 실무를 통해 짚어 주었다. 그 밖에 홍순이(2007)나 커뮤니케이션 스킬을 논의한 김은주(2005)처럼 실용적 목적으로 논의는 조금 하고 있다. 논문작성을 위한 지도용으로 출판된 책에서는 표현양식에 대해서 언급하지 않고 있다(김태영 외, 2003). 행정

5) 박동서(2005 : 581)는 [표 2-1]의 상징 항의 ① 수단 : 단어-라고 표기하고 있으나 '단어'가 아니라 '언어'가 되어야 할 것이다.

학 개설서인 박동서(2005)에서는 1개 절을 의사전달이라는 이름으로 논의하고 있다. 조직을 다룬 오석홍(1999)에서는 조직과정론에서 일부 장을 할애하여 다루고 있다. 즉, 대표적인 행정학 저서들에서는 의사소통이 큰 주목을 끌지 못하고 있음을 보여준다고 할 수 있다.

반면, 신문방송학이나 언어학 등에서는 논의가 활발하다. 전자의 대표로는 강준만(2007)과 이상철(2009)을 들 수 있고 후자의 대표로는 구현정(2009)을 들 수 있다. 구현정은 지금까지 이루어진 대화에 관한 언어학적, 심리학적, 사회학적, 철학적 연구를 바탕으로 하여 대화의 기본이론과 실제적 방법을 잘 정리하였다. 한편, 이상철은 글의 구성에 대해 일반론에 기초하여 잘 설명하였다. 우선 아이디어를 주요 아이디어(key words), 세부 아이디어, 부연자료로 나누고 부연자료는 주요 아이디어의 타당성을 뒷받침해주는 근거(evidence)인데 ①사실, ②예증, ③통계, ④증언 및 인용, ⑤비교/대조의 방법을 이용해야 한다고 주장했다.

이 글에서는 행정학자들이 논문을 통해 의사소통하는 데 장애가 되는 코드화(encode)에 관해 논의하려 한다.6) 코드화 양상을 알기 위해 여기서는 2007년 『한국행정학보』 봄호에 실린 논문의 문장을 분석하였다. 그 과정은 먼저 국어학적 지식을 바탕으로 분석하여 기존의 연구가 놓치고 있는 점, 즉 비록 의도하지는 않았지만 표현을 명료하게 하지 못하거나 하지 않음으로써 의사전달에 왜곡을 불러일으키는 요소를 찾아내 진단하고 행정학적 측면에서의 해결책을 제시함으로써 우리 학계의 한

---

6) '어떤 이(전달자)가 전하고자 하는 내용을 언어기호를 통해 전달되어 다른 어떤 이(수신자)가 그 내용을 이해하는 것'을 말한다(구현정, 2009 : 14). 이때 전달자는 개념을 말소리로 바꾸게 되는데 이를 코드화(encode)라 하고 수신자는 전달된 말소리를 개념으로 되바꾸게 되는데 이를 코드해독(decode)이라 한다.

부정적 단면을 긍정적으로 전환시키고자 하는 것이 이 글의 목적이다.

제3절 한국 사회과학자들의 언어인식
:『한국행정학보』의 문장 분석

문장을 분석하는 방법과 잣대는 대단히 다양하다. 이 장에서는 한국 행정학보에 실린 문장을 대상으로, 문단, 문장, 어휘 층위로, 또 표현 차원으로는 국어답지 않은 문장, 번역투 등으로, 그 밖에는 국어정서법에 어긋난 것, 문장 부호 사용 오류, 오타 등 여러 분야로 나누어 분석하였다. 차례로 살펴보자.

1. 문단 층위

단락이란 중심문장과 뒷받침문장으로 된 의미의 한 단위이므로 구분해야 할 다른 단위의 의미를 서술할 때는 단락을 바꾸어야 한다. 또한 단락은 형식상, 단락이 시작되는 문장 앞을 한 칸 비움으로써 다른 단락과 구분된다. 이렇게 구별되지 아니한 예를 살펴보자.

  (1) 210-하4[7] : **(1)** 둘째, B2의 음(-)의 피드백루프는 북한경제의 침체로 인해 ⋯ 군사무기 수출이 증가함에 따라 북한경제가 증가하게 되는 시스템구조의 논리가 성립되게 된다. **(2) 다음으로** B3의 음(-)의 피드백루프는 ⋯.

---

7) '210-하4'는 210쪽의 아래로부터 넷째 줄을, '20-3'은 20쪽의 셋째 줄을 뜻한다. 쪽수를 밝히지 못한 것도 있다. 그리고 본문은 이탤릭체로 표시하였다.

위 문장에서 내용 (1)과 (2)는 전혀 다른 내용을 기술하고 있으므로 단락을 나누어야 한다.[8] 위와 같이 단락을 구분해야 할 필요가 있는 부분은 32쪽 아래부터 3행 등 여러 곳이며, 54쪽 18행의 "본 논문에서는 조직구성원이…."에서는 문단을 바꾸면서 해야 할 형식상 문단 구분 표지인 '들여쓰기(indention)'가 되어 있지 않은 모습을 볼 수 있기도 하다.

> (2) 1-요약 : *(1) 민간위탁을 채택하고 있는 자치단체들을 대상으로 한 부분분석에서는 민간위탁과 직접수거를 모두 사용하지 않고 전적으로 민간위탁을 채택할 확률에 통계적으로 유의미한 영향을 미치는 요인은 자치단체의 재정규모, 서비스수요, 주변 자치단체들의 위탁비율 및 당시 위탁수거에 대한 만족도인 것으로 나타났다. (2) 또한, 모든 자치단체를 대상으로 한 전체분석에서는 민간위탁 전용보다 직접수거 전용을 택하는 데 통계적으로 유의미한 영향을 미치는 변수는 재정규모, 이웃효과 및 도시화였고, 민간위탁 전용보다 혼합수거를 택하는 데 **통계적을** 유의미한 영향을 미치는 변수는 재정규모, 서비스수요 및 이웃효과로 나타났다.*

위 문장에서 내용 (1)은 부분분석에 관해, 문장 (2)는 전체분석에 관해 언급하고 있다. 따라서 (1)의 내용과 (2)의 내용은 요약이라 하더라도 구분하는 것이 바람직하게 생각되며, '통계적을'은 '통계적으로'가 잘못 쓰인 것으로 보인다.

---

8) 분석 대상 문장에 넣은 번호나 문장의 일부를 진하게 한 것 등은 논의를 전개하기 위해 필자가 편의상 한 것이다.

2. 문장 층위

1) 문장의 길이

커뮤니케이션의 기본 단위는 문장이다. 문장의 길이는 커뮤니케이션을 방해하는 요소로 작용하기도 하고 돕는 요소가 되기도 한다. 한 문장은 형식상 대체로 40글자에서 60글자 사이의 길이가, 한 문장에는 내용상 한 가지 사건이나 개념을 담는 것이 바람직하다.

한국행정학보에 실린 논문에서 쓰인 문장은 전반적으로 길이가 긴 것으로 생각된다. 이로 말미암아 수신자는 전달자의 의도를 파악하기가 어렵다. 아래 문장을 보자.

> (1) 244-하10~ : *시대에 따라 한국행정연구자와 연구자들의 관심이 변화한 것을 두고 기존의 연구 관심분야가 완전히 바뀌었다고 하는, 예를 들어 천동설이 지동설로 변한 것과 같은 패러다임의 변화(paradigm shift)라고 말하기는 어렵지만, 기존의 연구영역이 존재하면서도 시대 상황에 맞게 새로운 연구영역에 대한 관심의 증가, 예를 들어 물리학의 경우 뉴턴의 만유인력 법칙에서 아인슈타인의 상대성원리로 주된 논의가 옮겨간 경우와 같은 '패러다임의 변화(paradigmatic shift)(Lan & Anders, 2000)는 한국행정연구에도 있었다고 볼 수 있을 것이다.*

위 문장에서는 세 번째 줄 '말하기는 어렵지만, 기존의 연구영역이'를 '말하기는 어렵다. 그렇지만 기존의 연구영역이'처럼 내용을 둘로 쪼개어 서술하는 것이 문장을 이해하는 데 유익하다.[9]

---

9) 필자가 설명하고자 예를 든, 쪽수와 행수가 적힌, 문장에 대한 해석은 굴림체를 사용하고 또 해당 문장 아래에다 두며 들여쓰기를 하지 않기로 한다. 이하 모두 같다.

(2) 24-8~ : 박천오(2005 : 3)도 *부처간의 권력관계를 분석하면서도 행정부 내부의 부처간 관계를 설명하는데는 네트워크의 개념이 매우 유용하다고 지적하고, 이는 행정부가 단일적인 결정주체라기 보다는 준독립적인 성격의 다수기관들이 상호 느슨하게 연결된 일정의 '집합체(a conglomerate)'이고, 행정 내부의 대부분 결정 대부분이 이들 부처간의 상호 작용에 의거하여 이루어지며 이러한 상호작용에 일정한 패턴이 지속되기 때문이라고 강조하고 있다.*

이 외에도 한국행정학보에 실린 숱한 문장이 길이가 길거나 불필요한 단어가 많이 나열된 모습을 보인다. 문장이 길어지는 까닭은 대체로 한 문장 안에 여러 내용을 담으려는 의욕이 앞서는 경우와 내용을 정리하지 않은 상태로 모두를 늘어놓거나 같은 표현을 반복하는 것 등에서 그 원인을 찾을 수 있다. 예를 통하여 수정해 보면 다음과 같다.

(3) 157-하4 : *미국의 경우 한국과 비교해 볼 때 연임에 관한 연구가 많으나 지방자치단체 장에 대한 연임에 대한 연구보다는 주로 연방정부의 상원과 하원의 국회의원의 연임에 대한 연구가 대다수를 이루고 있다.*
→**미국은 한국보다 연임에 관한 연구가 많으나,** 지방자치단체장에 **대한 것보다는** 연방정부의 상·하원 의원의 연임에 대한 연구가 대다수를 차지하고 있다.
(4) 9-하7 : *(3) 서비스수요 : 서비스수요가 작은 자치단체들은 민간위탁을 통한 비용절감의 편익이 클 것이기 때문에 전적으로 직접공급하거나 혹은 민간과 함께 공급하기보다는 전적으로 민간위탁할 가능성이 더 높을 것이나, 서비스수요가 큰 자치단체들은 직접공급을 통해서도 규모의 경제를 달성할 수 있으므로 전적으로 직접공급하거나 혹은 민간과 함께 공급하기보다는 전적으로 민간위탁할 가능성이 더 낮을 것이다.*
→(3) 서비스수요 : 서비스수요가 작은 자치단체들은 민간위탁을 통한 비용절감의 편익이 클 것이기 **때문에 이10) 전적으로** 민간위탁할 가능성

이 더 높을 것이나, 서비스수요가 큰 자치단체들은 직접공급을 통해서도 규모의 경제를 달성할 수 **있으므로 0 전적으로** 민간위탁할 가능성이 더 낮을 것이다.

→(3) 서비스수요 : **전적으로 직접공급하거나 혹은 민간과 함께 공급하기보다는,** 서비스 수요가 작은 자치단체들은 민간위탁을 하면 비용이 크게 절감되므로 전적으로 민간위탁할 가능성이 높으나 서비스 수요가 큰 자치단체는 직접공급을 통해서도 규모의 경제를 달성할 수 있으므로 전적으로 민간위탁할 가능성이 더 낮을 것이다.

(5) 12-7 : *직영수거하는 66개 지방자치단체 가운데 군이 51개(77.3%)로 가장 많이 하고 있고, 다음으로 시가 14개(21.2%)로 다음으로 직영수거를 많이 하고 있으며, 자치구는 1개(1.5%)만이 직영으로 운영하고 있는 것으로 나타났다.*

→ 직영수거하는 66개 지방자치단체 가운데, 군이 51개(77.3%)로 가장 많고, **다음으로는 시가 14개(21.2%)이며,** 자치구는 1개(1.5%)만이 직영으로 운영하고 있는 것으로 나타났다.

(6) 25-11 : *최근에는 중앙부처단위의 수평적 관계보다는 주로 거버넌스 차원에서 행정외부와 행정내부를 포함하는 정책네트워크를 분석대상으로 하는 연구가 최근 증가하고 있다.*

→ **최근에는** 중앙부처단위의 수평적 관계보다는 주로 거버넌스 차원에서 행정외부와 행정내부를 포함하는 정책네트워크를 분석대상으로 하는 연구가 **0** 증가하고 있다.

위 문장 (4)~(6)에서와 같이, 같은 어구를 반복해서 사용할 때에는 반점과 같은 것을 이용하여 문장을 간략하게 제시하거나 정리하는 것도 필요하며, 불필요한 같은 단어를 반복해서 사용하는 것들도 지양해야 한다.

---

10) '0'은 없앤다는 것을 뜻한다.

(7) *많은 지수 중에서 9개를 검토하였다. 이들을 검토해 보기로 한다.*
→ 많은 지수 중에서 **검토한 9개를 살펴보기로 한다.**

문장 (7)은 지나친 토막글이어서 오히려 두 문장을 한 문장으로 묶고 '검토' 중 한 쪽을 다른 단어로 바꾸면 좋을 듯하다.

2) 문장 간의 논리

(1) *214-6 : 2차 대전에서 중국은 일본에 패했다. 이는 당시의 제국주 의의 이데올로기의 지배에 따라 한국은 식민지로써의 수모를 당했고 ….*
→ 2차 대전에서 중국은 일본에 패했다. **이로(당시의 제국주의의 이데 올로기로) 말미암아** 한국은 식민지로써의 수모를 당했고 ….

두 번째 문장에서 선행문장의 내용을 대명사로 받은 결과 앞 문장과 의 연결이 어색하고 이해할 수 없게 되었으므로 선, 후행 문장의 의미를 연결할 적절한 부사라든가 적절한 내용 등이 필요하다.

(2) *4-하3 : 미국의 예를 보면, '지방정부는 주정부의 피조물'이라는 Dillon의 법칙에 따라, 지방정부들이 정책결정에 주정부의 영향이 무척 크게 작용할 수 있다.*
→ 미국의 예를 보면, '지방정부는 주정부의 피조물'이라는 Dillon의 법칙**에 따르면,** 지방정부들이 정책결정에 주정부의 영향이 무척 크게 작용할 수 있다.

앞, 뒤 문장의 의미 상황은 앞 문장에서 말한 법칙에 따라 뒤 문장 내용 이 결정되는 것이 아니라, 법칙에 의한다면 그리 될 수 있기도 하다는 의미 를 띠고 있으므로 선, 후행 문장 내용의 의미를 살펴 연결하여야 한다.

(3) 1-요약-2 : *민간에게 전적으로 수거를 위탁하는 자치단체가 가장 많고, 모든 쓰레기를 직접 수거하는 자치단체는 가장 적었으며, 이러한 모습은 자치단체의 종류에 따라 달랐다.*

→ **민간에** 전적으로 수거를 위탁하는 자치단체가 가장 많고, 모든 쓰레기를 직접 수거하는 자치단체는 가장 **적었는데, 이러한** 모습은 자치단체의 종류에 따라 달랐다.

(3)의 문장은 내용을 단순히 나열하는 것이 아니라, (필자의 연구) 결과와 그 결과가 다양하게 나타난다는 것으로 설명되어야 더 적절해 보인다. 또한 '민간에게'의 '민간'은 유정물이 아니므로 조사 '-에게'가 아닌 '-에' 사용이 적절하다.

(4) 51-하15 : *(A) 설문조사를 통한 통계적 방법은 조직구성원의 동적인 의사결정과정과 관련된 조직구성원 간 상호작용을 설명하는데 한계가 있다. (B) 조직구성원의 팀제와 같은 새로운 제도를 어떻게 받아들이고 있는가를 분석하기 위해서는 조직구성원과의 충분한 대화나 관찰을 통한 상향식(buttom-up)의 연구가 더 적절하다.*

→(A) 설문조사를 통한 통계적 방법은 조직구성원의 동적인 의사결정과정과 관련된 조직구성원 간 상호작용을 설명하는데 한계가 있다. **그러므로 (B)** 조직구성원의 팀제와 같은 새로운 제도를 어떻게 받아들이고 있는가를 분석하기 위해서는 조직구성원과의 충분한 대화나 관찰을 통한 상향식(buttom-up)의 연구가 더 적절하다.

예문 (4)의 두 문장의 관련성은 'A는 한계가 있기 때문에 B가 적절하다'로 해석되므로 이 두 문장 사이에는 '그러므로'와 같은 접속부사가 있는 것이 더 적절하게 생각된다.

　　(5) 240-하6 : *반면 해외학위 연구자의 경우 지방정부에 관한 연구가*
17.2%(140편), 중앙정부에 관한 연구가 16.3%(133편)로 상대적으로 높
게 나타났다.

　　→ 반면 해외학위 연구자의 경우 지방정부에 관한 **연구가 17.2%(140**
편)(으)로, 중앙정부에 관한 연구 16.3%(133편)보다 상대적으로 높게
나타났다.

　　그 밖에도 90-13과 116-2에서는 앞 문장과 뒤 문장 사이에 관련을
지어주는 매개들이 필요해 보이며, 138-하4의 앞 뒤 문장의 관계는 역
접으로 이해되므로 '검증되지는 못하였고'를 '검증되지는 못했지만'의 형
식으로 바꾸어야 할 것으로 생각된다.

3. 문장 내 층위

1) 문장 성분[11] 간의 호응

　　문장을 이해하는 데 중요한 것은 문장 성분 사이의 적절한 호응과 필
수적인 문장 성분의 빠짐없는 배치이다. 그러나 논문의 문장들에서는 주
어와 서술어, 혹은 목적어와 서술어, 부사어와 서술어와의 사이에 호응
이 어긋나는 경우와 문장 성분이 부족하여 의미를 제대로 이해하기가

---

11) 문장은 단어로 구성되는데, 이 단어는 문장에서 쓰이는 역할에 따라 주어, 서술어, 목적어,
　　보어, 부사어, 독립어 등으로 이름을 붙이게 된다. 한국어는 서술어가 중심인 언어이므로
　　서술어에 따라 필요한 문장 성분이 정해지게 된다. 그런데 필수적인 문장 성분인 주어나,
　　목적어, 필수 부사어 등이 문장에 제시되지 않을 때에는 문장의 뜻을 이해할 수 없거나
　　뜻이 모호해진다.
　　예컨대, 위의 밑줄 친 문장에서 '이해할 수 없다'와 '모호해진다'가 서술어이다. '이해하다'
　　는 '목적어'인 '뜻을'이, '모호해진다'는 '주어'인 '뜻이'가 있어야 한다. 만약에 '뜻을'만 두었
　　다고 가정했을 때에는 '문장의 뜻을 이해할 수 없거나 모호해진다'가 되어, 서술어 '모호해
　　진다'에 적합한 문장성분이 빠짐으로써 의미를 정확히 전달할 수 없게 된다.

어려운 예들이 많이 발견된다.

(1) 169-하15 : *이상의 분석에서 새롭게 발견된 것은 사회복지비를 증가시키거나 또는 지역경제성장비를 증가시키는 것이 시장의 연임에 유의미하게 기여함을 알 수 있다.*

→이상의 분석에서 새롭게 발견된 **것은** 사회복지비 또는 지역경제성장비를 늘리는 것이 시장이 연임하는 데에 **기여한다는 점이다.**

문장 (1)에서 주어는 '⋯ 것은'이며 이에 호응하는 서술어는 '알 수 있다'가 된다. 이 문장에서 '것은'과 '알 수 있다'가 주어와 서술어로서 호응이 되지 않는다. 따라서 서술어를 주어에 호응하도록 바꾸어야 한다. 또한 고친 문장에서처럼, 같은 어구를 생략함으로써 문장의 길이도 간결해진다.

(2) 1-요약-1 : *이 연구는 우리나라 지방자치단체 쓰레기수거서비스 거버넌스 구조가 어떻게 이루어졌는가와 그 결정요인이 무엇인가에 관하여 탐구하였다.*

→**이 연구는** 우리나라 지방자치단체 쓰레기수거서비스 거버넌스 구조가 어떻게 이루어졌는가와 그 결정요인이 무엇인가에 관하여 **탐구한 것이다.**

→**이 연구에서는** 우리나라 지방자치단체 쓰레기수거서비스 거버넌스 구조가 어떻게 이루어졌는가와 그 결정요인이 무엇인가에 관하여 **탐구하였다.**

(3) 23-하10 : *또한 기능이나 제도중심의 기존 연구는 부처 상호 간의 갈등과 조정의 관계를 수평적 관계보다는 수직적 관계에 중점을 둔 경향이다.*

→또한 기능이나 제도중심의 **기존 연구는** 부처 상호간의 갈등과 조정

의 관계를 수평적 관계보다는 수직적 관계에 중점을 두는 **경향이 있다.**

  (4) 39-1 : *이는 개별행위자들은 자기 조직의 효율성이나 구체적인 조직성과 향상보다는 전체 네트워크 내에서의 정당성을 확보하는 수단으로 새로운 또는 유사한 정책의 도입을 선택하게* **된다.**

  →**이는** 개별행위자들은 자기 조직의 효율성이나 구체적인 조직성과 향상보다는 전체 네트워크 내에서의 정당성을 확보하는 수단으로 새로운 또는 유사한 정책의 도입을 선택하게 된다는 **것이다.**

  (2), (3), (4) 모두 주어와 서술어가 호응되지 않는 예이다. 그중 (3)의 '기존연구'와 '경향'은 같은 것이어야 위 문장이 성립한다. 그러나 '연구'와 '경향'은 동일하지 않기에 '연구는', '경향이 있다'의 형식으로 바꾸어야 한다.

  (5) 115-하6 : *위험에 대한 정의는 크게 세 가지 필수적인 사항들이 공통적으로 들어가 있다.*

  →위험에 대한 **정의에는** 크게 세 가지 필수적인 사항들이 공통적으로 **들어가 있다.**

서술어 '들어가 있다'와 호응될 수 있는 것은 '~에는'의 조사가 든 성분이어야 한다.

  (6) 40-12 : *<유형 I>은 최단거리 결속성이 높은 협력적 관계와 구조적 등위성이 높은 경쟁적 관계가 동시에 발생하는 분쟁과 협력이 병존하는 부처관계로 건교부와 환경부, 재경부와 산자부, 기획예산처와 인사위 등으로 여기에 해당 되는 것으로 나타났다.*

  →<유형 1>은 최단거리 결속성이 높은 협력적 관계와 구조적 등위성이 높은 경쟁적 관계가 동시에 발생하는 부처는 건교부와 환경부, 재

경부와 산자부, 기획예산처와 **인사위 등으로, 이들 기관이 분쟁과 협력이 병존하는 부처관계에 해당되는** 것으로 나타났다.

위 문장에서는 성분 간의 호응 문제뿐만 아니라 수식과 피수식어의 관계가 불분명하고 대명사를 사용하여 문장의 의미를 정확히 제시할 수 없었고 한 단어를 띄어 쓰는 양상도 보인다.

그 밖에 아래에 제시한 문장들에서도 문장 성분의 호응 결여와 문장 성분의 부족 양상을 볼 수 있다.

(7) 44-8 : 따라서 (?) 다양한 정책의 연합체로서 '네트워크 정부'의 통합적 성과를 높이기 위해서는 협력과 경쟁, 그리고 권위가 조화롭게 균형을 이루는 부처관계가 형성되고 운영되는 정부시스템이 필요한 시점이다.

문장 (7)에서는 서술어 '필요한 시점이다'의 주어로 '이제는'이라든가 시간과 관련이 있는 어구가 필요하다.

(8) 117-2 : (?) 정상적인 생활이나 활동이 이루어지는 사회 체계를 위협하는 것으로서의 위험이기 때문이다.
(9) 143-9 : 이런 점에서 (?) 많은 연구들에서 공통적으로 사회규범의 구성 요소로 다루어지고 있다(Narayan & Cassidy, 2001).

문장 (8)과 (9)는 모두 서술어에 알맞은 주어가 빠져 의미 전달이 되지 않는다.

(10) 137-10 : 이 연구에서는 시민접촉을 정당과 사회단체와 같은 대

의정치제도를 보완하는 정치참여 형태로 다루어지고 있다.

→ 이 연구에서는 **시민접촉을** 정당과 사회단체와 같은 대의정치제도를 보완하는 정치 참여 형태로 **다루고** 있다.

문장 (10)에서 자동사 '다루어지다'의 서술어와 적합한 것은 '시민접촉이(은)'이고 목적어 '시민접촉을'과 적절한 서술어는 타동사 '다루다'이다. 왜냐하면 국어 동사 중 타동사는 목적어를 취해야 하고 자동사는 그렇지 않기 때문이다.

    (11) 80-하1~ : 본 연구에 사용될 표본은 가능한 한국의 정책집행 계층을 가장 잘 대표할 수 있는 중앙과 지방의 행정기관 공무원을 추출하기 위하여,

    → 본 연구에 사용될 표본을 가능한 한 한국의 정책집행 계층을 가장 잘 대표할 수 있는 중앙과 지방의 행정기관 공무원으로 하기 위하여,

    (12) 231-14 : 여건 및 환경에 대한 인식하고 분석한 산물이다.

    → 여건 및 환경에 **대해** 인식하고 분석한 산물이다.

(12)에서 관형어 '대한'이 쓰인다면 '인식과 분석의 산물이다'처럼, 관형어가 수식하는 대상이 명사가 되어야 한다.

    (13) 128-3 : 이 중에서 지구온난화, 생태계 파괴, 토양 오염의 사회적 위험도가 높게 인식되고 있어 발전원별 사회적 위험에 대한 인식은 환경 파괴에 대한 심각성을 매우 중요하게 인식되고 있다.

    → 이 중에서 지구온난화, 생태계 파괴, 토양 오염의 사회적 위험도가 높게 인식되고 있어 발전원별 사회적 위험에 대한 인식은 환경 파괴에 **대한 심각성을** 매우 중요하게 **인식하고 있다.**

　문장 (13)은 목적어 '심각성을'에 대응되는 서술어가 '인식되고 있다'
이다. '인식하다'는 타동사이고 '인식되다'는 자동사이므로, '심각성을'에
적합한 서술어는 '인식하다'이다. 이처럼 목적어와 서술어의 불협화음은
비단 이 문장에만 국한되는 현상은 아니다. 또한 이 문장 내용을 이해하
기란 쉽지 않다.

　　　(14) 141-7 : *이것은 Rahn(1977)에 따르면, 다른 사람들을 신뢰할 수*
　　있는 사람들이 속이거나 훔치고 거짓말하지 않고 다른 사람과 협력하기
　　가 용이하기 때문이다.
　　　→ 이것은 Rahn(1977)에 따르면, 다른 **사람들을** 신뢰할 수 있는 **사람**
　　은 다른 사람을 속이지 않고 다른 이들의 물건을 훔치지 아니하며 거짓
　　말하지 않는다. 또한 다른 사람과 협력을 잘한다.

　문장 (14)의 주어는 '다른 사람들을 신뢰할 수 있는 사람들'이며, 서술
어는 '속이거나 훔치고 거짓말하지 않고'이다. 문장 그대로를 해석했을
때, 주어는 '다른 이들을 속이거나 다른 이의 물건을 훔치며 거짓말하지
않는' 사람이 된다. 이는 필자가 의도한 의미가 아닐 것이다. 내용상, 주
어는 '속이지 않고 훔치지 않으며 거짓말하지 않는' 존재여야 한다. 그러
려면 속이고 훔치는 서술어의 문장 성분을 모두 채워 의도하는 의미를
분명히 드러낼 수 있도록 구성해야 한다. 또한 앞 문장과 뒤 문장과의
관련성도 고려해야 한다. 즉, '다른 사람과 협력하기가 용이하기 때문이
다'와 앞의 내용 '다른 사람들을 신뢰할 수 있는 사람은 다른 사람을 속
이지 않고 다른 이의 물건을 훔치지 아니하며 거짓말하지 않는' 것과 병
렬될 수 있는 것인지를 살펴야 한다는 것이다.

2) 문장 성분의 결여

(1) 211-각주 하2 : 한편, 북한은 미국에게 연간 미사일 수출에 의한 외화획득의 금액이 전체의 1/3에 해당하므로 이를 보상해줄 경우 미사일 수출을 중단할 의사가 있음을 협상의 주제로 다루고 있다.

→**한편, 북한은 미사일을 수출하여 벌어들이는 외화가 연간 외화 획득 전체 금액의 1/3에 이르므로 미국이 이를 보상해줄 때는 북한은 미사일 수출을 중단할 의사가 있다며, 이를 협상의 주제로 다루고 있다.**

위의 문장은 여러 가지 내용을 한 문장에다 담고 있기에 이해하기가 어려운 문장이므로 적절하게 내용을 나누고 서술해야 할 것이다.

(2) 140-2 : 이에 따라 시민접촉을 "개인이나 가족의 이익을 위한 사적 접촉을 제외한 공공문제와 관련된 이웃, 동료 지역사회 등의 이익제고 또는 불만해결을 위한 지방공직자에 대한 접근"으로 규정하고 측정을 위해 목적적 측면에서는 사회적 동기의 접촉, 그리고 대상 측면에서는 선거직 공직자인 단체장과 지방의원, 그리고 행정관료 접촉으로 조작화한다.

문장 (2)에서는 '측정'의 대상인 목적어 등이 빠져 있으며 (선거직 공직자인 단체장과 지방의원)과 (행정관료)가 같은 층위라면 '선거직 공직자인 단체장, 지방의원'과 '임명직(?) 공직자인 행정관료'처럼 병렬도[12] 고려해야 한다.

---

12) 국어에서 병렬은 매우 흔하면서도 다양하게 실현된다. 예컨대 '(a) 나는 산을 좋아하나 (b) 너는 공부한다'라는 문장이 있다면 (a)와 (b)는 내용상 부적절한 나열이다. 위에서 '선거직 공직자인 단체장과 지방의원 그리고 행정관료'라는 문구를 살펴보면, '단체장과 지방의원'은 '선거직 공직자인'이 수식을 하는 구조이지만 행정관료는 수식하는 것이 전혀 없다. 이럴 때 '행정관료'를 '임명직 공직자인(?)'처럼 구조를 같게 해야 하는 것을 말한다.

(3) *조직구성원의 해석과정은 다양한 특성을 보인다. 예를 들면 신념을 바탕으로 신뢰성과 타당성에 근거를 두어 해석하기도 하고( ) 해석수준에 따라 미시적 기준과 거시적 기준이 적절히 사용되기도 한다.*

→ 조직구성원의 해석과정은 다양한 특성을 보인다. 예를 **들면, 조직구성원들은** 자신의 **신념을** 바탕으로 신뢰성과 타당성에 근거를 두어 **(무엇을? 어떻게?)** 해석하기도 하고( ) 해석수준에 따라 미시적 기준과 거시적 기준을 적절히 **사용하기도** 한다.

위 문장은 '주어가 조직구성원이라고 판단되며, 이랬을 때 해석하고 사용하는 것이 모두 구성원이 하는 것으로 이해되므로' 둘 다 능동문이 되어야 하며 문장 안에는 문장 성분을 제시해야 이해하기가 쉬울 것으로 생각된다.

3) 수식어와 피수식어의 위치

(1) 40-12 : *<유형 I>은 최단거리 결속성이 높은 협력적 관계와 구조적 등위성이 높은 경쟁적 관계가 동시에 발생하는 분쟁과 협력이 병존하는 부처관계로 건교부와 환경부, 재경부와 산자부, 기획예산처와 인사위 등으로 여기에 해당 되는 것으로 나타났다.*

위 문장에서 수식어는 '발생하는'이고 '발생하는'이 수식하는 피수식어는 '부처관계'가 된다. 그러므로 의미상 '발생하는 분쟁과 협력이'가 아닌 한 '발생하는' 뒤에 반점(,)을 두어 '발생하는'이 '부처관계'를 수식하도록 해야 한다. 반점은 멀리 있는 피수식어를 명확히 지정하는 기능이 있는데, (1)과 같은 경우에 사용하게 된다.

(2) 76-6 : *수료자가 취직을 하려면 일정 수준의 취직에 필요한 기술*

을 습득해야 한다.

→수료자가 취직을 하려면 **취직에 필요한 일정 수준의** 기술을 습득
해야 한다.

(3) 120-표 안 : *무분별한 에너지의 사용으로*→ **에너지의 무분별한 사
용으로**

(4) 228-2 : *로커스로 일컬어지며, 구체적으로 고유한 이론체계를 적
용해보는 연구 영역*

→ 로커스로 일컬어지며, 고유한 이론체계를 구체적으로 적용해보는
연구 영역

위의 예문 (2)에서는 '일정 수준의 취직이', (3)은 '무분별한 에너지',
(4)는 '구체적으로 고유한'의 의미를 띠게 된다. 이러한 의미 해석상의
오류를 피하려면 수식어 바로 앞에다 피수식어를 두어야 한다. 논문에서
이러한 경우는 대단히 많다.

4) 완전한 문장 만들기와 병렬 구조

76-하1 : *첫째, Piderit(2000 : 785)는 조직변화의 저항에 관한 과거의
경험적 연구를 살펴본 후에 직원들의 저항(employee's resistance)을 세 가지
로 분류하였다 : 인식상태, 감성 상태, 행태의 상태.*

→ 첫째, Piderit(2000 : 785)는 조직변화의 저항에 관한 과거의 경험적
연구를 살펴본 후에 직원들의 **저항(employee's resistance)을 인식상
태, 감성상태, 행태상태(인식 상태, 감성 상태, 행태 상태 / 인식의 상
태, 감성의 상태, 행태의 상태), 세 가지로 분류하였다.**

위 문장에 대해 두 가지를 말할 수 있다. 첫째, 특별한 경우가 아니라
면, 문장은 문장답게 구성할 필요가 있다. 그러려면 문장 밖에다 둔 '세
가지' 내용을 문장 안으로 배치하는 것이 필요하다. 둘째, '인식상태'와

'감성 상태', '행태의 상태'가 모두 같은 자격의 개념이라면 셋 모두를 '인식상태' 혹은 '감성 상태' 혹은 '행태의 상태' 가운데 한 가지로, 병렬 형식을 통일할 필요가 있다.

4. 단어 층위

1) 조사 '-의'

조사 '-의'는 일본어가 우리말에 가장 큰 영향을 미친 단어 가운데 하나이다. '의'는 상황에 따라 다양한 의미로 해석되기 때문에 정확한 의미를 전달하기 위해서는 가능한 한 내용에 걸맞게 풀어쓰거나 설명하는 것이 필요하다. 또 쓸데없이 쓰이는 경우도 많으므로 반드시 넣어야 할 곳인지를 확인하여야 한다.

(1) 2-1 : *중앙 및 지방정부들이 상당한 예산을 민간으로부터의 재화와 서비스의 구매에 사용하고 있다는 점에서*

→ 중앙 및 지방정부들이 상당한 예산을 민간으로**부터 재화와 서비스를 구매하는 데**에 사용하고 있다는 점에서

(2) 52-17 : *조직루틴은 특정의 행동을 취할 수 있는 행동의 저장소 (possibilities called repertories of action)이다.*

→ 조직루틴은 특정 행동을 취할 수 있는 행동의 저장소(possibilities called repertories of action)이다.

문장 (3)처럼, 용어를 번역할 때 'of'를 '의'로 직역하는 경우는 흔하다.

(3) 137-하7 : *한국의 경험적 연구에서도 정치활동과 시민단체 활동에*

왕성한 사람들이 시민접촉에 가장 적극적인 것으로 나타났다(박희봉 외 2006).

→**한국을 대상으로 한 경험**적 연구에서도 정치활동과 시민단체 활동에 왕성한 사람들이 시민접촉에 가장 적극적인 것으로 나타났다(박희봉 외 2006).

(4) 26-하8 : *부처 상호간의 목표의 양립가능성*

→부처 **상호 간 목표의 양립가능성**

→부처 **상호 간의 목표 양립가능성**

(5) 55-하1 : *의사결정과정을 연구의 대상으로 하였다*

→의사결정과정을 **연구 대상**으로 하였다.

(6) 61-7 : *다음과 같이 과거의 정당화 경향을 보였다*

→다음과 같이 **과거를 정당화하는 경향**을 보였다.

(7) 184-7 : *연도별 쓰레기 배출량의 차이가 없고*

→연도별 쓰레기 **배출량이 차이**가 없고

2) 조사의 오용

(1) 7-13 : *및 공사부문간 임금격차 등과 해당 서비스의 민간위탁과 유의미한*

→및 공사부문간 임금**격차 등이** 해당 서비스의 민간위탁과 유의미한

(2) 10-하8 : *그 성격상 민간위탁을 하고 있는 자치단체에게만 해당하는 자료*

→그 성격상 민간위탁을 하고 있는 **자치단체에만 해**당하는 자료

(3) 214-7 : *2차 대전에서 중국은 일본에게 패했다.*

→2차 대전에서 중국은 **일본에** 패했다

문장 (2)와 (3)에서 '자치단체'와 '일본'과 함께 쓰인 '-에게'는 무정물과는 공기할 수 없으므로 무정물과 통합할 수 있는 조사 '-에'가 쓰여야 한다.

(4) 153-요약-2 : *지방자치제 실시 이후 정부지출의 변화가 있었으며,*

→ 지방자치제 실시 이후 정부 지출**에** 변화가 있었으며,

(5) 153-요약-4 : *하나는 민선단체장 구성이 정부지출의 변화가 있었다면*

→ 하나는 민선단체장 구성이 **정부지출에 변화**를 일으켰다면

(6) 141-7 : *이것은 Rahn(1977)에 따르면, 다른 사람들을 신뢰할 수 있는 사람들이 속이거나 훔치고 거짓말하지 않고 다른 사람과 협력하기가 용이하기 때문이다.*

→ 이것은 Rahn(1977)에 따르면, 다른 **사람을** 신뢰할 수 있는 **사람들은** 속이거나 훔치고 거짓말하지 않고 다른 사람과 협력하기가 용이하기 때문이다.

위 문장에서 '사람들이'를 '사람들은'으로 고쳐야 하는 까닭은 그렇지 않은 사람들과 대조를 이루는 내용으로 구성되어 있기 때문이며, 복수를 나타내는 접사 '-들'을 반복하여 사용하는 것은 우리말의 고유 정서와는 배치되는 것이므로 문장 안에서 한 번만 쓰는 것이 바람직하다.

(7) 197-3 : *본 연구에서는 종량제 실시 이후부터 2004년까지 자료를 취합하였고*

→ 본 연구에서는 종량제 실시 이후부터 **2004년까지의 자료를** 취합하였고

특히, 197-3의 예에서는 '의'가 있으면 '그때까지의 자료'를 의미하지만 없으면 '2004년까지 자료를 취합한' 것으로 이해되므로 '의'의 유무는 위 문장에서 매우 중요하다. 또한 명사 '자료'를 수식하려면 수식할 수 있는 구성을 만들어야 하므로 소유격 조사 '-의'를 사용해 연결하는 것이 필요하다.

(8) 1-3 : 정부의 능력의 한계와 도덕적 해이로 인한 정부실패에 무기력한 모습을 보임으로써 ···.

→ 정부의 **능력** 한계와 도덕적 해이로 인한 **정부실패의 무기력한** 모습을 보임으로써 ···.

(9) 209-9 : 이는 문제제공의 당사자로써의 북한을

→ 이는 문제제공의 당사**자로서의** 북한을

'북한'이 수단은 아니므로 자격을 나타내는 '-(으)로서'를 쓰는 것이 맞다.

3) 부적절한 단어 사용

(1) 123-4 : 다만, 전체 39부 중에서 일관성 비율이 0.2 이상인 14부를 기각하고, 실제 분석은 일관성 비율이 0.2 이하인 25부를 대상으로 하였다.

→ 다만, 전체 **39부 중에서** 일관성 비율이 **0.2 이상인** 14부를 **빼고** (제외하고), 실제 분석은 일관성 비율이 **0.2 이하인** 25부를 대상으로 하였다.

문장 (1)은 '기각하다'라는 부적절한 단어의 사용 이외에도 띄어쓰기가 잘못된 곳이 눈에 많이 보이는 예이다.

(2) 170-하3 : 평균연령이 69세였었을 때

→ 평균연령이 **69세였을 때**

(3) 171-하2 : 셋째, 분석단위가 시에서 구 또는 군에서 구로 변하면서 정부지출이 단체장 연임에 미치는 영향력이 사라지는 경향을 보였다.

→ 셋째, 분석단위가 시에서 구 또는 군에서 구로 **갈수록** 정부지출이 단체장 연임에 미치는 영향력이 **줄어드는** 경향을 보였다.

(4) 209-하2 : 국제적 위상이 증가함에 따라

→국제적 위상이 **높아짐에** 따라

(5) *주도권 경쟁이 증가하게 되면*

→주도권 경쟁이 **치열하게** 되면

4) 어려운 단어 사용

(1) *80-하7 : 이와 같은 시민접촉의 경험적 연구들 공히 시민참여를*

→이와 같은 시민접촉의 경험적 연구들 **모두** 시민참여를

(2) *71-요약-하3 : 둘째, 우리가 비합리적인 것으로 생각하는 인식이 순응정책을 제고시키면서 저항을 완화시킬 수 있는 기제로 사용될 수 있다.*

→둘째, 우리가 비합리적인 것으로 생각하는 인식이 순응정책을 **높이면서** 저항을 **줄일** 수 있는 기제로 사용될 수 있다.

(3) *179-하9 : 제반 다른 주변효과를 구분하지*

→**여러** 다른 주변효과를 구분하지

5) 지나친 사동

(1) *153-하2 : 주민의 선호를 반영시킬 수 있는*

→주민의 선호를 **반영할 수** 있는 제도

(2) *124-하10 : 이는 … 제거시키기 위한 것이었다.*

→이는 … **제거하기** 위한 것이었다.

(3) *169-하15 : 이상의 분석에서 새롭게 발견된 것은 사회복지비를 증가시키거나 또는 지역경제성장비를 증가시키는 것이 시장의 연임에 기여함을 알 수 있다.*

→이상의 분석에서 새롭게 발견된 것은 **사회복지비를 늘리거나** 또는 **지역경제성장비를 증액하는 것이** 시장의 연임에 기여함을 알 수 있다.

→이상의 분석에서 새롭게 발견된 **것은 사회복지비** 또는 **지역경제성장비를** 늘리는 것이 시장의 연임에 기여함을 **알 수 있었다는 점이다.**

위의 문장은 굳이 사회복지비를 늘리는 것을 누구에게 시키는 것이 아니라 자신이 하는 것이므로 사동이 불필요할 뿐만 아니라 문장에서 주어 '것은'과 서술어 '알 수 있다'가 호응되지 않기도 하다.

> (4) 219-각주 : *이러한 과정을 통해 이론적 논의를 바탕으로 연구자의 자의적 주관을 배제시키면서 측정변수들의 ….*
> → 이러한 과정을 통해 이론적 논의를 바탕으로 연구자의 자의적 **주관을 배제하면서** 측정변수들의 ….

6) 지나친 피동

> (1) 204-17 : *입장에서 연구가 진행되어져 왔다.*
> → 입장에서 연구가 진행되어 왔다.
> (2) 210-하5 : *시스템구조의 논리가 성립되게 된다.*
> → 시스템구조의 논리가 성립하게 된다.
> (3) 203-하9 : *… 목적은 … 경제적 이윤 등으로 설명되어진다.*
> → … 목적은 … 경제적 이윤 등으로 설명된다.
> → … 목적은 … 경제적 이윤 등으로 설명할 수 있다.

7) 서술어 일부를 목적어로 만들어 쓰기

> (1) 204-24 : *시스템구조의 인과지도를 작성을 하고, 이를 통해 시스템 속에서의*
> → *시스템구조의 인과지도를 작성하고*
> (2) *설문지 분석을 실시하기에* → **설문지를 분석하기에**

문장 (1)은 단어인 '작성하다'를 '작성'을 목적어로 삼고 '하다'를 서술어로 삼아 부자연스러워졌다. 이러한 예는 논문 전체에서 무수히 볼 수 있는 현상이다.

8) 같은 단어의 거듭 사용

(1) 204-24/27 : *선행연구들에 대한 이론적 검토를 실시하여/ 타당성에 대한 토론을 실시한다.*

→ 선행 연구들에 대해 이론적으로 **검토하여**/타당성에 대해 **토론한다.**

(2) 103-하5 : *··· 작업장의 산업적 특성을 측정하기 위해 작업장이 '제조업'인가의 여부, '건설업'인가의 여부, 그리고 '농업'인가의 여부를 나타내는 다항가변수들을 포함하였다.*

→ ··· 작업장의 산업적 특성을 측정하기 위해 작업장이 **'제조업'인지, '건설업'인지, 그리고 '농업'인지를** 나타내는 다항가변수들을 포함하였다.

(3) 231-하4 : *첫 번째 부류의 연구문제들은 한국행정연구자 특성 분석을 중심으로, ··· 어떠한가 하는 등의 연구문제들로 구성되어 있다.*

→ 첫 번째 부류의 **연구문제들은** 한국행정연구자 특성 분석을 중심으로, ··· **어떠한가 하는 등으로 구성되어 있다(등이다).**

9) 대명사의 부적절한 사용

(1) 2-5 : *민간위탁의 확대를 통해서 이러한 상충되는 요구*

→ 민간위탁의 확대를 통해서 **(시민의? 그 밖의 어떤)** 상충되는 요구

(2) 2-13 : *경쟁이 존재하지 않는 ··· 불가피하게 이들과 목적을 공유하고 ···.*

문장 (1)과 (2)에서 사용된 대명사가 무엇을 뜻하는지 분명하지 않다. 즉, 대명사를 쓰면 무엇을 뜻하게 되는지 모를 때가 많다. 특히, 앞에 언급한 것이 여럿이고 그 중에 어떤 것을 대명사로 대신할 때는 더 그러하다.

(3) 28-12 : *하나의 네트워크에서 행위자 상호간의 결속성을 측정하는 가장 유용한 도구로 최단거리(geodesic distance)를 활용한다. 이는 두 노드 간의 가장 짧은 경로를 말한다.*

문장 (3)에서 두 번째 문장의 '이는'이 대신하고 있는 내용은 '최단거리를 활용하는' 것으로 이해되었을 때 앞 문장과 자연스레 연결된다. 그러나 두 번째 문장 내용상 '이는'은 '최단거리'를 가리키는 것으로 이해가 되므로, '이는'의 '이' 대신에 지시하는 대상인 '최단거리'를 분명히 밝히는 것이 옳다고 생각된다. 또한 '노드간'은 '노드 간'으로 띄어 써야 한다.

> (4) 172-5/6 : 시의 사회복지비 지출이 구의 그것보다 약 2배 이상이 크다. … 구의 그것은 약 7만원으로
> → 시의 사회복지비 지출이 구보다 약 2배 이상이 크다. … 구는(구의 사회복지비는) 약 7만원으로
> (5) 214-5 : 한편, 동북아시아에서 일본의 군사력이 증진되고, 힘을 갖게 된다는 것은 중국의 영향력과 입지가 약화된다는 것을 의미한다(Self, 2002 :79-80). 2차 대전에서 중국은 일본에게 패했다. 이는 당시의 제국주의의 이데올로기의 지배에 따라 한국은 식민지로써의 수모를 당했고, 중국은 청·일 전쟁에서 패하고, 유명한 남경대학살, 731부대의 인간생체실험을 겪어야 했다, 이는 중화주의 사상의 역사적 오류와 함께 향후 중국이 일본에게 동북아시아의 주도권을 내준다는 것은 상상도 할 수 없는 일이다.

문장 (5)에서 '이는'이 무엇을 말하고자 하는 것인지, 또 '이는'으로 시작되는 문장과 다른 문장 간의 의미 파악이 전혀 되지 않고 있기도 하다.

10) 같은 의미의 단어 중복

> (1) 154-1 : 정부지출에 미치는 영향에 대한 연구를 수행해왔다.
> → 정부지출에 미치는 영향에 대해 **연구해** 왔다.
> (2) 155-11 : … 다른 지방정부 영역으로 이주할 잠재적 가능성은 매

우 높다.

→ … 다른 지방정부 영역으로 **이주할 가능성은** 매우 높다.

(3) 153-하1 : *지방자치제도 실시 이후에 많은 학자들이 지방자치제의 도입이 ….*

→ 지방자치제도 실시 이후에 **많은 학자가 /** 학자들이 지방자치제의 도입이 ….

(4) 176-14 : *대부분의 선행연구들은 특정 지역을 대상으로 종량 제 ….*

→ **대부분의 선행연구는** 특정 지역을 대상으로 종량제 ….

단체, 집단, 시민과 같은 단어는 그 자체가 복수이다. 그러나 이러한 부류의 단어를 단수로 보아 복수를 나타내는 접사 '-들'을 더하고 있거나 '많은 학자들'처럼 불필요한 복수 표현을 남용하고 있는 양상이 논문 전체에서 발견된다.

5. 표현 층위

1) 한국어 문장답게

(1) 15-하3 외 : *비용 절감을 가져올 …*

→ 비용을 **절감할 수 있는** …

(2) 32-하12 외 : *감사원의 경우 제안부처로서는 행자부와 인사위에 근접하여 있고 …*

→ **감사원은** 제안부처인 행자부와 인사위에 근접하여 있고 …

(3) 12-3 : *234개 단체의 생활폐기물수거에 있어서의 거버넌스 구조 를 직영수거, 위탁수거 및 혼합수거로 구분하여 (표2)에 제시하였다.*

→ **(표2)는 234개 단체가 생활폐기물을 수거하는 거버넌스 구조를** 직 영수거, 위탁수거 및 혼합수거로 구분하여 **제시한 것이다.**

(4) 194-10 : *이는 광역시도에 있어서 대학생* → 이는 광역시도에서/의

대학생

특히 (3)과 (4)의 '-에 있어서'와 같은 구성은 일본어식의 문장 형태로, 어느 논문에서나 아주 자주 쓰이고 있다.

(5) 4-11~13 : *비용절감이 크므로/ 비용절감이 작아지므로*

→ **비용이 크게 절감되므로/ 비용절감효과가 작아지므로**

2) 한문 투와 번역 투

(1) 154-2 : *지방자치제도 실시로 인한 정부지출에 대한 변화는 … 실시로 인하여 ….*

→ 지방자치제도 **실시로** 정부지출에 대한 변화는 … **실시로** ….

(2) 210-6 : *서방세계의 경제적 제재조치로 인해 수입대급지불능력이 상실*

→ 서방세계의 경제적 **제재조치 때문에** 수입**대금**지불능력이 상실

위의 문장들은 한문 투 문장의 대표적인 예들인데 흔히 쓰이고 있으며, (2)에서는 '수입대급'과 같은 오타도 눈에 띈다.

(3) 7-5 : *이론적으로 제시된 가설들은 외국의 몇몇 연구자들에 의하여 통계적으로 검증되었다.*

→ 이론적으로 제시된 가설들은 외국의 몇몇 연구자들**이 통계적으로 검증하였다.**

위 문장은 영어의 수동태 구문을 직역한 형식으로, 국어에 외국어의 구문 형식이 일반화되어 가고 있음을 보여주고 있으며 논문들에서 셀 수 없이 흔히 쓰이고 있다.

(4) 2-하8 : *이 연구는 이제까지 동일한 성격의 서비스에 대해서 지방자치단체에 따라서 ….*

→이 연구는 이제까지 동일한 성격의 **서비스가** 지방자치단체에 따라서 ….

(5) 114-하10 외 : *적합한 지표 도출이 요구된다.*

→적합한 지표 도출이 필요하다.

(6) 114-5 : *인간 사회의 … 위험성에 대한 명확한 인식이 요구된다는 점이다.*

→인간 사회의 … **위험성에 대해(→ 위험성을 → 위험을) 명확하게 인식해야 한다는 점이다.**

(7) 153-1 : *미국을 포함한 서구의 국가들과 비교해 보았을 때 한국의 지방자치는 상대적으로 짧은 역사를 가지고 있다.*

→미국을 포함한 서구의 국가들과 비교해 보았을 때 한국의 지방자치는 상대적으로 **역사가 짧다.**

(8) 36-2 : *이상과 같은 분석결과, 세 가지의 네트워크 개념은 개별부처별 타 부처와 관계를 서로 다른 특성을 가지고 설명한다.*

→이상과 같은 분석 결과, 세 가지의 네트워크 개념은 개별부처별로 타 **부처와의 관계를** 서로 다른 **특성으로** 설명한다.

(9) 37-하4 : *예를 들면, 행정자치부가 … 최단거리로 근접한 부처를 많이 가지고 있을 뿐만 아니라 ….*

→예를 들면, 행정자치부가 … 최단거리로 근접한 **부처가 많을 뿐만** 아니라 ….

(10) 53-9 : *분류방식은 상당한 설득력을 갖는다.*

→분류방식은 상당히 설득력이 있다.

(11) 153-하3 : *공공서비스의 공급이란 측면에서 볼 때*

→공공서비스의 **공급 측면에서 볼 때**

(12) 194-10 : *이는 광역시도에 있어서 대학생 재학이상비율이 1% ….*

→이는 **광역시도의 대학 재학 이상의 학생 비율이 1%** ….

예문 (12)는 번역 투 외에도 명사 나열이 지나쳐 의미상 문제를 야기하고 있기도 하다.

> (13) 172-4 : *시의 1인당 사회복지비는 약 31만원인 반면에 구의 사회복지비는 약 14만원으로 시의 사회복지비 지출이 구의 그것보다 약 2배 이상이 크다.*
> → 시의 1인당 사회복지비는 약 **31만 원**인 반면에 구의 사회복지비는 약 **14만 원**으로 시의 사회복지비 지출이 **구보다** 약 2배 이상이 **크다(많다).**

문장 (13)은 한국어에는 그다지 자주 쓰이지 않는 대명사를 사용하여 문장을 구성하고 있으며, 단위를 나타내는 명사의 띄어쓰기가 잘못되어 있다. 또 액수는 '크기'보다는 '많은' 것이 더 자연스럽다.

3) 객관성 저하 표현과 구어적 표현

> (1) 216-각주 : *심사위원께서* → 심사위원**이**
> (2) 14-10 : *이는 쓰레기수거에 있어서 규모의 경제가 작용하고 있다는 점을 지적하는 것으로 우리의 가설과 일치한다고 해석할 수 있다.*
> → 이는 쓰레기**수거에** 규모의 경제가 작용**하고 있음을** 지적하는 것으로, **본고의** 가설과 일치한다고 해석할 수 있다.
> (3) *바람직한 유형은 역시 <유형1>과 같이*
> → 바람직한 것**은** <유형1>과 같이
> (4) 158-11 : *아쉬운 점은 서베이를 통한 연구이다 보니 표본선정이 일부 특정 자치단체*
> → 아쉬운 점은 서베이를 통한 **연구이므로/이기 때문에** 표본선정이 일부 특정 자치단체
> (5) 169-하4 : *따라서 연임을 노리는 단체장의* → 따라서 연임을 **바라**는 단체장의

4) 일관성 부재

일관성의 부재는 여러 현상으로 나타나며 몇몇을 제시하면 아래와 같다.

(1) 17 외 : *민간위탁 전용 : 민간위탁전용*

(2) 15-하12 외 : *직접수거전용 : 직접수거 전용*

(3) 73-11 외 : *자기 이익 : 자기이익*

(4) 5-10 : *시정관리인 : 시정관리관*

(5) 62-7 : *중간관리 : 중간관리자*

(6) 82-16/22 : *라커트 5점 : Likett 7 첨(오타)*

(7) 158-하13 : *경제성장 지출 : 사회복지지출*

(8) 25-17 : *민간부문 : 공공 부문*

(9) 12/15-표 외 : *(표 2) : [표 2]*

일관성을 잃은 예들 중 같은 구성의 단어가 다른 띄어쓰기의 형태를 취하는 (1)~(3) 등과 같은 예는 논문들에서 아주 매우 흔하게 볼 수 있다. (4), (5)의 예처럼 같은 개념을 나타내는 용어를 종종 다른 단어와 혼용하기도 하여 의미 이해를 어렵게 하기도 한다. 또 (6)과 같이 외국어 철자를 그대로 쓰는 것이 있는가 하면 한국어 발음으로 기록된 것도 있다. (8)처럼, 같은 구성을 한 다른 단어가 띄어쓰기를 달리하는 예도 있으며 (9)는 같은 것이나 형식을 달리 씀으로 혼란을 줄 만한 예이다.

5) 명사 나열 구성

(1) 138-9 : *국내 시민접촉의 경험적 연구는*
→**국내 학자의(국내에서 한) 시민접촉의 경험적 연구는**
(2) 149-13 : *시민접촉 율의 크기가*→**시민접촉률/시민접촉 정도/시민접촉 비율/시민접촉률의 빈도가**

(3) 116-6 외 : *과거 위험에 대한 논의를 객관성 혹은 불확실성과 관련된 …*.

→ **과거,(과거에, 종래에는,) 위험에** 대한 논의를 객관성 혹은 불확실성과 관련된 ….

(4) 164-1 : *정부지출의 민선단체장 연임에 대한 영향력을 알아보기 위하여 통합분석을 한 이후 정부의 행정단위별로 나누어서 통계적 분석을 실시했다.*

→ 정부지출의 민선단체장 연임에 대한 영향력을 알아보기 위하여 통합분석을 **한 이후,** 정부의 행정단위별로 나누어서 통계적 분석을 실시했다.

(1)은 '국내 시민접촉'으로 오해 소지가 많으므로, 제시해 놓은 것과 같은 구체적인 문장 구성이 필요하며, 문장 (2)도 적절한 단어와 어미나 조사를 사용하여 이해를 할 수 있도록 하는 것이 필요하다. 또 문장 (3)에서는 '위험'이 '과거'에 속하는 것이라는 의미로 해석되고 (4)는 (어떠한 상황이 전개된) 이후의 정부로 해석된다. 그러나 문맥상 (3)은 '과거의 연구'에 관한 것이며 (4)는 '통합분석을 한 이후'라는 의미를 뜻하는 것이므로 문장 부호를 통하여 문맥의 올바른 파악을 이끌어야 한다.

한국어에서 문장을 구성하는 방법은 명사를 연이어 적음으로써 의미를 완결하는 것도 있다. 특히, 간단하고 짧은 형식으로 문장을 완성하려고 여러 개의 명사를 나열하게 되는데, 이때 분명한 의미를 드러내지 못할 수도 있다. 위에 제시해 놓은 예들이 대표적인 것이다.

6. 국어정서법 오류

1) 외래어 표기 오류

(1) 2-13 : *장기적 파트너쉽*→장기적 **파트너십**

(2) 135-10 : *메카니즘*→**메커니즘**

2) 두음법칙 적용 오류

164-하11 : 있는 **년도** → 있는 **연도**

3) 어미와 불완전 명사의 구분

① '-ㄴ데'와 '데' 구별

(1) 21-요약-하1 : *정부내부 시스템을 모색하는데 그 정책적 …*

→정부 내부 시스템을 **모색하는 데** 그 정책적 ….

(2) 24-9 : *박천오(2005 : 3)도 부처간의 권력관계를 분석하면서도 행정부 내부의 부처간 관계를 설명하는데는 네트워크 개념이 …*

→박천오(2005 : 3)도 **부처 간의** 권력관계를 분석하면서도 행정부 내부의 **부처 간** 관계를 **설명하는 데는** 네트워크의 개념이 ….

(3) 157-하11 : *주민지지를 확보하는데 유리하였으며*

→주민지지를 확보**하는 데** 유리하였으며

(4) 157-15 : *기존 연구들이 … 이해하는데 많은 도움을 준 반면 …*

→기존 연구들이 … **이해하는 데** 많은 도움을 준 반면 ….

(5) 213-7 : *… 중국이 강대국으로 부상하는데 따른 주변국들의 …*

→ … 중국이 강대국으로 **부상하는 데** 따른 주변국들의 ….

② '-ㄴ바'와 '바' 구별

(1) 170-1 외 : *분석의 차이가 존재하는 바, 군 단위….*

→분석의 차이가 존재**하는바**, 군 단위 ….

(2) 170-17 외 : *제 3차 선거에서의 재선 성공확률은 제 2차 선거에 비해 45% 감소되었는 바, 시 단위의 …*

→**제 3차** 선거에서의 재선 성공확률은 **제 2차** 선거에 비해 45% **감**

소되었는바, 시 단위의 ….

③ '-ㄴ지'와 '지' 구별

117-8 : … 사회 체계 내의 어느 영역에서 발생하게 되는 지를 살펴보는 …:

→ … 사회 체계 내의 어느 영역에서 발생하게 **되는지를** 살펴보는 ….

국어에는 위에서 보는 것과 같이, 어미와 불완전명사가 철자 형태가 똑같은 것들이 여럿 있다. 이들은 문장에서 어떻게 쓰이느냐에 따라 띄어쓰기가 다르기 때문에 쓸 때마다 세심한 주의를 기울여 틀리지 않도록 해야 한다.

4) '-로서'와 '-로써', '-ㅁ으로써' 구분

(1) *25-1 : 의존관계로 분석함으로서 중앙부처*

→의존관계로 분석함**으로써** 중앙부처

(2) *32-하5 : 협의부처로서 뿐만 아니라 제안부처로서도 많은*

→협의부처**로써뿐만** 아니라 제안부처**로써도** 많은

(3) *29-하4 : 이러한 그룹의 특성을 파악하고 성격을 규정함으로서 정책그룹간의 관계를 분석할 수 있다.*

→이러한 그룹의 특성을 파악하고 성격을 **규정함으로써 정책그룹 간의** 관계를 분석할 수 있다.

(4) *209-10 외 : … 핵보유국으로써의 국제적 위상을 지님으로써 국제적으로 …:*

→ … **핵보유국으로서의** 국제적 위상을 지님으로써 국제적으로 ….

국어에서 '로서'는 자격, '로써'는 수단, '-ㅁ으로써'는 앞 문장의 내용이 뒤 문장의 원인이 되었을 때 쓰인다. 따라서 문장에서 선행하는 문장

성분이 어떤 의미를 띠고 있는지를 좇아 각각 구별하여서 써야 한다.

5) 단위 명사와 수사

170-12 : 평균연령을 약 *61 살이라 한다면 …*

→평균연령을 약 **61세/예순한 살**이라 한다면 ….

국어의 단위 명사에는 한자어와 고유어 등 여러 가지가 있다. 고유어 단위 명사와는 고유어 수사가, 한자어 단위 명사는 한자어 수사나 아라비아 숫자와 통합하는 경향이 있다. 따라서 단위 명사를 쓸 때에는 앞세우는 수사를 고려해야 한다.

6) 띄어쓰기 오류

① 조사는 앞 말에 붙여 씀

(1) 27-5 : *정책선택이라기 보다는*→정책선택이라기보다는

(2) 171 여러 곳 : *늘리기 보다는 / 감소시키기 보다는*→늘리기보다는 / 감소시키기보다는

(3) 28-5 : *있는가 이다.*→있는가이다.

(4) 171-4 : *행정인 으로서의*→행정인으로서의

(5) 187-각주-1행 : *쓰레기배출량에 연탄재 뿐 아니라*→쓰레기배출량에 연탄재뿐 아니라

(6) 158-7 : *59개 시 만을 분석단위로*→59개 시만을 분석단위로

② 관형사, 명사나 불완전명사는 띄어 씀

(1) 28-2 외 : *네트워크내*→네트워크 내

(2) 184-하8 외 : *각시도별*→각 시도별

(3) 157-하12 외 : *지방자치제 실시이후*→지방자치제 실시 이후

(4) 190-하8 : *연탄재를 제외한 후 종량제 시행이후 폐기물 …*

→연탄재를 제외한 후 종량제 시행 이후 폐기물 ….

문장들에서 '내', '각', '이후' 등은 하나의 단어이므로 앞 말과 띄어 써야 한다.

③ 한 단어는 붙여 씀

(1) 171-하12 외 : *존재함을 확인 할 수 있었다.*

→존재함을 **확인할** 수 있었다.

(2) 154-4 외 : *지방자치제도 실시로 … 경제 개발 지출에 주력 할 것이며 … 재분배지출은 등한시 할 것으로 예상하였다.*

→지방자치제도 실시로 … 경제 개발 지출에 **주력할** 것이며 … 재분배지출은 등한시할 것으로 예상하였다.

(3) 190-9 외 : *이는 … 감소했음을 의미 한다.*

→이는 … 감소했음을 **의미한다.**

(4) 243-하3 외 : *… 최근 들어서는 더욱 전문화 되어 입법부에 ….*

→… 최근 들어서는 더욱 **전문화되어** 입법부에 ….

어간에 '하다'나 '되다'가 결합되어 하나의 단어로 쓰일 때에는 띄어쓰기의 단위가 '단어'라는 점을 기억하여 '하다'나 '되다'가 붙은 단어는 붙여 쓰는 것이 옳다.

④ 접사는 앞 말 혹은 뒤 말과 붙여 씀

170-하7 외 : *단체장 선거에서는 … 제 2차 선거에서나 그 다음 제 3차 선거에서 …*

→단체장 선거에서는 … **제2차** 선거에서나 그 다음 **제3차** 선거에서 ….

'제(第)'는 접두사로, 뒤 말과 떨어질 수 없는 단어이다.

7) 문장부호 사용 오류

(1) 2-하13 외 : *그러나, 이처럼 민간위탁*

→**그러나** 이처럼 민간위탁

(2) 5-16 외 : *그러나, 공공선택론자들은 …*

→**그러나** 공공선택론자들은 ….

(3) 36-5 : *즉 부처 상호간에 직접 연결되는*

→**즉,** 부처 상호간에 직접 연결되는

(4) 37-4 : *준 계층적 지표로 부처 상호간의*

→준 계층적 지표**로,** 부처 상호간의

(5) 121-13 : *'지구온난화,' '토양오염,' … '인체보건피해,' …*

→**'지구온난화', '토양오염', … '인체보건피해', ….**

(1)과 (2) 외에도 참으로 많은 곳에서 접속부사 뒤에는 반점을 안 찍는 것이 원칙임에도 반점이 쓰인 것을 발견할 수 있었다. 반면 (3)에서는 문장의 첫머리의 접속이나 연결을 나타내는 말 다음에 써야 할 반점이 빠져 있으며, 문장 (4)는 잠시 쉬었으면 하는 바람이 드는 곳에다 반점을 두는 것이 바람직하고 생각되는 예이다. (5)의 예는 열거를 나타내는 부호(,)와 도드라짐을 드러내는 부호(' ')의 순서가 바뀌어 있다.

(5) *<유형 I>은 최단거리 결속성이 높은 협력적 관계와 구조적 등위성이 높은 경쟁적 관계가 동시에 발생하는 분쟁과 협력이 병존하는 부처관계로 건교부와 환경부, 재경부와 산자부, 기획예산처와 인사위 등으로 여기에 해당 되는 것으로 나타났다.*

→**<유형 I>은 최단거리 결속성이 높은 협력적 관계와 구조적 등위성이 높은 경쟁적 관계가 동시에 발생하는, 분쟁과 협력이 병존하는, 부처관계로 건교부와 환경부**, 재경부와 산자부, 기획예산처와 인사위 등으로 여기에 해당 되는 것으로 나타났다.

예문 (5)는 '협력적 관계와 경쟁적 관계가 동시에 발생하는'을 거듭 설명하여 '분쟁과 협력이 병존하는'으로 다져주고 있는 문장이다. 그런데 중간에 끼어든 구절표시를 나타내는 반점(,)을 쓰지 않을 때에는 '발생하는'이 '분쟁과 협력'을 수식하는 구조로 이해될 수 있고 이렇게 되면 전혀 다른 의미를 전달하게 되는 양상이 전개된다. 따라서 끼워 넣은 구절 앞뒤에 반점을 두어 이를 해소해야 한다. 한국행정학보 전체에서 이러한 상황은 자주 발견된다.

7. 주의 부족, 오타 등

(1) 36-하1 : 즉 *개별부처를 기중으로 볼 경우*

→즉 개별부처를 **기준으로** 볼 경우

(2) 43-하4 : *특히 구조적 틈새(structural hole) 이나*

→특히 구조적 틈새(structural hole)**나**

(3) 60-7 : *인식하거거나*

→ *인식하거나*

(4) 138-13 : *접촉이 증가하는 것으로고 간주된다.*

→접촉이 증가하는 **것으로(도)** 간주된다.

(5) 140-각주-2 : *공적 동기의 시민접촉을 정확하게 측정하게 측정할 수 있느냐 하는 측정도구의*

→공적 동기의 시민접촉을 정확하게 **측정할 수 있느냐** 하는 측정도구의

(6) 158-3 외 : 최승범☐이환범 →**최승범·이환범**

(7) 209/206/212 : *표 속에는 ☐가 여럿임.*

→☐ 속에 들어가야 할 음절들이 **빠져** 있음.

(8) 210-하11 : *… 라는 표현들은 사용하는 행태를 보여왔다.*

→… 라는 **표현들을** 사용하는 행태를 보여왔다.

(9) 208-하3 : *북핵개발(-)* →북핵개발**(+)**

(10) 154-17 : *기존연구가 민선단체장기 또는 지방의회기 등의 정치
적 변화가 ….*
　→ 기존연구가 **민선단체장 임기(?)** 또는 **지방의회 회기(?)** 등의 정치
적 변화가 ….

　이상에서는 한국행정학보를 대상으로 어휘부터 표현 층위에 이르기까
지, 또 정서법의 오류를 비롯한 여러 부분으로 나누어 글이 쓰인 양상을
살펴보았다. 분석을 통해 본 행정학 연구자들의 글쓰기에 관한 모습은
사람마다 생김새가 다른 것처럼 다양하였다.

　그러나 필자 모두는, 논문의 내용을 이해하는 데에는 독자가 지닌 내
용 자체에 관한 이해의 정도뿐만 아니라 어떠한 형식에 내용을 담아내
는지에 따라서도 앎의 정도가 달라진다는 사실도 명심해야 할 것으로
생각된다. 왜냐하면 내용을 담고 있는 형식이 어떠한지에 따라 이해가
잘 될 수도, 잘 안 될 수도, 혹은 전혀 안 될 수도 있기 때문이다.

제4절 전반적 특징과 그 대책

　이상에서 살펴본 바를 정리하면 다음과 같다.

　첫째, 『한국행정학보』에 실린 논문이 내용을 구성하는 방법이 한결같
다는 점을 지적할 수 있다. 즉, 논문 모두가 '서론 – 기존연구 검토 – 연
구 가설 및 방법론 소개(분석 모형 소개) – 분석 과정과 결과 제시 – 연구
내용 요약 및 결론 제시'의 차례를 견지하고 있다. 그러다보니 같은 내
용이 여러 차례 거듭된다. 그럼으로써 내용을 이해하는 데에는 도움이
될 것이나 간결성이 낮아지는 결과를 초래하게 된다. 이는 학문의 성격

에서 유래한다기보다는 방법론이 이렇게 정착하도록 강요한 측면이 크다. 이에 대한 대책은 질적 연구방법론의 채택으로 다양한 글의 전개 방식을 허용하는 것이 시급하다.

둘째, 문장을 분석한 결과, 연구자들의 글에 대한 자세는 '내용 전달에는 주의를 많이 기울이는 반면 형식 구성에 관해서는 등한시하고' 있는 것으로 생각된다. Ⅲ장(chapter)에서 지적한 사항들은 여기에 기초한다고 볼 수도 있다.

셋째, 문장이 대체로 길다. 전문용어 자체의 길이가 길기 때문이기도 할 것으로 짐작되나 한 문장에 너무 많은 내용을 넣으려는 의도의 결과로 보인다.

넷째, 단어 구성이나 용어 사용, 띄어쓰기 등에 일관성이 없다. 특히, 한 단어라고 인정할 수 없는 붙여 쓰기와 최소한의 띄어쓰기를 선택하는 경향이 있다. 예컨대, 팀제이전, 팀제자체, 팀제도입이전, 운영현황파악, 팀장사이에서, 네트워크 내, 개별부처 간 등에서 그런 양상을 찾아볼 수 있다. 아울러 지적해야 할 것은, 한 논문 안에서조차 같은 단어의 다른 띄어쓰기가 눈에 많이 띈다. 그 보기는 자기이익/자기 이익, 한국행정연구자/한국 행정연구자, 정부신뢰/정부 신뢰 등이다. 또, 인식상태/감정 상태/행태의 상태, 투입기능/환류의 기능, 경제성장 지출/사회복지지출 등에서처럼 같은 형식을 보여야 할 구성들이 일관성을 띠지 못하고 다른 형식으로 쓰이고 있음도 볼 수 있다. 이는 아직 행정학자들이 해당 단어에 대한 개념이 정립되지 않았음을 의미하는 것이 아닌가 한다.

다섯째, 어려운 한자어를 비롯해, 쉽게 쓸 수 있는 낱말들을 어렵고 길게 늘이는 현상이 있다. 예컨대, 제고하다 → 높이다, 존재하지 않다 → 없다, 기인한다 → 때문이다, 변화시키면 → 바꾸면, 완화시킬 → 줄일 등이 그것이다. 커뮤니케이션 성공 요인은 누구나 다 알 수 있는 쉬운 용어나 일반어를 사용하는 것이라고 해도 과언이 아닐 것이다.

여섯째, 한 개념(용어)에 여러 종류의 단어를 사용한다. 예컨대, 집행관료 / 정책집행공무원 / 집행공무원, 규제연방체제 / 규제연방주의체제, 경제성장 지출 / 경제개발지출, 선거당해년도 / 선거년도, 사회복지비 / 사회복지, 국제경제제재 / 국제적 경제제재 등이 그것이다.[13] 이는 엄밀한 개념이 형성되지 않음을 의미하고 이를 극복할 방법을 연구할 필요가 있다.

일곱째, 주어와 서술어 등 문장 성분 간의 호응관계가 적합하지 않다. 이 글 본문에서 보았듯이 호응관계라는 개념 자체가 많은 필자에게 아직 형성되지 않은 듯하다.

여덟째, 아이디어들 사이의 관계를 나타내며 다양하게 사용해야 할 필요성이 있는 연결사 문제이다.[14] 이 지적은 부적절한 문단 짓기 현상이나, 앞, 뒤 문장 간의 비 논리성, 수식어에 따른 피수식어 위치, 내용상 앞뒤를 바꾸어야 할 문장 등과 깊은 관련이 있다. 더 나아가 동격 조건의 논의도 이와 관계된다. 즉 같은 의미나 유사한 어휘를 반복해서 사용하는 경우에 보다 정확한 의미전달을 어떻게 할 것인가를 논의하여 표준화할 필요가 있다.

---

13) 그 밖에 77-도표와 본문 : 본문에서 계속 '감성'으로 언급되었던 것이 도표 안에서 '감정'으로 바뀌는 경우도 있다.
14) 이에는 다음과 같은 종류가 있다. ① 앞 아이디어의 결과를 도입 : 따라서, 그러므로, 이런 이유로, 결과적으로, 결국 등, ② 앞 아이디어의 원인을 설명 : 왜냐하면, 그 이유는, 그 배경에는 등, ③ 앞 아이디어의 반대측면을 도입 : 그렇지만, 그러나, 허나, ~라 하더라도 등, ④ 앞 아이디어에 새 아이디어를 첨가 : 그리고, 그 외에도, 또한, 더군다나, 게다가, 더욱이, 뿐만 아니라 등, ⑤ 앞 아이디어의 예를 도입 : 이를테면, 예를 들자면, 한가지 사례를 들자면, 실례로 등, ⑥ 앞 아이디어를 부연설명 : 바꾸어 말하면, 즉 등, ⑦ 앞 아이디어들을 요약 : 요약하면, 한마디로, 요는, 지금까지의 말을 줄이면 등, ⑧ 앞 아이디어의 핵심을 도입 : 이처럼, 여기에서 볼 수 있듯이, 이와 같이(이상철, 2009).

아홉째, 국어 정서법을 지키지 못하는 예들이 많다. 외래어 표기법에 어긋난 표기도 이 범주에 들어간다.

이 외의 두드러진 문제로는 ①잘못 쓰인 조사, 특히 부적절하게 쓰인 관형격 조사 '-의', ②부적절한 대명사 사용, ③문장부호(적절치 못한 문장부호 사용이나 넣어야 할 문장부호의 생략), ④구어적 표현, 오타나 철자의 잘못, 적절치 못한 단어 사용, ⑤빠진 문장 성분, ⑥일본어, 영어 번역투의 표현이나[15] 한국어답지 않은 표현(예컨대, 이중사동, 이중피동, 시제, 과잉 복수 표현, 명사형 구문)[16] 등을 지적할 수 있다.

이러한 문제에 대한 대책은 다음과 같은 것을 들 수 있을 것이다. 제일 중요한 것은, 교육과정에서 글쓰기의 중요성을 인식하고 대학원 과정에 글쓰기와 관련된 과목과 과정을 개설하여 충분하고 철저하게 교육하는 것이다.

둘째로, 각 학회의 학보는 국문 편집인을 고용하여 문장을 다듬어 실어야 한다. 물론, 그 비용은 학회에서 부담하거나 수정의 정도에 따라 기고자에게 부담시키는 것도 한 방법이 될 수 있다.

셋째로, 학보에서 명문장을 선정하는 작업 또한 필요하다.[17] 그 명문장은 교육 시 예문으로 활용하거나 PSAT를 비롯한 국가시험에 활용할 수 있도록 하여야 한다.

마지막으로, 윤리헌장에 언어표현과 관련된 규정을 넣는 것이다. 이는 실효적 의미보다는 상징적·윤리적 의무가 있음을 행정학자들이 인지하

---

15) 이에 대한 반론은 복거일(2000)을 참조하라.
16) 예를 들면 시간적 흐름에 따라→시간이 흐르면서, 성패를 논하기 위함이다→성패를 논하기 위해서이다
17) 명문장이라는 뜻은 문학상의 명문장이 아니라 행정학적인 명문장을 말한다. 행정학적인 명문장이 무엇인지에 대해서는 더 논의가 필요할 것이다.

도록 하는 방법이라 할 수 있다. 행정학분야의 연구자는 논문 속에서 자신이 전달하고자 하는 내용이 수신자에게 정확하게 전달되기 위해서는 코드화(encode)가 내용 못지않게 중요하다는 사실을 잊지 말아야 할 것이다.

‖ 제3장 ‖ 국어정책의 현실 : 국어책임관 제도

제1절 이론적 논의

1. 국어정책의 의의

국어정책의 개념을 어느 학문에 기초하느냐에 따라 약간의 차이가 있다.[1] 이 글에서는 이를 미시적 국어정책(Micro-Language Policy)과 거시적 국어정책(Macro-Language Policy)으로 나누고자 한다. 언어학·국어학의 기초에서 국어정책을 논하는 것은 앞의 것의 관점이고 사회과학적 측면에서 논하는 것은 뒤의 것의 시각이다. 진정한 국어정책은 위의 두 영역의 접근 방법을 아울러 연구하여야 진정으로 국어정책이라 할 수 있다. 즉 국어학이나 언어학은 정책의 내용을 제공하고[이를 (A)로 표기하면], 행정학이나 정책학은 정책의 형식을 제공하므로[이를 (B)로 표기한다면], 진정한 국어정책이나 언어정책이 되기 위해서는 두 학문의 교류를 통한 접근방법이 된다[즉 (A)+(B)이다]. 따라서 이 글이 가지는 국어정책의 근본 태도는 (A)+(B) 관점으로 여기에 기초해서 살펴본다.

---

[1] 이 장은 2007년도 연구용역보고서 국어책임관 제도의 활성화 및 한국어진흥재단 설립방안 이라는 연구보고서를 인용하였다.

그러면 먼저 미시적 측면에서 국어정책을 논의한 글을 살펴보자.

1) 미시적 국어정책

미시적 측면에서의 국어 정책을 '현재의 국어 문제를 해결하는 일'로 정의한다(안병희, 2000). 이에 따르면 국어정책의 하위 범주로는 아래와 같은데 이를 차례로 보자.

① 맞춤법과 표준어는 사회표준(1930년대에 조선어학회의 노력으로 규범화되고 통일)으로부터 해방 이후 정부표준(정부에서 그것을 받아들임)으로 상승되어 국어 정책으로 확립되었다. 그 이후의 변화과정은 다음과 같이 요약된다.

> 그 규범이 시행되어 오는 사이에, 특히 6·25 이후에 일어난 급격한 사회의 변화는 구어의 변화를 초래하여 맞춤법과 표준어의 손질을 요구하게 되었다… 이에 정부에서는 1970년 국어심의회의 건의에 따라 국어조사연구위원회를 구성하여 맞춤법과 표준어를 검토하여 수정하게 하였다. 그 위원회의 안을 당시의… 국어심의회의 의결을 거쳐 문교부가 1988년 1월에 고시함으로써 맞춤법과 표준어의 수정은 일단 문단이 지어졌다… 더구나 1999년 『표준국어대사전』의 간행으로 모든 어휘의 표기와 발음 등 세세한 부분의 규범까지 확정된 것이다… 1930년대의 맞춤법통일안과 표준어의 사정이 우리나라 국어 정책의 바탕이란 사실을 생각한다면, 현재의 수정된 규범을 따르는 일이 통일되고 효과적인 국어 생활을 위하여 우리가 지녀야 할 태도가 아닐 수 없다. 이제 맞춤법과 표준어 규정에 대한 국어 정책은 새 규범을 널리 보급하여 누구나 지키게 하는 데 있다.

② 한자 문제에 관하여는 1945년 12월 미군정청 학무국(그 자문 기구인

조선교육심의회)의 결의와 정부 수립 직후인 1948년의 한글전용법(모든 공
용문서는 한글로 작성하되, 다만 얼마 동안 필요할 때에는 한자를 병용할 수 있다)
에 따라 한글전용으로 굳어졌고 지금까지 계속되고 있다(안병희, 2000).

③ 국어의 외래어 표기에 관한 원칙은 새 글자나 부호를 사용하지 않
고 한글 24자모만으로 표음주의(表音主義)에 따르도록 한 것이다. 1933년
에 공표된 조선어학회의 『한글맞춤법통일안』에 한 조항으로 제시된 이
원칙은 1940년의 『외래어표기법통일안(外來語表記法統一案)』을 비롯하여 몇
번 바뀐 표기법에서 줄곧 지켜져 왔다… 현재의 표기법은, 1984년 정부
에서 1986년의 아시안게임과 1988년의 올림픽을 앞두고 외국인 특히
영어 사용자에게 편리하도록 제정하여 공표한 것을 수정하여 지난 7월
에 고시된 것이다. 이 표기법은 국어의 음성형이 표기에 반영된 전사법
(轉寫法 transcription)의 방식이다. 그러나 1984년 이전에는 국어의 한 음
소가 로마자의 한 글자 또는 글자의 연속에 대응하는 표기법인 전자법
(轉字法 transliteration)이었다. 현행 로마자 표기법은 전사법과 함께 전자
법을 허용하는 이원화(二元化)의 체계인 것이다(안병희, 2000).

④ 국어에 스며든 외래적 요소를 추방하고 고유어를 보존하고 발전시
키는 일을 국어순화(國語醇化)라고 하는데… 본격적인 운동이 전개된 것
은 해방 이후의 일이다… 1970년대부터 영어를 비롯한 상당한 서구어가
사용되고 있는 실정이다… 모든 언어는 정도의 차이는 있으나 외래적인
요소를 가진다. 그 요소는 외국어가 아니라 외래어(外來語)이다. 문화가
뒤진 민족의 언어는 외래어를 수용함으로써 어휘를 풍부하게 하고 세련
시키게 마련이다… 국어순화정책이 우리의 특수한 역사와 상황에서 추
진되지만 경직되지 않고 유연한 방식을 채택한 일은 옳다고 생각된다(안
병희, 2000).

⑤문자 생활이 손으로 행하던 방법에서 컴퓨터에 의존하는 방향으로 크게 바뀌고 있다. 신속하고 정확한 문자 생활을 위하여는 이러한 기계화가 필요함은 말할 나위도 없다… 문자 생활의 기계화와 관련된 이들 문제의 해결은 모두 국가표준화 사업으로 이루어질 수 있다(안병희, 2000).

⑥국토 분단은 국어도 남북에서 큰 차이를 가져오게 하였다… 남한은 대체로 1930년대 조선어학회의 맞춤법과 표준어를 받아들여 사용하고 있다. 그러나 북한은 크게 수정한 맞춤법과 평양말을 바탕으로 한 문화어를 규범으로 하였다… 이러한 남북 언어의 차이는 의사소통에 지장을 줄 정도는 아니다… 원활한 교류와 완벽한 협력을 위하여, 나아가 통일 국가를 이루기 위하여 이러한 차이는 극복되어야 한다… 차이에 대한 착실한 조사와 차이의 극복에 대한 다각도의 방안 강구가 문제 해결의 발판으로 우선 있어야 한다. 그런 다음에 북한의 정책 당국자나 국어학자와의 꾸준한 협의가 추진되어야 할 것이다(안병희, 2000).

2) 거시적 국어정책

거시적 국어정책은 사회과학적 지식에 기초한다. 그러나 이런 관점의 국어정책은 다른 분야에 비해 논의가 적게 된 영역이다. 이 글의 방향은 거시적 국어정책에 기초해 전개한다. 거시적 국어정책을 위한 전제조건을 먼저 살펴보자.

(1) 전제 조건 ① : 국어정책의 방향은 시대정신과 어울려야 한다.

그렇다면 현재의 관점으로 볼 때, 시대정신을 어떻게 볼 것인가? 우선 후기산업사회라는 시간적 특성이다. 후기산업사회는 문화공동체의 중요성을 일깨운다. 오늘날의 문화는 섞임이 특색이다. 그 섞임의 문화

속에서 '나' 또는 '우리'(즉 정체성)를 어떻게 나타낼 것인가? 특히 오늘날 우리 눈앞에서 전개되는 다문화사회의 현상 속에서 어떤 요소가 가장 중요한 요소로 인식되는가? 위 질문에 대한 정답은 언어는 정치적, 문화적으로 중요한 자원이라는 사실이다. 또 다른 시대정신은 세계화의 현상이다. 세계화는 사회생활에서 언어의 중요성을 증가시키는데 이는 지리적으로 사회·문화적으로 떨어져 있어도 행동이 가능하기 때문이다. 또한 공동체 사이의 접촉에서 정체성의 문제와 관련되기 때문이다. 이 세계화의 갈등은 언어주권과 문화공동체의 문제가 나타난다. 이에 따라 국가개입주의에 기초한 정책이 요구된다. 이를 우리에게 적용하면 시간적으로는 국민국가의 불가역성에 기초하고 세계화와 세방화를 고려하는 정책이 시대정신에 어울린다고 할 수 있다. 둘째로, 공간적으로는 국가 통일을 위한 국어의 동질성의 유지라는 시대정신이 필요하다. 셋째로, 국어를 사용하는 언어공동체 형성, 유지, 발전을 위한 노력이라는 관점이 필요하다.

(2) 전제 조건 ② : 국어정책의 현실에 대한 성찰의 필요성이다.

언어공동체가 사용하는 국어가 바람직한가? 여기서 바람직하다면 계승·발전 방향을 위해 국가는 노력하여야 하고 이 경우 언어공동체에 소극적으로 개입할 필요성이 있다. 그러나 만약 바람직하지 않다면 임계선을 넘었는가 아닌가? 하는 판단을 하여야 한다.

(3) 전제 조건 ③ : 국어정책에서의 이질요소를 어떻게 평가할 것인가?

여기에는 세 가지 측면이 있다. 표기의 문제, 어휘의 문제, 그리고 말의 문제로 요약할 수 있다. 먼저 첫째로 표기의 문제이다. 글자를 쓸 때에 이질요소를 어떻게 평가할 것인가? 이 문제는 특히 한자와 영어

alphabet의 문제로 귀결된다. 한자의 경우는 국한 혼용론이냐 아니냐로 귀결되고 이 경우는 많은 논쟁이 있어 왔고 한 방향으로의 경향을 보이고 있다. 더 큰 문제는 영문자(alphabet)인데 특히 영어 약자의 경우가 일반화하는 현상이 눈에 띈다. 예컨대, Manchester Ut.(또는 Man. Ut.)와 같은 방식을 말한다. 둘째는 어휘의 문제로 국·영 혼용이라 할 수 있다 (그 보기 : Parking Space가 적다). 셋째로는 말의 문제로 요약할 수 있는데 영어 공용화론이 바로 이것이다. 현재의 논쟁은 이들이 서로 엉켜 복잡한 양상을 보여 주고 있다. 문제는 그 이질 요소가 심각한가 아닌가 하는 점이다. 일부 학계의 주장은 긍정적이다. 즉 이질화를 국어의 풍요로움을 위하여 필수 불가결한 것으로 인식하고 있다. 반대로 일부 주장은 부정적이며 그 결과 국어의 순화가 지속적으로 필요하다고 주장한다. 이 글은 이질화를 정도의 차이로 본다. 따라서 중요한 것은 이질화가 임계선을 넘었는가 아닌가, 또는 다른 관점에서는 국어가 이들 이질요소를 자율적으로 내재화할 수 있는가에 있다는 태도를 취한다.

(4) 전제 조건 ④ : 국어정책이 언어공동체에 도움이 되는가?

국어정책은 언어공동체의 유지·발전에 도움이 되어야 한다. 우리의 문제를 대입시키면 국민의 영어능력을 증진시켜도 우리 공동체의 발전에 얼마만큼 도움이 되는가 하는 전제에서 따져 본다면 부정적으로 평가할 수밖에 없다. 따라서 국어정책의 기준은 우리의 언어공동체라는 전제 아래서 정책을 형성하고 집행하고 평가하여야 한다.

2. 국어정책 논의의 기초

1) 국가와 언어공동체와의 관계

(1) 국가(또는 정부)의 개념

현대국가에 있어 국가역할과 공공정책을 논의하기 위한 전제는 국가(정부)와 사회(언어공동체)의 이분법에 기초한다는 점이다. 이에 따라 국가의 개념을 먼저 살펴볼 필요가 있다. 국가란 특정한 영역 내에서 합법적 폭력(legitimate violence)을 독점적으로 사용할 수 있는 권한을 갖고 있는 기관으로 ① 영역(a territory) ② 지배를 위해 물리력의 사용가능성, 그리고 ③ 국민상호 간의 관계를 규율하는 사회적 행동을 그 요소로 한다. 이를 언어 현상에 결부시키면 지배력을 사용하여 언어공동체의 언어를 규율할 수 있는 가장 강력한 행위자는 국가라는 결론이 나온다.

(2) 국가의 언어공동체에 대한 역할

언어현상에서 국가의 역할을 본격적으로 논의하기 전에 우선해야 하는 일은, 과연 국가(state)[또는 정부(government)]는 사회(언어공동체)의 활동에서 무슨 역할을 해야 하는지에 대한 명확한 정의를 해야 한다. 우선 국가가 사회 구성원의 동의에 따라 성립되었고 그 두 당사자 사이에는 묵시적 계약(implicit contract) 관계라는 전통적 이론을 따르면 언어공동체(사회)가 보다 우선한다는 주장이 설득력이 있다. 그러나 역사 발전에 정책이 미치는 파급효과에서 국가의 역할이 지대함을 볼 수 있다. 언어공동체가 기본이지만 정책의 관점에서는 바람직한 미래를 향해 계획하고 실행하고 평가하는 역할이 중대하다는 말이다. 즉 묵시적이든 명시적이든 제약을 전혀 받지 않는 언어공동체는 일정 수준까지는(이른바 임계선) 자율적 내재화가 있으나 이 임계선을 넘어가면 의사소통의 장애나 정체성의 문제 또는 불안정한 사회언어체계의 생성과 같은 바람직스 럽지 못한 효과를 가져올 수 있다. 자율 메카니즘이 효율적인 결과를 낳 지 못하는 환경이나 사례가 있다는 점도 간과하지 말아야 할 사항이다. 우리 역사에서 세종조의 언어정책은 이에 걸맞은 사례이다. 이와 관련하 여 일반적으로 '사회'라는 말은 '시장'이라는 말과 구별된다는 주장이 일 반적이나, 여기서는 시장을 따로 설정할 필요를 크게 느끼지 못하므로 사회나 언어공동체, 시장을 동일한 의미로 사용하려 한다.

(3) 국가와 언어공동체와의 관계

이 책에서 국가와 언어공동체와의 관계는 국가는 언어공동체를 존중 하지만 바람직하지 못한 방향으로의 전개에는 국가가 개입할 수 있다고 요약한다. 또 사회적 합의가 국가로 하여금 개입 요구할 수 있다고 하겠 다. 이때 개입의 기준이 무엇인가가 문제로 제기될 수 있다. 여기서 제 시하는 것은 언어공동체의 언어가 국가 개입의 변수인데 그 판단 기준 을 정하고 실행하는 것은 국가 언어정책의 담당 기구가 할 일이다. 물론 변하지 않는 원칙은 '언어공동체에 있어서 언어의 의미는 세계를 내다보 는 창(인식의 수단)이라는 점이다. 또 언어는 개개인의 삶과 민족의 역사 에서 작용하는 힘이라 할 수 있다. 즉 언어는 문화를 창조하는 힘으로 인식할 수 있다. 따라서 큰 테두리는 언어공동체이지만 이는 정책의 기 초로만 작용할 뿐이고 실제 정책은 정부가 실행하므로 정부의 기능과 역할이 어떠하냐가 중요하다.

2) 언어현상에서 국가의 역할

(1) 언어의 기능과 그 이론

앞서 설명하였듯이 세계화의 갈등은 언어주권과 문화공동체의 문제가 나타난다. 앞의 것은 외부의 힘에 대한 문제이고 뒤의 것은 내부의 문제이다. 앞의 것의 보기는 현재 진행 중인 자유무역협정(FTA : Free Trade Agreement) 협상에서 '협정 영문본이 국문본에 우선한다'거나 'FTA에 영향을 미치는 우리 법을 세계무역기구(WTO : World Trade Organization) 공식 언어인 영어나 불어, 서반아어 중 하나로 공표하라'(경향신문. 2006. 9. 5)는 미국의 요구사항에서 볼 수 있는데 이는 언어주권과 관련이 있다. 문화공동체와 관련이 있는 현상 중에 대표적인 것은 정부종합청사에 걸려 있는 Innovision[2]이라는 표어이다. 이 단어는 Innovation+Vision의 합성어로 보이는데, 그렇다면 '창조적 미래상'이거나 '창조적 비전' 등의 우리말로 대체가 가능할 것이다. 한걸음 더 나아가 요즘 국민으로서의 의무 대신 인류로서의 의무를 주장하는 논리도 등장하고 있다. 그리하여 지난번 LG 경제연구원의 세미나에서 나왔듯이 '100년 후엔 한국어가 경쟁력이 없어질 것'이라는 예측이 아니라 주장이 나왔다. 이 주장은 독단에 기초한다고 볼 수 있고 우리의 것을 존중하는 태도에 비판적 태도를 보이고 영어로의 노력을 강조한다. 이 논리는 세계인을 상정하고, 우리 민족이나 문화공동체의 존속을 위한 노력을 부인한다. 그러나 이들은 언어를 경제를 위한 도구로 본다는 점이나 경쟁력이라는 개념을 도입한다는 점에서는 발상의 전환을 하고 있다. 지금까지의 접근법과 다른 접근법을 선보인다.

우선 먼저 언어의 기능을 사례를 중심으로 사회과학적으로 재편성해

---

2) 이런 현상의 심층에는 언어의 문제와 결부된 의식의 차원에서 검토해 보아야 한다. 즉 우리 국민이 모르는 단어를 뽐내듯이 사용하거나 본문에서처럼 존재하지도 않는 영어단어를 합성해 쓰는 것은 영어를 쓰면 멋지다거나 우수하다거나 하는 사회현상으로 보아야 한다. 여기서 보듯이 언어는 단지 언어의 문제가 아니라는데 관심을 기울여야 한다.

보자. 첫째로, 대체로 언어는 개인의 인격과 관련된다. 그 대표적인 사례가 류(柳)씨 성을 유씨로 강요하는 법령은 인격침해라는 결정이다. 이하 신문 기사를 살펴보자.

대전지법 민사1부(재판장 손차준)는 12일 유(柳)모(81)씨가 호적 성의 한글 표기를 '유'씨에서 '류'씨로 정정해달라는 호적정정신청을 기각한 원심을 깨고 항고심에서 호적정정을 허가하는 결정을 내렸다. 재판부는 결정문에서 "국가가 개인의 구체적인 상황이나 의사를 전혀 고려하지 않고 일방적으로 성의 한글표기에 두음법칙 적용을 강제하는 것은 개인의 자기결정권을 핵심으로 하는 헌법상의 인격권을 침해하는 것"이라고 밝혔다. 이어 "사회 소수자의 소리에 귀를 기울이는 것이 기본적인 인권보장과 민주적 기본질서 확립에 중요한 요소임을 감안할 때 단순히 성씨의 한글 표기 통일을 위해 성에 두음법칙을 적용하는 것은 헌법적 이념에 반한다"고 강조했다. 재판부는 또 "성은 개인의 동일성을 식별하고 혈통의 상징하는 기호인 데 성의 '柳'씨를 유로 표기하더라도 한글 표기만으로는 역시 유로 표기되는 '劉씨, 兪씨'와 구별되지 않고 성에 대해 두음법칙 적용을 강제할 만한 정당한 목적이나 구체적인 이익도 찾을 수 없다"고 덧붙였다. 더구나 "성에 대한 두음법칙 강제는 개인의 기본권 침해 내지는 제한하는 규정인데도 법률의 형식을 취하지 않고 행정규칙인 대법원 예규(제520호 제2항)로 규정한 것은 헌법에 위배돼 무효"라고 판시했다. 이에 따라 유(劉, 兪)씨 등과는 달리 한글 이름 성을 '류'씨로 불러온 문화 유(柳)씨 후손들과 일부 '리(李)'씨, '라(羅)'씨 문중 등의 호적정정신청도 잇따를 것으로 예상된다. 앞서 유씨는 '문화 유(柳)'씨로 그 성의 올바른 한글표기가 '류'임에도 호적에는 두음법칙을 적용, '유'로 잘못 기재돼 있어 인권을 침해하고 있다며 법원에 호적정정신청을 냈으나 지난 3월 1심에서 기각됐었다(ohmynews, 2006. 6. 12).

둘째로, 언어는 개인의 정서와 관련된다. 우리에게 우리 문학이 더 가습에 와 닿는 의미도 여기에서 찾을 수 있다. 아래 글을 살펴보자.

> 잠시 눈을 감고 어머니라고 불러 볼 때 눈시울을 붉히는 사람들도 있지만 '마더' 혹은 '마마'하고 불러 볼 때는 눈시울을 붉히는 한국 사람이 없다. 이는 '어머니'라고 불렀을 때 우리들의 머릿속에는 어머니라는 대상에 관한 지식이 떠오름과 동시에 어머니에 관한 여러 가지 느낌이 떠오른다. 그러나 '마더'라고 되뇌게 했을 때 이 단어가 어머니를 지칭한다는 것, 즉 지적인 측면만 떠오른다. 또한 '어머니'라는 단어는 '마더'라는 단어보다 쉽게 배울 수 있고 오랫동안 잊히지도 않는다. 왜 이런 차이가 생길까? 단순히 외국어와 모국어의 차이를 넘어 모국어 내에서 가슴이 훈훈해지는 단어나 가슴이 서늘해지는 '정서 단어'와 그렇지 않은 '중립 단어'가 있고 앞의 것은 뒤의 것에 비해서 기억이나 학습이 더 잘 된다. 심리학자들에 따르면 어떤 지식을 습득할 때 지적인 측면과 정서적인 측면이 함께할 때가 지적인 면만 있을 때에 비해 학습도 잘 되고 더 오래 기억된다고 한다. 이 사실은 학습 환경이 왜 기본적으로 안전하고 안정적이어야 하며 정서적으로는 왜 슬프고 무미건조하면 안 되는가를 보여주고 있다(서울신문, 2007. 9. 18).

셋째로, 언어는 위에서 본 바처럼 언어는 개인과 관련되는 측면과 아울러 계속 강조하는 중요한 하나의 개념이 언어공동체이다.[3] '개인의 언어는 공동체에 의해 제약된다'고 표현할 수 있는 것처럼 개별 개인의 언어는 공동체의 규범을 벗어나지 못한다. 즉 개인의 언어는 공동체의 규범에 따르도록 강요하고 그렇지 않으면 불이익을 준다. 그 사례를 들면 아래와 같다.

병원에 갔을 때 증상을 표준어로 정확히 설명하는 습관을 길러야 할

---

[3] 국어학자 이숭녕은 이를 언어사회로 표현하였다.

것 같다. 그렇지 않으면 훗날 의사의 치료가 적절했는지 여부를 가리는 법정소송에서 낭패를 볼 수 있다. 그 사례로 "가슴이 찢어질 듯 아프다" VS. "오목가슴이 우리하다"를 살펴본다.

#1. 먼저 대구에서 있었던 일이다. 30대 초반 남자가 병원을 찾아 "가슴이 찢어질 것 같아요"라고 말했다. 병원 측은 처음엔 위염으로 진단했다고 한다. 하지만 통증이 계속되자 추가로 혈액검사를 실시한 뒤 이번엔 비결석 담낭염이란 판정을 내렸다. 이 남자는 내시경 검사 도중 갑자기 사망했는데 부검 결과 '대동맥박리증'으로 밝혀졌다.

#2. 다음은 전북에서 벌어진 일. 50대 후반 남자가 병원을 찾아 "오목가슴(명치)이 우리하다"며 호흡곤란·하지무감각 증세를 호소했다. 병원 측은 감염성 결장염으로 진단한 뒤 입원토록 조치했다. 하지만 이 남자는 얼마 안돼 "가슴이 답답하다"며 병실을 나서다가 쓰러져 곧 사망했다. 부검 결과 사인은 '대동맥박리증'으로 확인됐다(참고로 '우리하다'는 "몹시 아리거나 또는 욱신욱신하다"는 뜻의 경상도 방언이다. 경상도 사람들 사이에선 통증을 표현하는 말로 흔히 쓰이며, 심지어 애인과 헤어진 뒤 가슴이 아플 때에도 "마음이 우리하다"는 표현을 사용한다고 한다.). 대동맥박리증은 고혈압, 고령 등으로 탄력을 잃은 혈관이 혈압을 이기지 못해 찢어져 사망하게 되는 초응급질환, 극심한 통증으로 흔히 "찢어진다", "죽을 것만 같다"고 호소하게 된다. 임상 증상으로 "가슴이 찢어질 것 같은 통증", 하반신 마비 등이 있으며 즉각 흉부 엑스레이, 심초음파 검사, 대동맥 조영술, CT, MRI 등으로 확진하는 게 기본이다. 따라서 두 사망자 가족들이 "오진 때문에 환자가 사망했다"며 각각 병원을 상대로 소송을 낸 것은 물론이다.

하지만 법원의 판단은 서로 달랐다고 한다. 대구 건의 경우 사망자 가족이 만족할 만한 선에서 조정이 이뤄졌다. 하지만 전북 건은 그렇지 못했다. 재판부가 화해 권고를 했으나 금액이 적어 유족이 거부하는 바람에 판결 선고까지 간 것. "오목가슴이 우리하다"는 호소가 '가슴이 찢어질 것 같은 통증'을 표현한 것으로 볼 수 있는지가 가장 큰 관건이었다. 결과는 원고 패소. 사망자 가족이 항소를 포기해 사건은 종결되고 말았다. "만약 '오목가슴이 우리하다'가 아니라 '가슴이 찢어질 것 같다'고 자신의 증상을 표현했다면 당연히 승소하였을 것"이라며 '대한민국 의사한테 제대로 치료받으려면 적어도 어디가 어떻게 아픈지 제대로 표현해야 된다고 하니 부모님에게 국어 공부 좀 시켜 드려야 하는 것 아닌지 모르겠다'는 말로 글을 끝맺었다(세계일보 2007. 3. 2.).

넷째로 언어는 권력현상과 관련이 있다. 국가나 개인 간의 관계에서는 물론이고 개인 대 개인의 경우에도 이 현상이 나타난다. 국가 내의 언어권력의 문제란 어느 언어를 표준으로 또는 공용어로 하느냐의 문제에서부터 어떤 언어를 사용하는 집단이 비교우위를 가지는 가 또는 그 사회적 격차 등을 모두 포괄한다. 더 민감한 문제는 다민족 국가인 경우이다. 이런 국가에는 어떤 언어를 표준어로 채택하는가는 민감한 문제이다. 이런 사례를 볼 수 있는 대표적인 나라는 캐나다, 벨기에 등인데 여기서는 벨기에를 보기로 하자.

벨기에가 총선 이후 3개월이 지났음에도 새 연립정부를 출범시키기 못하면서 언어권 사이 해묵은 분열의 위기가 고조되고 있다. 인구 1060만 명의 벨기에는 크게 네덜란드어인 북부 플랑드르와 불어권인 남부 왈롱, 그리고 두 언어를 공영어로 사용하고 있는 수도 브뤼셀 지역으로 나뉘어 있다. 인구비율은 플랑드르가 60%, 왈롱이 40%를 각각 점하고 있다. 인구는 플랑드르가 많았지만 건국 이후 상당기간은 왈롱의 독무대였다. 불어권이 지배계급을 독차지했고, 경제적으로도 석탄·철강 산업의 융성으로 훨씬 부유했다. 주로 농업에 종사했던 플랑드르 사람들은 "뒤떨어진 시골뜨기"로 취급받는 등 사회·경제적으로 차별받았다.

1970년 이후 5차례에 걸친 헌법개정에 의해 현재의 복잡한 연방제가 탄생했지만 두 언어권을 포괄하는 정당은 물론, 언론매체마저 하나도 없을 정도로 오히려 분리가 깊숙이 진행되는 양상을 보이고 있다. 특히 경제적으로 상황이 역전되면서 이번엔 플랑드르 쪽에서 과거의 차별에 앙갚음식 분리주장을 펴고 있다. 플랑드르는 물류 및 화학 등 지식기반 산업으로의 전환에 성공하면서 유럽 내에서 영국, 독일을 앞지르는 풍요를 누리고 있다. 반면 과거 지배계급이자 경제적으로도 훨씬 부유했던 왈롱은 철강·석탄 산업이 사양화를 맞으면서 플랑드르 쪽에서 떼어주는 일종의 교부금에 의존하는 처지로 전락했다. 이번 연정협상에서도 경제권을 쥐고 있는 플레미시 쪽은 지역 정부의 자치권을 확대하기 위해 헌법을 개정할 것을 요구하고 있다. 반면 잘 사는 플레미시 쪽이 떨어져 나갈 것을 우려하고 있는 프랑크폰 정당들은 헌법개정을 유보해야 한다고 주장하는 한편 불어권에 속하는 수도 브뤼셀 지역의 확대를 요구하고 있다. 이번 조사에서 그나마 다행인 것은 전체적으론 분리에 찬성하는 비율이 25%에 그쳐 아직은 다수가 아니라는 점이다. 벨기에 정당 지도자들이 언어권 사이 갈등을 조정, 새 정부를 조속히 띄우는 것으로 국민들의 불안을 잠재울 수 있을지 주목된다(Pressian, 2007. 9. 6).

특히 다문화 사회로의 진입에 있는 한국에서는 이런 언어 권력의 문제는 상세한 고찰이 필요한데, 이는 제4장에서 논의하기로 한다.

언어 권력의 문제는 국가 대 개인,[4] 개인 대 개인,[5] 지방 대 지방의 경우에도[6] 이 현상이 나타난다. 호칭을 예로 들어 보자. 씨(氏)는 어느 정도를 높이는 칭호일까? 왜 CJ그룹을 비롯한 여러 기업에서 '님'으로 호칭을 통일했을까? 왜 조선조에 송시열의 칭호를 송자(宋子)로 하려 했을

---

4) 법률용어와 법률언어는 국가 대 개인의 보기이다.
5) 호칭(씨, 님, 선생, 박사, 교수, 子, Mr, Miss)이나 높임법은 이 보기인데 우리의 경우는 성별 (性別)의 문제와 결부되기도 한다.
6) 경상도 언어와 전라도 언어를 생각해 보면 알 수 있다.

까? 이런 문제의 본질 속에는 언어권력의 문제가 도사리고 있다.

　다섯째로 언어는 경제적 현상과 관련이 있다. 즉 언어는 (경제)발전의 원동력으로 작용한다. 좀 오래된 자료인데 아래 [표 3-1]은 이를 잘 나타내고 있다.

[표 3-1] 1인당 국민소득과 사용언어의 수

나라	1인당 국민소득($)	사용언어의 수
프랑스	16,090	10
영국	12,810	7
독일(서독)	18,480	7
덴마크	18,450	4
아이슬란드	21,660	1
우루과이	2,470	1
일본	21,020	5
네덜란드	14,520	5
스웨덴	19,300	5
에디오피아	120	120
베트남	180	77
필리핀	630	164
차드	160	117
베닌	390	52
볼리비아	570	38
인도네시아	440	659
수단	480	135
파푸아 뉴기니	810	849

주) 1987년 기준은 에디오피아, 차드, 베닌, 네덜란드;
1985년 기준은 베트남, 나머지는 1988년.
출처 : Coulmas(1992 : 24)

　이런 현상에 기대어 1인당 국민소득과 사용언어의 수는 일정한 관계가 있다고 주장하기도 한다. 더 나아가 '언어가 분열된 국가는 언제나 가난하다'라는 Pool의 정리가 나온다. 우리나라의 급속한 경제발전의 원동력은 통일된 국어와 한글의 힘이 의사소통을 원활히 하고 국민의 합의를 쉽게 이끌어 낸 데에도 원인이 있다. 이런 면에서 경제학자가 주장하는 언어의 경제발전기능에 대한 인식이 필요하다. 아울러 Pool의 정리의 반대해석으로 통일을 향한 강력한 자산은 언어에 기댈 수 있다고 주장할 수 있다. 사람들이 사용하는 언어는 그 사람의 부에 얼마나 영향을 미칠까. 국민 1인당 소득이라는 기준에서 세계에서 가장 부유한 나라들의 면면을 보면, 영어와 프랑스어, 독일어를 제1 언어로 사용하는 사람들은 전 세계 인구의 불과 8%밖에 안 되지만 전 세계 국내총생산(GDP)의 40%를 차지한다. 분명 법의 지배라든가 재산권, 세금, 금융정책, 문화와 종교 등 많은 것들이 경제발전에 영향을 미치고 있다. 그러나 경제학자들은 경제적 성공에서 언어가 차지하는 역할을 좀 더 주목해야 할 것이다. 사용 언어가 사용자의 부(富)의 정도 결정에 기여할 수 있다(세계일보, 2006. 7. 17).

여섯째로, 자본주의 체제 속의 부(富) 등과 관련이 있다. 우리나라에서 아파트의 이름을 바꾸고자 하는 노력은 이와 관련된 가장 대표적인 사례이다. 왜 기를 쓰고 이름을 바꾸려고 하는가? 아파트 명칭을 지명도 높은 브랜드명으로 변경하는 경우 아파트 가격이 상승하므로 명칭을 시대 흐름에 맞게 바꾸려는 입주자들의 욕구가 생겨난다. 다음의 기사를 보자.

최근 오래된 아파트 주민들이 새 브랜드로 아파트 이름을 바꾸는 이미지 변신 작업이 한창이다. 지난해 12월 수원 구매탄 현대홈타운 주민들은 시공사인 현대건설의 새 브랜드 '현대 힐 스테이트'로 아파트 외벽을 바꿨다. 불과 3년여 전 현대홈타운으로 분양 승인을 받은 이 아파트가 새 옷을 갈아입은 이유는 최근 브랜드명만으로도 아파트 가격에 큰 차이가 나기 때문이다. 내친김에 주민들은 수원시에 건축물 기재사항까지 변경하려 했으나 수원시가 집값 상승을 이유로 명칭 변경 신청을 불허했으나 브랜드 변경작업은 진행됐다. 시 관계자는 "현행 법규상 건축물 기재사항 변경 없이 아파트 명칭을 변경해도 제재할 조항이 없다"고 말한다. 용인 죽전택지개발지구 밖에 위치한 풍산아파트는 2005년 주민들의 요구로 죽전 택지지구 내 마을 이름을 딴 '내대지마을 풍산아파트'로 이름을 바꿨다. 택지지구와 불과 100여 m 반경 내에 위치한 이 아파트가 택지지구 내 마을이름을 사용하면서 주민들이 얻어낸 부가가치는 아파트값 인상이라는 달콤한 혜택을 체감한 것이다. 그러나 이와 반대로 건설사들이 새 브랜드 홍보를 위해 주민들에게 명칭 변경을 요구해도 주민들이 응하지 않는 경우도 있다. 기존 브랜드 이미지가 새 브랜드보다 인지도나 상징성 면에서 더 부가가치가 크다고 생각하기 때문이다. 현대산업개발은 오래전부터 서울 강남구 압구정동 구 현대아파트 주민들에게 새 브랜드(아이파크)로 교체할 것을 권했으나 번번이 거절당했다는 후문이다. 회사 관계자는 "주민들이 '집값 떨어진다'며 페인트칠 새로 하는 것을 원치 않았다"고 전했다.

위 현상의 연장선상에서 현재 도로명 주소가 정착되지 못하고 있는 이유가 이른바 잘 사는 동(洞) 이름에 붙은 이미지를 포기하려 하지 않는 현상과 관련이 있을 것이다. 예컨대 청담동은 도로명 주소 아래에서는 행정단위로서만 사용될 뿐이다. 이는 행정과 사회의 두 축에서 후자에서는 그 특권을 잃는 것을 의미한다(청담동=잘 사는 동네). 따라서 청담동에 사는 주민들에게는 포기하기가 쉽지 않을 것이다(제9장 참조).

일곱째로, 언어는 문화공동체와 관련이 있다. 먼저 문화공동체 사이의 측면부터 살펴보자. 현재 이 현상은 다문화사회와 관련하여 주목을 받고 있다(채원호, 2007). 즉 언어공동체가 서로 다른 경우 한 언어공동체에서 어떤 과정을 겪어서 순탄하게 원하는 언어공동체에 편입할 수 있는가 하는 문제와 그동안 행정은 어떠한 일을 해야 하는가에 대한 연구가 있

어야 한다. 문화공동체와 언어공동체는 어떤 관계가 있는가? 문화공동체
가 전적으로 언어공동체에 의존하지는 않지만 언어공동체는 문화공동체
에 필수적인 요소이다. 훔볼트가 말한 바대로 '우리는 언어가 우리에게
보여주는 대로 현실을 인식'하고 바로 이 과정을 통해 언어에 의해 구속
된다(이규호, 1989 : 92). 그런데 '모든 언어는 늘 일정한 문화적 전통 속
에서 자라난다. 그러므로 모든 언어 속에는 그 일정한 문화적 전통-담
겨 있어서 외부적인 혹은 내부적인 현실을 파악하게 한다. 곧 모든 언어
는 그것이 그 속에서 자라난 문화적인 전통 속에서 이룩된 일정한 세계
상(Weltansicht) 혹은 세계관(Weltanschauung)을 표현한다'(이규호, 1989 :
93)고 한다. 이를 달리 표현하여 '언어는 생각하고 그 생각을 전달하는
도구 이상(以上)의 것으로 우리의 세계관을 구성하는데 기본이 되는 요
소'라거나 '내 언어의 한계는 내 세계의 한계이다'(Wittgenstein, 1951)라
는 견해들은 여기에 속한다고 할 수 있다.

　　몇 년 전 음악가이자 역사가, 철학가 겸 칼럼니스트인 발린트 바즈소
니는 영어를 이해하지 못하는 사람은 자유라든가 법의 지배와 같은 영
국과 미국의 개념을 완전히 이해하는 것이 불가능한 것으로 생각한다고
나에게 말했었다. 미국에 이민 온 다른 사람들도 민주적 자유시장체제
에서 살게 돼서야 자유나 법의 지배 같은 단어들의 의미를 진실로 이해
하게 됐다고 말했다. 필자는 최근 경제 용어와 개념들을 최신의 각국어
로 번역하여 국제표준사전을 편찬하는 작업에 관여하고 있는데 매우 큰
어려움을 겪고 있다. 특히 어려운 점은 아랍어로 번역하는 작업이다. 아
랍에서는 본래는 코란에 나오지 않는 단어는 사용할 수 없도록 돼 있다.
그러나 기술과 아이디어들이 계속 발전함에 따라 이런 규정이 제약이
된다 해서 단어 사용을 승인하는 공식기구까지 생겨났다. 문제는 이런
공식기구들이 계속 출현하는 새로운 기술과 개념에 적시에 대응하지 못

해 제약을 준다는 점이다. 영어가 세계적인 언어가 될 수 있었던 것은 영어 사용에 규제를 가하는 기구가 없었기 때문이다. 분명 법의 지배라든가 재산권, 세금, 금융정책, 문화와 종교 등 많은 것들이 경제발전에 영향을 미치고 있다(세계일보, 2006. 7. 17).

따라서 사회과학자들은 경제적·사회적 삶에서 언어의 역할에 관심을 가져야 한다.

여덟째, 언어는 나의 나됨, 즉 개인이나 집단의 정체성과 관련이 있다. 이를 살펴보기로 하자.

혁명을 거쳐 강대한 중앙집권국가가 된 프랑스와 구태의연한 영방국가 집합체였던 독일 사이의 힘의 격차는 확연했으며, 전쟁 결과 독일을 명목상 통괄해온 신성로마제국은 소멸했다. 독일 각 지역이 나폴레옹군 지배 아래 들어갔고, 왕정 타도와 자유주의 개혁을 바라는 기운이 높아가는 한편으로 점령자 프랑스와는 다른 '독일인'으로서의 아이덴티티(정체성)를 찾으려는 정신운동도 거세게 일어났다. 그 대표적인 것이 철학자 피히테의 '독일 국민에게 고함'이라는 연설이었다.

이런 변화는 음악의 세계에도 파급될 수밖에 없었다. 오페라는 이탈리아어로 해야만 되고 독일어 작품은 징슈필(노래극)이라며 오페라가 아니라고 했던 시대에 베버의 <마탄의 사수>는 등장했다. 가수의 아리아보다도 오케스트라와 합창이 중시됐으며, 사용 언어도 노래하는 듯한 이탈리아어도 아니고 섬세한 프랑스어도 아닌, 자음이 많고 악센트가 분명한 독일어.

...

더 정확하게 말한다면 나폴레옹전쟁을 겪으면서 대항적인 근대적 아이덴티티가 형성돼 그런 '독일인' 상이 만들어지게 된 것이다. 100년 뒤 나치가 베버와 바그너 음악을 상찬하고 국민동원에 활용한 역사도 잊어선 안 된다.

피히테는 '독일인' 아이덴티티의 근거를 '독일어'에서 찾았다. 그에 따르면 독일어를 말하고, 독일어로 생각하는 인간이 '독일인'이다. 여기에 근대 '국어 내셔널리즘'의 원형이 있다. 당연히 프랑스에서도 프랑스혁명 뒤 일찍부터 국어교육을 철저하게 실시하고 정통적인 프랑스어를 말하는 인간이야말로 진정한 프랑스인이라는 국어 내셔널리즘을 다른 어느 곳보다도 강력하게 실천했다(한겨레, 2007. 9. 1).

인구가 적은 동(洞)을 묶어 정부가 통합을 추진하자 새로운 동 이름을 놓고 벌써부터 '동명(洞名) 분쟁'이 일어나고 있다. 서울시는 두 동을 통합하면 새로운 제3의 이름을 붙이거나 두 동 중 한 곳의 이름으로 통합하는 방안을 추진 중이다. 그러자 주민들이 왜 내가 사는 동 이름을 바꾸냐며 강하게 반발하고 있다. 특히 역사가 깊은 곳일수록 동 이름을 포기할 수 없다는 목소리가 크다. 동명 분쟁으로 가장 큰 진통을 겪는 곳은 종로구다. 역사가 깊으며 몇 세대에 걸쳐 살고 있는 토박이가 많기 때문이다. 종로구에서는 삼청동 – 가회동, 청운동 – 효자동, 명륜3가동 – 혜화동 등이 각각 합치게 돼 있다. "대한민국에서 삼청동을 모르는 사람이 어디 있나. 삼청동의 브랜드 가치를 절대 포기 못 한다"(삼청동 주민) "면적과 주민 수에서 가회동이 월등하다. 당연히 가회동으로 합쳐야 한다"(가회동 주민) 가회동 주민 1,000명이 회원인 사단법인 북촌가꾸기회 이형술(70) 회장은 "가회동은 조선이 한양을 수도로 정한 뒤 613년 동안 써 온 뿌리 깊은 이름이기 때문에 결코 버릴 수 없다"고 말했다. 삼청동 주민 모임인 삼청동번영회 이건선(67) 회장도 "새 이름을 정하도록 강요한다면 삼청동과 가회동 주민 간에 큰 다툼이 생길 것"이라고 말했다. 이들은 제3의 이름을 택하는 것에 대해서는 더욱 반대하고 있다. "뿌리 깊은 이름을 왜 버리느냐"는 것이다. 사정이 이렇다 보니 주민 사이에선 통합 자체를 반대하는 목소리도 높아지고 있다. 내년부터 같은 동 이름을 써야 하는 청운동과 효자동도 입장이 갈린다. "종로가 서울 1번지라면, 청운동은 종로 1번지다(임형경 청운동 주민자치위원장)", "효자가 많아 이름 높았고, 인구도 청운동보다 두 배나 많다(정홍우 효자동 주민자치위원장)" 구청은 일방적으로 이름을 정하지 않고 주민끼리 합의를 유

도할 방침이다. 종로구청 이승열 자치행정팀장은 "동 이름에 대한 주민
의 자부심과 애향심이 대단해 통합 자체가 쉽지 않을 것 같다"고 말했
다. 반면 과거 달동네라는 인식이 강해 주민의 호감이 높지 않은 지역에
서는 이참에 동네 이름을 바꾸겠다는 움직임을 보이고 있다. 재개발 뒤
신흥 아파트촌으로 떠오른 서울 관악구는 이번에 동 통합작업을 계기로
전체 동 이름을 손보기로 했다. '봉천'이나 '신림'이 들어간 동 이름이 달
동네를 연상한다는 판단에서다. 주민들도 "달동네를 연상하는 예전 이
름 때문에 집값이 떨어진다"며 동 이름 변경을 원하고 있다. 서울시가
11일 동 통합 계획을 발표하면서 봉천본동. 봉천9동 통합 동의 후보 명
칭을 '봉천동'으로 내놓자 관악구청에는 "왜 봉천동이라는 이름을 계속
써야 하느냐"는 항의 전화가 빗발쳤다. 관악구는 '신림' '봉천'이 들어가
는 20여 개 동을 성현동, 청룡동, 금란동, 미성동 등으로 바꿀 계획이다.

아홉째로, 언어는 정치적 행위와 관련이 있다. 이를 가장 잘 인식하고
실행한 정권이 북한 정권이다. 아래의 설명을 보자.

  10월 2-4일까지 남북 정상회담이 열린다. 노무현 대통령과 김정일
국방위원장의 만남이 기다려지는 이유는 두 사람은 만남이 보통 만남이
아니라는 것이다. 정상회담은 '말'로 시작해서 '말'로 끝난다. 사람에게서
말은 그 사람을 나타내는 중요한 기준이다. 어눌한 말투가 어떤 때는 사
람들을 더 감동시킬 수 있지만 감동시키기에는 부족하다. 특히 정치가
들의 말은 인민대중을 설득하는 데 매우 중요하다. 격정과 열정이 담긴
말을 통하여 사람들을 설득함으로써 자신의 꿈을 현실화시킬 수 있다.
다양한 인간군상들이 언어를 통하여 서로를 알아가고 정치적 행위를 하
기 때문에 정치적 행위는 언어적 행위라고 이야기되기도 한다. 말 자체
가 정치인 것이다(Ohmynews, 2007. 9. 17).

(2) 정책의 기본적 방향을 위한 이데올로기 : 언어공동체주의

언어공동체주의는 신자유주의적 언어정책과 어긋난다. 먼저 언어공동체주의와 신자유주의적 언어정책을 비교해 보자. 언어공동체주의는 공동체적 가치에서부터 출발하고 신자유주의 언어정책은 개인적 가치에서부터 출발한다. 언어공동체주의는 인간의 이성을 신뢰하고 존중하지만 신자유주의 언어정책은 인간의 이성에 대한 신뢰보다는 인간의 이기심을 가장 신뢰할 만한 것으로 본다. 언어공동체주의는 연대성을 중시하지만 신자유주의 언어정책은 경쟁을 중시하는 점 등에서 많은 중요한 본질적인 차이가 있다. 현재 우리 사회의 언어인식은 언어공동체주의에 기초해 정책이 수립되었다. 그러나 현재는 언어공동체주의보다는 신자유주의 언어정책으로 선회하려는 조짐을 보이고 있다. 이에 따라 영어신화가 만들어지고 있고, 국어보다 영어에 더 많은 투자를 결과적으로 유도하는 정책이 눈에 띈다. 그러나 영어도 중요하지만 국어가 우선임을 신봉하는 신화를 만들어 내어야 한다. 이는 공동체의 유지뿐만 아니라 장래의 통일에 대비한 국제관계에서도 유리할 것으로 판단된다.

다만 언어공동체주의는 언어집단주의는 근본적으로 다르다. 언어집단주의(예 : 일본 식민지 시대의 언어정책, English Only Movement 등)는 집단의 가치를 앞세워 개인의 가치와 대립하지만 언어공동체주의는 개인의 가치를 기본으로 하고 있지만 언어공동체주의는 개인의 가치를 절대화하지 않을 뿐이다. 즉 개인의 가치 내지 자유를 가장 중요한 기본가치로 인정하고 존중하나, 공동체의 소중함도 함께 중요시하는 태도를 지닌다. 왜냐하면 공동체가 피폐해지면 개인의 자유와 가치도 존중받기 어렵고 지켜지기 어렵기 때문이다. 언어공동체주의는 언어공동체의 소중함을 주장하면서도 그 방식이 권위주의적이거나 강제적이지 않고 개개인의

양식과 이성에 호소한다. 언어공동체의식의 제고를 위해서 대화와 설득, 그리고 교육이 주로 사용되며 정치적 폭력, 사회적 압력 등은 부정된다. 언어공동체구성원들에게 각자의 발전을 위한 노력과 더불어 공동체를 위한 기여와 책임을 요구하는데 그 요구의 방식은 솔선수범, 구성원들 간의 진솔한 대화와 설득, 상호교육과 자기수양 등으로 이루어진다. 국어책임관 제도를 논의하는 이유는 바로 여기에 있다.

언어공동체주의는 국어의 역사성과 의사 소통성, 창조성을 인정한다. 따라서 역사적 의미나 공동체의 의미를 묻지 않고 오로지 개인의 시장적 가치를 신봉하는 신자유주의 언어정책과 대비된다. 다만 언어공동체주의에 기초한 국어책임관 제도를 실시함에 있어 정책대상 집단의 순응을 고려하여야 하고 순응을 얻도록 노력하여야 한다.

언어공동체주의에서 만약에 문제점이 있다면 정책을 통해, 즉 국가개입을 통해 '질서 있는 다원주의'라는 구체적 형태를 취하는 것이 바람직하다. 오늘날의 사회는 다원주의에 기초하고 있으므로 다양한 의견과 다양한 이해(利害)의 집결형태로 나타나고 서로 간에 어긋나고 충돌할 수 있다. 이 현상이 어떤 모습으로든 조정되지 아니하면 무질서가 되어 만인에 대한 만인의 투쟁으로 치달아 획일적 질서보다 더 못할 수 있다. 이를 언어현상에 비추어 보면 어떤 형태로든 표준을 인정하지 않으면 서로 간에 어긋나고 충돌할 수 있고 무질서 현상이 나타난다. 이는 언어공동체를 갈등으로 몰고 갈 수 있다. 이를 피하기 위해서는 언어에도 질서가 필요하고 하나의 표준만을 고집하기가 어려울 때는 다른 표준도 인정하는 정책이 필요하다. 다행이 우리는 선학(先學)들이 언어에 표준을 정하여 질서를 부여하였다. 다만 다원주의가 충분하지는 않으나 가능성도 열어두었다. 이제부터는 이런 질서 있는 다원주의로의 이행에 정책의 초점을 두어야 한다. 이때 주안점은 정책의 일관성이 문제가 된다. 정책이란 정부의 활동이 시민이나 사회에 영향을 미치는 것이므로 정책 하나가 바뀌면 그 파급효과는 엄청나다.[7] 따라서 가능한 정책은 변경하지 않는 게 좋다. 즉 문제 되는 부분을 조금씩 바꿔 나가는 점증주의 방식이 근본부터 통째로 바꾸는 합리주의보다 현재의 우리 상황에서는 더 우수하다.[8]

제2절 국어책임관 제도

1. 언어공동체와 임계선 그리고 자율적 내재화

1) 국어내셔널리즘인가 국어공동체의 발전인가

한 사회를 이해하기 위한 징표로 그 사회의 언어를 보면 된다.[9] 즉 언어는 사회를 비추는 거울의 역할을 수행한다. 앞서 언급한 대로 지난 시절의 우리 어문정책은 한글전용과 국어전용이었다. 그러나 이에 어울리는 부수적인 일들이 활발하게 이루어지지 않았다. 말 다듬기 운동이 조금 있었으나 큰 열매를 맺지 못했다. 아래 글을 살펴보자.

　　그 생각할 수 있는 것이 언어다. 오늘 우리 사회에서 쓰이는 말의 상스러움과 천박함은 바로 우리 사회의 천박함 바로 그것이다. 어제오늘의 일이 아닌 이 한국어의 위기는 어디에서 연유하는 것일까?

---

7) 맞춤법을 바꿀 때 책이나 인쇄소에 미치는 영향을 생각해 보면 이해될 것이다.
8) 점증주의는 현재의 상태를 기준으로 하여 정책을 세우는 모형으로 보수주의에 기원한다. 합리주의는 현재 상태를 기준으로 인정하지 않고 변혁하려는 모형이다(박동서, 1984).
9) 일부 인용에서 출처가 정확히 제시되지 않은 부분이 있다. 향후 보완할 것을 약속드린다.

그래서 생각하게 되는 것이 해방 이후 이어져 온 한글전용 정책에 걸맞게 우리가 얼마나 우리의 토종 말을 다듬고 찾아내 써 왔는가 하는 반성이다. 그래도 반가운 현상은 최근 우리 토종 말을 찾아내고 다듬는 일들이 사회 구석구석에서 일어나고 있다는 점이다.

교통정보를 제공하는 라디오 프로그램에서 인터체인지라는 말 대신 나들목이라는 말이 쓰이고 있다. 나들목, 나가고 들어오는 길목이라는 얼마나 고운 우리말인가? 그래서 전국에는 배가 드나들던 길목을 가리키는 배나 드리라는 아름다운 지명을 가진 곳이 많이 있다. 서클이니 클럽이니 하는 말 대신 동아리라는 말이 자리 잡았듯 사회생활을 의미하는 모듬살이라는 우리말도 있다(월간중앙, 2005. 2. 17, 352호).

위 글의 필자는 그렇다고 하여 모든 언어를 죄다 배척하고 토박이말로만 글자생활을 해야 한다고 주장하지도 않고 또 그렇게 하는 것은 불가능하다. '지나침'은 '모자람'만 못한 법이다. 따라서 토박이말을 조어법에 맞게 새롭게 만들어 낼 필요성은 있지만 언중의 호응을 얻는 것이 절대적이다. 한쪽으로 치우쳐서 지나침 쪽으로만 갈 때 국어내셔널리즘이 된다. 아래의 글을 보자.

거의 광신도에 가까운 한글전용론자 한 분을 나는 알고 있다. 조금 과장하자면 이분과 이야기를 나누려면 옆에 통역이 있어야 할 정도다.

이분은 만년필을 '졸졸붓'이라고 말한다. 잉크가 졸졸 흘러나온다는 뜻이란다. 그래서 볼펜을 무엇이라고 하느냐니까 그건 '돌돌붓'이란다. 이 사람에게 경주의 불국사는 '부처나라절'이다.

기가 막힌 것은 이 사람이 군대를 '싸우리'라고 말한다는 것이다. 육군은 '뭍싸우리', 해군은 '물싸우리', 공군은 '하늘싸우리'다. 그래서 해병대는 무어라고 합니까 하고 물었더니 해병대는 '물뭍싸우리'라는 것이었다.

언젠가 이 댁에 부인의 친구가 전화를 했을 때였다. 마침 부인이 없어서 이분이 전화를 받았는데, 이런저런 이야기 끝에 "아무개는 학교에 잘 다니고 있지요" 하고 아들의 안부를 물었다. 그러자 마침 아들이 얼마 전 군에 입대했기에 "그 녀석 지금 싸우러 갔습니다"라고 대답했다. 며칠 후 부인의 친구가 부인에게 묻더라는 것이다.

"아니 그 집 아들은 중동에는 뭐하러 갔어?"

싸우리를 사우디아라비아로 알아들었던 것이다. 한글전용도 이쯤 되면 이것 또한 언어파괴에 지나지 않는다(월간중앙, 2005. 2. 17, 352호).

이와는 반대로 모자람 쪽에 치우쳐 이를 보충하기 위해 무분별한 외국어의 도입도 지금 우리가 보고 있는 현상으로 우려하는 바이다.

국적불명의 외래어 남용도 그 도를 넘어선 지 오래다. 특히 한 사회의 지도층이라는 사람들에게서 더욱 문제가 심각하다. 그 말이 파급시킬 악영향을 한 번쯤 생각이나 하고 사석에서나 쓸 말을 공공연하게 내뱉는지 어이가 없을 정도다. 적어도 대통령이라면 "이번에 내가 미국 가서 '오버' 좀 했지" 같은 황당한 말을 해서는 안 된다는 뜻이다.

우리나라는 이미 정원공화국이 된 지 오래다. 전국 어디를 가나 정원으로 가득 차 있다. 강 이름 치고, 도시 이름치고 정원이 아닌 곳이 없다. 전국 모든 강과 산, 도시의 가든화. 한강 가에는 '한강가든', 춘천에 가면 '소양강가든', 공주에 가면 '금강가든'이다. 하다못해 '정원가든'도 있다. 이제 국어사전은 '가든'이라는 이 시민권을 얻은 말을 새로 올리면서 이렇게 뜻풀이를 해야 할지도 모른다. '가든- 주로 야외에 있으며 소·돼지고기를 마구 구워 먹는 곳.' 그렇다 보니 '커피는 셀프입니다'를 넘어 '대형슈퍼'니 '폭탄세일'이니 하는 말이 아무 거부감 없이 우리 사이에 자리 잡아 버렸다(월간중앙, 2005. 2. 17, 352호).

부지불식간에 언어공동체는 변화해 간다. 또 그 변화현상은 구성원의 노력으로 좋은 방향으로 나아갈 수도 있고 노력 없이 자연 방임으로 둘 수도 있다.

　　문득 지난여름의 일이 떠올랐다. 오랜만에 한국을 찾은 친구인 일본
의 오다카 교수를 맞아 나는 그와 함께 남한강 가에 있는 서재에서 며칠
을 보냈다. 여주와 이천이 가까웠기 때문에 느릿느릿 시골길을 달려 세
종대왕릉에도 가고 명성황후의 생가도 찾아갈 수 있었다. 옛날 기법으로
옹기그릇을 구워내는 금사토기 가마터도 둘러보고 저녁 무렵에는 비닐
하우스가 늘어선 원두막에서 참외를 깎아먹으며 더위를 달래기도 했다.
　　그렇게 며칠을 보내고 일본으로 돌아간 그에게서 편지가 왔다. 한국
사회에서는 거의 사라져 버린 편지문화가 아직 일본에는 남아 있다는
것이 이럴 때는 즐겁다. 함께 지낼 수 있었던 며칠 동안의 여행에 감사
한다는 말을 하면서 그는 이렇게 적고 있었다.
　　"한자도 영어도 보이지 않는 곳에서 며칠을 보낼 수 있었다는 것은
특히 저에게 인상 깊은 여행이었습니다."
　　나는 전연 느끼지 못했던 것이었다. 그랬구나. 우리의 거리에서 한자
가 사라져 버렸다는 것을 나 또한 잊고 있었구나. 그가 생각할 때 한국
은 분명 외국이었는데, 영문글자가 거의 없는 곳에서 며칠을 보냈구나.
그때 그의 편지를 접으며 생각한 것도 우리의 삶에 자리 잡고 있는 언어
의 힘이었다(월간중앙, 2005. 2. 17, 352호).

　　영어는 세계를 시장으로 하는 언어로 한국어나 한글에 비해 그 가진
힘이 훨씬 강하다. 국어내셔널리즘을 비판하든 국어공동체의 보존에 관
심을 두든 이 점에서는 일치를 보이고 있다. 문제는 그렇다면 그다음에
어떻게 할 것인가이다. 일부 논자들은 국어를 아름답게 가꾸기 위한 국
어운동단체나 관련 학문 분야의 노력을 국어내셔널리즘이라 주장한다.
우선 이들의 주장을 살펴보자.

현재 세계에 이산해 있는 총수 약 600만 명의 코리안 디아스포라는 모어와 모국어의 상극으로 고통받고 있다. 한편 한국에는 이주 외국인 노동자 등 많은 정주 외국인이 살고 있다. 국제결혼으로 한국에 살게 된 외국인 여성도 늘고 있다. 이런 추세는 누구도 막을 수 없다. 지금 외국에서 한국으로 와서 사는 사람들에게 재일 조선인이 일본에서 겪은 것과 같은 고통을 주어서는 안 된다. 그들의 모어와 가져온 문화를 대등한 것으로 존중해야 하는 것이다. 그런 사회를 구체적으로 상상해 보면, 그것은 조선어는 물론이고 일본어·중국어·러시아어·영어, 그리고 언젠가는 베트남어도 공용어로 인정받고 유통되는 그런 사회. 그런 가장 열린사회에서 각각의 구성원을 묶어주는 것은 식민지 지배를 받은 역사의 기억과 그런 역사를 피해자로서는 물론이요 가해자로서도 다시는 만들어서는 안 된다는 모럴이다. 이 유토피아 실현을 막는 장애는, 한국의 경우엔 먼저 국민 다수의 무의식에 뿌리를 내리고 있는 국어 내셔널리즘이라 할 수 있다(서경식, 도쿄 경제대 교수·성공회대 연구교수).

같은 관점이지만 세계화의 측면에서 국어내셔널리즘을 비판하기도 한다. 대표적으로 1998년 이후 우리나라에서 불어 닥친 영어공론화이 그것이다. 영어공용어화를 주장하는 사람은 이제 세계국가가 되기 위해서는 영어가 필수이며, 기본적인 생존수단이라 말하고 있다. 어느 대학에서 실시하고 있는 모든 대학의 강의를(심지어 국어 과목까지) 영어로 강의하겠다는 방침이 그것이다. 이들의 주장은 영어가 아니면 생존의 문제일 뿐만 아니라 사람다운 삶을 살아가는데 필요한 수단이라고 주장한다. 가장 대표적으로는 복거일을 들 수 있다.

세계화 시대의 국제어인 영어를 우리의 모국어로 삼아 앞으로 출현할 '지구제국'에서는 중심부로 진출하자는 주장을 내놓았다. 그는 영어를 당장 우리의 모국어로 만드는 불가능하므로, 잠정적으로 영어를 한국어

와 함께 우리의 공용어로 삼은 후에 궁극적으로는 모국어로 삼아야 하
며, 민족어인 한국어는 다른 민족어와 함께 장차 '박물관 언어'가 될 것
이지만 이는 전문가들이 연구, 보존하면 된다는 의견을 피력했다(복거
일, 1997 : 20).

위에서 보듯이 영어공용화를 주장하는 측의 궁극적 목표는 영어를 모
국어로 삼는 데 있다. 이 점에서 국어공동체주의나 국어내셔널리즘과의
차이가 확연히 드러난다. 어쨌든 이러한 주장은 전체 우리 사회에 큰 영
향을 남겼고 특히 시장주의자나 세계화를 화두로 삼는 이들에게는 금과
옥조로 여기고 있다. 이에 대한 비판은 한학성에게서 볼 수 있다.

　　복거일의 주장에는 치명적인 약점이 있는데, 과연 지구제국이 출현할
　　것인가? 이런 주장은 예측 자체가 불가능하다. 지구제국이 출현해도 지
　　구제국 공용어가 반드시 영어라고 할 수 없다. 또한 과연 중심부만이 살
　　길이며 주변부는 살길이 아닌가? 주변부가 되어야만 민족적 자긍심이
　　될 수 있을까? 지구제국 출현과 주변부라는 의미도 연관성이 별로 없다.
　　　특히 '공용어' 개념을 통하여 공용어화른 주장하는 사람들을 비판한
　　다. 미국도 영어가 공용어가 아니다. 미국에서 공용어 개념은 영어를 미
　　국의 유일한 공식 언어로 지정하는 것을 의미하는데 미국은 그렇지 않
　　다고 말한다. 대다수 국가 다양한 언어를 공용어로 채택하고 있는 것이
　　다. 그럼 과연 영어가 공용어가 되면 문제가 해결될까? 우리나라 사람들
　　이 영어를 잘하기 위해서는 영어가 공용어가 되어야 하는가?
　　　사실 공용어는 한 국가 안에 여러 민족이 공존할 때 가능하다고 본다.
　　우리나라와 같은 단일민족은 공용어 자체가 불가능하다는 것이다. 영어
　　를 하지 못하여 힘들어하는 한국 사람은 없다.
　　　한학성은 복거일의 영어 공용어론을 기본적으로 전제가 잘못되었다
　　고 말한다. 우리나라 사람들이 영어를 잘못하는 이유가 영어공용어가
　　아니기 때문이라는 전제 말이다. 한학성은 영어를 잘못하는 이유를 영

어 공용어가 아니라 우리나라 영어 교육 문제라 말한다. 영어 교사가 영어를 자유롭게 구사하지 못하는 것임을 강조한다. 공용어의 선행이 아니라 영어 교육이 개혁되지 않으면 안 됨을 말하고 있다.

영어 교육 개혁은 영어 시간에는 영어로 가르쳐야 한다. 영어 발음, 영어와 접촉 시간을 늘리는 방법들이 있다. 영어교사가 영어 발음 하나 정확하게 구사하지 못하면서 자라나는 아이들에게 영어를 모국어처럼 구사할 수 있어야 한다고 강조하는 것은 가장 어리석은 교육정책이다 (OhmyNews, 2007. 10. 24).

그러나 외국어 체계의 도입이 어느 지점을 넘을 경우는 국어공동체 내에서의 내재화의 능력을 상실할 가능성이 있는 경우가 있다. 다음 글을 보자.

미국·일본·중국 등지에서 한국으로 지식이 이동하는 정보유통 체계로 인해 한국어가 외국어에 의해 계속 오염되고 있다. 이는 주로 영어·일어·중국어 서적을 한글로 번역하는 과정에서 발생하는 문제점이라고 할 수 있을 것이다.

오늘날 한국어 오염문제는 주로 외래어 남용이라는 차원에서만 논의되고 있다. 하지만 외래어 남용보다도 더 본질적인 문제는 한국어 문법의 파괴에 있는 듯하다. 그중에서 그동안 제대로 지적되지 않은 두 가지의 문제점만 다루어보기로 한다.

첫째, 한국어 어순의 파괴가 미세하게나마 일어나고 있다. 한국어 문장은 기본적으로 <주어+목적어+술어>의 순서로 이루어진다. 그런데 다음 문장에서 나타나는 바와 같이 이질적인 구조가 한국어 문장에 침투하고 있다.[10]

"중국 정부는 한국 대통령의 방중을 환영했다."

---

10) 이 문제는 이미 오래 전에 한문(漢文)투의 글로 인해 발생되었다고 볼 수 있다. 청소년들이 북한군의 남침을 북침과 혼동한 이유 중에 하나가 북침을 문자대로 '북에서 침략했다'고 오해한 것에 있다고 한다.

언뜻 보기에는 아무런 문제가 없는 것처럼 보이는 문장이다. 이 문장은 기본적으로는 <주어부+목적어부+술어부>의 어순을 띠고 있다.

그런데 이 문장 속에는 <목적어+술어>가 아닌 <술어+목적어>의 구조를 이룬 부분이 있다. 영어식으로 말하면, <동사+목적어>의 어순을 가진 부분이다. 바로 '방중'이라는 부분이 그것이다.

순서대로 하면 '방문하다+중국'이 되는 이 표현은 기본적으로 영어식 혹은 중국어식 표현이다. 정통 한국어 문법대로라면, 이 표현은 "중국 정부는 한국 대통령의 중국 방문을 환영했다"가 되어야 마땅하다.

이는 특히 중국어나 한문 문장을 번역하면서 원문 표현을 그대로 옮겨 놓은 데에서 기인한 문제점이라고 할 수 있다. 또 '중국 방문'보다는 '방중'이 더 짧고 간편하다는 실용성 등이 작용하여 한국인들이 이런 표현을 선호하고 있다고 볼 수 있다.

물론 '방중'이 한국어 문법에 맞지 않는다고 해도 그 뜻을 이해하는 데에는 별 어려움이 없다. 하지만, 이것은 관용적 혹은 습관적 이해에 불과할 뿐, 과학적 이해라고는 할 수 없을 것이다. 이런 표현은 한국어의 과학화에 지장을 줄 것이다.

아직까지는 <주어+목적어+술어>라는 기본 구조가 흔들리지 않고 있지만, 이처럼 미세하게나마 <주어+술어+목적어>라는 영어 혹은 중국어 문법의 요소가 한국어 문장 속에 서서히 침투하고 있다는 점에 주목하지 않을 수 없다.

둘째, 영어의 전치사(preposition) 혹은 중국어의 개사(介詞)에 해당하는 요소가 한국어 문장에 침투하고 있다. 전치사나 개사는 명사나 대명사의 앞에 붙어서 다른 품사와의 관계를 표시하는 품사다.

전치사의 예를 들면 잘 알고 있다시피 to나 for 또는 on 등을 들 수 있고, 개사의 예를 들면 대(對)·종(從)·재(在) 등을 들 수 있다. 중국어에서 '뚜이'로 발음되는 對는 '~에 대하여', '총'으로 발음되는 從은 '~로부터', '짜이'로 발음되는 在는 '~에서'의 뜻을 갖고 있다.

이 중에서 현재 한국어에 이미 침투한 것은 영어의 for나 to 혹은 on에 상당하는 중국어 뚜이(對)다. 다음 문장에서 그 실례를 확인할 수 있을 것이다.

"부시 행정부는 대북정책을 수정하고 있다."

모든 한국인들이 이런 표현을 아무 의심 없이 사용하고 있지만, 이 문장은 한국어에서는 이질적인 영어 전치사 혹은 중국어 개사의 요소를 담고 있다. '대북정책'이 바로 그것이다. '북'이라는 명사 앞에 전치사 대(對)가 붙는 것은 한국어 문법에서는 이례적인 것이라 할 수 있다.

위 표현을 한국어 문법으로 순화하면 다음과 같다.

"부시 행정부는 북한에 대한 정책을 수정하고 있다."
"부시 행정부는 북한 정책을 수정하고 있다."

그런데 '북한에 대한 정책' 혹은 '북한 정책'이라는 한국식 표현을 사용하게 되면, 대북정책이라는 표현을 쓸 때보다도 음절이 길어지는 문제점이 있는 동시에 '폼'이 안 난다는 문제점이 있다.

간결한 명사를 만드는 점에서만큼은 중국어를 따라갈 수 있는 언어가 드물 것이다. 그렇지만, 단순히 간편하고 편리하다는 이유만으로 한국어 문법의 근간을 파괴해서는 안 될 것이다.

그럼, 여기서 언급한 어순 파괴라든가 전치사 유입 등의 요소는 어떤 부정적 영향을 초래할까? 여기서 파생되는 중요한 문제점으로 두 가지만 언급하면,

① 사고체계와 언어체계의 통일성을 기할 수 없다.

언어체계는 단순할수록 좋다. 또 언어체계는 사고체계와 일치할수록 좋다. 그런데 <주어＋목적어＋술어>로 된 문장 속에서 <주어＋술어＋목적어>라는 이질적 구조를 접하게 되면, 우리의 머릿속에서는 <주어＋술어＋목적어>로 된 부분을 <주어＋목적어＋술어>로 변경하는 또 한 번의 불필요한 사고 과정이 일어나게 된다. 한 번만 사고하면 될 것을

두 번 사고하게 되는 것이다.

'방중'이나 '대북' 등의 표현은 글자 수를 줄이는 면에서는 효율적일지 모르지만, 우리의 머릿속에서 또 한 번의 사고과정을 필요로 한다는 점에서 사실은 비효율적인 것이라고 평가할 수 있을 것이다.

② 세대 간의 정보전달을 저해할 수 있다.

오늘날 한국어 문법 속에 이질적이고 파괴적인 요소가 있다 하더라도, 현재 이 언어를 사용하는 21세기의 한국인들은 별 어려움 없이 그 뜻을 이해할 수 있다. 왜냐하면, 대부분의 한국인들이 영어에 대한 기초 이상의 지식을 갖고 있고, 또 중국어를 모르더라도 어느 정도의 한문지식을 갖고 있기 때문이다.

하지만, 한국인의 후손들이 몇 백 년 혹은 몇 천 년 뒤에 지금의 문장을 읽게 되면 '방중'이나 '대북' 같은 이질적인 요소에 혼란을 느낄 수 있을 것이다. 왜냐하면, 그들은 오늘날의 한국인들처럼 영어나 중국어에 대한 기초지식이 없을 수도 있기 때문이다. 이것은 먼 훗날의 후손들이 오늘날의 문화를 이해하는 데에 걸림돌로 작용하게 될 것이다.

지금까지 언급한 두 가지를 포함한 한국어 오염의 문제점들은 몇몇 사람들만의 노력으로 고칠 수 있는 게 아니다. 또 그런 문제점이 있다는 걸 안다 해도, 자기 혼자만 그런 표현을 쓰지 않을 수도 없는 노릇이다. 왜냐하면, 언어는 사회적 약속이기 때문이다.

그러므로 이것은 한국인 전체의 의식적 노력에 의해서만 고칠 수 있는 문제라고 할 수 있을 것이다. 전반적인 사회적 합의가 도출되지 않는 한, 이런 문제를 고칠 수는 없을 것이다.

물론 한국어와 외국어의 교류는 앞으로도 계속해서 진행되어야 한다. 언어 간 교류를 통해 한국어의 부족한 어휘를 보충할 수도 있고 한국어 문법 속의 비과학적 요소도 개선할 수 있을 것이다. 그러나 이런 교류가 한국어의 근간을 뒤흔드는 부작용을 일으킬 수 있다는 점을 소홀히 해서는 안 될 것이다.

영어 · 일어 · 중국어 등의 영향을 받아 잡탕 언어가 되고 있는 한국어를 순화시키려면, 한국어 문법에 맞는 문장을 쓰기 위해 의식적으로 노력하는 한편, 외국에 의존하지 않고 스스로 지식을 창조 · 개발하는 풍토를 조성함으로써 외국어 번역의 필요성을 줄일 수 있도록 노력해야 할 것이다(Ohmynews, 2007.10.1.).

더욱이 영어에 대한 노력이 품격 있는 영어 사용이 아니라 이른바 콩글리쉬의 양산과 알맞지 않은 영어의 일반화라는 현상이 나타나고 있다. 아래의 기사를 보자.

얼마 전 아주 웃기는 광고를 발견하고 혼자 큰 소리로 웃었다. 어느 유명 회사가 새로 내놓은 전자사전의 이름이 '리얼딕'이었기 때문이다.

이 이름은 영어로 '리얼 딕셔너리(Real Dictionary)' 즉, '진짜 사전'을 줄여서 만든 것 같다. 만일 미국인들이 이것을 본다면 배꼽을 잡고 웃을 것이다. 왜냐하면 '딕(dick)'은 남자성기(penis)를 나타내는 속어이기 때문이다. 굳이 한국어로 번역하자면 '리얼딕(real dick)'은 '진짜 XX' 정도가 된다.

이 같은 번역을 감안해서 광고를 보면 이제 여러분도 웃음을 터뜨릴 것이다. 여학생이 "내게 맞는 '리얼딕'은?" 하면서 고민을 하고 있으니 말이다! 본래대로 '리얼 딕셔너리'라고 하면 아무 문제가 없었을 텐데, 멀쩡한 '딕셔너리'를 '딕'이라고 줄이는 바람에 웃기는 상품명이 되고 말았다.

짧은 실력 가지고 영어를 함부로 쓰다가 요절복통할 상품명을 지어낸 사례는 '리얼딕' 말고도 많다.

미국 NBC-TV의 <투나잇 쇼>에서 웃기는 이름을 가진 외국 상품을 소개한 적이 있는데, 어느 한국 식당 광고가 나왔다. 이 식당은 '만두'를 발음 그대로 영어로 옮겨 'ManDoo'라고 써놓았고, 이를 본 방청객들은 폭소를 터트렸다.

이 단어를 미국인들은 '맨 두(Man doo)'라고 읽을 것인데, 'doo'는 '똥'이라는 뜻이다. 즉, 이 한국 식당의 '만두'는 '사람똥'이라는 음식이 된 것이다. 이 경우 만두를 영어로 나타내려면 '코리안 덤플링(Korean dumpling, 한국 고기만두)'라고 하면 무난할 것이다.

참고로 이 프로그램에서는 '푸 비스킷(Pooh Biscuit)'이라는 일본제 과자나 '마이 피(My pee)'라는 일본 화장품도 소개됐다. 각각 '똥 비스킷' '내 오줌'이란 뜻이 된다. 러시아제 합성세제 중엔 'BARF'라는 것이 있었는데, 영어로는 '토한다'는 뜻이다.

또한 영어로 쓰면 곤란한 뜻이 되는 상호로는 기아자동차의 '기아(KIA)'가 있다. 이는 'Killed In Action' 즉, 전쟁에서 죽은 전사자를 표시하는 약자로 많이 쓴다. 이라크전쟁에 참전한 군인이나 그 가족들이 재수없다고 'KIA' 차는 사지 않을 것 같다. 이미 상표가 많이 알려져 있기 때문에 바꾸기 아까우면 'Kia'라고만 써도 훨씬 나을 것이다.

곽씨 성을 가진 의사가 간판이나 명함에 자기 성을 영문으로 'Kwak'이라고 표기하는 것은 말리고 싶다. 미국인들이 '쿠액'이라고 발음하면서 폭소를 터뜨릴 것이기 때문이다. 'Kwak'의 미국식 발음은 'quack(돌팔이 의사)'과 같다.

이런 현상은 일상적인 생활상의 언어 사용을 넘어 언제부턴가 노랫말도 영어로 뒤범벅되고 글로 옮기기 민망한 비속어와 서양 욕설까지 등장하여, 아름다운 노랫말을 찾아보기 힘들게 됐다. 노랫말의 미덕은 진솔함에 있고 잘 만들어진 대중가요의 노랫말은 그 아름다움이 시에 뒤지지 않는다는데 현장의 언어는 이를 기대하기 어렵게 되었다. 아래 글을 보자.

잘 만들어진 대중가요의 노랫말은 그 아름다움이 시에 뒤지지 않는다. 우리 대중가요의 역사에도 명곡·명가사가 많았다. 거친 광야로 나아가는 비장한 순간 '긴 밤 지새우고 풀잎마다 맺힌/진주보다 더 고운 아침이슬'을 포착한 김민기의 감수성은 번뜩였다. 대중가요의 영원한 주제인 사랑을 풀어낼 땐 격정적이되 천박하지 않았다. 그대 오소서 이 밤 길로/달빛 아래 고요히/떨리는 내 손을 잡아주오/내 더운 가슴 안아 주 오// (정태춘・박은옥 '사랑하는 이에게')

언제부턴가 그런 아름다운 노랫말을 찾아보기 힘들게 됐다. 서정성과 는 거리가 먼 직설적 표현 일색인 것은 요즘 젊은 세대의 감수성을 반영 한 것일 수도 있다. 그러나 영어로 뒤범벅되고 글로 옮기기 민망한 비속 어와 서양 욕설까지 등장하는 노랫말은 어떻게 봐야 할까.

한 음악 채널의 지난주 인기 가요 30곡 가운데 16곡은 제목만으론 국 적을 분간하기 힘든 곡이다. 'Keep Holding U' 'We Belong Together' 등 과 함께 'D-LIP ver. 1'이란 알쏭달쏭한 제목도 있다. 비교 삼아 1985년 의 인기 가요 순위를 찾아봤더니 전혀 딴 세상이다. '어제오늘 그리고' '희나리' '바위섬' 등 상위 20곡 가운데 영어 이니셜을 쓴 'J 그대는'이 유 일한 예외랄까.

560년 전 오늘 훈민정음을 반포한 세종대왕은 '정간보'란 악보를 창안 하고 예악(禮樂)을 정비한, 음악에도 조예가 깊은 임금이었다. 국적불명 의 노래를 흥얼거리며 '한글 파괴'를 일삼는 후손을 그래도 어여삐 여기 실지 송구하기 짝이 없다(중앙일보 분수대, 2006. 10. 8).

이러한 논쟁 속에서 국어능력이 저하되고 있음은 사실로 입증되고 이 에 대한 심각한 우려도 제기되었다. 아래 기사를 보자.

대다수의 직장인들이 인터넷 메신저 사용 등으로 인해 자신의 국어능 력이 입사 당시에 비해 떨어졌다고 생각하는 것으로 나타났다.

9일 취업포털 커리어가 근무경력 1년 이상 직장인 2천57명을 대상으 로 국어사용능력을 설문한 결과에 따르면, 응답자의 68.1%가 '입사 당 시와 비교해 볼 때 국어사용능력이 떨어졌다고 생각한다'고 답했다.

그렇게 여기는 이유로 직장인들은 '인터넷 메신저 대화로 인한 비문의 일상화'(48.1%)를 가장 많이 꼽았으며, '국어보다 영어를 중시하는 풍조'(21.1%), '컴퓨터를 이용한 문서 작성'(20.7%) 등으로 국어 능력이 퇴화하고 있다고 생각하기도 했다.

국어능력 중 가장 부족하다고 생각하는 부분은 쓰기/말하기(29.1%), 어휘력/문법(28.3%), 창의적 언어 능력(23.9%), 국어 교과의 교양적 지식(12.3%) 등의 순이었다.

또한 직장인들은 국어와 관련된 업무 능력 중 '기획안/보고서 작성 능력'(41.0%)이 가장 부족한 부분이라고 여겼으며, '프레젠테이션 능력'(26.9%)과 '대인과의 커뮤니케이션'(25.0%) 등에서도 자신의 능력 부족을 느끼고 있었다.

평상시 외래어나 외국어의 사용빈도가 '매우 높다'는 응답은 23.5%로 나타났으며, 인터넷 용어나 축약어 등의 사용빈도가 '매우 빈번하다'는 응답도 22.6%로 조사됐다.

한편 업무상 커뮤니케이션 방식 중 입사 당시와 비교했을 때 빈도가 가장 높아진 부분은 이메일(26.2%), 인터넷 메신저(23.8%), 직접대면(22.1%), 지면서식(14.2%) 등의 순이었다.

커리어 김기태 대표는 "인터넷 메신저나 컴퓨터 문서작성 등 업무환경의 디지털화로 직장인들의 국어사용능력이 낮아지는 추세"라며 "외래어나 축약어를 자제하고 올바른 국어사용 문화를 정착해 나갈 수 있는 방안들이 시급히 마련되어야 할 것"이라고 말했다(서울=연합뉴스).

이러한 현상은 언어를 넘어 우리의 문학이나 문화도 건전하게 발전하지 못하게 한다. 그 바탕이 부실한데 그 열매가 실하게 열릴 수 있겠는가? 아래의 글을 보자.

작가로서 살아간다는 것은 언어를 존재의 형식으로 살아가는 것을 뜻한다. 언어가 나에게는 호미며 삽이며 낚시인 것이다. 내 밭과 들판이 바로 언어인 것이다. 그런 마음으로 바라보자면 최근 우리 문학과 사회에 몇 가지 우려하지 않을 수 없는 현상들이 나타나고 있다.

그 하나가 언제부터인가 문학언어가 일상의 생활언어보다도 뒤처지는 현상을 보이고 있다는 점이다. 한 사회의 미세한 부분들을 집어 올리고 물밑에 가라앉아 있는 정서를 끌어올리는 역할에서 문학이 뒤처지고 있는 게 아닌가 하는 염려다.

오히려 문학이 담아내는 언어가 일상 언어에 끌려가고 있다는 느낌마저 지울 수 없다. 그리고 다른 하나는 바로 그 일상 언어가 문학언어에 침투되어 언어파괴라는 치명적 결과를 만들어내고 있다는 점이다.

소위 지식인사회에서 쓰이는 다듬지 않은 글도 우리의 언어생활을 우울하게 만든다. 어느 문학평론가의 글에서 '역사적 사실성'이라는 표현에서 시작된 문장이 이어지면서 '적'과 '성'이 6번이나 나오는 것을 본적이 있다. 어디 그뿐인가? 아무렇게나 서재의 학술서적 하나를 뽑아 보니 이런 글도 있다.

'모든 시민은 복지를 사회적 시민권의 하나로서 향유하는 것이기 때문에 그것의 수급을 대가로 무엇인가를 강요할 수 없으며 구빈원이 폐지된 오늘날 노동은 항상 당사자의 자유로운 의사에 의한 것이어야 한다.'

누구의 글인가 살펴보니 케임브리지 대학에서 정치학 박사학위를 받고 온 어느 대학교수의 글이다.

지난 학기 학생들과 함께 대학생 사이에서 많이 쓰이는 속어를 조사해 본 결과 가장 빈도 높게 쓰이는 말이 불행하게도 '씨발' '존나' '짜증'이었다. 굳이 말을 만들어 보자면 시험을 망치고 나서 하는 소리가 '씨발, 나 지금 시험 망쳐 존나 짜증 난단 말이야'가 된다. 이것은 남학생이 아닌 여학생이 내뱉는 말이다.

"그렇게 점점 언어가 황폐화하는 것은 마음이 황폐해지기 때문 아닐까요?"

그 말에 우리는 동의했다. 언어의 황폐화는 우리 마음의 황폐화 바로 그것이라고.

작은 것의 소중함, 그 힘을 우리는 잊고 산다. 말, 그처럼 힘 있고 소중한 것이 없음을 우리는 오늘도 잊고 산다(월간중앙, 2005. 2. 17, 352호).

영어를 배우는 목적이 무엇인가? 품격 있는 영어 구사가 아니라 영어 또한 파괴 현상이 나타날 것이다. 이런 현상을 이미 다른 나라에서 볼 수 있고 아래는 그중 두 가지의 경우이다.

그러나 영어는 모국어 사용자의 수는 중국어와 힌두어만큼은 되지 않지만 외국어로 사용하는 사람들을 포함하면 그 수는 훨씬 많다. 영어를 어느 정도 아는 사람들을 모두 포함해 전 세계에서 영어를 사용하는 사람은 약 19억 명이 된다고 한다. 영어를 쓰는 인구가 늘어나고 있지만 대부분 외국어로 쓰는 것이 현실이다. 20세기에 영어를 사용하는 사람 중 9%가 모국어 사용자였다면, 2050년엔 5%밖에 되지 않을 것이라고 한다. 즉 사용자는 늘어나지만 모국어로 쓰는 비율은 줄어드는 것이다. 아무리 외국어를 잘 구사하는 사람이라도 사소한 점은 잘못하거나 신경을 쓰지 않을 수 있지만, 모국어 사용자는 사소한 점에도 신경을 쓸 수밖에 없다. 예를 들어 영국인과 중국인이 서로 한국어를 외국어로 쓸 경우 원래 모국어에 존댓말이 없기 때문에 나이 차이가 나고 친한 사이가 아니더라도 반말을 하는 것에 크게 신경을 쓰지 않는다.

영어를 외국어로 사용하는 사람들도 관사나 미묘한 발음 등엔 별로 신경을 쓰지 않는다. 공용어가 24개인 인도에서는 다른 민족 사이에 어쩔 수 없이 영어를 많이 사용하고 있다. 그러다 보니 인도식 영어인 이른바 '인글리쉬(Inglish)'가 생겨났다. 가끔 인도의 인터넷 사이트를 살피다 보면 영어를 다른 식으로 쓰거나 힌두어와 많이 섞여서 쓰는 것을 자주 볼 수 있다. 간단한 예로 'You are giving me a new phone?'(새 전화를 주는 것이냐)을 'You are gifting me a new phone?'으로 쓰거나, 'Taxi-wallah'(택시운전사), 'Hungry, kya?'(광고에서 볼 수 있는 유명한 표현 - Kya는 질문을 할 때 쓰는 접미사)처럼 힌두어와 섞어 완전히 새로운 단어를 만들어낸다.

또 다른 좋은 예는 '톡피신'이다. 파푸아뉴기니의 공용어인 톡피신은 영어가 변해서 생겼다. 언어가 850개나 있는 호주의 식민지였던 파푸아 뉴기니에서는 의사소통을 위해 영어를 쓰기 시작했지만 시간이 지나면서 어려운 부분이 대부분 빠지고 문법도 단순화됐다. 예를 들면 'Where do you want to go'(어디고 가고 싶냐)는 'Yu laik go we?'가 됐다. 모음도 5개밖에 없고, 영어 단어에 자음이 2개 있을 경우 마지막 자음이 빠질 때도 있다. 관사인 'a'와 'the'는 사라진 지 오래다. 단순화된 영어가 아니라 영어 모국어 사용자도 알 수 없을 만큼 표현과 사용법이 달라졌다.

엔진이 고장 난 차를 계속 밀 때 속도가 높아지면서 언젠가는 밀고 있는 사람보다 더 빨라진다. 영어도 마찬가지일 수 있다. 모국어 사용자가 줄어들면서 100년 후, 아니 몇십 년 후에 모국어 사용자들조차 따라갈 수 없는 곳으로 가버릴지 모른다. '언어의 왕'인 듯 한국인들이 앞 다투어 배우고 있는 영어의 미래는 여전히 불확실한 것이 사실이다(한국일보 2006. 10. 12. 데이비드 맥클라우드).

이와 유사한 현상으로 지구촌 영어인 '글로비시'를 볼 수 있다. 아래는 그와 관련한 기사이다.

영어가 국제언어로 정착하면서 비영어권 사람들도 쉽게 사용할 수 있는 간단한 영어인 '글로비시(Globish)'에 대한 관심이 커지고 있다. 뉴욕타임스는 6일(현지시간) 갈수록 확대되는 영어의 언어적 영향력을 감안할 때 비영어권에서 사용되고 있는 간단한 영어를 받아들여야 한다는 주장이 언어학자 등을 중심으로 제기되고 있다면서 글로비시에 대해 소개했다.

프랑스인으로 IBM의 부사장을 지낸 장 폴 네리에르가 제안한 글로비시는 사용 어휘를 '보이스오브아메리카(VOA)' 등에서 사용하는 1천500개 단어 정도로 제한하고 문법과 같은 형식보다는 의미전달에 주안점을 두는 것이 특색이다. 예를 들어 조카를 의미하는 'Nephew'는 '형이나 누나의 아들(son of my brother or sister)'처럼 쉬운 단어로 풀어서 표현하는 것으로, 글로비시가 원어민들이 듣기에는 거북스러울 수 있지만 서

로 다른 언어를 사용하는 비영어권 사람들끼리는 훌륭한 의사소통 수단
이 될 수 있다는 것. 글로비시 제안자인 네리에르는 IBM 근무 당시 아
시아 출장에 나섰다 한국이나 일본 동료가 동행한 미국직원과 나누는
대화보다 "내가 한국이나 일본 동료와 대화를 나누는 것이 더 쉽고 효
과적이란 사실을 알아챘다"면서 당시 출장을 통해 글로비시에 대한 아
이디어를 얻었다고 밝혔다. 그는 글로비시가 문화나 가치를 전달하거나
문학을 만들어내는 하나의 언어는 아니지만 다른 언어권에 있는 사람들
사이의 의사소통이라는 제한된 목적을 위한 실용적이며 효율적인 도구
라고 정의하면서 글로비시는 비영어권에서뿐만 아니라 영어권에서 배워
야 하는 대상이라고 주장했다.

　이에 대해 스위스 연방기술연구원에서 세계화를 연구하고 있는 자크
레비는 국제언어로 사용되고 있는 영어가 원어민들의 언어와는 다르다
면서 글로비시가 제시하고 있는 것처럼 영어 원어민들도 이제는 모든
영어 사용자가 자신들처럼 유창한 영어를 구사하지 못한다는 사실을 알
아야 한다고 지적했다. 뉴욕타임스도 영어가 국제언어로 자리 잡으면서
이제는 영어 원어민들도 새로운 환경에 준비해야 하는 상황을 맞고 있
는 셈이라면서 영국 정부의 추정처럼 새로운 20억 명의 영어 사용자가
나타난다면 다른 언어에 대한 지식이 없는 영어 사용자가 불이익을 받
는 시대가 올 수도 있다고 말했다. 영어 사용자 확대를 위해 노력하고
있는 영국정부가 내놓은 보고서에 따르면 현재 영어를 제2 언어로 삼고
있는 사람까지 포함한 영어 사용자는 5억 명에서 10억 명 사이이며 조
기교육 등이 이뤄진다면 10년 내에 새로 20억 명의 영어 사용자가 생겨
날 것으로 전망되고 있다(뉴욕=연합뉴스).

　이상에서 살펴본 바대로 우리 국어에 대한 지나침도 문제이고 그 반
대의 태도인 우리 국어에 대한 모자람도 문제이다. 우리가 국어가 아닌
외국어로 문화 창조를 이룩한다는 꿈 자체가 성립 불가능한 것임은 영
어파괴 현상이나 글로비쉬에서 볼 수 있다. 영어를 잘 한다는 것과 한국

어를 잘한다는 것은 다른 차원의 문제이다. 한국인들이 영어를 정말로 잘 할까? 정확히 관사의 종류와 있어야 할 자리와 빼야 할 자리를 식별할 수 있을까? 반대로 '달도 밝다'와 '달이 밝다'의 차이점은 한국인이라면 쉽게 식별할 수 있다. 따라서 우리의 국어정책은 국어내셔널리즘을 넘어 국어공동체의 발전을 위해 어떤 수단을 이용할 것인가에 맞추어져야 한다.

2. 언어공동체를 위한 노력의 필요성

1) 임계선과 자율적 내재화

현재의 공간적 좌표에서의 한국어와 한글의 위치를 살펴볼 때, 외국어의 공세는 글을 넘어 말의 공세를 의미하고 수용자 측에서는 외국어에 대한 지나친 열기와 맹목적인 성공의 디딤돌로 각인시키고 있다. 더욱이 세계적인 주류 이데올로기인 신자유주의적 언어정책은 공동체에 기반한 언어정책을 역사의 뒤안길로 내몰고 있다. 한편 다문화시대에 접어들어 우리 속에 외국 언어를 포괄하고, 무역 순위로 11위의 경제력이라는 국력의 향상에 따라 우리의 언어가 외국으로 진출할 필요성이 증대되고 있다. 여기서 이야기하고자 하는 핵심은 국어 속에 외래 요소의 혼합을 막을 수는 없다는 것이다. 어느 정도까지는 외래 요소가 내재화하여 국어를 살지게 할 것이다. 이는 우리 국어의 역사 속에서 많이 볼 수 있다. 문제는 그 외래 요소의 혼합이 갈등유발의 언어로서 기능하는가 아니면 의사소통의 활성화로 기능하는가이다. 그런데 현실 언어생활에서는 의사소통에서의 갈등 현상이 점점 나타난다. 특히 이슈가 되는 것은 이른바 지식인의 국어이다. 여기에는 세 유형이 있을 것이다. 그 첫째는 영어의 이해가 필요하지 않지만 사용하는 경우이다. 일상언어에서의 영어 사용이 여기에 해당한다고 할 수 있다(예컨대, 내 와이프가 작성해 주었어). 물론 여기에도 이런 어휘의 침투가 한국어라는 언어체계에 나쁘게 작용하지 않고 어휘를 풍부하게 한다는 정점이 있다고 반론할 수도 있다. 문제는 영어에 해당하는 개념이 한국어에 정확히 합치하는 않아서 영어를 쓸 수밖에 없는 경우이고 이는 영어가 절대적으로 필요하다는 결론에 다다른다. 예컨대, 톨러런스(tolerance)를 어디까지 주느냐(폭을 어느 정도 인정하느냐)에서와 같다. 실제로 이런 사례는 많이 경험한다. 필자도 그 핵심이 여기에 있다고 보며 이는 해당 분야 학자들의 한국어를 이용한 개념 창조에 기댈 수밖에 없다. 셋째는 국어의 이미지가 영어에서 주는 이미지를 창출하지 못해 쓰는 경우이다. 예를 들면 다방이 고리타분한 이미지인 반면에 커피숍은 어딘가 모르게 멋있는 이미지를 제공하므로 그 둘 사이에 차별화되는 현상이 그 사례일 것이다.

여기서 역기능을 방지하고 순기능을 증진시키는 방향으로 이끌기 위해 기준을 어디로 할 것인가에 대한 논의가 필요하다. 현재의 상태는 외래어와 외국어의 구분을 무의미하게 만들고 있다. 이에 대한 대안으로 표준어 규정에 나오는 정의보다 의사소통을 중심으로 언어공동체의 개념을 정립할 필요성이 있고 여기서 임계선의 설정이 가능할 것이다. 지난날의 국어운동은 임계선을 넘지 않도록 한 운동이었다. 물론 지금도 임계선을 넘지 않도록 국어운동단체를 도와줄 필요성이 있다. 그러나 임계선을 넘을 가능성이 큰 경우는 다음과 같다. ① 지금까지의 현상인 윗분들의 우아함에 초점을 두고, 아랫것들의 상스러움이 대비되는 울타리치기(two-nation)의 사고방식(제6장 참조), 또는 '저 높은 분들을 향하여'라는 이데올로기로 점철된 현상이라면 분명 문제가 많다. 그와는 반대로 신자유주의적 인식에 기초하는 영어공용화론은[11] 앞서 설명하였듯이 너무 나간 주장이다. 이는 즉 영어 사용능력이 꼭 필요한 경우와 그렇지 않은 경우를 혼동한 것으로 꼭 필요한 경우에는 더더욱 전문화하여야 하고, 그렇지 않은 일반인들은 의사소통의 정도만 하면 가능할 것이다. 따라서 이 책은 영어공용화론이 아니라 국제의사소통의 차원에서 접근해야 함을 제시하였다. 즉 영어나 기타 외국어가 꼭 필요한 부분이나 필요한 이들이 있는데 이들에게까지 막을 필요는 없는 것처럼 그 반대의 경우도 성립한다. ② 심히 일그러진 말과 글(올바르지 않은 말과 글보다 정도가 심한 상태)이나 심히 일그러진 말은 아니지만 교정할 필요가 있는 말과 글은 여기에 속한다. ③ 행정언어의 병리 현상인 관료언어(Bureaucratese)도[12] 임계선을 넘은 언어로 편입된다. ④ 지나치게 뽐내기 위해 사용되는 언어나 이를 관용화한 말[한자]로 표현한 그해의 사자성어(四字成語) 등에 대한 검토가 필요하다.[13] 이러한 현상에 대한 대책이 있고 적절히 어울리는 언어정책이 필요하다. 즉 언어공동체의 유지를 위한 개념으로 임계선 측정이 필요하고 임계선 측정을 위하여 의사소통지수를 개발할 필요성이 있다. 물론 이 중 일부는 완전히 우리의 언어생활에 녹아들어 스스럼없이 쓰이는 경우(여기서는 이를 내재화하였다고 표현함)에는 임계선의 개념을 적용할 수 없겠다. 이 판단은 각 소속 기관별로 국어책임관이 하여야 한다.

---

11) 원래 신자유주의적 세계화는 경제적인 현상에서 출발하였으나 그 영향력이 경제를 넘어 각 분야에 미치고 있다. 그 한 영역이 언어에 관한 영향력으로, 현재 한국에서 논의되는 영어의 문제도 그 이론적 근거도 여기에서 찾을 수 있다.

12) 관료들이 쓰는 언어에서의 병리현상을 말한다. 여기에는 Euphemisms, Jargon, technical speak, complex syntax 등이 해당된다. 자세히는 Lynch and Cruise(2006)를 참조하라.

13) 교수신문 주최로 해마다 연말에 발표되는 사자성어의 대부분을 필자는 알아들을 수가 없다. 2015년 '혼용무도(昏庸無道)'도 해설을 보고서야 그 뜻을 알았다. 필자가 이 사회의 지식인이라면, 더욱이 언어정책을 연구하는 필자도 못 알아보는 이런 현상을 어떻게 설명할 것인가?

2) 국어정책에 국가 간여의 방법

개입의 방법을 논하기 위하서는 먼저 기준 설정이 필요하고 여기서는 제도론적 관점에 따른다. 이 이론에 따르면 제도는 인간의 행동을 인도하는 준거의 틀로서 기능하는데 국어책임관 제도의 제도론적 의미는 국가의 언어현상에 대한 강력한 개입의 의지 표명하는 데 있다. 세계 여러 나라의 언어정책을 유형화하면 개입을 전혀 하지 않고 사회에 맡겨 놓는 형(완전방임형)과 국가가 개입하는 형(국가개입형)의 둘로 나눌 수 있고 국가개입형도 국가가 언어정책을 관장하는 기구를 가지지 않고 교육과 연계하는 소극적 개입형14)과 언어정책을 관장하는 기구를 가지는 적극적 개입형으로 나눌 수 있다. 완전방임형은 많지 않으므로 여기서는 고려의 대상에서 제외하고 소극적 개입형과 적극적 개입형을 보기로 하자. 전자의 대표로 미국과 영국을 살펴보고 후자는 프랑스와 중국을 살펴보자.

(1) 소극적 개입형
가. 미국의 정책 변화

영어를 중심언어(English Only Policy)로 하는 방향으로 전환하는 현상을 중심으로 살펴본다. 미국의 언어 정책은 두 가지 방향으로 나누어 볼 수 있다. 하나는 영어만을 사용하자는 English Only이고, 다른 하나는 영어 이외의 다른 언어도 인정하자는 English Plus이다. 엄격하게 말해서 미국에서 의식적으로 계획되거나 국가적으로 수행되는 언어 정책은 없으며 연방정부 차원의 공식적인 의사 결정 기구도 없다(조수진. 2001. 6. 25). 오늘날의 미국의 언어 정책은 미국의 이해 관계와 민주주의적 전통

---

14) 이전에 우리나라 문교부의 편수국 형태가 여기에 해당한다.

을 어떻게 대응하느냐가 관건이다. 즉, 모든 사람의 언어 사용의 자유도 침해하지 않으면서 국가적으로도 경제적 손실 없이 다양한 언어 자원을 어떻게 활용할 수 있는지에 관심이 집중되고 있으며 이는 English Only Movement(EOM)과 English Plus라는 두 가지 큰 흐름으로 나타난다. 그 주장을 비교해 본 것이 [표 3-2]이다. 지금까지 다민족 이민사회인 미국은 국가가 공식 지정한 '국어'가 없으며 50개 주 가운데 27개 주가 영어를 공용어(Official Language)로 규정해왔다. 그런데 일부 언론의 보도에 따르면 미국 상원은 2006년에 영어를 미국의 공식 국가언어로 지정하고 영어를 '미국의 공통되고 통합된 언어로 선언'하는 결의안을 통과시켰다. 이 영어국어안을 주도한 인호프(오클라호마)의원은 "미국에서 영어 이외의 언어를 공식 언어로 사용하도록 허용해서는 안된다"며 "불법이민자들이 대규모로 사면될 경우 나타날 수 있는 국가적인 언어 분리 현상을 막기 위해서라도 영어를 국가언어로 지정해야 한다"고 강조했다(문화일보, 2006. 5. 22). 이로써 English Only로 정책 선회가 이루어진 것으로 보인다.

[표 3-2] 영어전용정책과 영어혼용정책의 비교

English Only	English Plus
미국은 영어를 쓰는 국가이다.	미국 내에는 수많은 민족이 존재한다.
영어를 통해 미국의 정체성을 확인할 수 있다.	자기의 언어를 사용하고 문화를 보호할 권리가 있다.
영어를 공용어로 사용하면 경제적, 문화적 손실이 크다.	다른 언어를 보호함으로써 그들의 기본권을 보호할 수 있고, 복지를 향상시킬 수 있다.
연방정부가 2개 이상의 언어로 서비스를 제공하면 영어를 배우지 않아도 된다는 생각을 부추길 수 있다.	영어를 공용어로 만들지 않아도 많은 이민자들이 생활하기 위해 영어를 배워왔고, 앞으로도 그럴 것이다.
여러 언어를 인정하는 경우 캐나다나 벨기에, 스리랑카처럼 국가를 분열시키는 결과를 초래할 수 있다.	영어를 공용어로 법제화하는 조치는 불필요할 뿐만 아니라 그 자체가 분열을 초래한다.

출처 : 조수진(2001)

나. 영국의 언어정책

국어인 영어를 지키려는 영국의 노력은 세계에서 가장 유서가 깊다. 영국은 이미 1362년에 공용어로 영어만 사용할 것을 규정하는 법안을 통과시켰을 정도다. 이후 식민지 통치 수단으로 영어를 적극 보급한 결과 지금처럼 세계 곳곳에 영어 식민지의 잔재를 남겼고, 그 식민지 언어가 국제어로서의 지위를 갖게 되었다. 그럼에도 영어의 종주국인 영국에서 영어의 순수성을 지키려는 노력을 부단히 해 오고 있다. 영국은 미국 영어에 동화되어 가는 영국 영어를 지키기 위해 미국에서 출판된 책을 영국 영어로 바꿔 다시 출판하는 수고와 비용을 기꺼이 부담한다. 영국 영어의 자존심을 지키고 무분별한 언어 사용으로 자국어가 파괴되는 것을 막기 위해서다.

영국은 영어를 공용어로 하고 있으나, 소수 언어로 웨일즈 지방에서는 아직도 의무적으로 웨일즈어(웰쉬)를 교육하고 있으며 도로 표지판 같은 표지판 같은 것을 웨일즈어와 영어로 동시에 표시해 둔다. 또한 스코틀랜드에서는 영어와 겔릭어라 불리는 스코틀랜드어 언어를 같이 사용하고 있으며 리버풀 지역이나 뉴카슬 지역의 언어는 다른 지방의 사람들은 이해하지 못하는 방언 또한 사용하고 있다.

영국의 언어정책과 관련이 있는 정책이 다문화정책이다. 문화를 인간의 기본권으로 보고 이민자 후세들에게 그들의 민족 언어, 풍습, 전통을 가르치고 모국과의 왕래와 인적 교류를 장려하는 것을 목적으로 삼는 것이 다문화정책의 핵심이라고 할 수 있다. 그러나 영국에서의 다문화정책은 이민자들에게 거주국 본류에 합류하도록 동기 부여를 하지 않았고, 오히려 이민자들의 민족 정체성 찾기를 부추겨 배타적 집단으로 만드는 결과를 낳았다. 빈민가에 몰려 사는 소수민족 집단은 커뮤니티 네트워크를 구축해 이민을 받아준 국가와는 무관하게 행동한다. 영국 내 소수민족 중 출신지역별 최대그룹은 인도이며 그 뒤는 파키스탄, 카리비안 흑인, 아프리카 흑인과 방글라데시이다. 중부 도시 레스터(Leicester)는 전체 인구에서 유색인수가 백인수를 추월하는(non-white majority) 최초의 행정구역이 될 것이 확실시된다. 버밍엄(Birmingham), 올덤(Oldham), 그리고 브래드포드(Bradford)도 곧 유색인이 백인보다 더 많은 도시로 바뀔 것으로 예상된다.

영국 초등학교만을 보면 소수민족 학생은 20.6%를 차지한다. 초중고생 중 영어를 모국어가 아닌 제 1외국어로 사용한다는 학생도 1997년 7.5%에서 올해는 11%로 증가했다. 교과과정 및 자격증위원회(Qualifications and Curriculum Authority)는 초중고 교사들이 다양한 국가의 어학·문화 관련 내용을 가르칠 것을 촉구하고 있다. 새 지침은 교사들이 한국, 파키스탄, 중동, 자메이카 등에서 발행한 책을 더 많이 참조할 것을 권하고 있다. 런던 북쪽 토튼햄에 있는 화이트 하트 레인 학교(White Hart Lane School in Tottenham) 재학생은 총 1,100명. 올해 초 이들이 영어를 제외하고 학교에서나 집에서 사용하는 언어는 모두 59개로 조사됐다. 유럽 어디에서도 볼 수 없는 가장 다양한 '멀티 인종' 학교다. 영국통계청 (Office for National Statistics)은 2005년도 이민자 입국이 사상 최대를 기록했다고 최근 발표한 바 있다. 영국 이민자들 사이에서 자녀들에게 고유 언어를 가르치자는 움직임이 확산되고 있다. 이는 다른 유럽 나라들에 비해 외국어 구사능력이 뒤떨어지는 영국인들의 언어 경쟁력을 높이는 데 도움이 되고 있다고 영국 비비시(BBC)방송이 최근 보도했다.

유럽연합이 2005년 6월 회원국을 비롯한 29개 나라 사람들의 외국어 구사 능력을 조사한 결과를 보면, 응답자의 절반이 한 가지 이상의 외국

어를 말할 수 있는 것으로 나타났다. 그러나 영국 국민 중 외국어 구사
능력을 갖춘 사람은 평균에 훨씬 못 미치는 30%에 불과했다. 이런 상
황에서 이민자들의 모국어 교육은 영국인 전체의 외국어 구사 능력을
향상시키는 데 기여할 것으로 보인다. 영국 국립언어센터가 조사한 바로
는, 현재 이민자 공동체 내에서 교육이 이뤄지고 있는 외국어 수는 60
여 개에 이른다. 35개는 학교 정규 수업이나 방과 후 교실 등 좀 더 공
식적인 형태로 교육이 시행된다.

　국립언어센터는 "현재 영국 어린이 10명 중 1명은 집에서 영어가 아
닌 다른 언어로 말을 한다"고 밝힌다. 영국 어린이들이 구사하는 언어
수는 모두 합쳐 300여 개에 이를 정도로 다양하다. 연구자들은 "프랑스
어나 독일어, 스페인어 등을 쓸 수 있는 학생들과 비교해 중국어, 그리
스어, 우르두어(Urdu Language : 인도 이슬람교도들 사이에서 쓰이며 파키스탄
의 공용어)를 쓰는 학생들의 경쟁력이 결코 뒤지지 않는다"고 말한다. 세
계화가 확산되면서 우르두어, 터키어, 중국어, 아랍어, 방글라데시어 등
의 유용성이 더욱 높아질 것이기 때문이다. 이사벨라 무어 국립언어센터
소장은 "학생들이 집에서 쓰는 언어를 더 잘 구사할 수 있도록 하면 교
육적 성취도도 높아지고 자신들의 경제적 기반을 닦는 데도 도움이 된
다"고 덧붙였다.

　영국에 머물기를 원하는 영주권 신청자는 2006년부터 영어와 영국 생
활에 대한 지식을 검사하는 시험을 의무화했다. 영국 정부는 주권 자격
을 더욱 엄격히 하는 조치의 일환으로 시민권 신청자처럼 영주권 신청
자에 대해서도 이런 시험을 똑같이 실시한다고 밝혔다. 리암 번 이민차
관은 "영국에 영구히 살기를 원하는 이주민은 이와 함께 책임도 따른다
는 것을 깨닫는 게 필수적"이라며 "그들이 사회에서 충분한 역할을 하

고, 우리 사회에 충분히 통합되려면 영어를 잘 이해하는 것이 절대적으로 필요하다"고 말했다. 이미 상당한 수준의 영어 구사 능력을 가진 영주권 신청자들은 '영국의 생활'에 대한 시험을 치러야 한다. '영국의 생활' 시험은 영국 성공회 수장은 누구인가, 영국 여왕의 공식 역할은 무엇인가 등등 영국 문화에 대한 기본적인 지식을 테스트한다. 신청자는 45분 동안 24개 문항을 풀어야 하고, 여기서 최소한 75점을 받아야 한다. 하지만 시험에서 떨어질 경우 다시 볼 수 있다. 영어가 서툰 신청자들은 시험 대신 특별히 개발된 '외국어 사용자를 위한 영어' 강좌와 시민권 강좌를 수료할 수도 있다. 이에 대해 이민자복지공동위원회의 하빕 라흐만 사무총장은 "영주권자와 시민권자의 영국 내 권리가 다른데 영주권 신청자와 시민권 신청자가 같은 시험을 치른다는 것은 '혼란스런 메시지'를 줄 수도 있다"며 "이것은 영주권 신청자에게 추가 장벽을 놓기 위한 정책인 것 같다"고 비판했다. 2005년 한 해 동안 영국 영주권을 얻은 사람은 18만 명에 달한다. 영주권자 중 일부는 영국 국적을 취득할 수 있고, 나머지는 영국에 영구히 거주하면서 자신의 고유한 국적을 유지할 수 있다.

영국 정부는 영어능력을 강화하는 방편으로 주권 자격을 더욱 엄격히 하는 조치의 일환으로 시민권 신청자처럼 영주권 신청자에 대해서도 영어와 영국 생활에 대한 지식을 검사하는 시험을 똑같이 실시하고 있다. 영국 교육부는 커리큘럼 개편안에서 11~14세 중등학교 학생들이 필수과목으로 배우는 제2외국어를 유럽연합 언어에 한정하지 않고, 중국어, 파키스탄·인도 공용어인 우르두어와 뱅골어, 아랍어 등으로 확대하기로 했다. 영국 중등학교에서 한국어 과목을 제2외국어 과목으로 가르칠 수 있게 됐고, 2007년 5월부터는 고등학교 졸업자격시험(GCSE : General Certificate of Secondary Education) 시험을 치르는 학생들은 한국어를 선택해 시험을 볼 수 있게 됐다.

다문화 소수민족언어 정책이 2001년 9·11 테러 후 6년이 지난 지금은 거주국 동화가 중대 이슈로 등장했다. 최근 영국사회에서 다문화주의 정책은 2005년 7월 7일 런던에서 발생한 테러사건으로 인해서뿐만 아니라 유색인종의 증가와 노동당 정책의 수정이라는 객관적인 조건들의 변화에 의해 담론차원과 실제 정책의 차원에서 도전에 직면해 있다. 그럼에도 불구하고 영국에서 기존 다문화주의 정책의 급진적 폐기는 쉽지 않을 것이다. 집권 노동당과 인종평등위원회는 기존 다문화주의 정책에 더해 이주민들이 영국사회의 주요 '가치'들의 충실한 준수라는 의무를 강조하는 '통합'정책의 결합을 모색하고 있는 상황이기 때문이다.

영국 언어정책의 핵심은 다음 두 가지로 요약할 수 있다. ① 민간 차원의 운동을 국가가 지원(Partnership)하는 정책을 중심으로 하고 있고 ② '쉬운 영어 운동(Plain English Campaign)'이 그것이다. 먼저 '쉬운 영어 운동'부터 자세히 살펴보자.

'쉬운 영어운동'은 역사상 가장 성공한 언어 운동으로 평가받고 있다. 근대 역사에서 시민 사회는 역사 발전에 많은 일을 주도적으로 전개하였다. 정치 제도를 바꾸기 위한 운동에서부터 사회, 경제, 환경 문제를 해결하기 위한 운동에 이르기까지 시민운동의 범위도 매우 넓어졌다. 그런데 여기에 또 하나의 시민운동 성공 사례가 있다. 곧 영국의 '쉬운 영어 운동(Plain English Campaign)'이 그것인데, 한자의 질곡과 외국어투 표현의 식상함에서 벗어나려고 발버둥 치는 우리 국어 운동에 한 줄기 영감을 불어넣어 줄 것으로 보인다. 쉬운 영어 운동은 한 여성의 부르짖음에서 시작하여 전 영국이 움직였던 사건이다.

1979년 어느 날, 영국 의사당 광장에서 한 여성이 정부의 공문서를 산더미처럼 쌓아 놓고 불을 질렀다. 언론과 많은 영국인들이 이를 보면서 이 여성의 부르짖음을 들었다. 이 여성은 이렇게 말했다.

> 나 같은 사람들은 정치인, 관료, 변호사 그리고 기업주들에게 불이익을 당하고 있습니다. 왜냐하면 이들은 공적으로 복잡한 언어를 사용하고 있기 때문입니다.

처음에는 영국인들도 이 여자가 무슨 일을 하려 하는지 잘 몰랐다. 그러나 그가 그때까지 해 온 일을 알게 된 뒤로 그의 생각을 이해하게 되었다. 그래서 그의 의견에 동조하는 사람들이 모이기 시작했다. 영어 선생을 비롯해서 법률, 의학을 전공한 교수, 공무원, 정치인 등 다양한 사람들이 그를 돕기 시작했다. 영국의 쉬운 영어 운동은 그렇게 해서 영국 사회의 언어 문제를 해결하는 운동으로 발돋움하게 되었고, 영어를 사용하는 모든 나라에 전파되었다. 그리고 곧이어 프랑스, 러시아, 이태리처럼 영어를 쓰지 않는 나라에서도 쉬운 영어 운동의 정신과 방법에 공감하여 자국어를 쉽게 쓰는 운동이 일어났다.

"모든 사람은 간결하고 투명한 정보를 접할 권리가 있다(We believe that everyone should have access to clear and concise information.)" 이 말은 쉬운 영어 운동의 정신을 집약한 말이다. 이를 그들의 말로 다시 설명하면 정치인, 공무원, 판검사, 변호사, 의사, 보험원, 은행원 등 모든 사람은 투명하고 간결한 언어로 국민과 고객에게 자기 의사를 전달할 의무가 있다는 것이다. 언어생활을 권리와 의무 관계로 파악한 이들의 주장은 우리에게는 매우 낯설게 느껴지지만 민주주의 제도를 뿌리 내린 영국인들의 주장이니 우리가 가볍게 들을 일은 아닐 것 같다. 이 들은 정부 공문서 양식, 의사의 처방전, 보험 약관 등을 쉽고 투명하게 바꾸는 일을 시작하여 큰 성과를 거두었다. 그들의 주장에 의하면 1981년 영국 정부가 쉬운 영어 운동에 호응하여 58,000개의 양식을 다시 만듦으로써 1,500만 파운드(우리 돈으로 277억 5천만 원)를 절약할 수 있었다고 한다. 그들은 그들의 기준으로 투명하고 간결한 문장을 쓰 는 기관, 기업, 은행 등의 문서에 '크리스털 마크'(Crystal Mark)를 붙여 줌으로써 이 마크가 붙은 문서는 국민들이 그 내용을 믿을 수 있다는 인식을 확산시켜 나갔다. 현재 이 마크를 붙이는 문서가 무려 14,000개 에 이른다고 한다. 이들은 이 문서를 매년 점검하여 문제가 있으면 즉시 이 마크를 박탈하기도 한다. 그래서 각 기관은 이 마크를 유지하기 위해 서 담당 직원을 '쉬운 영어 운동'이 실시하는 교육에 참여시킨다.

또, 이들은 문장을 가장 어렵고 모호하게 쓰는 사람이나 기관에게 '골 든 불(Golden Bull)' 상을 주어 경각심을 일으키고, 말을 가장 잘못한 사람에게 '풋 인 마우스(Foot in Mouth)' 상을 준다. 작년에는 나오미 켐 벨이 '풋 인 마우스' 상을 받았다. 이들의 노력으로 요즘은 블레어(T. Blare) 영국 수상을 비롯한 많은 정치인이나 유명 인사들이 연설문을 작 성할 때에 이들의 도움을 받고 있을 뿐 아니라, 영국의 감사원은 공무원 의 문장까지 감사하여 문제가 있으면 이곳의 도움을 받도록 함으로써 이 운동의 재정적 문제를 지원하고 있다.

다음으로 민간 차원의 운동을 국가가 지원(Partnership)하는 정책을 비비시(BBC)의 영어를 중심으로 살펴보자.

영어종주국으로서 국어인 영어를 지키려는 영국의 노력은 세계에서 가장 유서가 깊다. 방송언어로서의 비비시(BBC)영어는 표준적이면서 품위 있는 영어를 사용하는 것으로 정평이 나있으며, 이 같은 언어정책이 비비시(BBC)를 세계적인 공영방송으로 만드는 데 일조를 하고 있다.

세계 언어로 쓰이는 영국 영어는 공영방송인 비비시(BBC)의 네트워크를 이용한다. 비비시(BBC)가 사용하는 영어는 영국 영어의 표준으로 그 위상이 높다. 아나운서를 비롯해 진행자(MC와 DJ 등)나 프로그램을 진행하는 주요 출연자에게 표준 영어를 사용하게 해 방송언어 수준을 관리하는 등 방송언어도 표준적이고 정제된 말을 사용하여 신뢰를 높이고 있기 때문이다.

1926년 라이트 경(卿)에 의해 창설된 비비시(BBC) 발음국(Pronunciation Unit)은 올바른 발음을 위한 연구와 인명과 지명에 대한 신속한 표현체계 구축으로 그들의 위상을 확립하고 있다. 또한 발음이나 강세 등의 원칙이 정해지면 그 원칙을 철저히 지키는 데서 비비시(BBC) 영어의 권위가 세워진다고 믿고 있다.

영국 에든버러 대학에서 언어학과 불문학, 음성학을 전공한 Graham Pointon 고문은 표준적인 방송언어의 필요성을 다음과 같이 강조한다.

> 우리는 방송 진행자가 정확한 발음을 구사하도록 하기 위해 많은 노력을 기울여 왔다. 지구상의 어떤 사람도 자신의 잘못된 발음이나 부주의에 의한 발음의 약점을 가진 채 살아가기를 바라지 않을 것이라고 생각한다. 따라서 발음국에서는 강한 사투리나 비표준적인 억양을 사용하면 시청자들이 이해하기 힘들기 때문에, 편안하게 들을 수 있는 말과 교양있는 영어를 구사하도록 조언하고 있다.

비비시(BBC)는 아나운서 혹은 프리젠터(Presenter)라는 명칭으로 방송에 참여하고 있는 뉴스캐스터, 진행자(MC, DJ 등)에게는 표준적인 방송언어를 구사할 것을 요구하고 있다. 프리젠터의 선발기준 또한 방송에서의 적절한 표현능력과 표준영어 사용 여부이다. 비비시(BBC)의 방송언어 못지않게 표준적인 영어에 자부심을 가지고 있는 셰익스피어 극단도 어법과 발음이 부정확한 연기자는 입단시키지 않는다.

그러나 비비시(BBC)의 언어교육 프로그램에서는 각 민족의 특성에 따른 언어의 다양성을 추구하고 있다. 이것은 영어는 이제 영국의 전유물이 아니라는 인식에서 나온 것으로 미국, 캐나다, 아이슬란드, 홍콩, 인도 등에서 사용하는 영어도 인정하고 있는 추세이다. 이와 같은 추세를 반영하면서 전 세계에 '비비시(BBC)영어' 교재 등을 판매하고 있는 비비시 월드와이드(BBC WORLDWIDE)의 1998년 수익이 8500만 파운드, 한화 1700억 원으로 그 중 자체 흑자가 300억 원, 비비시(BBC) 본사에 지불한 돈이 1400억 원이라는 엄청난 액수였다.

비비시(BBC)의 방송언어가 세계 공용어라는 인식을 바탕에 깔고 지역 사투리와 민족의 특성에 따른 언어의 다양성을 인정하고 있는 것은 '비비시(BBC)영어'라는 프로그램과 서적, 테이프 등의 마케팅 전략일 수도 있다. '영어는 하나의 언어가 아니라 세계 소통어이기 때문에 미국영어나 영국영어라는 지역적인 관점에서 벗어나야 한다'는 그들의 말에는 대단한 자부심이 깔려있다.

비비시(BBC)는 '교재로서의 비비시(BBC)영어'에서 오락성이 강한 프로그램과 드라마 등에 지역 사투리까지 수용하는 생생한 일상 언어로 세계시장을 석권하고 있다. 그러나 정보전달을 주된 기능으로 하고 있는 보도방송 등에 지역 방언이 난무한다면 의사소통에 장애요소가 되기 때문에 강한 사투리나 비표준적인 발음과 억양은 배제하고 있다. 그래서

'방송언어로서의 비비시(BBC)영어'는 표준적이면서 품위 있는 영어를 사용하는 것으로 정평이 나있으며, 이 같은 언어정책이 비비시(BBC)를 세계적인 공영방송으로 만드는 데 일조를 하고 있는 것이다.

(2) 적극적 개입형

가. 프랑스형

앞서 언급한 바처럼 약자의 경우는 시장에서 강자와 경쟁하면 살아남기가 어렵기 때문에 국가개입을 요구하는 대표적인 보기를 프랑스어에서 찾을 수 있다. 프랑스어도 영어의 영향으로 약자의 위치로 전환되었다.[15] 그 전형적 보기가 프랑글레였고[16] 이에 대한 반응이 국가개입의 요구였다. 그 결과, 국가기관의 설립과[17] 프랑스어 사용법(바로리올 법)의 제정이다. 이 법의 제정에도 불구하고 영어의 강자적 위치와 프랑스어의 약자적 위치는 계속 강화되어 새로운 법의 제정으로 이끌었다. 이 법이 현재 시행되고 있는 프랑스어사용법(투봉(Toubon)법)이다. 프랑스 정부는 '프랑스어사용법 시행령과 다수의 관련 훈령을 제정함으로써 성공적인 시행에 많은 노력을 기울이고 있다'(송기형, 2005)고 한다.[18]

프랑스어에서 왜 국가개입이 필요한가? 영어로부터의 보호를 들 수 있다. 어떻게 국가가 개입하는가? 법령으로 하고 있다. 이 시사점은 무엇인가? 약자의 위치에 있는 (국가의) 언어는 어떤 보호망이 있어야 생

---

15) 송기형에 따르면 이는 2차세계대전 이후라고 한다(송기형, 2005).
16) 송기형(2005)에 따르면 이는 영어투성이의 프랑스어라고 정의하는데 필자가 보기엔 본문에서 언급한 영어 섞어쓰기의 첫째 단계를 말하는 것 같다.
17) 1966년 3월 31일자 법령에 의해 국무총리 직속으로 프랑스어 수호와 확산을 위한 고위위원회가 설립되었고 프랑스어사용법안이 1975년 말에 양원에서 만장일치로 가결되어 1975년 12월 31일에 공포되었다. 이 법이 바로리올(Bas-Lauriol)법인데 9개 조목으로 구성되어 있다(송기형, 2004).
18) 이 부분의 기술은 송기형 교수의 논문(2005)과 저서(2004)에 기초하여 요약하였다.

존할 수 있고 그 보호망이 사라지면 생존에 위협을 느낄 수 있다. 이는 한국어도 해당되며, 주변의 강대한 힘을 가진 언어권에 둘러싸여 있기 때문에 다른 언어권보다 더 많은 어려움이 노출되고 있다는 견해가 더 설득력이 있다. 간단히 정리하면 보호망을 유지하려는 규범화와 외부의 영향으로 변화하고 있는 현실화와의 관계이다. 프랑스의 경우 국가단위로는 어문규범을 어느 정도 강요할 수 있지만 상위의 정치체제인 EU를 비롯한 다른 국제기구로부터의 압력을 뿌리치기란 쉽지 않다. 더 나아가 규범이 상위의 정치체제로 인해 그 작용을 못할 때 규범은 어떤 의미를 지니는가에 답해야 할 의무가 있고 이는 우리나라처럼 약자의 위치에 있는 국가가 주목해야 할 일이다.

  나. 중국형

  중국은 효율적인 정치·사회적 통제와 시장경제 발전을 위해 푸퉁화를 보급하고 대중화하는 데 지속적으로 큰 노력을 기울이고 있다. 2010년까지 전 국민이 기초적인 표준어를 구사할 수 있게 하고, 이어 21세기 중반까지 각 지방은 물론 소수민족들까지도 표준어를 쓸 수 있도록 한다는 것이 중국 정부의 목표이며 이를 위해 상하이(上海) 등 대도시에서는 시 공무원들에게 푸퉁화를 의무적으로 익히라는 지침을 내리고 시험을 봐서 일정 수준에 이르지 못하면 해고하는 등 강력한 표준어 보급 노력을 전개하고 있다. 중국 대도시들의 이 같은 조치는 지난 2001년 제정한 '국가통용언어문자법'에 따른 것으로 국가기관 근무자들은 의무적으로 표준어를 구사할 수 있어야 한다는 취지다. 그러나 중국이 사회 통합 등을 위해 적극 노력해온 '푸퉁화(普通話)' 사용 캠페인이 아직 실효를 거두지 못하고 있는 것으로 확인됐다. 최근 중국 교육부와 한국의 국

립국어원에 해당하는 국가언어위원회가 지난 5년간 전국 31개 성·시·
자치구 주민 47만여 명을 대상으로 공동 조사한 결과에 따르면 중국인
13억 명 중 불과 53%만 중국 정부가 지정한 표준어인 만다린을 구사할
수 있는 것으로 밝혀졌다. 국가언어위원회는 또 표준어인 푸퉁화를 구사
할 수 있는 53%에 속하는 많은 중국인들도 자주 표준어를 사용하지 않
고 있는 실정이라고 밝혔다(문화일보, 2005. 5. 31).

이상에서 보듯이 어느 정도 개입이냐 하는데 차이는 있으나 대체로
모든 국가는 언어에 개입한다. 우리는 이를 어떻게 실현하는가? 바로 국
어책임관 제도가 그것이다. 이제부터는 국어책임관 제도를 살펴보기로
하자.

3. 국어책임관 제도

1) 행정언어와 국어책임관[19)

국어책임관의 할 일의 첫째는 행정언어를 다듬는 것이다. 따라서 먼저
행정언어를 살펴보아야 한다. 그러면 행정언어란 무엇인가? 행정언어는
행정과 언어의 합성어이므로 행정의 속성과 언어의 속성을 그대로 가지
고 있다. 먼저 행정이란 권력을 배경으로 한 정책형성과 그 구체화라고
정의(定義)되므로(박동서, 1984 : 46) 행정언어는 권력과 밀접한 관계가 있
다(Ng & Bradic, 1993 ; Fairclough, 2001). 이런 속성은 행정언어에 권위
를 부여하게 된다. 나아가 행정언어가 지향하는 바가 공공성이나 공익성
에 있으므로 이들도 행정언어에 영향을 주는 요소를 구성한다(Erreygers

---

19) 이 부분은 필자의 논문 '행정언어에 관한 연구'(행정연구원, 2007.1.30)를 옮겨 실은 것이다.

& Jacobs, 2005). 또 행정언어를 어떤 지시물(referent)에 부여하고 그로 인해 일단 한번 정해지면 바꾸기가 쉽지 않을 뿐만 아니라 바꾸는데도 어떠한 행정절차를 요구하는 특성을 갖고 있는데 이를 형성적 속성(조연홍, 2000 : 35)에서 유래하는 것이라 할 수 있다.[20] 한편 언어에서 유래하는 기능으로서 행정언어에 영향을 주는 요소는 '어떤 당사자'(이른바 話者)가 '다른 당사자'(이른바 聽者)에게 매개체를 통해 '어떠한 내용'을 전하는 과정으로(심재기, 1995 : 33-39), 그 기능은 개인의 내적 상태를 표현(expressive)하는[21] 표출 기능, 정보를 알려주는 신호기능, 외부세계에 있는 상태나 상황을 묘사하는 묘사기능, 설명(explanations)이나 논증을 제시하거나 평가하는 논증(argumentative) 기능이 있다(이성범, 1999 : 114-116 ; Leech, 1983 : 48-56 ; Popper, 1972).[22] 행정언어의 구성요소로서는 당사자(행정언어의 주체인 행정당국과 그 상대방인 국민이나 지역주민), 행정언어의 당사자들을 연결하는 매개체인 언어, 그리고 행정언어에 영향을 주는 행정문화의 셋으로 잡는다(심재기, 1995 : 33-39). 먼저, 연결하는 매개체인 언어부터 설명하자.

언어는 문화의 도구로 기능할 뿐만 아니라(Leech, 1983 : 48-56 ; 최현배, 1970) 그 소속 사회의 성격과도 밀접한 관계를 갖고 있다(김민수 외, 1995). 예컨대, 한국과 미국과의 관계를 나타내는데 8가지의 용어가 존

---

20) 조연홍(2000 : 35)은 어떤 지시물(referent)에 행정언어를 부여하는 기능은 서술하지 않고 있다. 그러나 행정언어를 연구하는 데는 이 기능이 필수적이므로 형성적 속성에 이를 추가한다.
21) 여기에 속하는 보기 가운데 자연대상(physical objects : World I)을 표현하는 기능이 地名이라고 할 수 있다(이성범, 1999 : 114-116 ; Leech, 1983 : 48-56).
22) 심재기(1995 : 33-39)는 언어의 기능을 정보적 기능, 표출적 기능, 명령적 기능, 친교적 기능, 관어적(關語的) 기능, 미학적 기능으로 나누고 있다. 한편 Leech(1975)는 관어적 기능을 제외한 다섯을 들고 있다.

재하는데[23] 어떤 용어나 언어가 선택되느냐 하는 문제는 그 의식세계를 나타내고 언어를 표현하는 당사자의 가치를 나타내는 것이다. 따라서 행정언어의 연구도 동일한 연장선상에 있다. 행정언어를 행정언어 그 자체 (Bureaucratese in itself), 행정언어의 역사성과 그 변용의 둘로 나누어 설명한다. 행정언어는 언어에 기초하므로 언어의 특성을 그대로 응용할 수 있고, 언어학의 지식이 이용될 수 있다. 행정언어가 중요한 이유를 음성언어와 의미의 측면으로 나누어 살펴보자. 먼저 음성언어를 살펴보자. 음성언어가 무엇이며 그 개념이 어떠하니 등의 설명은 여기서는 군더더기 말에 불과할 것이다. 문제는 전통적으로 행정언어는 그 의미성에 치중하여 음성언어에 관한 고려는 전혀 없었다는 데 있다. 음성언어에 너무 무관심한 보기는 지하철 역 화양역(還鄕女 : 나중에 건국대입구역으로 개명), 다죽리(茶園里＋竹園里), 객사리, 하품리, 통곡리(地名) 등에서 볼 수 있고 이는 행정지명의 정비를 초래한(중앙일보. 2006. 8. 9) 원인이다. 따라서 이후부터는 행정언어에 있어 음성언어의 측면을 고려해야 한다는 교훈을 얻을 수 있다. 다음으로 의미의 측면을 살펴보자. 음성언어의 경시와 아울러 역사성에 치중하여 의미를 고려하지 않는 경우가 있다.[24] 지명 등의 행정용어에 의미를 고려해야 하는데, 그 의미가 혐오감을 주는 경우가 있다. 예컨대, 대구시의 수성구의 내환동이나 달서구의 파산동은 역사성의 측면에서는 몰라도 의미상 좋은 행정명칭이라 할 수 없

---

23) 이들은 미국에 저항하는 항미(抗美), 혐오하는 혐미(嫌美), 반대하는 반미(反美), 폄하하는 폄미(貶美), 이용하는 용미(用美), 연대하는 연미(連美), 찬성하는 찬미(贊美), 숭배하는 숭미(崇美) 등이다. 흥미있는 것은 이 용어 분석이 한국인이 아닌 미국인에 의해 이루어졌다(중앙일보, 2006. 6. 27). 또 倭食, 日食, 和食이나 倭王, 日王, 日皇, 天皇을 서로 비교해 보라. 이들은 같은 대상을 부르는 칭호이지만 그 위상에서 차이가 난다. 즉 그 상대적 가치가 점점 상승하는 관계로 배열되어 있다.
24) 예전에 기상대(氣象臺)를 전통에 맞게 관상대(觀象臺)로 하였던 적이 있다.

다. 기타 '대통령 하사품' '대권' 등의 용어가 의미하는 바는 현 시대와
어울리지 않는 비민주적 성격을 갖고 있는 좋은 보기들이다. 행정언어의
역사성과 그 변용을 살펴보면 지명 등의 행정언어는 쉽게 바꾸기 어려
운 성격을 갖고 있으며 일단 채용되면 그 나름의 역사성을 갖고 지속적
으로 효력을 발휘한다. 왕(旺)산면·왕(旺)전리 등은 일제 강점기에 민족
정기를 말살할 목적으로 일제가 변경한 행정명칭 등인데 그대로 오늘날
까지 답습하고 있다고 한다(한겨레신문, 2006. 3. 20). 아래 기사를 보자.

　　행정자치부가 일제 강점기 때 왜곡된 이래 지금까지 계속 잘못 쓰이
고 있는 지명이나 도로명에 대한 전수조사에 착수했다. 이에 따라 일제
가 자원 수탈이나 통치 편의 등을 위해 행정구역을 바꾸면서 일본식으
로 개명한 지명들이 본래 이름을 찾는 계기가 될 것으로 보인다. 8일 행
자부 도로명 및 건물번호부여 지원단에 따르면 최근 전국 16개 시도에
협조공문을 보내 일제에 의해 부여됐거나 왜곡된 지명 및 도로명과 복
원상황 등을 파악해 보고토록 했다.
　　행자부는 조사결과가 취합 되는대로 국토지리정보원에 자료를 제공,
일제가 민족정신과 정체성을 말살하려고 단행한 '창지개명(創地改名)'을
바로잡는 데 참고할 수 있도록 할 방침이다. 부산시의 경우 전수조사에
서 부산 중구 남포동의 경우 고유지명인 '자갈치'가 일제 때 '남빈정'으
로 왜곡됐다가 해방후 '남포동'으로 전환됐고, 중구 중앙동의 고유지명
인 '논치'는 일제때 '대창정'으로 불렸다가 해방 후 '중앙동'으로 바뀐 것
으로 확인됐다. 행자부는 또 이번 조사에서 역사적인 사건이나 인물, 꽃
이름 등을 딴 도로명을 별도로 파악한 뒤 우수사례를 정리, 전국 자치단
체에 통보할 계획이다. 행자부 관계자는 "도로의 명칭에 지역의 특색이
나 역사성이 담겨 있으면 이를 이용하는 주민들이 자긍심을 갖게 되고,
애향심도 고취될 것으로 기대된다"고 말했다.
　　한편 녹색연합은 "자연지명을 담당하는 시·군·구의 지명위원회가

유명무실한데다 자연지명은 국토지리정보원이, 행정지명은 행정자치부
가, 하천·도로명은 건설교통부가, 군사시설명은 국방부가 맡는 등 지명
관리에 일관성·체계성이 없어 지명이 바로잡히지 않고 있다"며 "이번
전수조사를 계기로 지명 담당 부처 간 협조체계도 함께 구축해야 할 것"
이라고 말했다(서울·부산=연합뉴스, 동아 2005. 9. 8).

또 다른 보기로 초등학교를 들 수 있다. 바뀌기 전에 행정언어였던
국민학교(황국신민화의 준말)에 기초하여[25] 새로운 행정용어가 도입되거
나 변용을 일으킨다. 국민학교에서 '국교'로, 그들을 위한 신문을 '국판
(國版)'이라 부르는 것들이 여기에 속할 것이다. 지명 쪽을 살펴보면 행
정구역 개편 때에 어떤 지명으로 결정되느냐는 그 시대의 성격과 관련
이 있다. 요즘 마산시(馬山市)가 창원시와의 합병으로 마산시는 사라지고
그 지명만을 남길 목적으로 마산합포구, 마산회원구 등의 사례나, 천안
아산(온양온천)역이나 호평평리역 등의 역 이름에 그나마 남아있음은 다
행이라 하겠다.

아래 보기들은 안내판이 '제연경계벽', '언더패스', '좌로유입' 등 거의
암호로 쓰여져 있어 안내판의 구실을 하지 못한다는 실례를 고발하고
있다.

인천에서 지하철을 이용해 서울 영등포로 출근하는 이혜련(32) 씨는
지하철역 계단을 오를 때마다 천장 쪽에 설치된 투명 칸막이에 쓰여있
는 '제연경계벽'이란 말의 뜻을 몰라 항상 궁금했다. '제연'이란 단어를
들어본 적이 없기 때문이다. "과거 행위를 똑같이 되풀이한다는 뜻의
'재연'은 알겠는데, '제연'은 뭐지?" 인터넷에 들어가 검색을 해보고 나서

---

25) 일본은 원래 소학교였던 명칭을 군국주의 체제 아래서 국민학교로 바꾸었다가 패전 후 소
학교로 다시 환원했다고 한다.

야 의문이 풀렸다. '제연경계벽'은 불이 났을 때 공기보다 가벼워 위쪽으로 떠오르는 연기와 유독가스를 차단함으로써 사람들이 밖으로 대피할 시간을 벌어주는 구실을 한단다. 이씨는 "알기 쉽게 '연기막이벽'이라고 하면 되는데, 왜 어려운 한자어로 '제연경계벽'이라고 했는지 이해하기 어렵다"고 말했다.

지하철이나 도로알림판 등 공공시설물에 어려운 한자나 영어로 된 용어가 사용돼 막상 이를 이용하는 시민들이 쉽게 뜻을 이해하지 못하는 경우가 많다. 한글문화연대 등 한글단체와 누리꾼들은 9일 한글날을 맞아 공공기관들이 기념식만 챙길 게 아니라 한글 사용에 모범을 보여야 한다고 목소리를 높였다.

누리꾼 '진솔한 내음방'은 〈한겨레〉 '하니블로그'에 올린 글에서 "서울 강변북로 등을 지나다보면 '좌로유입', '우차로서행'이라는 표지판이 있다"며 "'왼쪽에서 진입', '느린 차량 오른쪽으로'라고 하면 뜻이 한층 더 명쾌한데, 왜 저렇게 쓰는지 화가 났다"고 말했다.

지하철 에스컬레이터 경고문에는 '반드시 핸드레일을 잡고 몸은 밖으로 내밀지 말아야 합니다'라고 적혀있다(한겨레 김소연 기자).

누리꾼 '애기꽃'은 한글문화연대 누리집 게시판에 '언더패스'라는 도로 안내표지를 보고 도대체 무슨 뜻인지 몰라 황당했던 사연을 올렸다. 그는 "처음엔 언더패스가 '아래로 던진다'는 운동 용어인 줄 알았다"고 말했다. '언더패스'는 '차량의 엉킴을 막기 위해 철도나 다른 도로의 아래를 지나는 도로'라는 뜻이다.

한글문화연대는 "시민들의 안전을 위해서라도 알기 쉬운 우리말로 도로표지를 바꿔야 한다"며 서명운동을 벌이고 있다. 앞서 이 단체는 고속도로 전광판에 'TC'(요금소), 'IC'(나들목), 'Jct'(분기점) 등 영어 표기가 사용되는 데 항의해 최근 한글 표기로 바꿔내기도 했다.

한글문화연대 게시판에는 이 밖에 시민들이 어려운 용어 때문에 겪었던 불편 사례가 잇따라 고발되고 있다. 지하철 에스컬레이터 경고문에 '손잡이'를 '핸드레일'로 표현하고, 화재 때 지하철 문을 여는 데 사용되는 '문고리'를 '도어핸들'로 안내하거나, 지하철 승강장의 '안전문'을 '스크린도어'로 표기하는 사례들이다.

> 김영석 한글문화연대 운영위원은 "스크린도어는 본래 모기장이란 뜻으로, '플랫폼 스크린도어'가 맞는 용어"라며 "외국인들에게는 '스크린도어가 열립니다'라는 지하철 안내방송이 오히려 이상하게 들릴 것"이라고 말했다. 그는 "영어나 한자어를 전혀 쓰지 말라는 얘기는 아니지만, 국민들이 이해하기 쉬운 우리말 대신 왜 굳이 다른 언어를 쓰느냐"고 지적했다(한겨레, 2007. 10. 7).

또 위 두 보기는 시대에 따라서 행정언어가 어떠한 차이를 보여주는지를 나타내준다. 이 현상은 영국의 Plain English와 같은 모습을 보여준다(Watson, 2006). 좀 더 살펴보면 권위주의 시대의 사회는 '긴급조치'라는 행정언어를 낳는 문화를 안고 있었고, 발전국가의 유산을 간직하고 있는 우리 사회는 공단(工團)과 공단(公團)의 동의어를 만들었고, '개발', '새마을', '기획', '고속도로' 등의 행정언어를 퍼뜨렸다. 한편 조직의 성격도 행정언어에 영향을 미친다. 예컨대, '까버립시다'는 범죄조직이 사용할 때와 경찰이 사용할 때는 그 뜻이 다르고 후자의 경우 검찰조직에서 쓰는 '체포합시다'에 상응한다. 이런 요소들이 행정언어에 영향을 준다고 할 수 있다.

행정언어의 당사자, 특히 행정 당국이 어떤 언어를 쓰느냐 하는 것은 행정 당국이 그 국민에 대해 어떤 태도를 갖고 있느냐를 알 수 있고 또 행정 언어의 차이를 가져오는 중요한 요인이다. 이런 행정언어를 바람직한 방향으로 바꾸려는 노력의 근거지가 국어책임관이다. 그러나 중앙 부처의 국어책임관은 자신의 고유한 업무수행에 전념하고 겸직인 국어책임관은 관심을 둘 수가 없는 구조로 되어 있고 특히 지방자치단체의 공무원은 자신이 국어책임관임을 알지도 못하고 있다. 더욱이 중앙과 지방의 국어 책임관 모두 전문지식의 부족과 열정의 부족으로 기대치에 미치지 못하여 유명무실한 제도로 될 위험성에 처해 있다. 또한 국어책임관 제도의 관리가 되지 않고 있는데, 예컨대 업무 인수인계의 문제, 형식적인 임면, 국어책임관이 바뀌어도 보고도 없는 관리체계 등이 그것이다.

2) 국어책임관 제도

⑴ 행정학·정책학에 기초한 국어책임관의 역할

정부조직의 의사소통 활동은 국민들의 생활의 질과 국가 발전 수준에 직결된다. 특히 오늘날과 같이 행정 기능의 확대 및 전문화에 따라 국민 생활에 대한 행정의 영향이 매우 크고 행정이 국가 발전을 주도하는 시대에는 더욱 그러할 것으로 평가하는데 의견이 일치한다. 국어책임관의 개념을 행정학·정책학에 기대어 설명해 보면 국어책임관은 행정수단이 되는 언어를 통하여 여러 가지의 역할을 수행할 수 있다. 정부조직 내에서 의사결정에 필요한 정보를 언어 형태로 제공해 주는 역할은 물론이고, 정부조직 내에서 업무 수행에 필요한 의사전달을 효율적으로 관리하여 조직이 건강하도록 영향을 주는 역할이라든가 조직 구성원의 동기부여를 촉진(예 : 적절한 칭찬)하는 역할의 수행을 국어책임관에게 기대할 수 있다.

바람직한 방향으로의 변화라는 의미의 발전이라는 발전행정론에 기대면 비추어 볼 때 국어책임관은 변화의 관리자나 변화의 촉진자 역할을 수행할 수 있다. 아래의 보기를 보자.

> 병영 내에서 주고받는 말이 부드러워지고 있어 눈길을 끈다. 1일 국방부가 발간한 '병영문화개선 모범 사례집'에 따르면 일부 부대에서 시작된 선임병과 후임병 간 '존중어 사용' 관행이 많은 부대로 확산하고 있다. 국방부는 존중어 사용 우수부대를 분기별로 선정해 포상하고 우수 분·소대 전원에게 휴가를 줄 계획이다.
>
> 현재 사용되고 있는 병영 존중어를 보면 "1분대는 오전 9시까지 집합 바람" "김 일병, 늦지 않도록 하시오" "김 일병, 오늘 교육은 어땠나요?" 등이며 선임병사는 후임병사에게 성(姓)과 계급을 함께 부르고 후임병사는 선임병사에게 '님'자를 붙이고 있다. 즉 선임병은 "야" 대신 "김 일병" "김철수 일병" 식으로 부르고 "김 상병, 식사 많이 했어요?" "박이병, 커피 한 잔 할래요?"라는 존중어를 사용하고 있다는 것. 후임병 또한 선임병에게 "홍 병장님" "홍길동 병장님" "이 병장님, 식사하셨습니까?"라는 말로 예의를 표시하고 있다는 것이다. 훈련병끼리도 "○○훈련병, 오늘도 즐겁고 좋은 하루 되세요"라는 등의 존칭어를 사용하고 있다고 국방부는 전했다.
>
> 국방부 관계자는 "상호 존중어를 사용하면서 계급 및 입대일 차이에서 오는 권위적인 행동이 줄어들고 있다"며 "존중어 사용을 늘리고 내.외부 평가를 통해 부대별로 인증서를 줄 계획"이라고 말했다(서울=연합뉴스, 중앙, 2007. 11. 1).

위와는 달리 불균형 전략을 통하여 점진적인 균형으로 진행이라는 관점에서 보면 언어를 통한 발전지향적 가치관을 심어주거나 동기부여를 할 수 있는 제도적 장치가 국어책임관이다.

행정학의 한 분과학문으로 조직을 연구하는 조직론에 기대어 국어책임관 제도의 역할을 보면 바람직한 방향으로의 변화라는 의미에 비추어 볼 때 국어책임관은 변화의 관리자나 변화의 촉진자 역할을 수행하여야 하며, 불균형 전략을 통하여 점진적인 균형으로 진행할 수 있고 더 나아가 사회 체제적 불균형 전략의 추진자로서 역할도 가능하다. 특히 그 지역의 언어를 보존하고 발전시키는 책임은 그 지역의 국어책임관이 중요한 역할을 수행할 수 있다.

지역'(地域)은 '일정하게 나눈 범위의 땅', '전체 사회를 특징 따라 나눈 일정한 공간 영역'이라는 뜻을 지닌다. 그러므로 지역 언어라 하면 '어떤 특징 따라 나눈 공간 영역에서 쓰는 언어'를 일컫는 것이다. 우리나라는 오래전부터 행정을 중심으로 지역을 나누고 있어 남쪽의 경우는 서울·경기, 충청, 전라, 경상, 강원, 제주 지역으로 굳혀 써 왔다.

사전의 뜻과 다르게 '지역'이라는 말을 '중앙'과 대립하는 개념으로 잘못 다루는 경우가 있다. 예컨대 '서울'도 하나의 지역에 지나지 않는데도 "지역 발전이 소외되고 있다"는 표현에서는 중앙과 대립하는 '지방'을 두고 하는 말로 쓰인다. 고장말(방언)을 '지역어'라 부를 때도 본디 개념에서 벗어난 채, '지방의 말'로 잘못 생각하는 사람이 적잖다. '지방'이란 개념에 '서울 이외의 지역'이라는 뜻이 있어 '지역'과 '지방'이란 말을 뒤섞어 쓰면서 생긴 결과라 할 수 있다.

방언학에서는 "방언이란 본디 균질적이던 한 언어가 지리적으로나 사회적으로 분화되어 생겨난 분화체로서, 특정 지역 또는 사회 계층에서만 사용하는 음성·음운·문법·어휘의 체계를 가리킨다"고 그 개념을 정의하고 있다.

지역의 언어라고 할 때, 그 개념에는 한국어로서 가지는 보편적인 음운·통사·화용 현상, 문체, 어휘, 억양, 리듬, 음의 높낮이와 장단, 속담,

관용 표현은 물론, 고장의 고유한 언어 특성들을 포괄한다(이태영, 전북
대 교수·국어학).

다음으로 언어정책에 기댄 국어책임관의 개념과 역할을 살펴보자. 언
어사용도 일종의 사회계약이다. 즉 언어사용은 원초적으로 부여된 언어
능력(initial endowment)에 기초하여 연속하는 세대 사이의 묵시적 사회
적 약속(an implicit social contract)이라는 명제에 기대면 국가개입주의에
기초한 정책의 정당성도 얻을 수 있는데 국가의 역할은 이 묵시적 사회
적 약속을 유지하는 데 있다. 또 앞서 언급한 바대로 언어가 분열된 나
라는 언제나 가난하다는 Pool의 정리를 원용하면 앞으로 외국 이주민의
증가에 따른 한국어 교육 환경의 변화가 예상된다. 이와 관련한 중요한
문제는 이들 자녀의 한글교육을 유치원에서 사실상 금지한 현행 교육부
의 모호한 방침은 적절하지 않기에 재검토할 필요성이 있다.

(2) 국어책임관의 실정법에서의 역할

먼저 국어기본법상의 법령규정부터 보기로 하자. 법령 규정에서는
① 해당 기관이 수행하는 정책의 효과적인 대국민 홍보를 위한 알기 쉬
운 용어의 개발과 보급 및 정확한 문장의 사용 장려, ② 해당 기관의 정
책 대상이 되는 사람들의 국어사용 환경 개선 시책의 수립과 추진, ③ 해
당 기관 직원의 국어능력 향상을 위한 시책의 수립과 추진, ④ 기관 간
국어와 관련된 업무의 협조로 정의하고 있다. 그러나 위의 규정은 원론
적인 조항들이다. 문제는 각 위치에서 무엇을 하며 어떻게 하도록 하는
가, 그리고 왜 하는가에 있다.

이를 재구성하면 국어책임관의 실정법상의 국어책임관은 주변 환경의
순응을 위한 전략적 거점 역할을 수행하며 주변 환경이 불응할 경우에

는 그 대응 수단 강구하고 주변 환경의 무관심에 대해서는 동기부여 방
식을 개발하는 것으로 요약할 수 있다.

(3) 국어정책의 결정과 집행, 평가의 책임자로서 국어책임관

국어책임관은 책임 부서의 정책을 결정(앞서 언급하였던 행정언어의 검토
를 비롯한 결정사항들)하고 그 정책을 집행하고(국어 책임관의 고유한 업무로
이끄는 역할) 순응과 불응, 또는 무관심에 대한 대책을 강구하며 정책 평
가26)를 통해 보다 나은 정책 결정으로 이끄는 역할을 수행한다. 이를
통해 정책 환경에 영향을 미치고 국어에 친화적인 정책환경을 조성하는
데 일익을 담당한다. 더 나아가 환류를 통하여 사회(또는 민간)의 반응을
정책에 반영하도록 한다.

정책을 결정할 때는 국어정책을 이해하지 못하는 상급단체나 (지방)의
회와의 관계에 신경을 써야 한다. 이 관계는 셋으로 나누어 볼 수 있는
데 갈등관계인 경우, 협조관계인 경우, 그리고 방임적 관계인 경우로 나
눌 수 있다. 갈등관계인 경우 상급단체나 (지방)의회를 대상으로 논리와
설득, 조정의 방법으로 정책결정을 이루어 내야 한다. 협조관계인 경우
는 그 상대방이 정책의 지원자나 전파자 역할을 수행하도록 유도하여야
한다. 방임관계의 경우는 관심을 유발하여야 한다.

집행과정에는 관료와의 관계가 대부분인데 이 관계는 관료의 순응과
불응으로 나눌 수 있다. 순응의 경우는 표창, 승진에 유리한 인센티브
제도 등을 동원하고 불응 시에는 A.합의적 수단인 ① 설득, ② 흥정, 협
상, 타협, ③ 보상과 B.강요적 수단인 ① 위협이나 처벌, ② 감사, C.심리
적 수단(감정에 호소) 등의 방법을 동원한다. 이 과정을 도표로 정리하면

---

26) 소속 기관 단위의 평가를 말하고 법령에 규정된 것과는 별개이다.

아래와 같다.

[표 3-3] 정책과정과 국어책임관의 역할

정책과정			관련 기관	업무 관계와 역할	
국어책임관의 역할	정책결정과정	소속 기관에서의 정책결정 차원	상급단체와 (지방)의회, 기타 참여자	갈등관계	논리, 설득, 조정 등의 방법
				협조관계	1) 전파자 역할 2) 지원자
				방임관계	관심유발
	정책집행과정	집행기관의 태도	관료	불응에 대해서	A. 합의적 수단 ① 설득, ② 흥정, 협상, 타협, ③ 보상 B. 강요적 수단 ① 위협이나 처벌, ② 감사, C. 심리적 수단(감정에 호소)
				순응에 대해서	표창, 승진에 유리한 인센티브 제도
		정책대상 집단의 태도	일반 사회	불응에 대해서	A. 합의적 수단 ① 설득, ② 흥정, 협상, 타협, ③ 보상 B. 강요적 수단 ① 위협이나 처벌, ② 감사, C. 심리적 수단(감정에 호소)
				순응에 대해서	표창, 자문단이나 위원회에 참여, 경험발표 등의 인센티브 제도
	사회(또는 민간)의 반응에 따른 정부의지와 능력의 변화			강력집행	
				포기나 흐지부지	
				범위의 축소(일부집행)	

박호숙(2005) 참고

4. 현재 국어책임관 제도의 문제점

1) 문제점과 평가

일단 조사한 전 지역에 걸쳐 국어책임관 제도에 대해 알고 있는 경우가 거의 없었다. 지역별로 국어책임관 제도에 대해 알고 있는 지역은 2~3%에 불과하며 서울·경기의 경우 10~15% 정도로 가장 높고 충청/부산/대구 등의 경우 아는 곳이 거의 없었다.

그리고 알고 있는 경우도 이미 이전에 유사한 설문을 받아보고 알게 된 경우가 대다수로 국어책임관 제도의 인지도는 매우 낮다고 할 수 있다. 이러한 가운데 국어책임관에 대한 설문조사를 요청한 경우 대부분 거부반응을 보이며, 설문조사 협조요청에 대해 자신과 상관없다며 거부하거나, 타 부서 또는 부하 직원에게 문의하라며 전화를 돌려버리는 경우, 설명을 들은 후 마지못해 메일주소를 알려주는 경우가 대표적 사례이다.

이 연구를 통해 결론을 내자면 대부분 지역에서 국어 책임관이 무엇인지 그리고 본인이 국어 책임관인지조차 알지 못하고 있으며, 전화 통화를 통해 처음으로 국어 책임관에 대해 알게 되는 경우가 거의 대부분이었다. 그 구체적인 사례를 국어책임관 제도의 심각성을 여기서 적어보이려 한다(여기서 연구조교는 이 책의 필자가 국어책임관 제도를 연구할 때 도운 학생이다).

(2) 상황별 사례

①국어 책임관에 대해 전혀 알지 못하는 경우가 많았다.

연구조교 : 문화체육과장님! 혹시 국어 책임관에 대해서 알고 계십니까?

국어 책임관 : 네?(놀라며~) 국어 책임관 처음 들어 봤는데요, 그게

뭔가요?

☞ 가장 중요한 것으로 국어 책임관 이란 제도가 2005년에 신설된 것을 확실하게 홍보할 필요성이 있다는 점이다. 물론 홍보도 중요하지만 국어 책임관으로 지정된 자에게 소정의 활동비를 지급한다면 (물론 제도적으로 가능할지는 모르겠지만, 가령 초과 근무수당과 같은 것) 좀 더 제도가 정착되는데 도움이 될 수 있을 것이라고 생각한다.

② 연구조교로서 가장 기분 나빴던 경우중 하나인데 조직 개편으로 인해 서로 국어 책임관이 아니라고 떠넘기는 경우.

가령 어떤 지역의 경우 '문화체육홍보과'에서 '문화체육과'와 '홍보감사과'로 분리되었는데 서로 자신의 영역이 아니라고 미룬 경우가 있었다. 공무원의 무사 안일한 태도와 자신의 업무 영역에 대해서만 챙기는 성향을 배울 수 있었지만, 중요한 것은 국어 책임관에 대해서 정확히 인지하고 있지 못했기 때문에 이런 일이 나타났다고 생각된다.

③ 부하 직원에게 떠넘기는 경우.

힘들게 국어책임관의 직위에 있는 사람(대부분 과장급)과 통화에 성공했지만 국어 책임관에 대해 이야기를 꺼냈을 때 아랫사람에게 전화를 돌리는 경우가 있었다.

　　연구조교 : 문화체육과장님 되십니까? 혹시 국어 책임관 제도에 대해서 아시나요?
　　국어책임관 : 어, 글쎄~ 잠시만 기다려 보세요!(귀찮은 듯) 어이 누구 누구! 국어 책임관 들어 봤어? 한번 받아봐~ 도무지 국어책임관이 뭔지?

이 경우 부하 직원들의 경우 국어 책임관에 대해서 한 번 정도 들어본 적이 있는 사람은 있었던 것 같았다. 그들의 말에 따르면 각 지역의 국어 책임관 관련 교육 또는 홍보가 있을 경우 실제로 참석하는 것은 국어책임관의 직위에 있는 사람이 아니라 부하 직원이 대신 참석하는 경우가 대부분이라고 한다.

사실 그도 그럴 것이 과장(광역시에는 4급 정도 직급)쯤 되는 사람이 일일이 교육에 찾아다니지 않을 것이다. 귀찮은 것은 밑에 직원에게 위임(좋은말로~)하는 듯하다.

☞ 물론 국어 책임관 제도의 취지에서 홍보 담당 기관의 부서장에게 그러한 직책을 맡겼겠지만 실제로 이들에게 맡기는 것이 무슨 의미가 있을까?라는 의구심이 들었다. 차라리 부서장은 아니지만 부하 직원 중 문화나 홍보와 관련된 분야의 좀 더 활동성 있고 인터넷 등의 접근도가 높은 직원에게 책임관의 직책을 맡기어서 실질적으로 일을 하게 한다면 이 제도가 더욱더 활성화되지 않을까 하는 생각을 해 본다.

④ 이메일을 통한 설문 조사에 대한 거부 반응을 가진 공무원이 꽤나 많았음. 편지로 발송할 것을 요구한 공무원 있었고, 심지어 정식 공문으로 발송하라고 요구하는 경우도 있었다.

☞ 행정고시 출신이 아니라면 4·5급에 해당하는 공무원은 정보화 시대에 적응하기에 애로 사항이 많으신 분들로 판단이 되기에 이메일을 통한 조사에 거부 반응을 가지는 것 같았고, 이메일 회수율이 적었던 이유도 (공무원의 답변이 적었던 이유 또한) 이러한 원인에 기인한다고 볼 수 있다. 향후 연구 조사에 있어서 전화를 통한 직접 설문 혹은 문화관광부의 협조를 통한 정식 공문 발송을 통한 설문 조사가 이루어지면 좀 더 많은 데이터를 얻을 수 있을 것이라고 생각된다.

⑤ 위 ③번과 유사할 수도 있지만, 처음부터 부하 직원이 전화를 받은 경우 국어책임관에 해당하는 과장급 공무원을 바꿔주지 않는 경우도 있었다. 아직까지 남아 있는 공직 사회의 수직적인 구조를 엿볼 수 있었다.

(3) 기타 사례

공무원(A) : 여보세요

연구조교(B) : 안녕하세요. 전 경북대학교 행정학과에서 연구조교를 맡고 있는 ○○○이라고 합니다. ○○○청 ○○○과장님 되십니까?

[사례 3-1]

A : 예.

B : 다름이 아니라 저희가 이번에 국립국어원에서 연구의뢰를 받아서 국어책임관 제도에 대한 설문조사를 하고 있는데요…

A : 머요?

B : 국어책임관이요…

A : 그게 뭡니까?

B : 예, 국어책임관 제도란… (국어책임관 제도 대략 설명)

A : 잘 모르겠는데, 그래서요?

B : 예, 대부분 잘 모르시더라구요. 그래서 저희가 이 제도를 좀 개선해보고자 연구를 하게 되었는데요, 그 기초자료로 담당자분들을 대상으로 이메일 설문조사를 하고 있습니다. 저희가 가진 자료에 따르면 과장님이 ○○○청 국어책임관으로 지정되어 있어서 이메일 주소를 좀 여쭙고자 전화를 드렸습니다.

A : 제가요? 모르겠는데… (수화기에서 고개 돌리고) ○○○씨, 이메일 주소가 어떻게 됩니까? 제 이메일 주소는… (부하직원 이메일 주소 불러줌)

[사례 3-2]

A : 무엇 때문에 그러시죠?

B : 예, 저희가 이번에~ (국어책임관 제도 및 전화 목적 대략 설명)

A : 아… 잠시만요… (잠시 후) 과장님 지금 자리에 안 계신데요…

B : 언제쯤 들어오시는지 알 수 있을까요?

A : 지금 의회 들어가셨는데 의회에서 바로 퇴근하실 것 같은데요…

B : 아… 그렇습니까… 알겠습니다. 다음에 다시 전화드리겠습니다.

[사례 3-3]

A : 예.

B : 안녕하세요, 저희가 이번에(전화 목적 설명)

A : 국어책임관이요? 그게 뭡니까?

B : 대부분 잘 모르시더라구요… (국어책임관 제도 및 연구목적 대략 설명)

A : 흠… 우리 쪽 업무가 아닌 같은데…

B : 이게 지역에 따라서 문화관광과나 공보과 둘 중 하나로 지정이 되어있는데, 저희가 받은 자료에는 과장님이 담당자로 되어있어서 이메일 주소를 여쭙고자 전화를 드렸거든요…

A : 그거 잘못된 거 같은데… 제가 담당자로 돼있다고요?

B : 예.

A : 그런 게 있다는 거도 오늘 처음 알았는데… 잠시만요… 제 이메일 주소는…

B : 예, 감사합니다.

[사례 3-4]

A : "국어 책임관이라고 아시는 지요?"

B : "아니요. 그게 머지요?"

A : "네, 국어 책임관이라는 것이 국어 기본법에 의거하여… 인데, 과장님께서…"

B : "전 그런 것 아니거든요. 알겠죠? 아시겠죠? 전 그런 것 아닙니다 아시겠죠? 아시겠죠?" 뚜 뚜 뚜

[사례 3-5]

A : "국어책임관이라고 아시는 지요?"

B : "국어… 머???"

A : "국-어-책-임-관이요"

B : "국어책임관? 그게 먼데요?"

A : "국어 책임관이라는 것이 국어 기본법에 의거하여… 인데, 저희가 가진 자료에 의거하면 과장님께서 국어 책임관이라고 등재되어 계십니다."

B : "그래서요?"

A : "네, 그래서 저희가 여기에 대해서 조사를 하고 있는데 협조 좀 부탁드리려고 하는데, 실례지만 이메일…"

B : "저 바쁘거든요"

A : "그러면, 과장님은 설문에 응답 안 하시는 걸로 알고 그렇게 처리하면 될까요?"

B : "그렇게 하세요. 그럼…" 뚜 뚜 뚜

[사례 3-6]

A : "국어 책임관이라고 아시는 지요?"

B : "국어 책임관? 그게 머지요?"

A : "네, 국어책임관이 국어 기본법상에… 있는데, 저희가 가진 자료에 의거하면 과장님께서 국어 책임관이로 등재되어 계십니다"

B : "그래요? 근데 그 법 다시 말씀해주시면 안 될까요?"

A : "국어기본법이요"

B : "국어기본법 거기만 나와 있어요?"

A : "아니요. 하위 법령인 국어기본법시행령에도 함께 규정되어 있습니다."

B : "아 그래요? 그게 몇조이죠?"

A : "10조입니다"

B : "아 그렇군요. 제가 그 국어책임관인지 몰랐네요. 그래서 무슨 역할을 하는지 궁금해서 물어봤어요"

A : "아, 네 그러시군요. 근데 저희가 여기에 대해 설문조사를 진행 중에 있는데 협조를 구할 수 있을까요?"

B : "아 네 그러세요. 근데 국어 책임관에 대해 아는 게 없는데 괜찮은지 모르겠네요"

A : "네 아시는 만큼 답변해주시면 됩니다. 감사합니다"

    B : "네 수고하세요"
    뚜 뚜 뚜

(4) 조사 후기

정부의 행보를 보면 각 정부 부처를 효율화·슬림화 하고 있는 것을 알 수 있는데, 국어 책임관 제도를 활성화하고자 하는 본 연구의 취지에 상반될 수도 있는 의견이지만 국어 책임관 제도의 활성화에 앞서, "과연 국어 책임관 제도가 얼마나 침투되어 실행되었던가?"와 같은 의문을 먼저 제기할 필요성이 있다고 생각한다. 이 제도가 정말 필요하고 활성화될 필요가 있다면 이 제도를 홍보하고 감독할 책임이 있는 문화관광부에서는 제도를 만들어 놓기에 급급할 것이 아니라 이를 잘 알리고 충분히 숙지시킬 방법과 임명된 공무원에 대한 인센티브 부과 등 다각적인 측면에서 고찰할 필요가 있을 것이다. 요즘은 그나마 이런 노력도 보이지 않고 국어책임관제도가 유명무실 그 자체로 대변할 수 있도록 되어서 여기에 간단한 아쉬움을 적어 놓는다.

2) 전문가가 본 문제점

먼저 가장 큰 문제점으로는 강제 규정이 아닌 임의 규정으로 가득 차 있다는 점을 지적할 수 있다. 따라서 이에 대한 대안이 시급하다. 다음으로 시행상의 많은 문제점을 지적할 수 있다. 이는 제도를 유명무실하게 할 우려가 있다. 이를 크게 셋으로 나누면 첫째, 전문지식의 문제점, 둘째, 행정의 문제점, 그리고 겸직의 문제점으로 파악된다. 그중 둘째, 즉 행정의 문제점은 다시 세분할 수 있는데 ①관리의 문제점으로 인사이동, 조직개편, 업무 위임 등으로 국어책임관이 누구인지 아무도 알지 못하는 현상이 벌어지고 있다. ②의욕의 문제점으로 당사자는 의욕도 없는데 임명이 되어 오히려 불편을 하소연하는 실정이다. ③대내적 공표의 문제점(보고체계)으로 누가 책임관인지 상부기관이나 국어원에 보고도 되지 않다. ④대외적 공표의 문제점으로 국민이 누구나 알 수 있도록 할 필요성이 있다. 마지막으로 겸직의 문제점으로 주된 업무에 치중하다 보면 국어책임관의 업무는 방임되어서 그 일이 무엇을 하는지 모르고 있다. 또 겸직이므로 누가 국어책임관인지 모르고 있다. 따라서 겸직제를 개선하는 방안이 제기되고 있다.

3) 새로운 설계

위의 연구를 바탕으로 국어책임관에 대해 새로운 설계를 필요로 한다. 이는 시기적으로도 적합하다. 어떤 정책이 시대정신(Zeitgeist)의 흐름을 타고 있을 때 정책의 정착 가능성이 증대하는데 현재 국어와 외국어로서의 한국어에 대한 수요가 증대하고 있고 국어책임관에 대한 수요도 증대하고 있다. 그 시나리오는 장을 달리 하여 보자.

5. 시나리오

가능한 시나리오는 다음의 네 종류이다. <시나리오 1>은 겸직제를 폐지하고 국어책임관 제도 설치하는 것이고, <시나리오 2>는 현행 제도를 그대로 두고 능력발전제도를 도입하는 경우이고, <시나리오 3>은 현행 국어책임관 제도를 공모제 등을 통한 방식으로 민간화 하는 방안이고, <시나리오 4>는 현행 제도 보완하는 것이다. 즉 국어책임관의 겸직제를 그대로 두고 국어학예사 제도 신설하는 내용이다.

(1) 시나리오 1 (겸직제를 폐지하고 국어책임관 제도 설치)의 검토

<시나리오 1>을 검토해 보면 고위직 (국어책임관) 신설로 국어 관련 업무의 효율성 증가라는 장점도 있으나 승진, 전보 등 인사행정에 문제가 있다. 이 경우는 업무의 전문성 등에서 유명무실한 제도로 전락할 가능성이 있다.

(2) 시나리오 2 (현행 제도를 그대로 두고 능력발전제도를 도입)의 검토

<시나리오 2>를 따를 때에는 교육훈련, 근무성적평정 및 승진과 전보, 사후평가 등과 같은 부수적인 제도의 도입이 필요하다. 그렇다고 해서 현행의 국어책임관 자체의 문제점은 해결이 되지 않는다. 또 관리주체가 감당할 여력에 문제가 있기에 이 제도도 바람직하지 않다.

(3) 시나리오 3 (현행 국어책임관 제도를 공모제 등을 통한 방식으로 민간화 하는 방안)의 검토

<시나리오 3> 즉 현행 국어책임관 제도를 민간화 하는 방안은 장기적인 대안이 될 수 있다. 그 전제 조건은 국어책임관 제도가 활성화한 후에 가능하다. 현 단계에서는 추진하기 어려움이 있으나 장기적으로는 이 방향이 바람직하다. 더욱 이 제도는 전문가가 행정에 참여하여 제도의 취지를 살릴 것으로 생각되기 때문에 이 제도를 장기적으로 권장할 만하다.

(4) 시나리오 4 (현행 제도 보완)의 검토

단기적으로 가장 현실성이 있고 바람직하다고 판단되는 것은 현행 제도를 보완하는 <시나리오 4>이다. 우선 기존의 틀을 존치시킨다는 의미에서 부작용이 적고 현 단계에서는 추진하기 쉽다는 장점이 있다. 더욱 이제도는 <시나리오 3>과는 달리 시행 중에 있는 제도를 발전시킬 수

있는 가능성이 있다. 따라서 이 <시나리오 4>가 가장 현실적이라고 하겠다. 이와 아울러 현재의 임명제 대신에 지원제의 도입이나 현재처럼 유명무실한 경우에는 인센티브제의 도입도 고려해 보아야 한다. 또 향후 제대로 이 제도가 정착되기 위해서는 한글날과 같은 특별한 날에 각 지역의 국어책임관을 임명하는 것도 좋은 방법이 될 것이라 생각한다.

다음으로 국어책임관 제도의 활성화가 꼭 필요한 부처나 부분을 짚어 보자.

6. 국어책임관 제도의 활성화가 꼭 필요한 부처

첫째는 권력을 가진 부서의 행정언어이다. 예컨대, 법원, 검찰이나 경찰 등의 언어가 그것이다. 아래의 글을 보자.

> 검찰이 길고 난해한 결정문을 짧고 쉬운 문장으로 바꾼다. 1946년 12월 사법부 부령에 의해 법원·검찰 체제가 성립된 지 60년 만이다. 그동안 검찰의 결정문은 옛 일본식 잔재를 벗어나지 못했다는 지적을 받아 왔다. 대검찰청은 공소장과 불기소장 등 검찰 결정문의 체제, 문장·용어 등 작성방법을 개정한 개선안을 마련해 9일 시행에 들어갔다. 이에 따라 검찰은 하나의 범죄사실을 한 문장으로 길게 이어쓰는 '1공소사실 1문장' 관행을 깨고 적절한 분량으로 문단을 나눠 단문으로 쓰기로 했다. 과거 중요 시국사건이나 대형 사건의 공소장에서 '피고인은 ~한 자인 바, ~했으며, ~했던 것이다.'는 식으로 한 문장이 길게는 5~6쪽에 이르는 경우도 있었지만 이런 장문은 사라지게 됐다.
>
> 어려운 법률용어도 쉬운 일상용어로 풀어쓴다. 예를 들어 '편취한 것이다.'는 '사람을 속여서(또는 기망해) 재물을 (교부)받았다.'로, '동인을 외포케 한 후'는 '피해자에게 겁을 준 후'로, '~인 바, ~하였던 바'는 '~인데, ~하였더니'로 쓴다(서울신문, 2007. 9. 10).

다음은 '금원→돈, 경료했다→마쳤다' 등으로 쉬워지는 법원 판결문을 지적한 글이다.

[표 3-4] 쉬워지는 법원 판결문

현행	권고안
금원	돈
하자(瑕疵)	흠
인용하다	받아들이다
가사	설사
~라고 할 것이다	~이다
~함이없이	~하지 않고
월 임료	월세
형해화 되고	있으나마나 하게 되고
~라고 봄이 당당하다고 할 것이다.	~이다, ~라고 보는 게 맞다

법원행정처는 23일 국민이 판결문을 쉽게 이해할 수 있도록 '쉬운 판결문 쓰기' 작업을 추진 중이라고 밝혔다. 법원행정처는 열린우리당과의 '민사판결문 간이화 방안 간담회'에서 지난달 6일 전국법원 수석부장회의 때 제시된 개선 방안을 바탕으로 연말까지 쉬운 판결문 모델을 마련키로 했다.

법원행정처가 이날 공개한 쉬운 판결문 작성 원칙은 ▶평이한 우리말 사용 ▶짧은 문장으로 구성 ▶간결하고 명료한 표현 사용 등이다. 구체적으로 '등기를 경료했다'는 '등기를 마쳤다'로, '금원'은 '돈'으로 바꿔 어려운 한자어를 피하도록 했다. 또 ~라고 보지 못할 바 아니라 할 것이다'라는 식의 늘어지는 표현은 간단하게 '~이다'로 쓰도록 했다. '특별한 사정이 없는 한' '살피건대' 등 관행적으로 사용돼 왔던 표현은 삭제토록 했다. 법원행정처는 판결문에 당사자 간 다툼이 없는 공통된 사실이나 반드시 필요한 주장만 기재함으로써 판결문을 간이화하는 작업도 추진키로 했다. 이와 함께 소송 당사자들의 이해를 돕기 위해 필요하다면 판결문에 도표 등도 포함하기로 했다. 간담회에서 최재천 열린우리당 제1정조위원장은 "판결 내용을 국민이 쉽게 알 수 있도록 접근성을 강화한다는 측면에서 매우 바람직한 작업"이라고 평가했다.

둘째로, 전문적인 업무를 수행하기에 일반인이 이해하기 어려운 영역의 문제로 의료용용어 등이 여기에 해당한다. 아래의 기사를 보자.

국립대학병원 등 국·공립 의료기관에서 사용하는 의료용 외국어를 환자들이 이해할 수 있는 한글 용어로 바꾸는 방안이 검토되고 있다. 기획예산처 관계자는 30일 "공공 의료기관부터 의학전문용어를 한글용어로 바꾸자는 국민 의견이 접수됐다."면서 "이 제안이 타당한지, 어느 정도 범위에서 한글을 사용할 수 있는지 등을 검토할 계획"이라고 밝혔다. 앞서 기획처는 지난달 20일부터 이달 9일까지 전 국민을 대상으로 공공기관 서비스 개선을 위한 제안을 접수했다. 이 과정에서 의학용어 개선에 대한 의견도 접수됐다. 이 관계자는 "검토 단계이며 시행 여부를 확정한 것은 아니다."면서 "이 방안을 시행할 경우 국립대학병원을 비롯한 공공 의료기관부터 적용하겠다."고 덧붙였다. 제안자에 따르면 흉부외과 의학용어 가운데 자국어가 차지하는 비중은 중국의 경우 93%, 일본 11% 등이다. 반면 우리나라는 0%로, 순수 한글용어가 없다. 이에 따라 'Tx → 치료, Pt → 환자, inj → 주사, OP → 수술, Cx → 합병증, MeD → 투약' 등으로 바꿀 필요가 있다는 것이다(서울신문 장세훈 기자).

셋째로 대민 업무를 담당하는 부처이다. 아래 글은 2006년 3월부터 행정자치부에서 추진하는 '행정용어 개선사업' 관련 내용이다.

정부는 공문서에서 사용되는 행정용어나 부서·직급·장소 등의 이름

을 국민이 쉽게 알 수 있도록 바꾸는 일에 발 벗고 나섰다. 행정자치부
(장관 오영교)는 그동안 공무원이 사용하고 있는 행정용어를 쉽게 바꾸
고자 노력해 왔으나 아직도 권위적이고 이해하기 어려운 용어가 많고
필요 이상으로 외래어가 사용되는 등 행정용어 개선의 필요성이 제기되
어 이를 개선하기 위한 사업을 추진한다고 밝혔다.

　*시달·주사·서기·기능직 등 위화감을 조성하는 용어, 전투경찰·
관용차량 등 권위주의적 용어, 폐기물·도압장(오리도축장) 등 혐오감을
주거나 이해하기 어려운 용어 등 그동안 행정용어·명칭 개선 사업은
각 부처에서 부분적으로 추진해 왔다.

　2005년도에 각 부처에서 추진한 행정용어 개선 내용을 보면, 환경부,
특허청, 국세청에서는 분야별 '용어집'을 만들어 행정용어를 쉽고 바르
게 쓰도록 하였고,

　▶ (환경부) : 아름답고 알기 쉽게 바꾼 환경 용어집,(특허청) : 심결문
용어순화 편람,(국세청) : 편하고 바르게 쓰는 세정용어 길잡이 등

　－대통령경호실에서는 과거 보안 중심의 명칭을 방문객 위주의 명칭
으로 바꾸어 사용하고 있으며,

　▶ 22면회실 → 북악면회실, 55면회실 → 분수대면회실 등

　－또한, 국무조정실에서는 애매모호하고 일반인들이 이해하기 어려운
규제법안을 국어전문가의 의견을 받아 35건을 바꾼 사례가 있다.

　▶ 계리 → 계산하여 정리, 복권자금 → 복권판매대금 등

　－한걸음 더 나아가 산림청, 문화관광부, 특허청에서는 순화된 행정용
어를 한글 맞춤법 소프트웨어(바른한글)에 반영하여 각종 문서작성에 활
용해 왔다.

　그러나 이러한 개별부처 차원의 행정용어 개선 노력은 일시적 효과를
내는데 그치는 경우가 많고 개선사례나 경험이 정부 전체적으로 공유,
확산되지 못하다는 지적에 따라, 이번에 정부혁신 차원에서 행정용어·
명칭 사용 현황을 전면 진단하고 이를 종합적으로 개선하려는 것이다.

　이를 위하여, 행정자치부는 그동안 개별 부처에서 사용해 오던 행정
용어 순화 자료집과 국어사전에 등록된 어휘를 참고하여 개발한 '진단프

로그램'을 활용하여, 금년 3~4월까지 민원업무가 많은 행정자치부, 경기도, 서울시교육청, 국민고충처리위원회 등 4개 기관의 공문서, 민원서식, 법령, 간행물 등을 대상으로 행정용어·명칭 사용현황을 샘플 진단한다.

이러한 진단사업 결과를 토대로 행정자치부는 한글학회, 국어학계, 방송·언론계 등 민간전문가와 행정자치부, 법제처, 문화관광부 등 정부기관이 함께 참여하는 「행정용어 개선 자문위원회」를 구성하여, 오는 6월에 "행정용어 개선을 위한 종합개선계획"을 수립할 계획이다.

제2부

변화하는 사회에 어울리는 국어정책

‖ 제4장 ‖ **다문화 사회와 언어복지**

제1절 서론

오늘날의 문화는 섞임이 특색이다. 그 섞임의 문화 속에서 다문화 사회가 성큼 우리 곁에 다가와 있다. 우리나라는 2007년 8월에 단기체류 외국인을 포함한 체류외국인이 100만 254명으로 사상 처음 100만 명을 돌파했고 체류외국인이 주민등록인구 4천913만 명의 2%를 차지하여 다인종·다문화사회에 살고 있다.[1] 2005년 말 국내의 국제결혼 비율은 13.6%로, 그 2세까지 합치면 20만 명으로 추정되었던 섞임의 현상이 2020년에는 국제결혼 이민자 2세는 167만 명(전체 인구의 20%) 예상되고 국제결혼 가족의 이혼은 크게 증가(46.8%)하리라 짐작된다. 따라서 이들이 우리 사회의 일원으로 새 삶을 엮어 나가는 데 불편이 없도록 사회통합 정책이 요구된다. 2005년 프랑스 방리유 사태[2]에서 보듯이 다문화 사회에서 일어나는 갈등이 사회통합으로 승화되지 않는다면 일탈의 문

---

1) 법무부의 규정에 따르면 '이민자는 영구적, 일시적 사회구성원 자격을 부여받고 대한민국으로 이주한 외국인을 일컫'는다. 이 개념에는 '귀화자도 포함한다'(법무부, 2008a). 그러나 이 범위에 조선족, 새터민 등을 포괄하여야 한다.

2) 방리유의 사전적 의미는 '대도시를 둘러싼 주거밀집 지역 전체'라는 뜻이다. 여기서는 이민 출신 청소년 비행 또는 통합의 실패를 지칭한다(이기라·양창렬, 2007 : 20).

제, 범법의 문제로 변형되어(이기라·양창렬, 2007 : 56) 엄청난 희생과 사회 문제로 옮아가게 된다. 이민자 사회통합 정책이란 이민자와 국민 간의 상호존중을 기본원칙으로 하여 갈등을 사전에 적극적으로 예방하고 사회·경제·문화·정치적으로 포용하는 과정이며, 구체적으로는 ⅰ) 질서 있는 이민관리로 부적응 사전예방 ⅱ) 비차별과 인권침해 예방·구제 ⅲ) 사회적응과 개인의 능력발전을 유도하고 지원하는 국가정책이다(법무부, 2008d).3)

이런 현상 속에서 다문화 사회 사이에 존재하는 경계를 넘으려는 사람에게 맨 처음 부딪치는 가장 큰 문제는 의사소통으로서 이는 진입장벽의 역할을 수행한다. 이 진입장벽은 [표 4-7], [표 4-8]에서 보듯 부부간의 결혼생활이며 시집 식구와의 교류, 직장에서의 원만한 작업수행을 방해하기도 한다. 종종 보도되는 외국인 아내에 대한 남편의 학대, 작업장에서 외국인 노동자에게 가하는 폭력 등은 원천적으로 의사소통 부재에서 발생한다(한겨레신문, 2007. 10. 17). 이들이 어떻게 의사소통하도록 할 것인가, 어떤 모습으로 받아들이는가에 대하여 우리 사회는 이렇다 할 전략을 보여주지 못하고 있다. 흔히들 거론하는 다문화사회라는 개념에서 우리와 서구는 차이가 있다. 즉 식민지를 다스린 경험을 가진 유럽의 몇몇 나라나 미국과 같은 국가라면 다문화사회는 자연스럽게 자리를 잡게 되었지만 역사적 경험이 전혀 다른 우리나라도 그러한 모델로 진행되는 것이 바람직한 것인가라는 문제를 고민할 필요가 있다고 본다. 외국에서는 자연스러울지 몰라도 우리 사회의 현상을 설명하고 문

---

3) 이민자 사회통합정책의 발전은 ① 차별 제거(elimination of inequalities : 경제생활 및 교육 등에서 불평등 해소)와 ② 능력습득(acquisition of competences : 언어습득 및 정보취득 등 이민자의 능력개발)의 성과로 나타난다(법무부, 2008d).

제를 해결하는데 진정으로 적절한 것인지에 대하여 고민해 볼 필요가 있다.

이 글은 외부의 언어공동체 소속의 구성원이 새로운 언어공동체로 진입할 때 진입 장벽이 형성되는데 이를 해결할 방법을 찾는 것을 목적으로 한다. 여기서 제시하는 방법은 언어복지의 제공을 말하고 이 언어복지의 제공이 행정의 몫이라 할 수 있다.[4] 이러한 진입장벽의 높이를 낮추고 언어공동체가 서로 다른 경우 한 언어공동체에서 어떤 과정을 겪어서 순탄하게 원하는 언어공동체에 편입할 수 있는가 하는 문제와 그 동안 행정은 어떠한 일을 해야 하는가에 대한 연구이다.

제2절 다문화 사회의 전개와 그 과정에서의 문제

다문화사회란 '다양한 문화적 배경을 가진 민족집단들이 하나의 국가 혹은 지역사회에 함께 거주함으로써 형성되는 사회를 의미한다'(조현미, 2007). 이에 비해 다문화주의(multiculturalism)[5]란 '하나의 사회 내부에서 복수 문화의 공존을 바람직한 것으로 보고, 문화의 공존이 가져오는 긍정적 측면을 적극적으로 평가하려고 하는 주장 내지 운동을 지칭'하기도 하고(채원호, 2007), '이질적인 문화로서 주변화되어 있는 여성문화,

---

4) 농촌을 비롯한 지방으로 결혼이주한 외국인 여성 대부분이 체계적인 한국어 교육 대신 사투리와 생활언어를 먼저 접하는 바람에 자녀의 언어교육에 큰 어려움을 겪고 있다고 주장한다(김선정, 2008). 여기서 진정한 의사소통을 위한 방법과 수단 특히 사투리의 문제가 대두된다. 사투리를 어떻게 할 것인가에 대해 긍정론과 부정론으로 나누어 생각해 볼 수 있다. 필자는 생활 속의 언어, 이웃과의 소통이 가능한 언어가 필요하다는 주장에 동감한다.
5) 채원호(2007)는 다문화주의(multiculturalism)와 문화적 다원주의(cultural pluralsism), 문화상대주의(cultural relativism)를 구별하고 있다.

소수파문화, 비서양(非西洋)문화 등과 같은 여러 유형의 소수민족집단을 주류문화의 제도권 안으로 수용하자는 입장을 다문화주의라고 한다'(조현미, 2007).[6] 다문화주의의 중요한 한 특징은 다문화가정이다. 다문화가정은 '한 가정 내에 다른 문화적 배경을 가진 사람들이 결합된 것'으로 이 용어가 사회적인 편견과 차별을 내포하지 않으면서 문화적인 요인을 강조하고 있다(이미혜, 2007).[7] 그러나 법적으로는 다문화가족이라는 용어를 사용한다. 「다문화가족 지원법」 제2조에 명시된 다문화가족의 정의는 '「재한외국인 처우기본법」 제2조 제3호의 결혼이민자와 「국적법」 제2조에 따라 출생 시부터 대한민국 국적을 취득한 자로 이루어진 가족'으로 정의하고 있다.

다문화사회로 옮겨가는 현황을 보면, 2007년 8월 단기체류외국인을 포함한 체류외국인이 100만 254명으로 사상 처음 100만 명을 돌파함으로써 체류외국인이 주민등록인구 4천913만 명의 2%를 차지하여 한국사회가 다인종·다문화사회로 급속히 진전하고 있다(법무부, 2007).[8] 이를 도표로 나타내면 [표 4-1]이 된다.

---

6) 킴리카(W. kymlicka)는 서구사회에서 다문화주의가 대두하게 된 원인을 다섯 가지로 정리하고 있다. 첫째는 이주노동자들의 유입과 같은 인구문제, 둘째는 인권혁명에 기인한 소수 인종문화집단의 권리의식, 셋째는 민주주의의 확립에 따른 소수집단들의 정치참여, 넷째는 지정학적 안전의 확보, 다섯째는 자유민주주의에 대한 광범위한 합의와 지지의 존재이다(채원호, 2007에서 재인용).
7) 다문화가정은 국제결혼과 같이 서로 다른 인종끼리 결합된 가정을 가리키는데, 기존에 '혼혈인가족', '국제결혼가정' 등 다양한 용어로 불려 왔다.
8) 우리나라 다문화사회로의 변화에서 볼 수 있는 현상은 인접국(隣接國) 출신과 결혼이민자가 이민자의 다수를 점하고 있다(행정자치부, 2007). 이 특징은 식민지를 통치했던 국가들의 다문화 사회 성격과 다른 점이다. 참고로 식민지를 통치했던 프랑스의 다문화 현상은 인접국 출신 이민자의 비율 감소와 식민지였던 아프리카 출신 이민자의 비율증가로 나타난다. 즉 유럽 출신 이민자와 아프리카 출신 이민자의 비율이 1962년에 78.7% : 14.9%, 1968년에는 76.4% : 19.9%, 1975년에 67.1% : 28.0%, 1982년에는 57.3% : 33.2%, 1990년에 50.4% : 35.9%, 1999년에는 45.0% : 39.3%였다(손영우, 2007 : 257).

이러한 추세에 견주어 우리의 문화적 문법은9) 여전히 다문화시대에 어울리지 않는 모습을 보인다. 이런 외형적으로 보이는 문제의 핵심을 여러 가지로 추출할 수 있으나 언어복지와 관련해서는 다음과 같은 점에 초점을 맞출 수 있다(한국일보, 2008. 11. 3).

[표 4-1] 체류외국인 연도별 증감현황

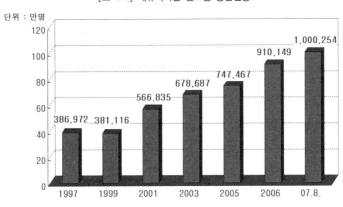

출처 : 법무부(2008d)

첫째로, 대부분의 다문화 가정 자녀들은 어리다는데 있다.10) 이를 표시한 도표가 아래에 제시되어 있다. 만 6세 미만의 자녀수가 33,140이며 그 비율은 57%를 상회한다. 이는 앞으로의 문젯거리로 그 대책을 조기에 마련해야 함을 의미한다.

---

9) 사회구성원들의 행위의 밑바닥을 가로지르는 공통의 사고방식을 문화적 문법(정수복, 2007 : 47)이라 한다. 이 '문화적 문법은 개인의 자유로운 사고와 행위를 구속하는 힘이 되기도 하'며 '그 집단 구성원들 사이에 일체감을 강화시키는 기능을 하면서 동시에 변화를 거부하는 특성을 지닌다'(정수복, 2007 : 48).

10) 만 6세 미만이 57%, 7~12세가 32%이다. 이들이 본격적으로 사회에 진출하게 될 10여 년 후에는 대를 이은 다문화 가정의 빈곤화가 사회문제로 될 것으로 보고 있다. 더욱 이들을 우리 공동체에서 포용하지 못하는 것을 의미하고 이는 후술할 프랑스의 방리유 폭동이 우리에게도 재현되지 않으리라는 보장이 없다(이 장의 각주 23)을 참조하라).

[표 4-2] 결혼 이민자 자녀수 전망과 연령분포(단위 : 명)

결혼 이민자 및 자녀수 전망			이민자 자녀의 연령분포		결혼 이민자 자녀의 취학 현황	
2008	이민자	144,385	만 6세 미만	33,140	초등	15,804
	자녀	58,007				
2015	이민자	266,000	만 7세-12세	18,691	중등	2,206
	자녀	107,000	만 13세-15세	3,672		
2020	이민자	354,000	만 16세-18세	2,504	고등	780
	자녀	142,000				

출처 : 한국일보, 2008. 11. 3.

둘째로 다문화가정 자녀 개인의 관점에서 적응의 실패로 인해 지적 장애의 가능성이 높고 이는 그 자손 세대에 이르기까지 본의 아니게 학습 부진아가 되는 부정적 영향이 나타난다. 즉 언어 사용에서는 자연독점과 같은 성격(최병선, 2006 ; 배용수, 2006 ; Viscusi, et al. 1992)이 있기 때문이다. 결혼이민 가정 중 83.7%의 자녀들은 말을 배우는 시기에 한국어가 서투른 어머니의 영향으로 언어력이 부족해 학습 능력이 다른 학생들에 비해 크게 떨어지고 상황이다.11) 다문화가정 자녀들이 학교에서 집단따돌림을 당하는 경우도 20%에 달했고, 전체의 10%는 초등학교에 진학하지 않거나 중퇴한 것으로 파악됐다(김선정, 2008). 이는 우리 사회 전체의 minus 요인으로 작용한다. 이를 나타낸 것이 아래 표이다.

---

11) 경기 하남시 국제외국인센터 백정숙 간사가 보기에 김 모(10)양은 지적장애아가 아니었다. 엄마가 필리핀인이어서 한국 말이 서툴고 학습을 따라잡는데 더뎠을 뿐이다. 그러나 김양은 지난해 초 담임교사의 권유로 특수반으로 보내진 뒤 표정도, 행동도 장애아동처럼 변해갔다(한국일보, 2008. 11. 3).

[표 4-3] 학년별 다문화 가정 기초학습부진아 학생수(2008년 말 대구시 기준)

전체수		4		5		6		중 1	
		78		75		32		12	
영역별	실제수	영역별	실제수	영역별	실제수	영역별	실제수	영역별	실제수
읽기	13	2		0		1		3	
쓰기	16	2		1		1		3	
기초 수학	12	3		1		0		2	
총수 (?)	총수 (?)	(7)	(5)	(2)	(1)	(2)	(1)	(8)	(3)

주) 영역이 2개 이상 겹치는 학생이 있으므로 영역별 수와 실제학생 수는 차이가 남.

출처 : 대구시 교육청 내부자료

아래 [표 4-4]에서 학년별 전체 기초학습부진아 학생수의 비율은 4학년 519 / 31294(0.01659), 5학년 196 / 34045(0.00576), 6학년 142 / 35032(0.00405), 중1은 418 / 35644(0.01173)이다. 이를 기준으로 [표 4-3]의 학년별 다문화가 정 기초학습부진아 학생수를 보면 4학년 5/78(0.0641), 5학년 1/75(0.01333), 6학년 1/32(0.03125), 중1은 3/12(0.25)이다. 즉 몇 배의 높은 비율로 다문화 가정 기초학습부진아 학생 수가 많다.

[표 4-4] 학년별 전체 기초학습부진아 학생수(2008년 말 대구시 기준)

전체수		4		5		6		중 1	
136,015		31294		34045		35032		35644	
영역별	실제수	영역별	실제수	영역별	실제수	영역별	실제수	영역별	실제수
읽기	654	204		89		55		192	
쓰기	661	173		71		57		260	
기초 수학	895	218		96		91		290	
총수(2,210)	총수(1,115)	(595)	(519)	(256)	(196)	(203)	(142)	(742)	(418)

출처 : 대구시 교육청 내부자료

셋째로 다문화가정(또는 이민자 가구)이 대체로 우리 사회의 계층에서 단순기능인력에 기반한 하위층이라는 사실이다.[12] 전체 결혼 이민자 가구 중에서 소득이 최저생계비 이하인 경우가 52.9%(2005년 기준)에 달하고 있다(한국일보, 2008. 11. 3). 따라서 이들의 자녀가 정규교육에서 뒤처지거나 소외되어 빈곤의 대물림이 진행될 가능성이 높다. 이런 현상은 프랑스 등에서의 소수민족 소요와 같은 문제가 발생할 가능성을 배제할 수 없다(한국일보, 2008. 11. 3).

문제는 다문화사회통합 업무에 지방자치단체나 중앙정부 각 부처 간 엄청난 투자가 이루어지고 그중 일부는 중복 투자라는 점이다.[13] 중앙부처의 다문화가족의 지원체계는 아래 [표 4-5]와 같이 정리된다.

[표 4-5] 중앙부처의 다문화가족의 지원체계

구 분	주요 추진(지원)내용
보건복지 가 족 부	다문화가족지원센터운영, 다문화가족 방문교육사업(아동양육, 한글교육 등), 국제결혼중개업 관리, 생활정보책자 제공, 무료진료사업
여 성 부	가정폭력피해자 보호·지원
행정안전부	지방자치단체 외국인 주민의 정착지원, 외국인 주민 실태조사, 여성결혼이민자 부모초청 행사, 다문화 수용 공감대 확산, 세계인의 날 행사

12) 전문인력 비율(전문인력/총체류자)이 6%로서 단순기능인력 비율(단순기능인력/총체류자) 93.1%에 비해 아주 낮다(법무부, 2009).
13) 좀 더 자세히 살펴보면, 각 부처 및 지자체 등에서 개별적으로 프로그램(특히, 사회적응 지원 교육)을 마련함에 따라, 프로그램 운영을 위한 초기 투자비용(강사 양성 비용, 교재 제작 비용 등)이 중복 집행되었다. ① 노동부, 여성부 등 중앙부처 및 지자체에서 이민자에게 제공하는 사회적응프로그램이 유사하고 중복 개발되고(노동부 외국인근로자지원센터, 여가부 결혼이민자지원센터 및 지자체의 각종 프로그램에서 한국어·컴퓨터 등 공통 교육프로그램이 이민자 적응 지원의 주된 과정으로 진행되었다). ② 기초자치단체 간 경쟁적으로 각기 개별 프로그램 운영 및 중복적으로 안내책자를 개발·배포하여 예산낭비 초래하였다(예컨대, 서울시 중구·금천구·종로구·성동구 등 대부분의 자치구는 외국인의 생활 편의를 위해 독자적으로 안내책자를 제작·배포하고 있다). ③ 노동부, 지자체, 여성부 등 지원센터의 프로그램이 외국인 유형별 특성화된 지원을 설립목적으로 하지만, 실제로 유사한 프로그램으로 구성되었다(예컨대, 한국어, 컴퓨터 등 강좌가 대동소이하고 한국·안산·의정부 외국인근로자지원센터의 경우 평일에는 주로 결혼이민자 대상으로 한국어·컴퓨터 교육을 실시하고 있어 사실상 평일 근무하는 외국인근로자의 경우에는 이용 실적이 저조하다)(법무부, 2008d).

교육과학 기 술 부	다문화 교육 추진체계 구축, 다문화 가정 자녀교육 활성화 지원
문화체육 관 광 부	다문화 사회 문화정책, 한국어교육, 다문화 체험 지원
법 무 부	재한외국인 처우사항 총괄, 탈법적 국제결혼 방지
노 동 부	직업상담 및 취업지원

출처 : 대구시(2009)

이어서 중앙부처의 이민자 지원 사업에 투입되는 예산 현황을 살펴보면 [표 4-6]처럼 정리된다.

[표 4-6] 중앙부처의 이민자 지원 사업 예산 현황

부처	사업 내역	예산액(백만원)	
		2007년	2008년(안)
총 계		10,492	28,252
여성 가족부	결혼이민자가족 방문교육관리	–	1,500
	결혼이민자 찾아가는 서비스(농림부에서 이관)	–	5,632
	결혼이민자가족 아동양육지원(여발기금에서 이관)	–	11,080
	결혼이민자가족 지원	345	1,064
	• 사전정보제공 및 위탁교육	–	100
	• 한국어교재 보급(교재개발은 문화부로 이관)	150	50
	• 다문화 이해교육 및 홍보	59	30
	• 결혼이민자가족 네트워크 구축, 운영	–	150
	• 결혼이민자가족지원 발전방안 연구	86	70
	• 결혼이민자가족 전국대회 개최	–	200
	• 결혼이민자가족을 위한 생활정보 제공(복지부 사업과 통합)	50	464
	결혼이민자가족 센터 운영	1,281	2,770
	결혼이민자 육아휴게소 운영(여발기금)	200	200
	소 계	1,826	22,246
법무부	이민자 네트워크 구축 사업	81	104
	소 계	81	104
교육인적 자원부	다문화교육 센터 설치/지정・운영 ※ '지방교육재정교부금법' 개정에 따라 교육청을 통한 지원	1,394	434

	사업은 '08년부터 지방비로 전환		
문화 관광부	결혼이민자, 이주노동자 및 그 자녀 한국어교육 지원	400	600
	한국어 교재 개발(여가부에서 이관)		100
	문화예술교육 프로그램지원 공모사업	140	150
	이주민·온누리안 다문화체험 지원, 청년 캠프	500	600
	이주노동자, 결혼이민자, 내국인이 함께 참여하는 축제행사	700	800
	박물관 문화체험 프로그램	18	23
	한지체험 등 민속문화체험 교실 운영	20	20
	소 계	1,778	2,293

출처 : 법무부(2008d)

위에서 본 문제점은 어디에서 유래하고 어떻게 해결할 것인가가 우리 사회의 화두로 자리 잡아가고 있다. 이 글은 이런 논의의 밑바닥에는 언어 사용에서 자연독점과 같은 성격으로 인해 진입의 장벽이 놓여 있다는 논지를 전개한다.[14] 이제부터는 다문화사회에서 진입의 장벽에 대한 논의를 계속해 보자.

제3절 선행연구 검토 및 이론적 틀

1. 선행연구 검토

다문화사회로의 진입은 여러 학문분과에서 접근을 가능하게 하고 있다. 대체로 행정학에서의 다문화연구 결과는 비교적 적은 느낌이나 교육

---

14) 한국일보 2008. 11. 3일 자 기사(한국말 서툴러 학교생활 왕따 일쑤) 참조하라. 첫째, 김 아무개는 초등학교 생활에서의 부적응이 발생하였는데 이는 필리핀 엄마가 한국 말이 서툴러 알림장을 봐도 챙겨줄 수가 없었기 때문이다. 학습부진아 판정을 받은 김군은 학년이 올라가면서 친구들 사이에서도 서서히 '왕따'가 됐다.

학, 언어학, 사회학, 지리학 등의 타 학문에는 선행연구가 많다. 이 중 주
목할 만한 글을 보면, 한국 다문화 사회의 공존과 통합정책을 연구한 논
문으로 강휘원(2006) 및 곽준혁(2007), 김남국(2005) 등이 있는데, 강휘원
(2006)은 다문화주의의 포용이 국가의 정체성을 새롭게 변형시키고 있으
며 이에 따라 다문화 네트워크로서 새로운 거버넌스의 모색과 주류사회
의 다양성을 주장하고 있다. 소수자 집단에 대한 태도를 연구한 김상학
(2004), 박병섭(2006), 박수미·정기선(2006), 유승무·이태정(2006)의 글
을 들 수 있는데, 유승무·이태정(2006)은 한국인은 선진국 출신 외국인
에게는 선망의 태도를 보이고 후진국 출신 외국인에게는 멸시적 태도를
보이는데 그 이유는 출신국의 경제력에 기인하고 따라서 후진국 출신 외
국인에게는 사회적 과시로 표현된다고 주장한다. 결혼이민자와 관련한
연구는 문경희(2006), 설동훈(2006) 등이 있고, 사례연구는 호주에 관한
연구인 이용승(2004), 스위스와 키르키스스탄 사례를 연구한 강휘원(200
9 ; 2008) 프랑스의 사례를 연구한 한승준(2008) 등이 있다. 기타 거버넌
스 접근에 초점을 맞춘 이종열·황정원·노지영(2008), 지방자치단체의
역할이나 정책을 연구한 조현미(2007), 채원호(2007), 이시철·김혜순
(2009)의 연구도 주목할 만하다. 그러나 언어복지와 관련한 선행연구는
드문 편인데 이와 가까운 연구는 이미향(2008), 김선정(2007), 양민애
(2008), 권순희(2006) 등이 한글이나 한국어를 가르치는 방법에 초점을 두
었다. 양민애(2008)는 한국의 다문화 현상을 이해하고 정책을 입안하기
위하여 다 학문적(multi-disciplinary) 접근이 필요하고 특히 교사 교육에
서 이문화(異文化) 교육이 중요하다고 주장하였다.

여기서 다문화사회에서의 진입장벽과 관련하여 문제의 핵심은 국가의
임무는 무엇인가라는 점이다. 이에 대한 법적 근거를 살펴보면 「건강가

정기본법」(2005. 1. 1 시행) 제5조(국가 및 지방자치단체의 책임), 제21조(가정
에 대한 지원) 등에 국가의 임무가 규정되어 있고,15) 결혼이민자나 외국인
근로자 등 재한외국인의 인권옹호 등 처우에 관하여는 「재한외국인 처
우 기본법」(2007. 7. 18 시행)이 적용되고 있다.16) 또 2008. 9. 22부터
「다문화가족지원법」이 시행됨에 따라 결혼이민자 등 다문화가족의 안정
적인 생활과 사회참여를 위한 각종 제도와 여건을 조성하고 지원하는 데
국가와 지방자치단체의 책무가 강화되었다(대구광역시. 2009). 특히 이 법
에서 국가와 지방자치단체의 책무로 '한국어·사회적응·가족교육 등 교
육지원 및 생활정보제공, 가정폭력피해자 보호·지원, 산전·산후 건강
관리, 아동의 보육 및 교육지원, 다문화가족지원센터의 지정 등'에 관하
여 규정하고 있음은 주목할 만하다.17) 이를 근거로 하면, 다문화사회에
서의 진입장벽과 관련하여 국가의 임무는 최대 폭으로 잡으면 인간다운
생활을 할 권리에 초점을 두고 서비스적 국가로서의 기능을 요구하고,18)
최소 폭으로 잡으면 국민으로서의 권리와 의무에 천착한다고 할 수 있겠
다. 여기에서는 후자에 초점을 두는데 그 이유는 국가의 역할은 진입장
벽의 문제를 해결해 주는 데 있고 그를 넘어서면 역차별의 문제가 발생
하기 때문이다.

---

15) 건강한 가정을 육성하기 위한 사업으로 결혼이민자지원센터 운영, 한글교육, 방문교육사
    업 등을 시행하고 있다.
16) 제10조(재한외국인 등의 인권옹호), 제12조(결혼이민자 및 그 자녀의 처우), 제19조(세계인
    의 날) 등을 규정하고 있다. 「결혼중개업의 관리에 관한 법률」의 시행(2008. 6. 15)으로 국
    제결혼중개업 자유업에서 등록제로 전환한 것도 같은 맥락이다(대구광역시, 2009).
17) 2008년 이민자 지원 예산 중 사회적응 지원 교육 예산만 보아도 약 320억 원(중앙정부 예
    산+지자체 고유 예산)으로 Ⅵ.장에서 좀 더 살펴볼 것이다.
18) 여기에 해당하는 서비스 제공의 유형은 행정서류 서비스 제공, 언어서비스 제공, 사회서비
    스 제공, 보육서비스 제공, 교육서비스 제공, 일자리 (정보) 서비스 제공, 법률서비스 제공
    등으로 분류된다(조현미 외, 2009).

2. 이론적 틀

1) 공동체 사이의 접촉에서 언어의 중요성

진입장벽의 문제에서 어떤 요소가 가장 중요한 요소로 인식되는가? 서양의 학자 Stein Rokkan이나 국내 사회과학계에서 연구에서 주목을 하듯이 이른바 세계화하는 현상 속에서는 언어의 중요성을 증가시키고 있는데(강휘원, 2009 ; 최준호, 2009 ; 강휘원, 2008 ; Fairclough, 2001 ; Fishman, et al. 1968 ; Coulmas, 1992), 이는 지리적으로 사회·문화적으로 떨어져 있어도 가능한 행동(Action at a distance)을 낳기 때문이며 공동체 사이의 접촉에서 사회 구성원으로서의 정체성[19] 문제와 관련되기 때문이다. 이를 먼저 살펴보면 외국인에 대한 한국어 교육의 취약함은 생활 및 생산현장에서 생산성 향상에 장애를 초래하는 것은 물론 다양한 문제를 야기하고 있다.

[표 4-7] 외국인력의 직무수행에 관한 요인별 영향 실태(단위 : 개, %)

구 분		빈도(비율)
외국 인력의 직무수행 장애요인	언어문제	546(66.10)
	기능문제	78(9.44)
	문화적 차이 문제	198(23.97)
	기타	4(0.48)
외국 인력의 숙련형성 영향요인	출신국가	57(6.75)

---

19) 방리유 폭동과 관련하여 도대체 누가 프랑스인인가라는 물음이 제기되었다. 이곳에서 태어난 이민자 자녀들에게 물어보면 그들은 자신이 프랑스인이라고 대답할 것이다. 그런데도 그들을 프랑스인으로 여기지 않는 사람들이 있다. 한 의원은 프랑스 국적을 가진 젊은이라 하더라도 소요사태와 관련해 유죄 판결을 받으면 국적을 박탈해야 한다고 말했다. 프랑스엔 자유·평등·박애라는 이념이 있다. 하지만 모든 사람을 위해 모든 곳에 있는 것은 아니다 (http://h21.hani.co.kr/section-021003000/2005/11/021003000200511300587006.html).

본국에서의 직업경험	191(22.63)
학력	27(3.20)
언어능력	419(49.64)

출처 : 한국노동연구원(2003)

국내취업 해외근로자가 한국어 미숙으로 인해 다양한 인권침해를 겪고 있음은 익히 알려진 사실이다. 아래 [표 4-8]은 합법적으로 취업한 해외근로자들의 애로요인을 나타낸 표이다.

[표 4-8] 합법취업 해외근로자들의 애로요인 현황(복수응답)(단위 : 명, %)

	응답자	구성비
언어 및 문화적 이질감	237	34.3
한국인들의 외국인들에 대한 태도	133	19.2
고물가로 인한 생활의 어려움	92	13.3
직장에서의 차별대우 및 육체적 폭력행사	41	5.9
종교적 차이	41	5.9
본국의 가족에 대한 그리움	131	19.0
기타	16	2.3
전체	691	100.0

출처 : 유길상 · 이규용 외(2005)

그뿐 아니라 그들은 일상생활에서도 어려움을 겪고 있다. 즉 일상생활에서 반드시 의사소통해야만 하는 상황에 봉착하게 될 경우가 있고 이때 그 기능을 잘 수행하는데 필요한 언어능력이 필요하다. 이를 나타낸 것이 아래 [표 4-9]이다.

[표 4-9] 일상생활에서의 필수적 의사소통 상황 및 기능에 대한 요구 순위

순위	일상생활에서의 필수적 의사소통 상황 및 기능	N	평균	표준편차
1	병원에서	84	4.14	1.04
2	부탁하기	83	4.00	.98
3	한국 문화 이해하기	84	3.94	.92
4	친구와 대화하기	84	3.94	.97
5	은행 거래하기	83	3.92	1.23
6	약국에서	81	3.91	1.01
7	모르는 곳 찾아가기	84	3.90	1.08
8	길 묻기	84	3.86	1.04
9	전화 걸기 및 받기	84	3.83	1.02
10	가게에서	83	3.81	.93
11	택시 이외의 대중교통 이용하기	84	3.63	1.03
12	택시 타기	83	3.57	1.03
13	물건 구입하기, 서비스 이용하기	83	3.52	1.13
14	우체국 이용하기	84	3.50	1.04
15	자기 소개하기	84	3.43	1.03
16	식당에서 주문하기	83	3.43	1.06
유효수(목록별)		76		

출처 : 김재훈(2007)

언어를 통한 원활한 소통은 생활 및 생산과정에 필수적인 요소이고, 적절한 언어 교육은 강력한 외부경제효과(externality) 창출이라는 인식의 확산과 이러한 외국인에 대한 한국어 교육의 효과에 대한 경제적 분석이 요즘 들어 이루어지고 있다(김재훈, 2007). 즉 언어는 갈등과 통합에서 중요한 구실을 한다. 더욱 언어공동체로의 진입장벽을 극복하지 못하면 사회의 통합 또는 갈등의 원인이 된다. 장벽을 느껴 이 문제를 제기하는 것은 사회 소수자의 소리이고 '사회 소수자의 소리에 귀를 기울이는 것이 기본적인 인권보장과 민주적 기본질서 확립에 중요한 요소'(ohmynews, 2006. 6. 12)라는 국가기관의 결정은 이를 뒷받침한다고

할 수 있다. 여기의 연구 대상인 결혼이민자 및 귀화자들이 한국어, 우리사회 이해가 부족하여 사회적응 곤란이 심화되고 있고, 이민자와 이민 2세가 교육과 취업의 기회에서 소외되어 사회적·경제적 취약 계층으로 전락, 사회비용 발생하는데(법무부, 2008d) 이들 현상은 진입장벽에 기인한다. 따라서 사회과학자들은 언어공동체의 삶에서 언어의 역할과 어떻게 하면 이주민들의 진입장벽을 낮출 것인가에 관심을 가져야 한다. 이에 관한 연구가 언어복지이다. 물론 교육 과정에서 따돌림이나 취업에서 어려움 등은 비복지적 차원으로 이들 문제를 풀어야 한다. 여기에서의 초점은 진입의 장벽과 언어복지의 제공이다. 여기서 논의의 순서는 이주민의 진입 현상과 그에 따른 문제는 언급하였으므로 진입장벽과 언어복지의 제공에 초점을 맞추어 살펴보기로 한다.

2) 진입장벽 이론

한 사람이 세상을 이해하는 방법과 행동이 그 사람이 쓰는 언어의 문법적 체계와 관련이 있다는 사피어-워프 가설(Sapir-Whorf hypothesis)이나 비트겐슈타인(L. Wittgenstein) 이론은 언어공동체 사이를 넘어서려는 이들에게는 개인의 노력보다는 진입장벽이 중요한 이슈임을 보여준다.[20] 진입장벽이란 생활세계의 언어공동체에 자유롭게 참여하는 것을 방해하는 장벽으로(Husserl, 1970) 그 공동체에서의 삶에 다른 구성원과의 동등한 조건이 주어지지 아니하는 경우로 정의할 수 있다.[21] 진입장

---

20) http://news.hankooki.com/lpage/culture/200702/h2007020618450685150.htm
21) 이는 경제학에서 유래하나 경제학에서의 개념과는 약간 다른 개념이다. 경제학적인 개념은 최병선(2006), 배용수(2006), Viscusi, et al(1992 : 159-164) 등을 참조하라. 법적인 관점에서의 진입장벽은 외국인 체류질서 확립을 의미하는데(법무부, 2008d) 이 개념은 출입국관리를 뜻하고 협의로는 출입국관리심사를 의미한다(광의로 출입국심사, 사증, 체류를 포함한다). 요즘에는 보다 포괄적인 개념으로 국경관리(border control) 용어를

벽의 유형은 크게 법적 진입장벽, 구조적 진입장벽, 전략적 진입장벽의 3가지 유형으로 구분하기도 하고(이병희 외. 2007), 약한 진입장벽과 강한 진입장벽(이병희 외. 2007)으로, 때로는 구조적 진입장벽과 전략적 진입장벽의 두 유형으로 나누기도 한다(김정현 외. 2004 : 10).[22] 여기서는 자연적 진입장벽과 인위적 진입장벽으로 나누는데, 자연적 진입장벽이란 선천적으로 조건지우거나 자연적 자원으로 나타나는 진입장벽을 말하고, 인위적 진입장벽은 국가 정책이나, 법적, 제도적 장치에 의해 진입할 때에 생기는 장벽이다.

우선 진입 장벽의 사회비용은 어느 정도인가? 사회비용을 현재적(顯在的) 비용과 잠재적 비용으로 나누어 볼 수 있고 현재적(顯在的) 비용은 다시 적극적인 모습과 소극적인 모습으로 재분류할 수 있다. 전자의 보기는 폭동[23] 등이며 후자의 보기는 학습부진아의 학습이나 행동발달에 들어가는 비용 등이 여기에 속한다. 잠재적 비용이란 사회에 기여할 수 있음에도 하지 못하는 비용이다. 진입장벽의 비용을 간접적으로 통역의 비용을 계산함으로써 진입장벽의 높이를 추산할 수 있다(김재훈 : 2007 : 52).

사용한다. 국경관리 용어가 대다수 국가의 이민담당 부서에서 사용하는 용어이다

22) 법적 진입장벽이란 법률에 의한 신규진입제한(예 : 인가, 허가 등)을 말하고, 구조적 진입장벽은 규모경제, 전환비용, 브랜드충성도, 자본비용, 절대적 비용우위, 정보우위, 조직우위, 자산특수성, 특허, 지적재산권, 제도적 장벽, 필수설비 등에 기초하는 진입장벽이고, 전략적 진입장벽이란 기존 기업이 새로운 기업의 진입을 의도적으로 방해하기 위하여 실시(예 : 과당경쟁, 과잉설비 등)하는 것을 말한다. 구조적 진입장벽은 생산기술, 법·제도, 비용 및 수요조건과 같은 산업의 기본적 특성에 따라 나타나는 진입의 장벽인 반면에 전략적 진입장벽은 기존 산업이 진입시기의 비대칭에 의해 파생하는 선발자 우위를 전략적으로 활용함으로써 신규 진입을 저지하는 전략적 행위에 따라 창출된다(김정현 외, 2004 : 10).

23) 프랑스의 경우, 2003년과 2004년에 해마다 약 21,500대의 자동차가 불탔고 이는 하룻밤에 평균 60대 꼴이고, 2005년에는 하룻밤에 평균 100대 꼴로 불탔다고 한다(2005년 10월까지 31,334대가 불탔다)(이기라·양창렬, 2007). 2005년의 경우를 사회비용으로 간단히 환산하면, 2005년의 사회비용=차량 1대 값x31,334가 된다.

통역비용을 계산함에 있어 세 종류의 통역 가격을 산정하였는데 공급이 부족하지 않을 때(적정공급 시)와 공급 부족 상태(공급부족 시)의 통역 가격, 전문통역의 가격 등으로 나타내었다. 아래 표는 그 셋을 표로 나타 낸 것이다.

[표 4-10] **통역 가격**(단위 : $)

유형		가격과 비용
통역가격 /월	공급부족 시의 통역 가격	600-1,000
	적정공급 시의 통역 가격	200-330
	전문 통역의 가격	1,500

주) 통역 가격은 아시아를 중심으로 하였음.
출처 : 김재훈(2007 : 52).

위 [표 4-10]에서 고용되어 근무할 때의 가격이나 연수비용은 진입장 벽의 사회비용에서 최저치라고 할 수 있다. 그 이유는 전자는 근무시간 에만 계산한 값이기 때문이고 후자는 배우는 기능에만 한정되어 있기 때 문이다. 즉 하루 종일 대화를 할 경우는 이보다 훨씬 높다고 할 수 있다. 또 다른 방법은 월 단위 현지 연수비용으로 측정할 수 있다. 연수비용은 영국 Newcastle upon Tyne 시(市)에 자리잡고 있는 International House 라는 연수기관을 중심으로 산출하였고 영국 화폐 그대로 하면 주당 £180이고 월 £720이다. 이를 $로 환산하면 $1,440이 된다. 이 글이 채택하는 제3의 방법은 지역형 영어마을 운영비에서 진입장벽의 사회비 용을 산출하는 방법이다. 김재훈(2007 : 52)에 따르면 1개 영어마을 연간 운영비는 20억 5,500만 원(총 50주. 100명 기준)으로 산정된다. 이 운영비 를 n으로 나누고 월 단위로 산정하면 1,644,000원이 나온다(즉 20억 5,500만 원/100/50×4=1,644,000원).

위에 언급한 세 자료로부터 추정하여 계산하면 월 140-170만 원이라
는 값이 나온다. 이 비용은 이민자 가정(중하위 계층)에서는 상당한 부담
이 되기에 이를 어떻게 하느냐의 문제가 이슈로 제기된다.

3) 언어복지와 정부의 역할

언어복지에서 그 지향점인 복지(well-being ; welfare)의 개념은[24] 어떤
공동체에서 사회적 연대를 기본원리로 하여 그 구성원의 행복 증진을 위
한 사회적 노력을 말한다. 여기서 사회적 연대란 집산주의(collectivism)에
기초에 기초하여 집합적 공급(collective provision)과 관련이 있는데 바로
이점에서 합리적 개인주의(rational individualism)에 기초하는 경제정책과
대비된다. 사회복지를 국가가 제공하는 국가형태를 복지국가라[25] 하고
국가복지의 근거, 즉 복지의 정당성은 묵시적 사회계약론(an implied
contract)에 기초하지만(Bruce. 1967 : 262), 이 때문에 과부하(過負荷 :
overloaded)의 문제[26]나 관료제의 병리와 같은 문제가 발생하였다. 이를
극복하기 위해 복지국가의 수정이 일어나는데 그것은 복지다원화

---

24) 이를 부연 설명하면 ①사회적 연대 원칙에 따라, ②욕구와 관련된 문제를 지닌 사람들에게,
③국가(또는 사회)가 재화와 서비스를 제공함으로써, ④적절한 삶의 조건을 이룩하게 하는 것
이라는 몇몇 조건들을 포괄한다. 복지의 초점은 big five의 해결이다. Big five란 Beveridge
Report에 나타나는 개념으로 social security, health, housing, education, employment를 말한다
(Beveridge, 1942). 대체로 복지공급자는 국가, 시장, 자발적 영역, 비공식적 영역으로 나뉜다
(Johnson, 1987).
25) 복지국가란 정치와 행정을 통해, 즉 개인이나 가족에게 최소한의 소득을 보장함으로써, 어
떠한 사회적 재난에 대처할 수 있도록 하여 사회보장이 되지 않는 영역(질병, 노령, 실업)
을 최소화함으로써, 일정한 범위의 사회서비스의 적절한 수준을 계급이나 지위에 관계없
이 모든 시민에게 제공한다는 것을 보장함으로써, 시장(market forces)의 역할을 완화시키려
는 노력을 하는 국가형태이다. 참고로 영국의 국가복지를 살펴보면 Government Spending이
GDP의 41%를 차지하고 Social Spending은 27%를 차지하고 있다(Dean, 2006).
26) 이에 대한 해결책으로 Reagan 행정부는 짐 덜기(Load-shedding) 이론을 주창하였다. 이에
대한 글은 Bendeck(1989)를 참조하라.

(welfare mix) 또는 복지의 혼합경제(mixed economy of welfare)로의 진행이었다. 즉 국가가 제공하였던 복지의 부담을 나누어 가지는 방향이 바로 그것이다.27)

언어복지의 대상은 언어소외 계층이다. 그런데 언어소외 계층은 둘로 나뉠 수 있다. 그 첫째는 자연적 장애에서 기인한 언어소외 계층이다. 언어복지를 필요로 하는 장애는 아래 [표 4-11]에서의 소분류 중 청각장애와 언어장애에 주로 해당한다. 이들에게는 수화나 점자 등의 정비를 통하여 언어소외 계층의 문화적 삶의 질 향상(국립국어원, 2007 : 37)을 촉진하여야 한다. 즉 수화나 점자 등의 제공은 전통적 언어복지의 전형으로 볼 수 있다.

[표 4-11] 장애의 분류

대분류	중분류	소분류	세분류
신체적 장애	외부 신체기능의 장애	지체 장애	해당 사항 없음
		뇌병변 장애	해당 사항 없음
		시각 장애	해당 사항 없음
		청각 장애	청각장애, 평형기능장애
		언어 장애	언어장애, 음성장애
		안면 장애	해당 사항 없음
	내부 기관의 장애	이하 생략	
정신적 장애	이하 생략		

출처 : 국립국어원(2006 : 523)

그러나 여기서 이야기하고자 하는 바는 사회적 원인으로 인한 언어소외 계층이다. 즉 새로운 개념의 언어복지 대상이다. 이들은 새터민, 이

---

27) 이를 수식으로 표현하면 총복지(Total welfare)=H+M+I +S (H : House, M : Market, S : State, I : Informal Sector)로 표현할 수 있겠다(Rose, 1989).

주민 등으로(국립국어원, 2007 : 37) 이들에게 사회적·문화적(더 나아가 경제적) 삶의 질 향상에 이바지하는 수단을 강구하여야 한다. 이를 나타낸 것이 아래 [표 4-12]이다.

아래의 표에서 보듯 사회적 원인으로 인한 언어소외 계층을 주류의 언어공동체가 배제하지 않고 감싸 안도록 하기 위한 첫 발걸음이 언어복지의 제공이며 이는 다문화사회로의 이행하는 과정에서 서구 여러 나라에서 볼 수 있다. 스웨덴의 경우를 보자.[28] 스웨덴에서 그 나라 말을 모르는 외국 이민자들은 무상으로 700시간 스웨덴어 교육을 받을 권리가 보장되어 있는데 하루 6시간씩 총 6개월에 해당하는 긴 기간이다. 이 기간에 언어교육뿐만 아니라 스웨덴 사회풍습, 직장생활에 필요한 소양교육까지 포함시켜 의사표현은 물론 일상생활에 필요한 기초지식을 갖춘 상태에서 직장 일을 시작하게 한다. 교육기간은 휴직으로 인정되며 생활비는 고용주가 부담해 왔으나 1986년부터는 사회보조비로 충당한다. 즉 복지공식에 따라 총복지(Total Welfare)를 복지의 공급주체들이 일정한 몫을 분담하여 제공함으로써 생활 걱정 없이 말 공부를 열심히 하도록 하여 낯선 땅에서 새 삶을 순조롭게 시작할 수 있는 편의를 제공한다(변광수 외, 1993).

[표 4-12] 사회적 원인으로 인한 언어소외 계층의 현황과 대책

분류	내용	미비점	추진 내용	
외국인 이주민 대상 한국어 교육 지원 현황	이주민 대상 한국어교실 운영 ('05년부터, 한국어세계화 재단)	- 이주민 한국어 교육을 위한 지역별 거점 교육 지원 체계 미비	- 한국어 교육 지원체계 강화	법무부, 노동부, 여성가족부 등 관련 부처와의 협력 체제 구축
	국제결혼 이주 여성 한국어 교육 기관 지원 대상 선정('06년)	- 관련 교재 개발과 보급, 강사		한국어문화원과 지방자치단체 지원을 통해 이주민 교육 확대 실시(국고 보조금 교부)
				국어 상담소·지방대학과 연계, '한

28) 이 부분은 변광수 교수의 한겨레신문 기고문(2007. 10. 17)을 따 왔다. 그는 '외국인에게 가장 시급하고 절실한 한국어 교육을 각 지방자치단체의 책임 아래(필요한 예산은 지방정부나 중앙정부가 조달) 시행할 것'을 제안하고 있는데 들을 만한 이야기이다.

			국어 교육 연결망' 구축
			한국어 교육전문가 파견, 한국어 강사 및 자원 봉사자의 전문성 강화 교육 확대 실시
	국제결혼 이주 여성 대상 한국어 교육교재 개발('06년)	지원 등 직접 지원 미흡	이주민 대상 한국어 교재 개발, 교육용 방송 프로그램 제작 지원 및 교육지역 연차적 확대
	이주 여성 한국어 교육용 방송프로그램 개발, 방영(EBS, '06년)		
새 터 민 정 착 을 위한 국 어 교 육 지원	기존의 단선적인 국어교육에서 실제 사회적응에 필요한 다양한 언어 적응 교육으로 전환 필요	새터민의 원활한 사회 적응을 돕는 체계적인 언어 교육 프로그램과 교재 미비	새터민의 원활한 사회정착을 위한 언어 적응 교육 프로그램 개발, 지원(통일부)	새터민 대상 한국어 교재 개발, 교육용 방송프로그램 제작 지원

출처 : 국립국어원(2007)

  물론 이민자의 개인적 측면에서는 사회통합을 위하여 무엇보다 이민자 스스로가 우리 사회에 통합하려는 자발적 의지가 중요하다(이른바 자립유도형 사회통합). 이를 위해 우리나라에서 정부의 역할은 '이민자의 사회적응능력 확보를 통해 다양한 인종·언어·문화적 배경을 지닌 후세대를 길러내고, 이를 통해 우리사회의 우수인재 확보하여 국가경쟁력을 강화하는 데 있다'(법무부, 2009).

  이 목적 달성을 위해 언어복지의 제공이 중요한 이슈로 떠올라 정부에서도 사회통합프로그램에 따른 이수제 과정의 구성에 언어과정을 두고 있다. 이에 따라 법무부 사회통합 프로그램이 도출된다. 법무부의 사회통합 교육은 국적을 취득하려고 할 때 기본소양의 측정이 곤란하다(법무부, 2008a)라는 관점에서 추진되었다. 일반귀화자와는 달리 결혼이민자에 대해서는 필기시험을 면제하고 있어 2년 이상 국내 체류 시에 한국 국적 취득이 가능함에 따라 이들 대부분이 한국어, 우리사회이해 등 기본소양이 갖추지 못한 상태로 국적을 취득하고 한국사회에 정착함에 따라 본인은 물론, 그 2세까지 학업·취업 등 사회적응에 어려움을 겪고

있는 실정이라고 한다(법무부, 2008d).[29] 이에 따라 국적취득을 통해 한국
에 정착하려는 이민자들에게 한국어 능력, 우리사회·문화·제도 이해
등 기본적 소양 교육을 받도록 의무화함으로서 이들이 보다 안정적으로
한국사회에 적응할 수 있도록 하고자 사회통합프로그램 이수제를 도입하
고 있다.[30] 사회통합프로그램 각 과정에 따른 이수제 과정의 구성은 아
래 표와 같다.

[표 4-13] 사회통합프로그램 각 과정에 따른 이수제 과정의 구성

과정 \ 단계		1단계	2단계	3단계	4단계	5단계
언어 과정		초급 1	초급 2	중급 1	중급 2	고급
이수시간	이민자	100시간	100시간	100시간	100시간	면제
다문화 사회 이해 과정		다문화 사회이해 활동[31]				일반교육
이수시간	이민자	20시간				30시간
단계 배정	사전 평가 결혼 이민자	39점 이하	40점~49점	–	–	50점~100점
	일반 이민자	39점 이하	40점~49점	50점~69점	70점~89점	90점~100점

출처 : 법무부(2008d)

---

29) 2007. 9월 법무부에서 2년 이상 체류한 결혼이민자 100명을 대상으로 귀화필기시험을 시
범 실시한 결과, 평균성적이 47.1점(합격률 42%)으로 나타났고, 특히 베트남 국적 결혼이
민자의 경우 평균성적이 28.6점(합격률 18.5%)으로 매우 저조한 것으로 나타났다(일부 7
명은 전혀 시험을 보지 못했다)(법무부, 2008d).

30) 사회통합교육이란 귀화신청 대상자가 한국어와 문화·제도 등 법무부장관이 인정하는 소정
의 교육과정을 이수한 경우에 국적취득 등에 있어서 편의를 주는 제도이다. 교육과정은 ①
언어과정, ② 다문화사회이해 과정으로 구성되며 이수단계는 기본소양 능력에 따라 면제·
감면 등 차등 적용한다. 2009년 1월 이후에 시범운영하는데 대상자는 동포, 유학생, 외국인
근로자, 결혼이민자, 난민 등 귀화 희망 외국인의 자율적 참여(의무적 참여가 아님)등이며 일
반·간이귀화 신청자(결혼이민자 제외)는 국적필기시험과 사회통합교육 중에서 1개를 선택
하고 귀화를 희망하는 결혼이민자는 사회통합교육은 자율참여 사항이다. 그 혜택은 국적필
기시험 면제(결혼이민자에게는 기존대로 국적필기시험 면제 유지), 국적취득 대기기간 단축,
면접시험 반영 등이다(법무부, 2008d).

31) 다문화사회이해 과정은 활동 및 교육의 2단계이다. 다문화사회이해 활동은 ① 직업교육 등 이민
자의 자격증 교육과정 참여 및 다문화사회 관련 취업 등 직업 활동(재직기간 확인) 등 독립적인
경제활동, ② 다양한 국가상황, 언어특성, 문화배경 등을 체험·참여함으로써 다문화사회를 이

단계별 특징을 보면 한국어 과정의 경우 최하위 기초부터 고급까지 5
단계로 세분화되어 있다.[32] 초급은 ① 원어민과 거의 의사소통이 불가능
한 수준의 이민자와 국민 및 제한적으로 단순/반복적 용어의 의사소통
수준의 이민자와 국민을 대상으로 한다. ② 일상생활에 필요한 기초적인
단어 및 문장 이해 수준으로 초급 1은 기초적인 단어 및 문장 간단한
표현인데 비해 초급 2는 기초적인 단어 및 문장 다양한 표현이다. 중급
은 ① 중급 1은 일상생활에 필요한 표준어 등으로 일상적인 의사소통 가
능 수준이고, ② 중급 2는 구체적이고 추상적인 주제 등 및 다양한 상황
에서 문화적으로 적합한 방식으로 대처할 수 있는 등 원어민과 폭넓게
의사소통이다. 고급은 원어민의 의사소통 수준이다(법무부, 2008d). 이상
에서 논의된 한국어 과정을 실현시키는 체계와 절차는 언어복지 전달체
계이기에 이에 대해 좀 더 살펴보기로 하자.

해하고 다양한 인종, 민족과 공존, ③ 이민자가 의식주를 해결하거나 공공시설 이용방법 등 이
해, ④ 이민자가 직업현장, 지역사회제도, 한국문화 체험을 통해 한국사회를 이해, ⑤ 이민자가
지역주민으로서 지역활동에 적극 참여하고 자신의 권리와 책임을 다하는 것, ⑥ 이민자가 본국
의 고유한 전통문화를 유지하고 발전시켜 한국의 전통문화와 접목하여 글로벌 다양성 문화로
승화시킴 등이며, 다문화사회이해 일반교육은 ① 동포, 외국인근로자, 결혼이민자, 유학생, 이민
자 2세 등을 대상으로 한국사회이해 및 이문화 등 다문화사회이해 과정 전반에 대한 학습, ②
결혼이민자의 배우자, 이민자 2세 등 국민을 대상으로 다문화사회 감수성 증진을 위한 다문화사
회이해 과정 전반에 대한 학습 등이다(법무부, 2008d).
32) 국적취득을 위한 사회통합교육 표준화로서 언어과정 단계수준은 개인능력 등을 반영하되,
최소한의 기준을 설정한다. 즉 일반귀화 신청자→4단계 중급이며, 간이귀화 신청자(결혼
이민자 제외)→4단계 중급, 귀화 희망 결혼이민자→2단계 초급이다(법무부, 2008d).

제4절 언어복지 전달체계

1. 개요

행정에서는 중앙부처와 일선(street-level)의 기능이 분화된다. 대체로 중앙부처는 정책과 관련되는 일을 수행하고 일선에서는 서비스 제공을 담당한다(Wilson and Game, 2002 : 113).[33] 그들 간의 연결을 전달체계라 하는데 정부가 서비스를 일반인(the public)에게 제공하는 조직적 장치, 과정과 기간을 일컫는다(현외성, 2008 : 241).[34] 이제부터는 대구시를 중심으로 지방자치단체의 현황을 살펴보자. 대구시 차원의 다문화가족의

---

[33] 여기서 정책과 관련되는 일(produce policy)이라 함은 누가, 어떤 서비스를, 누구에게 제공할 것인가, 그리고 그 재원(財源)은 누가 담당할 것인가의 문제이며, 서비스 전달을 담당하는(do the actual providing) 주체는 지방정부로 20C 이래로 그 중요성이 증가되었다(Wilson and Game, 2002 : 113).

[34] 몇몇 보기를 보면 다음과 같다. 먼저 Alcock은 서비스의 사용이나 접근과 관련하여 복지공급의 구조(structure)나 재원(funding)에 관한 흐름으로 이해한다(Alcock, 2003 : 313-320). Friedlander & Apte는 중앙에서 지방 일선에 이르는 모든 공사 조직을 포함하여 공적·사적 복지기관과 이들 기관의 서비스 전달망으로 정의한다(Friedlander & Apte, 1980 ; 박경일 외 2000 : 154에서 재인용). Gilbert & Specht(2002)는 다양한 급여 또는 서비스를 효율적으로 수혜자에게 전달하기 위하여 어떠한 조직을 통해서 실천할 것인가의 전략을 선택하는 것이라고 한다(박경일 2008 : 197에서 재인용). 보건복지부(2008)의 사회복지전달체계의 개념 정의는 정부 간 관계, 일선 사무소의 조직구성, 인력, 그리고 제공자간 연계 등 다양한 측면을 포괄하는 개념이며 공공과 민간 제공자의 관계를 포괄한다. 허만형(2007 : 242)은 사회복지전달체계의 개념을 사회복지급여나 서비스의 공급자와 수요자를 연결시키는 틀을 의미하는 것으로 정의한다. 현외성(2008 : 241)은 급여 혹은 서비스를 제공하는 조직적 장치라고 정의한다. 복지와 관련하여서는 전달체계 모형은 네 가지로 나누어진다. Type A 는 중앙부처의 수립된 정책을 지방자치단체를 통해 제공하는 유형으로 복지부·여성부 등 중앙부처→시·도→시·군·구→읍·면·동→수혜자의 과정을 밟는다. 이와는 약간 다른 유형이 Type B로 중앙부처가 직접 특별지방행정기관을 통해 제공하는 유형으로 노동부·보훈처 등 중앙부처→특별지방행정기관→수요자의 과정이며, Type C는 중앙정부가 별도의 공공기관을 설립하여 제공하는 유형으로 국민연금관리공단 등 공공기관→수혜자의 과정으로 정리된다(보건복지부, 2007). 기타 Type D가 있는데, 이는 지방자치단체가 자체 시책에 따라 제공하는 유형으로 (시·도)→시·군·구→읍·면·동→수요자의 과정이다(보건복지부, 2007). 이를 포함하면 네 가지이다(Walker, 2005).

지원체계는 아래 [표 4-14]에 요약되어 있다.

[표 4-14] 대구시 차원의 다문화가족의 지원체계

구 분	주요 추진(지원)내용
여성청소년 가 족 과	다문화가족지원센터 운영, 다문화가족 방문교육사업(아동양육, 한글교육 등), 다문화정착 캠페인, 다문화가족 통·번역 사업, 가정폭력피해자 보호·지원, 다문화가족 리더스쿨 운영, 다문화가족 신문발행
보건위생과	무료진료사업
자치협력과	거주외국인 실태조사, 세계인의 날 및 다문화 주간 행사
국제통상팀	외국인 근로자 지원, 외국인 근로자 위문행사
경제정책과	외국인근로자지원센터 운영

출처 : 대구시(2009)

대구시 차원의 다문화가족의 지원사업을 살펴보면 2009년도를 기준으로 53개 사업, 총액으로 1,645백만 원의 예산을 투자하고 있다(국비 : 834백만 원, 시비 : 515백만 원, 구·군비 : 243백만 원, 기타 : 53백만 원, 대구시, 2009). 다문화가족의 지원사업의 예산과 그 변화부터 보자.

[표 4-15] 대구시 다문화가족 지원사업 예산 현황(단위 : 백만원)

연도별	사 업 명	예 산 액	비 고
2006	계	43(국 35, 시 4, 구 4)	
	다문화가족지원 센터 운영	43(국 35, 시 4, 구 4)	1개소(남구) 운영
2007	계	164(국 147, 시 9, 구 8)	
	다문화가족지원 센터 운영	87(국 70, 시 9, 구 8)	2개소(남구, 달서구)운영
	다문화가족 아동양육지원사업	77(국비)	1개소(남구) 시범실시
2008	계	1,171(국 739, 시 410, 구 22)	
	다문화가족지원 센터 운영	150(국 105, 시 23, 구 22)	3개소(남구, 달서구, 서구) 운영
	다문화가족	905(국 634, 시 271)	3개 센터 운영

	방문교육사업		한글교육, 아동양육지원사업
	결혼이민자가족 실태조사	45(시)	500명 표본조사, 심층면접 20명 내용 : 일반특성, 가족의 가치관 등
	기타 다문화가족 지원사업	71(시)	친정엄마 맺어주기, 다문화가족 신문 발행 등 4개 사업
2009	계	1,303(국 796, 시 465, 구 42)	
	다문화가족지원 센터 운영	280(국 196, 시 42, 구 42)	4개소(남구, 달서구, 서구, 달성군) 운영
	다문화가족 방문교육사업	857(국 600, 시 257)	4개소 운영, 한글교육, 아동양육지원사업
	다문화가족 지원프로그램	166(시)	다문화가족 리더스쿨 운영, 다문화가족 정착 캠페인 등 4개 사업

출처 : 대구시(2009)

위 표에서 보듯이 다문화가족지원센터 운영, 다문화가족 방문교육사업, 다문화가족 지원프로그램으로 대별할 수 있다. 그런데 이들 사업 내용에 언어복지 서비스를 보면 「찾아가는 서비스 제공」 사업에 방문한글교육 도우미 양성이나 한글교육 등이 포함되어 있다. 또 「결혼이민자 한글교육」에 9개 사업, 115백만 원(시비 : 50백만 원, 구·군비 : 51백만 원, 민간 : 14백만 원)을 투입하고 있다(대구시, 2009). 그 밖에 「결혼이민자 자질개발 및 취업지원」 사업에 자국어 상담통역인 양성 프로그램(국비 : 789백만 원, 시비 : 171백만 원, 구비 : 171백만 원, 민간 : 7,350백만 원), 결혼이민자 통역활동 지원사업 등을 운영하고 있다(대구시, 2009). 이상에서 보듯이 다문화가족 지원사업의 중요한 요소가 언어복지 서비스(한글과 한국어 교육)임을 알 수 있고 이 서비스는 대구시와 구·군을 거쳐 복지관이나 센터에서 실현된다. 여기서 한국어 교육이 달성하고자 하는 바람직한 목표를 복지적 관점에서 실현할 언어복지 전달체계의 문제가 대두되고 이제는 이를 살펴보자. 다문화가정 구성원이 사회적 약자로 간주되기에 이들에게 언어교육은 복지 차원으로 설명할 수 있다. 언어복지 전달체계는 언어서비스를 필요로 하는 수요자들에게 언어서비스를 적절하게 제공할 수 있도록 하는 구조와 관련된 것으로 이해한다(보건복지부, 2008). 즉 국가가 제공하는 언어서비스를 수혜자에게 가장 효율적으로 전달할 수 있는 조직구조를 말한다. 따라서 언어복지 전달체계는 정부 간 관계, 일선 사무소의 조직구성, 인력, 그리고 제공자간 연계 등 다양한 측면을 포괄하는 개념이며 공공과 민간 제공자의 관계, 복지 제공의 수단으로써의 바우처제도를 포괄한다. 현재 언어복지 전달체계는 사설기관인 센터, 복지관 등과 아울러, 동 주민센터, 구청, 학교 등의 언어서비스 기관이 난립해 있다. 이를 도표로 나타내면 아래 그림과 같이 된다.

　언어복지 전달체계는 언어서비스를 적절하고 효율적으로 대상자에게 전달하여 그들의 욕구를 충족시키는데 중요한 역할을 수행한다. 그런데 언어서비스에 대한 수요 증가하지만 교재, 강사, 강의법 등의 서비스 제공은 만족하지 않다(원진숙, 2007 ; 서혁, 2007). 또 분권화와 높아진 지방자치단체의 자율성과 책임성에 비해 지방자치단체의 관심과 재정능력은 부족하다. 뿐만 아니라 서비스 제공의 중복·누락의 문제가 대두되어 서비스 간 연계 및 조정기제의 중요성이 부각되었다. 따라서 전달체계는 수요자 중심으로 개편되어야 하는데 구체적으로 후술하는 방문학습의 정책방향이나 지원에 중점을 두는 지원형 방식에서 육성 및 자립을 유도하는 이른바 육성 및 자립유도형으로 바꾸는 것(법무부, 2008d) 등이다. 아래에서는 이들 방법을 살펴보기로 한다.

[표 4-16] 언어복지 전달체계 흐름도

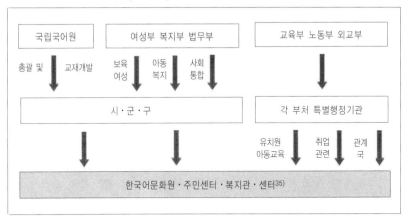

출처 : 보건복지부(2008) 변형

2. 국어문화원을 통한 전달체계

지역의 국어문화원을 중심으로36) 그 지역의 국어문화의 창달, 한국어 교재의 발간, 한국어전문가 양성, 다가가는 언어서비스를 시행한다. 이는 국립국어원이 중심이 되어, 한국어 교육의 대안을 제시함으로써 실효성을 높이고 전달체계를 개선하는 방향이다. 그동안 정부와 민간 차원에서 각종 한국어 교육 프로그램이 실시되었지만 적절한 학습 자료가 마련되지 않았고, 교육장 집합교육 위주의 교육형태 등 여러 가지 제약으로 큰 효과를 내지 못했다.37) 이에 따라 자습하기 쉬운 음성 교재와 방문

---

35) 이 외에 도표에 나타나지 않은 전달체계는 온라인을 통한 전달체계가 있다.

36) 지역의 국어문화원은 광역지자체와 1대 1로 연계되도록 하여 활동 영역을 부여하고 전문성을 향상시켜 사업을 추진한다(www.koreancontest.com, 검색일, 2009. 9. 20).

37) 법무부 조사 결과, 2% 미만의 이주민들만이 혜택을 보고 있는 것으로 나타났다(법무부, 2008d). 이처럼 이용률이 저조한 이유는 프로그램 대부분이 집합 교육의 형태로 실시되어 가사와 출산, 육아 등으로 교육 참여가 어려운 결혼 이주민들의 현실을 고려하지 않았기 때문이다.

교육을 추진함으로써 더 가까이 다가가는 언어서비스를 제공해 주려고 한다.[38] 방문교사가 일주일에 1-2회 정도 교육생의 자택을 방문하여 개인별 학습 성취도에 따라 교육하므로 방문 학습의 가장 큰 장점은 개인별 학습 차를 고려하여 교육을 할 수 있다. 이런 학습 방법은 경상도와 전라도 지역처럼 그 지역에서 사용하는 방언에 대한 교육에도 적합하다. 아울러 현재 국어기본법 시행령(제18-19조)에 규정되어 있는 한국어 교사 자격[39]을 충족시키고, 계속되는 한국어 교사의 선호도가 증가하고 교육인적자원부도 한국어 교사 교원 자격증 제도 도입을 검토함에 따라[40] 국어문화원을 통한 한국어 교사 양성체계를 재검토하여야 한다.

3. 복지관이나 센터를 통한 전달체계의 보기

복지관이나 센터를 통한 전달체계의 보기는 구청의 위탁을 받아 사회복지법인이 당해지역 또는 인근 지역의 결혼이민자여성 및 가정을 대상으로 한국어 교육, 노래교실, 요리교실, 문화체험 등 다양한 교육 및 문화지원을 통해 건강가정으로 육성하고, 결혼이민자가정의 취약한 가족

---

38) 국립국어원은 이주민을 대상으로 한 한국어 교육의 문제점을 보완하는 대안으로 음성 자료를 제공할 수 있는 『여성 결혼 이민자를 위한 한국어(첫걸음, 중급)』의 시디(CD)(카세트 테이프 포함)와 방문 교육 제도 구축을 위한 기초 연구보고서를 발간하였다. 그런데 이번에 출간된 음성 교재는 MP3 등 다양한 형태의 자료로도 변환이 가능하여 일상에 바쁜 이주민들에게 자습 교재로 유용하게 활용될 수 있어서 방문 교육에 적합한 방문 학습지 개발에 대한 모형을 제시하고 있다. 국립국어원에서는 앞으로도 늘어나고 있는 외국 이주민들과의 원활한 의사소통을 위해서 한 나라의 문화가 함께 포함되는 '부부가 함께하는 공동 학습 교재' 등 외국 이주민들이 다양하게 학습할 수 있는 방안들을 마련할 계획이라고 하는데 바람직한 방향이라 생각한다.
39) 한국어 교사 자격은 국어교사 자격이 아님을 주의해야 한다. 자세히는 국어기본법 및 그 시행령을 참조할 것.
40) http://knukorean.knu.ac.kr/sub03/sub03_03.html(검색일, 2009. 9. 20).

관계를 증진하여 가족통합을 지원한다. 또한 결혼이민자 가족 이주여성의 지역사회 참여 활성화를 통하여 한국 사회에 안정된 정착이 가능토록 하고, 지역네트워크 구축을 통하여 결혼이민자 가정의 건강한 사회통합의 토대 마련하고자 노력하고 있다. 이 중 대구지역 복지관의 한국어교육 현황은 아래 표에서 제시되어 있다.

[표 4-17] 복지관의 한국어 교육 현황

한국어 교육 현황				강사현황	
구분	인원	시간	비고(구성)	강사명	전공
기초반 1	○○	화, 목, 토 11 : 00-12 : 30	베트남 중심	김○○	대체로 언어학 계열의 전공자가 많고 한국어강사의 경우 "한국어교원양성과정" 수료
기초반 2	○○		베트남 중심	남○○	
기초반 3	○○		중국 중심	임○○	
초급반 1	○○		베트남 중심	김○○	
초급반 2	○○	화, 목, 토 13 : 00-14 : 30	중국 중심	임○○	
중급반	○○	화, 목, 토 11 : 00-12 : 30	베트남 중심	지○○	
고급반	○○	화, 목, 토 13 : 00-14 : 30	베트남 중국	김○○	
기초 복습반	○○		베트남 중심	남○○	
초급 복습반	○○	화, 목, 토 14 : 30-16 : 00	중국 중심	임○○	

출처 : 광역시 서구결혼이민자가족지원센터

위 표에서 제시하는 함의는 첫째 언어권에 따라 언어복지서비스가 제공되어야 한다는 점이다. 즉 다수의 대상을 위한 언어교육이 불가능하고 소수를 대상으로 언어교육을 진행해야 한다는 의미이다. 둘째로 이는 재정 부담의 문제가 제기된다는 점이다. 많은 지역의 복지관은 초기에는 (2004~2007년까지) 민간후원금과 자부담으로 운영하였으나 2008년 1월 결혼이민자가족지원센터 수탁 이후 정부보조금으로 결혼이민자가족지원

프로그램을 실시하고 있다.[41] 즉 재정의 관점에서도 언어복지 서비스를 향하여 제도화 과정을 밟고 있다고 해석할 수 있다.

4. 온라인을 통한 전달체계

요즘 서구의 복지전달체계의 발전 방향은 국가는 서비스를 가능하게 하는 역할(service enabler)을 수행하고 서비스의 배분은 가장 필요한 자에게 개인책임 아래 고객 개인 중심의 맞춤형 배분(Wilson and Game, 2002 : 22-24)이라는 점이다. 온라인을 통한 전달체계는 이러한 방향에 발맞추는 방식이다. 즉 다문화가정의 구성원에게 한국어와 한국문화 등 온라인 교육을 무상으로 제공하여, 방문교육과 함께 집합교육을 통한 한국어 교육의 한계점을 보완하고 언어를 더욱 다양화하는 등 교육 인프라를 다양하게 구축하고 있다.[42] 인터넷을 통해 시·공간의 제약 없이 집에서 원하는 시간에 학습할 수 있어 육아와 가사에 바쁜 여성결혼이민자들에게 효과적인 교육이라는 견해에 동의할 수 있다. 그동안 결혼이민자가족지원센터를 통해 실시해온 한국어 집합교육과 방문교육 및 언어별·수준별 전문교재 등과 함께 온라인 교육을 병행하게 됨으로써 결혼이민자들의 한국어학습에 대한 만족도와 효과성을 한층 높이는 계기를 마련하게 되었다. 다만 이러한 방법을 위한 교재 개발 등이 만족스럽지 않고 그 효과 측정도 없으므로(이미혜, 2008) 앞으로 이런 부분에 관심을 두어야 한다.

---

41) 대구광역시 서구결혼이민자가족지원센터의 관계자와의 인터뷰에 기초한다.

42) 「다문화가정 e-배움 캠페인」은 한국어와 한국문화에 대한 강의가 온라인에서 다국어로 진행되며, 한국어가 서툰 초기 이민자라 할지라도 인터넷(e-campaign.kdu.edu)에 접속하기만 하면 언제 어디서나 원하는 시간에 쉽게 학습할 수 있다.

제5절 결론과 정책적 함의

언어는 세계를 내다보는 창이라고 한다. 다문화 사회를 살아가는데 의사소통의 기초로서 가장 중요시하여야 할 요소가 언어라는 것이다. 문제는 언어공동체를 옮겨서 우리 사회에 살려고 하는 이들에게 언어는 진입장벽의 역할을 한다. 더욱이 다문화사회 속에서 진입장벽을 체험하는 이들이 대부분 국가의 도움을 필요로 하는 사회적 약자들이라는 사실에 있다. 이 글은 정부는 진입장벽을 낮추기 위해 언어복지를 제공하여야 한다고 주장하였다. 언어복지를 제공하는 경우, 언어공동체를 옮기는데 나타나는 갈등이 많이 완화될 수 있는데, 여기에 정부의 고유한 역할이 있고 실제로 스웨덴의 경우에 정부가 그 업무를 수행하고 있다.

그러나 이때 예산 절감과 중복의 문제가 향후에 이슈로 제기된다. 이 문제는 두 가지 방향, 즉 사회통합프로그램 이수제를 통하거나 바우처제도를 추진(또는 동시 추진)할 때에 예산절감의 기대효과(법무부, 2008d)를 창출할 수 있다.43) 법무부(2008d) 자료에 따르면 2008년 이민자 지원 예산 중 사회적응 지원 교육 예산만 보아도 약 320억 원(중앙정부 예산+지자체 고유 예산)인데,44) 제도를 개선할 경우, 사회적응 지원 교육에 소

---

43) 제도 개선 시, 사회적응 지원 교육 대상자(결혼이민자 및 국적을 취득하고자 하는 이민자)들이 이수해야 할 교육시간은 720만 시간이다. ※ 720만 시간=(3만 명×230시간)+(1만 명×30시간). 이 전제는 아래와 같다. 첫째로, 결혼이민자 또는 국적을 취득하고자 하는 이민자 유입 규모를 연간 4만 명으로 보고, 이 중 중국동포를 1만 명으로 추산한다. 둘째로, 이민자 1인당 국적 취득에 필요한 필수 교육 이수 시간을 일반이민자는 230시간, 중국동포는 30시간으로 전제한다. 셋째로, 이민자에 대한 사회적응 지원 교육은 결혼이민자 또는 국적을 취득하고자 하는 이민자에게 1년간 무상으로 지원한다. 시간당 강사료는 독일 등 사례 참고하여 3,000원으로 계산하였다(법무부, 2008d).

44) 좀 더 살펴보면 이민자 지원을 위한 중앙정부 예산은 282억 원, 지자체 고유 예산은 (최소) 148억 원으로 합계 430억 원이나, 중앙정부 예산 중 110억 원은 아동 보육 예산(여가부 소관)이다(법무부, 2008d).

요되는 예산은 총 216억 원(=720만 시간×3,000원)으로 추산된다. 따라서 첫째로, 사회적응 지원 교육 예산 중 104억 원 가량을 절감할 수 있다 [현행 2008년 예산(320억 원)-제도개선 시 소요 예산(216억 원)=104억 원]. 둘째로, 이민자들은 사회적응 지원 교육을 통해 귀화를 허가할 수준의 한국어 및 한국 사회문화 이해 능력을 갖출 수 있다. 셋째로 국적을 취득하고자 하는 이민자 등의 참여율을 현행 25% 미만에서 90% 이상으로 높일 수 있는 기대효과를 낳을 수 있다(법무부, 2008d). 이는 사회통합프로그램 이수제의 성공적 정착이 꼭 필요하다는 정책적 함의를 담는다.

즉 미래의 연구 과제의 핵심에 재정을 어떻게 할 것이고 어떻게 효율적으로 쓸 것인가 하는 문제가 놓여 있다. 그 밖에 강의 내용의 문제, 교재의 문제, 시간선택의 문제 등 산적한 문제들을 어떻게 해쳐나가느냐에 언어복지의 장래가 달려 있다. 이를 위해 다른 나라의 보기를 참고하면서 우리의 지혜를 모아 나갈 때에 Global Standard를 충족시키는 다문화사회를 이룩할 수 있을 것이다.

‖ 제5장 ‖ 국어정책의 민간화에 관한 연구

제1절 서론

우리의 말과 글, 또 문학 속에는 우리의 얼이 그대로 녹아있다. 즉 우리 말과 글, 그리고 우리 문학 속에는 선열들의 뼈저린 한의 숨결이 자리 잡고 있다. 그러나 유감스럽게도 지금은 언어정책을 국어학에서나 취급할 뿐 사회과학적 각도에서는 조명되지 않고 있다. 뿐만 아니라 지금 우리나라에서는 언어와 언어정책에 관한 미신이 판치고 있다는 느낌을 지울 수 없다. 예컨대, '영국영어가 미국영어보다 더 오래되었다. 영어철자법은 불합리하다.[1] 한글은 견줄 데가 없을 만큼 과학적이다. 맞춤법은 통일되어야 하고 다른 변종은 허용해서는 안 된다. 사투리는 격이 떨어지는 언어이므로 표준어만 사용되어야 한다' 등의 미신이 확고한 신념으로 자리 잡고 있다. 이와 같은 미신 중에 행정학이나 정책학과 관련되는 또 하나의 미신이 언어정책[2]은 국가가 관장해야 한다는 것이다. 본문에

---

[1] 이런 주장은 피상적으로 고찰한 결과로 잘못된 견해라고 할 수 있다. 예컨대, 영어표기에 있어 모음이 하나면 발음상 단모음을 지칭하고 모음이 두 개 들어가면 장모음을 나타낸다 (sin과 seen : sit과 seat). 이 점에서는 한글 표기보다 우수하다. 따라서 영어 표기법이 '극도로 불합리한 표기법'이라는 주장(송기중, 1993 : 20)은 잘못된 것이다.

[2] 송기중(1993)의 정의에 따르면 언어정책을 "국민이 일상 사용하는 언어에 대한 국가 정부의 施策方案"이라고 한다. 한편 허만길은 22개의 영역이 언어정책의 영역이라고 주장한다(허

서 언급하다시피 시대가 바뀌었음에도 여전히 정부에 의해 주도되었기에 한글문화가 오히려 제약되고 있다고 할 수 있다. 이 글은 이러한 제약을 벗어나 민간 주도와 창의성 회복을 통한 언어정책을 주장하고 그 방향으로 탐색해 보고자 하는데 의의가 있다. 제2절에서 논의하듯이 시대의 변화에 따른 시대정신은 중요하다. 한국의 경우를 국가발전단계이론에 비추어 보면 약탈국가, 발전국가를 거쳐 현재 민주국가의 시대에 진입했다고 볼 수 있겠다(김태성·성경륭, 1999).3) 서구의 경우 약탈국가와 발전국가의 단계는 현대 정치 행정적 관점에서 볼 때 역사적 의미뿐이지만 우리나라 언어정책의 측면에서는 이들 단계는 중요한 시기이다. 먼저 약탈국가의 단계는 일제시대에 해당하고 우리의 언어정책의 원형이 이때 정립되었기 때문이다. 따라서 민족 문화의 침탈에 맞서 의미 있는 역사적 유산을 남긴 시대라 하겠다(이희승, 1969 : 한글학회, 1971 : 한글학회, 1993). 또 발전국가의 단계에서 다른 분야와 마찬가지로 국가가 개입하려는 성향이 일반화되었던 시기이기 때문에 언어정책에 있어서도 국가 개입은 전방위적이라 할 수 있겠다.4) 여기에서의 초점은 발전국가와 민주국가에 있어 언어정책이다. 즉 발전국가 때에 확대되었던 언어정책을 민주국가에 접어든 현재 어디까지 국가가 관장하는 것이 적절한가를 검토해 볼 필요가 있다는 것이다.

　이런 관점에서 먼저 이 글에서 후술 하는 3분론에 입각한 모델에 따

만길, 1994). 남광우는 어문정책을 언어와 문자정책으로 잡고 있다(남광우, 1995). 이들은 언어학적 또는 국어학적 관점에서 논의하고 있다.
3) 대체적으로 박정희 정부와 전두환 정부, 노태우 정부까지를 발전국가라 할 수 있고(김태성·성경륭, 1999), 김영삼 정부와 김대중 정부, 그리고 노무현 정부를 민주국가의 단계라 할 수 있겠다.
4) 심지어 한글날 행사까지 국가가 주관하기도 하였고, 민간이 주관하기도 하였다. 이러한 행사의 주관도 시대에 따라 차이가 있다.

르는데 이에 따르면 지금의 언어정책은 정부영역에 속한다.[5] 따라서 정부영역으로부터 중간영역이나 민간영역으로의 이행을 포괄하여 민간화라고 뜻 매긴다.[6] 아울러 민간화라는 개념을 기관이나 조직으로 한정하여 논의하지 않고 이 글에서는 그보다 여러 규정이나 정부의 고시(告示)를 중심으로 논의할 것이다. 그러한 논의의 바탕 위에서 민간 주도의 방향을 제시하고자 한다.

제2절 민간화 논의의 배경

1. 국가[7]의 발전과 국가기능의 범위

현대국가에 있어 국가역할과 공공정책을 논하기 위해서는 국가의 개념을 먼저 살펴볼 필요가 있다. 마셜(G. Marshall)은 국가를 정의하기를 국가란 사회를 다스리기 위해 규칙을 제정하는 권위(authority)를 지닌 일련의 제도로서 공공정책의 방향설정과 자원의 사용에 관한 정치적 갈등을 풀어가는 기관이라 한다(Marshall, 1998 : 635-636). 많은 인용되는 주장은 베버(M. Weber)의 국가에 관한 정의이다. 즉 특정한 영역 내의 합법적 폭력(legitimate violence)의 사용에 관한 독점을 행사하는 기관으

---

5) 현재의 정책은 문화관광부의 고시로 정책결정의 결과가 나타난다. 따라서 국가독점이라 할 수 있다. 국어정책의 집행은 국립국어원이 맡을 수도 있으나, 정책결정은 여전히 문화관광부의 영역이다.

6) 이를 둘로 나누어 민간영역으로의 이행을 완전민간화, 중간영역으로의 이행을 준민간화라고 일컬어 고찰할 수도 있겠으나 여기서는 둘을 포괄한다. 기타 민간화의 개념에 관여하는 Starr(1989). Hill & Bramley(1986) 등을 참조하라.

7) 원칙적으로는 국가와 정부는 엄격히 구분되지만 여기서는 공권력의 작용이라는 측면에서 편의상 그 둘을 구분하지 아니한다.

로 (1) 영역(a territory), (2) 지배를 위해 물리력의 사용 가능성, 그리고 (3) 국민상호 간의 관계를 규율하는 사회적 행동을 그 요소로 한다 (Weber, 1978 : 901-902).

그러나 여기서 주목하고자 하는 이론은 김태성·성경륭의 이론이다. 그들은 틸리(C. Tilly)의 역사적 흐름의 분석에 입각하여 국가의 유형과 변화를 두 가지 기준에 기대어 독특한 시각을 제시하고 있다. 그 기준이란 (1) 국가기능 즉 법과 질서 유지에 있는가, 경제발전의 강화에 있는가 아니면 사회복지의 제공에 있는가, (2) 국가권력의 구성과 행사가 모든 시민에게 개방되어 있는가 소수의 통치엘리트에게만 가능한가의 두 기준이다(김태성·성경륭, 1999 : 26). 이를 요약하면 아래 표와 같이 된다.

[표 5-1] 국가의 유형과 변화

		국가권력의 구성과 행사	
		폐쇄적/권위적	개방적/대중참여적
국가기능	기본적 기능	Ⅰ. 약탈국가	Ⅲ. 민주국가
	실체적 기능	Ⅱ. 발전국가	Ⅳ. 복지국가

자료 : 김태성·성경륭(1999 : 26)

여기서 Ⅰ, Ⅱ, Ⅲ, Ⅳ 등의 표시는 국가의 발전 방향을 나타낸다. 먼저 약탈국가의 기능은 국가형성(state-making), 전쟁유발(war-making), 외부로부터의 보호(protection), 그리고 추출(extraction)이다(Tilly, 1992). 다음 단계의 국가는 발전국가(developmental state)인데 그 역할은 재정수입의 극대화와 생산 활동의 장려에 있는데 이런 형태의 국가는 시장순응 (market-conforming)적이든 시장형성(market-shaping)이든 간에 국가개입이 그 특징이며 정치경제적 지배구조는 국가-자본가계급의 지배연합으로 이행한다(김태성·성경륭, 1999 : 03-31). 발전국가에서 민주국가로의 이행은 자본주의 발전에 상응한다.

민주국가에서의 국가기능은 두 가지 원칙에 입각하는데 민주주의 원리(the principle of democracy)는 공적분야에서 작동하는 원리이고 사적분야에서는 자유주의 원리(the principle of liberalism)인바, 이는 재산권과 시민권의 보호와 법과 질서의 유지에 목적이 있다(김태성·성경륭, 1999 : 31-33). 민주국가를 이론적으로 뒷받침하는 이론인 신고전파(Neo-classics)의 주장에 따르면, 국가개입은 심판자의 역할(function of umpire) 제외하고는 불필요하다라고 주장한다(Friedman, 1962). 왜냐하면 민간부문의 역량은 자율성(self-regulating)을 갖고, 자체적으로 수정가능하며(self-modifying) 그리고 자체적으로 하나의 체계를 이루는(self-sufficient) 기제이기 때문이다. 이에 따르면 국가개입은 후퇴할 수밖에 없다.

민주국가에서 복지국가로의 전환은 노동계급의 성장과 그 권한의 확대에 기인한다. 즉 민주국가 운영의 두 원리, 즉 민주주의 원리와 자유주의 원리는 구조적으로 충돌할 가능성이 많은데 이를 해결하기 위해 복지국가가 출현하며 그 방법은 국가에 의해 제도화된 조정원리의 존재를 통한 방법이다. 제도화된 조정원리가 존재한다는 것의 의미는 민주국가보다 확대된 국가개입이 정당화되고 이 점에 있어 다시 발전국가와 궤를 같이한다고 볼 수 있다.

국가개입을 주장하는 학파(특히 발전국가론자들이나 복지국가론자들)에서는 사적 분야에서도 정책은 정당성의 근거는 존재하게 되는 것이다. 따라서 서구의 경우는 민주국가와 복지국가의 대립으로 나타나지만 우리나라의 경우 발전국가의 유산과 민주국가의 대립으로 나타난다(이병천·김균, 1998). 어느 이론을 택하든 국가개입에 관한 대립으로 귀결되는데 국가

개입을 반대하는(state non-interventionism) 국가형태는 민주국가로 그 이론적 근거는 국가실패에서 찾고 있다(Friedman, 1962). 반대로 국가개 입을 찬성하는(state interventionism)과 불개입(non-interventionism)을 한 축으로 하는데(Borre and Goldsmith, 1995) 영어권에서는 언어표준을 국 가가 정하지 않고 사회에 맡겨둔다. 즉 어느 것이 표준발음인가는 많이 쓰이는 것이 표준 발음이고 어느 것이 올바른 표기인가 하는 문제도 전 통적으로 사용되어 온 표기를(비록 불합리하게 보여도) 표준으로 받아들인 다. 반대로 프랑스와 같은 국가에서는 국가가 표준을 정한다(송기형, 2005).

한편 우리의 경우 약탈국가 시대인 일제치하에서 민간(조선어학회)에 의해 표준이 만들어졌고 그 대표적인 것이 한글맞춤법통일안이다. 이를 유형화하면 어디에서 표준을 정하였는가 하는 점을 기준으로 국가에 의 한 표준제정(국가표준)과 사회에 의한 표준제정(사회표준)으로 나눌 수 있 다. 이상의 논의를 도표로 나타내면 다음과 같다.

[표 5-2] 국가개입의 견지에서 본 유형과 변화

		국가기능 /개입	
		state-interventionism	non-interventionism
표준 제정	사회표준	일제 치하의 우리나라(약탈국가)[8]	영어권(민주국가)
	국가표준	프랑스어(복지국가)/ 독립 후의 우리나라(발전국가)	

그렇다면 우리의 언어정책은 어떠한가? 현재 문화관광부의 고시(告示) 로 언어에 관한 모든 사항을 결정하므로 언어정책이 국가개입 방식이라 는데 이의(異議)가 없다. 이 방식은 일제시대부터의 유산(예컨대, 조선어학

---

8) 이를 state-intervention에 넣는 이유는 조선총독부 철자법이 따로 있었기 때문이다.

회의 여러 업적)을 독립 후 신생국가의 필요에 따라 사회표준을 국가표준
으로 끌어올린 점이라는데 흥미가 있다. [표 5-2]를 가지고 설명하면
약탈국가 시대에 민간영역에서 확립된 언어규범을 발전국가 시대에서
국가가 추인하여 시행하였다. 여기서 문제를 삼는 것은 민주국가 시대인
오늘날에도 발전국가의 언어정책 수준에 머물러 있다는 데 있다. 이를
더 심도 있게 살펴보기 위하여 분석의 틀에 기초하여 언어정책이 어떻
게 발전하여 어떤 성격을 갖는지를 따져보아야 한다.

2. 분석의 틀

민간화의 개념을 논하기 위하여는 그 영역에 관한 모델이 필요하다.
여기서 공적영역과 사적영역의 2분론에 기초하여 개념을 정의하는 모델
(Starr, 1989)과 공적영역과 사적영역 그리고 그 중간에 또 한 영역을 설
정하여(Rein, 1989)[9] 개념을 도출하는 견해가 있다. 2분론에 기초하여
논의한 스타(P. Starr)에 따르면 공적영역이란 모든 의견이 표현되어 전
체로서 조율되는 시스템을 말하는 반면 사적영역은 폐쇄된 부분으로 가
능한다(Starr, 1989). 이 논문은 3분론(a three-sector theory)에 기초하여
개념을 정의하고자 한다. 레인(M. Rein)에 따르면 정부영역(government
sector)과 사적영역 외에 또 한 영역을 설정할 수 있는데 이는 공식조직
과 비공식조직 사이에 있는(between formal and informal), 완전한 공적영
역도 아니고 사적영역도 아닌(neither public nor private) 영역으로 뜻 매

---

9) 그는 2분론(dualist approach)을 지나친 단순화의 보기(an oversimplification)라고 지적하고(Rein,
   1989 : 55) 그 중간 영역을 설정하는데 그 핵심이 있다. 참고로 조금 다른 견해는 public/private
   Mix라는 용어를 쓰고 있는 Rose(1989)를 참고하라.

겨진다. 그 핵심은 정부영역과 nonprofit 영역의 구분(government/ nonprofit split)이므로 전체적인 영역은 정부영역, 비영리(nonprofit) 영역, 그리고 시장조직(market institutions)이라는 3부문으로 나뉜다(Rein, 1989 : 56).[10] 언어정책에 관해서는 정부영역, 중간영역, 민간영역으로 분류한다. 정부영역이란 정부조직의 일부로서의 기관이 하는 행위를 말한다. 따라서 교육인적자원부란 연구원기능을 가진(국가)기관이나 정부역할을 대행하는 영역을 말한다. 언어정책의 경우 국어연구소 창설(1984) 이전에는 한글학회가 국가기능의 일부를 실질적으로 대행하였으므로[11] 한글학회가 중간영역이 되지만 국어연구소 설립 이후에는 한글학회는 자기 이익을 대변하는 민간영역(또는 사적영역)으로 간주된다.

[표 5-3] 분석의 틀

표준과 영역		국가기능/개입여부		
		과거의 자취(개입의 확대)		미래의 방향(개입의 후퇴)
		약탈국가 시대	발전국가 시대	민주국가 시대
표준과 영역	표준제정	사회표준	국가표준	표준들 사이의 경쟁과 선택
	영역	사적영역	정부영역	가까운 미래 / 중간영역
				시간의 경과 / 사적영역

---

10) Rein에 따르면 이 3분론은 19세기의 소득보장의 맥락(즉, public pillar, personal pillar, private pillar)과 상관이 있다고 주장하면서 beyond dualism이라는 표현을 사용한다(Rein, 1989 : 57~59).

11) 맞춤법 등이 여기에 해당한다고 할 수 있겠다. 해방직후나 정부수립 초기에는 교과서도 한글학회가 제공하였다(이 서술은 한글학회 사무국장 및 국립국어원의 한 연구관과의 인터뷰에 기초).

제3절 언어정책의 흐름

문화정책의 일부로서 언어정책은 시간적 차원에서 보면 초창기정책이며 정책수준의 차원에서 보면 최상위정책으로서의 성격을 갖는다(김형렬, 1997).[12] 이를 우리나라의 역사발전이라는 측면에서 고찰해 보자.

1. 사상과 학파의 흐름

국가의 운명이 시시각각 위험에 빠지는 구한말(舊韓末) 대척적인 두 흐름이 전개되었다. 그 두 흐름의 차이를 다음의 글에서 살펴보자.

아래에서 보인 두 신문은 거의 비슷한 시기에 출현한 신문인데 지향점이 다르다. A는 당시 지식인들인 한자 해독능력이 있는 이들을 대상으로 한 흐름인데 여기서는 '위로 향하는 흐름'이라 하자. 이에 비해 B는 그 시대의 상하귀천 모두를 지향하는 사상이었는데 여기서는 '모두를 향하는 흐름'이라 할 수 있겠다. 후자의 중심인물은 서재필로서 그의 휘하에서 주시경의 등장은 의미심장한 것이다. 주시경의 사상과 학설은 그대로 또는 변형되어 오늘날까지 영향을 미친다.[13] 이런 관점에서 이 시대의 특징은 이 두 흐름은 오늘날까지도 연결되고 있는데 그것이 바로

---

12) 정부수립 후에는 국어(언어)정책과 국어운동을 구별하여야 한다. 하나 정부수립 이전에는 정책이라기보다는 운동이라고 하여야 할 경우가 더 적당하다. 따라서 이 글에서도 정부수립 이후부터 운동과 정책을 뚜렷이 구별하고 주로 정책을 중심으로 서술한다.

13) 우리 문법에는 허사를 어떻게 볼 것인가를 두고 세 가지로 나누는 것이 이극로에서 시작되어(고영근, 2001) 김민수에 의해 일단락되었다. 제1유형, 제2유형, 제3유형이 그것이다. 여기서 그대로라는 표현은 이른바 국어 문법이론에 있어 제1유형을 말하며 변형이란 제2유형을 말한다. 필자가 생각하기에는 주로 명사류에 붙은 어미와 동사류에 붙는 어미가 같은 것인가가 초점이 아닌가 한다. 이에 따르면 1유형과 3유형은 품사로 인정될 것인가의 여부만 차이가 있다. 따라서 그 본질은 같은 것이다. 다만 북한의 문법과의 차이에 주목하라(서정수, 1996 ; 고영근, 1993 참조).

대립되는 두 사상이 움텄다는 점이다.

> A. 昔我東方에 檀君이 初降하메 人文이 未創하야 其傳來 文獻이 足히 徵할배 無하더니 箕子께서 八?를 設하샤 人民을 敎育하시니 可히 我의 初出頭한 第一個 聖人이라 謂할지라. 其後에 人民이 開明하고 書冊이 稍聚하야 羅朝의 巨擘과 麗廷의 名士가 不多함이 아니로되 固陋寡聞한 歎이 尚多하더니 太祖大王께셔 難大하신 業을 定하시고 右文호 治를 先하샤 一世의 民을 歐하야 文明의 城애 進케 하시니 百餘年間애 天下애 聖經賢傳과 遺文古事가 無不畢集한지라-----(皇城新聞. 1898.3.8)[14]

> B. 우리 신문이 한문은 아니 쓰고 국문으로만 쓰는 것은 상하귀천이 다 보게 함이라. 국문을 이렇게 귀절에 떼여 쓴즉 아모라도 이 신문 보기가 쉽고 신문속에 있는 말을 자세히 알아보게 함이라. 각국에셔는 사람들이 남녀 무론하고 본국 국문을 몬져베화 능통한 후에야 외국글을 배호는 법인데… (독립신문, 1896. 4. 7).[15]

　일제 치하의 모습은 두 단계로 나누어 볼 수 있겠다. 전기와 후기가 그것이다. 전기는 한글파와 정음파의 대립이며 후기는 경성제대 출신의 등장이다. 한글파나 정음파는 차이점이 있음에도 불구하고 둘 다 일제의 약탈국가 적 속성에 대항하여 국어 운동의 목표는 우리문화의 보존이었다.[16] 이를 위한 최선의 길이 우리말의 정리와 확립이었다. 이 목표는 사전의 편찬이라는 방향으로 귀결되었는데 이를 위해 맞춤법과 표준말의 사정이 급선무였다. 맞춤법을 위해 이론적 기초의 확립이 선결요건이었는데 이와 관련하여 학파의 대립이 생겨났다. 주시경의 제자들은 대체로 조선어학회를 중심으로 활동하였는데 일반적으로 한글파라 불렸다. 또 다른 한 흐름은 박승빈 계열의 조선어문연구회가 있었는데 정음파라

---

14) 원문에 있는 아래 아를 현대 말로 바꾸었다.
15) 허웅(1974)에서 인용하였다.
16) 이 시대의 대표적 학자인 최현배는 그의 책(1978) 머리말에서 머리말에서 "한 겨레의 문화창조의 활동은 그 말로써 들어가며, 그 말로써 하여 가며, 그 말로써 남기나니라"고 쓰고 있으니 그는 한글을 문화의 터전이라 인식하였다.

이름 하는데 전자와 대립하였다. 전자는 대체로 표의적 표기법[17])에 가까운데 비해 후자는 표음적 표기법에 가까운 흐름이다. 이 대립의 와중에서 전자가 후자에 비해 이론적으로 또 실용적으로 우수하였기에 점차 민간부문에서 하나로 통일된 역사적 경험을 갖고 있다.[18])

또 하나의 학파가 일제 치하에서 형성되었는데 이는 경성제국대학 출신 학자들의 등장이다. 이들은 실용성을 추구하고 대중계몽적인 성향의 조선어학회와는 거리를 두었다. 이들 역시 위로 향하는 흐름이 특징인데 따라서 이 사상이 구한말의 사상 흐름 A와 접목할 가능성을 열어두었다. 이들 대부분이 서울대에 자리 잡고 후학들을 키워 냈다.

2. 각 시대의 특징

이상의 역사학적 분류방식을 먼저 언급한 국가발전 단계이론에 따라 여기서는 구한말(舊韓末)부터 일제치하까지(1880년대-1945년)를 약탈국가 시대(이희승, 1969)로, 1950년대를 그 반동으로 이해하고, 1960년대부터 80년대까지를 발전국가 시대(이병천·김균, 1998 ; 박광주, 1999), 1990년대 이후를 민주국가 시대라는 개략적 분류를 이용해 그 특징들을 서술해 보자.

1) 약탈국가 시대와 그 반동 : 민족주의

발전국가시대와 민주국가 시대의 기초를 제공한 약탈국가 시대의 특징을 다음과 같이 요약할 수 있겠다. 첫째로 민족문화를 지키기 위한 노

---

17) 오늘날 맞춤법의 원형은 여기에 기인하는데 그 이론적 기초는 최현배의 1930년의 논문이었다(고영근, 2001).
18) 이때 주목할 것은 조선총독부 철자법이 있음을 주목하여야 한다. 즉 총독부 철자법이 있음에도 민간영역이 표준을 마련했다는데 의의가 있다라고 할 수 있겠다.

력, 둘째 민간자율, 셋째 글 중심, 넷째 언어규범의 확립을 위한 노력과 결실, 다섯째 엘리트에 의한 top-down 방식이 그것이다.

위의 다섯 가지 중 엘리트에 의한 top-down 방식에 있어서 큰 차이를 나타내는데 이는 사회를 보는 눈과 관련이 있다. 먼저 언어에 관련된 분들이 사회엘리트였음은 대체로 견해가 일치할 만하다. 그러나 그들이 보는 관점은 극과 극이었다. 구한말의 경우 A부류의 사상은 사회2분론에 입각하여 위로 향하는 흐름으로 나아간데 비해 B부류는 사회통합론에 기초하여 '민중 속으로'의 속성을 갖고 있다.[19)]

먼저 조선어학회의 모두를 향하는 흐름은 첫째로 문자의 한글화를 통한 민중의 계목(브나로드 운동을 생각하라)이라는 방향으로 나아간다. 둘째는 실용성을 위한 연구였고, 셋째로 문화의 보존이라는 성격, 넷째는 애국심과 결부되어 있다. 이에 비해 일제 치하에서 경성제대 학파는 사회2분론에 입각하여 학문지향이라는 새로운 모습을 보인다. 따라서 이 학파는 오늘날까지 학계의 주도적 세력을 쌓는데 이바지한 것은 이러한 흐름과도 무관하지 않다.

정부수립 후에 가장 중요한 발전은 언어정책이 국가정책으로 상승하였다는 것이다. 그 국가정책의 핵심은 약탈국가 시대에 대한 반동으로 강화된 민족주의 언어정책이었다.[20)] 그 과정의 백미(白眉)는 한글전용으로의 길이었고 이 정책은 1949년의 한글전용법 제정으로 표현되었다. 이어 일본말 청산 등의 운동이 일어났다. 하지만 국어사상사(國語思想史) 관점에

---

19) 정치학적으로 이를 유형화한 Jessop의 이론에 따르면 후자는 one nation strategy에 해당하며 전자는 twonation strategy에 해당한다(Jessop, 1982).

20) 이이 관하여 지나친 민족주의 언어관으로 인하여 '한자말의 우리말화'를 추구하여 '날틀'(비행기) 등의 造語가 등장하기도 하였다. 그 자체가 나쁘다는 것이 아니라 언중이 사용할 수 있는 언어라는 관점이 중요함을 지적하는 것이다.

서는 일제시대의 연장이었다. 즉 위로 향하는 흐름에 기초한 서울대 학파(경성제대 학파)와 글자의 한글화와 쉬운말 쓰기를 통한 대중화의 방향에 초점을 두는 한글학회(조선어학회)의 두 흐름이었다. 어쨌든 이 정책에 기초하여 한글세대[21]가 형성되었다는 점이 중요하다고 하겠다.

2) 발전국가 시대 : 능률지상주의와 표준화

발전국가는 국가 간의 경쟁과 조속한 국가발전이라는 임무에 기초한다 (Tilly, 1992 : 이병천 · 김균, 1998). 따라서 국가는 민간부문이 취약하거나 비능률적이면 국가는 스스럼없이 개입한다. 즉 발전국가 시대의 특징은 능률지상주의(전인권, 2001)와 국가영역의 팽창이라고 할 수 있겠다. 언어 정책의 측면에서도 국가개입의 증가는 두드러진 모습이었다. 예컨대, 발전국가 시대 전기에는 문법용어의 통일, 정부주도의 맞춤법 제정운동, 후기에는[22] 한글날 기념행사의 국가부문으로 이관, 오늘날의 공휴일 제외 (1990), 국어연구소의 신설(1984) 등이 그것이다. 그 외 Fordism적 성향에 맞춰 표준화하고 능률화할 것이 요구되었다. 한글전용정책은 이런 시대적 요구에 부응하는 정책결정[23]이었다. 즉 위의 절(1. 사상과 학파의 흐름)에서 언급한 B의 흐름이 주도적 흐름으로 자리 잡게 된 이면(behind the scene)에는 그럴만한 이유가 있다는 것이다.

1970년대의 한글전용 운동은 초기에 전개된 민족주의적 성격과 아울

21) 재미있는 것은 이 용어가 행정학자(이한빈)가 이름 지었다는 점이다. 아마도 이 때문에 쉽게 정착되어 널리 사용되었을 것이다(이광석, 1984).
22) 발전국가를 전기 후기로 나누는 것은 전적으로 기술의 편의 때문이다. 여기서는 박정희 정부를 전기라 규정하고 전두환 정부와 노태우 정부를 후기라 한다.
23) 한글전용정책을 결정한 박정희 대통령도 초기에는 한자에 관심을 보였다. 이러한 정책결정의 전환은 그의 능률성에 대한 신념(전인권, 2001)과 자주 애용하였던 용어인 생산성(박동서, 1984)에 기초하였다.

러 능률지상주의적이고 대중 지향적 속성을 갖는다. 이런 경향은 타자기와 같은 기계화의 현상과 아울러 대중매체의 증가현상과 관계가 있다.[24] 그럼에도 불구하고 1949년의 순탄한 한글전용법의 제정과는 달리 이때는 많은 논란과 어려움으로 점철되어 있다.[25] 여기서 두 학파는 첨예한 대립을 보였다. 하나는 조선어악회의 후신인 한글학회 중심의 한글파로서 한글전용을 지지한데 비해 또 다른 하나는 경성제대와 그 후신인 서울대를 중심으로 한 서울대 학파였다. 이는 문법의 용어통일 등의 문제와 연결되어 전자가 우리말 술어에 집착하였기에 말본파라 불리고 후자는 한자말 계열의 용어를 선호하였기에 문법파라 칭하였다.

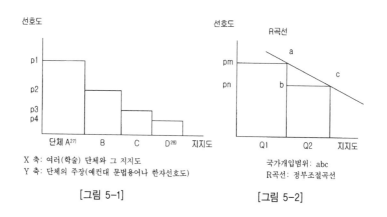

[그림 5-1] [그림 5-2]

이러한 대립은 국가개입의 필요성을 증가시켰는데 이를 이론적 관점에서 살펴보자. 국가는 심판자라고 주장하는 프리드먼(M. Friedman)에 기대면 우리정부가 언어정책에서 그 역할을 수행했다고 볼 수 있는 경

우는 학교문법통일이다. 이 경우 정부의 기능은 두 학파의 절충 또는
주고받기이었다.26) 이를 앞의 그림들로 설명해보자.

왼쪽 [그림 5-1]이 의미하는 바는 이 분야에 서로 다른 견해를 가진
여러 주장이 병존하고 그 선호도가 각각 다름(P1, P2, P3)을 표시한다.
예컨대 한국어문교육연구회와 한글학회는 한자쓰기, 문법용어의 선택
등에서 아주 다른 모습을 보이고 있다. 만약 이런 두 단체가 병존할 때
즉, [그림 5-2]의 국가가 조절기능을 행사하는 경우 국가의 언어정책은
어느 한쪽에 치우치지 않고 또 전혀 새로운 안(案)도 아닌 양자를 절충
하는 형식을 취해 왔다. 즉 Pm의 선호도(예컨대 한자문법용어)와 그 지지
도가 $Q2$인 측과 Pn의 선호도(예컨대 한글문법용어)와 그 지지도가 $Q2$인
측과 Pn의 선호도(예컨대 한글문법용어)와 그 지지도가 $Q1$인 측의 대립에
서 국가조정기능을 통해 정책화하는 부분은 abc의 영역임을 학교문법통
일안은 보여주고 있다. 즉 abc의 영역에 속하는 R곡선 위의 어느 한 점
에서 정책결정이 이루어져 왔다(김민수, 1973). 이를 표시하는 것이 오른
쪽 [그림 5-2]이다. 어쨌든 이 시기는 문법파가 주류로 등장하여 학
술중심주의에 기초하여, 문화로서의 언어라는 개념으로부터는 멀어진
시기이다.27)

또 하나 이 시대의 특징으로 지적해야 할 것은 지금까지의 국어운동
이 학자나 사회지도층이 중심이 되어 계몽적 측면에서 전개되었지만(이
를 여기서는 top-down방식이라고 한다), 처음으로 bottom-up방식이 나타났

---

26) 대체로 문법용어는 한자어 계통으로, 음운론 용어는 한글용어가 채택되었다.
27) 대표적으로 이숭녕(1995)을 보라. 그에 따르면 "民族과 國語에 대하여 不可分의 關係를 가진
   것 같이 과대히 생각할 것은 아니라"고 주장하고 있다. 이런 견해는 최현배(1995)의 견해
   와 아주 다르다.

다는 점이다. 즉 국어운동의 순수성에 기초하여 자발적 참여가 이루어진 시기이기도 하다. 이는 활동적 소수(active minority)의 중요성을 환기시켜 주었다.[28] 이런 의미에서 시민의 감시기능이 정책의 중요한 한 요소라면 언어정책에 있어서는 오래전부터 이루어져 온 셈이다. 문법파의 학술중심주의와 bottom-up 방식의 등장은 구한말(舊韓末)의 사상사적 흐름이 발전국가 시대에 재현(再現)된 것이라고 할 수 있겠다.

3) 민주국가 시대 : 국가개입의 후퇴

민주국가 시대에서는 민주화와 국가영역의 후퇴로 요약될 수 있겠다. 민주화에 따라 보편적 원리가 이룩되었기 때문에 언어에 관련된 분야에서는 이제는 수월성으로 옮아가는 현상을 보여주고 있다(이광석, 2006). 국가영역의 후퇴에 발맞추어 사적분야의 힘이 증대되어 경제적 판단기준이 학술적 관점을 압도하고 있다(복거일, 2000). 그리하여 '관광은 문화에 앞선다'라는 구호가 어울릴 정도이다. 예컨대 오랫동안 한글날이 생산성향상에 이바지하지 않는다는 이유로 공휴일에서 제외된(1990-2005 : 2005년 12월 8일 256회 정기국회에서 한글날이 국경일로 재지정) 것도 여기에 기인한다고 할 수 있다. 민주국가 시대에 언어정책의 민간화 논의는 이런 논리의 연장에서 어디까지 국가가 관여하고 어디부터 민간이 주도할지를 논의하는 측면에서는 바람직하다-라고 할 수 있겠다. 한편 언어에 관한 관심의 후퇴라는 측면에서는 아쉬워할 수도 있다.

이상을 요약하면 그 핵심을 말한다면 첫째로, 언어정책 특색에 있어 전통적으로 민족주의적 성격이 주류이다. 이 점이 약탈국가시대부터 우

---

28) 1980년대에 전개되었던 '한글이름 자랑하기 대회' 등을 참고하라.

리를 지켜낸 힘이기도 하지만 세계화의 흐름 속에 갈등을 빚는 요인이기도 하다. 최근의 영어공용화 논쟁의 밑바탕에는 이 두 흐름의 갈등이라 할 수 있겠다.

둘째로, 그 후 언어정책은 발전국가시대 능률주의로 전환한다.

셋째로, 언어정책에 있어 국가개입은 확대되어 왔는데 이는 발전국가의 영향으로 보인다.

넷째로, 약탈국가 시대부터 Top-down 방식으로 전개되었기 때문에 그 영향으로 민중의 자발적 언어능력을 지나치게 제어하려 한다. 예컨대, 한글맞춤법규정에 있는 '교양있는' 등의 규정이 그 보기이다. 달리 표현하여 지나치게 규범적이다.[29]

다섯째로, 사상이나 학회중심의 자연적인 흐름이 자리잡고 있다. 즉 상호견제와 경쟁을 통해 언어학(국어학) 분야가 발전해 왔기 때문에 민간화의 가능성은 열어두고 있다고 하겠다.

여섯째로, 귀납적이라기보다 연역적이다. 즉 빈도조사에 기인한 언어규정의 도출이라는 방향이 아니라 언어규정에 맞추어 현실 언어를 재단(裁斷)하려 한다는 점이다(이광석, 2006).

일곱째로, 물론 나중에 표준발음법 등이 제정되었지만 글에 대한 관심을 우선시하였다.

---

[29] 이 말은 규범의 완화와 복수 표준 등의 조처가 필요하다. 비록 일반 言衆은 '테레비'라고 발음하지만 규범은 '텔레비전'이다. 아울러 언어학적 관점에서 볼 때 母音四角圖에 비추어 근접성이 있는 내(것), 네(것)이 바뀌어 내(께)로 변하는 현상을 국어학계에서는 어떻게 처리할지 궁금하다.

제4절 국가개입의 재평가 : 역사적 소임은 다 했다

그러나 요즘, 보다 더 주목해야 할 사항으로 민간 사이의 게임(예컨대, [그림 5-1]의 한글학회와 한국어문교육연구회 참조)이 민간 대 국가의 게임[30]으로 변하고 있다는 점이다. 여기서 언어정책적 측면에서 국가개입의 문제를 간단히 언급해 보자.

1. 국가개입의 근거와 정당성

민주국가 시대를 맞이하여 좋든 싫든 이제는 여기에 발맞추지 아니할 수 없다. 그 전제가 되는 국가개입과 불개입의 이론적 특면을 살펴보자. 국가개입의 근거와 정당성을 통일성과 불확실성의 제거, 역선택의 방지, 가치재 이론 등에서 찾을 수 있다. 차례로 언급해 보자.

언어사용도 일종의 사회계약이라는 점이다. 즉 언어사용은 원초적으로 부여된 언어능력(initial endowment)에 기초하여 연속하는 세대 사이의 묵시적 사회적 약속(an implicit social contract)에 기초한다. 그런데 글에 있어, 어린 세대가 한글 맞춤법을 배우는 이유는 말의 자연스런 이행과는 달리 의사소통을 위한 도구에 일정한 합의를 요구하고 이를 숙지할 의무를 부과하는 데 있다. 언어학자가 말했다시피 언어의 바뀜은 언어사용세대의 바뀜에 기인하지만(허웅, 1986) 세대 간의 의미전달을 이룩하기 위한 최소의 장치는 맞춤법의 정형화와 같은 노력일지도 모른다. 이런 관점에서는 맞춤법의 (자주) 바뀜은 바람직하지 않으며 이는 일반인의 언어사용능력의 불신에 기초하는지도 모르겠다.[31]

---

30) 민간(여기서는 한글학회)과 국가의 갈등에 대하여는 '광화문(光化門)' 논쟁이 대표적이다.

현대사회의 한 특징은 불확실성이며 불확실성의 제거를 위해 대책이 필요하기에 어떤 수단을 강구하려 한다. 국가개입의 필요성은 여기에 있다(Wheelock et al, 1999 : 23). 맞춤법통일안의 이론적 근거는 여기에 기인한다.

다음으로 역선택이란 가치평가의 잣대로 볼 때 부정적 요소가 득세하는 경우를 말한다. 역선택의 방지(adverse selection)의 관점은 통신언어의 문제를 보면 잘 이해될 것이다. 그러나 사적분야의 자율성을 믿는다면 이 문제도 충분히 극복할 수 있으리라는 견해를 가질 수 있다.

맞춤법 통일과 관련하여 또 하나의 이론적 근거는 가치재(merit goods)인데 스티글리츠(E. Stiglitz)가 설파한 바처럼 어떤 바람직한 공공의 가치 판단을 위해 정부는 단순한 정보제공자가 아니라 직접 개입한다는 것이다(Stiglitz, 2000 : 86-88).[32] 이러한 인식하에 개인선택을 제약하고 공공의 기준을 요구되는 것이다. 이는 맞춤법 통일이 가치재로서 기능한다면 국가가 직접 개입하여 맞춤법 통일을 지켜나가야 한다는 결론에 도달한다.

2. 국가개입의 결과

정부수립 이후의 언어정책은 약탈국가 시대의 업적을 추인하고 정비하는 과정이었다. 그 대표적인 보기가 맞춤법 분야이다. 맞춤법의 확립

---

31) 영어의 경우와 비교해 보면 잘 알 수 있다. 영어는 맞춤법과 발음법이 괴리되어도 그대로 둔다. Made와 [meid]를 비교해 보라. 따라서 불합리한 언어규범으로 보인다. 하지만 어느 정도 눈에 익으면 XaYe의 경우 a는 [ei]로 발음되고 끝의 e는 발음되지 않는다는 것을 인식하게 된다. 이런 면에서는 일반인의 언어능력을 믿고 있다고 할 수 있겠다.

32) 여기에 해당하는 것에는 적극적인 것으로는 안전벨트 착용이나 의무교육의 실시 등이 있고, 소극적인 것으로 마약 금지 등이 있다.

은 이미 견고하게 굳어져 정부에 의해 주도된 개정에도 부분적이고 지엽적인 문제들만 개정되었다.[33] 이는 기본적인 골격이[34] 군건히 뿌리 내리고 있다는 의미로 해석할 수 있겠다. 이런 확립이 국가개입의 축소를 가능하게 하는 요인으로 작용한다. 즉 확립되어 있기에 언중(言衆)의 자율에 맡겨 놓아도 부작용이 적다라고 할 수 있겠다. 달리 표현에서 더 이상의 개입이 역효과를 낳을 수 있다는 것이다. 여기서 국가개입의 한계를 살펴볼 필요가 있다.

3. 국가개입의 한계

첫째로 지적할 수 있는 것은 역사적 전통이다. 국가개입 없이 임무를 잘 수행하였던 보기를 우리는 약탈국가 시대에서 찾을 수 있다. 물론 그 교훈은 긍정적 측면과 부정적 측면이 교차한다. 전자는 민간의 힘으로 이룩했다는 의미만은 아니다. 오히려 문학과 문화의 터전으로서의 기능을 중시했다는 점이다. 후자는 지나친 민족주의의 속성이 노출될 수밖에 없었다는 점이다.

또 다른 국가개입의 한계를 현실적 불가능에서 찾을 수 있다. 예컨대 발음이나 철자 등의 문제에 있어서 통일이 필요 없다는 것이 아니라 그 소임을 다 했기에 민간의 부문에 맡겨 두어도 충분히 해 낼 수 있을 만큼 민간부문의 능력이 증진되었다는 것이다. 언어규정의 지나친 규범화가 문제[35]라고 할 수 있다. 즉 국어학자들이 중심이 되어 만든 규범은

일반인의 견지에서는 지키기 어려운 규정이 있다는 점이다. 따라서 복수의 규정이나 느슨한 규정도 필요하리라 생각하며 서민에 의해 사용되는 빈도 높은 표기를 인정할 줄 알아야 한다.

여러 나라와의 비교의 측면에서도 국가개입이 이제는 다른 관점에서 살펴볼 여유를 가질 필요가 있겠다. 영어의 경우를 보자. 일정한 기준이 없어도 잘 한다. 영어도 물론 국가개입의 유혹을 느낀 적이 있지만(국어학회, 1993) 요즘의 추세는 시대의 흐름에 맡기고 있다.

제5절 민간화

1. 민간화가 가능하기 위한 조건

민간화가 가능하기 위한 조건을 논하기 위하여 세 가지 차원에서 검토해 보아야 한다. 그 첫째 차원은 민간부문, 둘째는 정부부문, 셋째는 기타의 주변 요소들이다. 이 속에는 시대적 필요성, 합목적성과 능률성 등을 포괄한다고 할 수 있다. 민간부문의 관점에서는 여러 가지가 있겠으나 1) 민간부문의 능력 2) 상호 견제와 자극 또는 경쟁체제의 확립이 필요하다. 이를 경제적 관점으로 환원하면 시장의 형성이 이루어져야 한다는 점이다. 우리의 경우는? 민간부문의 능력도 믿을 만하고 또 학파의 발달(Ⅲ. 언어정책의 흐름 참조)로 인해 상호견제와 자극의 경쟁체제가 이루어졌다. 예컨대, 민간부문의 역량강화가 돋보이는 부문은 사전 편찬이다. 연세대와 고려대가 경쟁하여 사전편찬을 마쳤거나 진행하고 있으니

운용이라 이름하고 있다(문화관광부, 2004).

이는 마치 옥스포드(Oxford) 대학과 캠프리지(Cambridge) 대학의 경쟁을 연상한다(후술 참조).

둘째, 정부부문의 관점은 1) 정부의 조절기능(즉 Friedman의 용어에 따르면 심판자의 기능을 말함이다)과 2) 정부부문의 독점방지와, 아울러 3) 정부부문 내의 진입에 있어 경쟁체제가 필요할 것이다. 정부의 조절기능이라는 측면에서 우리에게는 앞서 언급한 1963년의 조절경험이 있으니 정부능력을 믿어도 좋을 것이다. 정부부문의 독점방지에 관해서는, 국어학(言語學) 분야에서는 정책의 본질에 대한 선입견이나 이해의 불충분 때문에 정부의 독점을 요구하고 있는데 그 이유는 정부의 권위를 이용하려는 의도이다(김수엽, 2004). 정부부문내의 진입에 있어 경쟁체제라는 문제는 양상이 약간 다르기는 하지만 경쟁체제가 확립되어 있다고 보아야 할 것이다. 대체로 운동의 측면에서는 한글학회 쪽에서 주도권을 쥐고 있고,36) 학계의 주도적 세력이라는 측면에서는 그 반대편인 서울대 학파에서 주도권을 쥐고 있다. 마지막으로 기타의 주변 요소들 중 시대적 필요성은 위에서 언급되었기에 생략한다. 합목적성의 관점에서는 이론(異論)의 여지가 있으나 능률성의 측면에서는, 민간부문이 우수하다는 주장이 많이 지지를 받아왔다(정용덕, 2001). 따라서 상당부문은 민간으로의 이양이 필요하리라 생각된다.

2. 현 상태의 진단

민간화를 논하기 전에 국가주도의 언어정책을 행한 현재의 상황은 무

---

36) 그 대표적 보기가 국어기본법의 제정과 시행, 한글날 국경일 추진운동, 국회위원 명패 바꾸기 운동(한자로 된 명패를 한글로 바꾸기) 등이다.

엇이 문제인가를 살펴보자.

1) 통일의 후유증

여기서 통일의 후유증이란 맞춤법, 발음, 표준어 등에 있어서 하나의 표준만 인정하기 때문에 현실과 어긋나도 민간에게 표준을 강요하고 있다는 점이다(이광석, 2006). 즉 맞춤법과 발음에 있어 표준이이더라도 현실세계에서 모두 짜장면으로 발음하고 표기한다. 이를 고치기 위하여 문화관광부의 고시를 기다려야 하는가? 물론 필자가 통일의 필요성을 부정하는 것은 아니다. 어떤 단계에서는 절대적으로 필요하다. 마치 서구 (西歐) 역사에서 보여 주는 민족국가의 수립이 어느 단계에서는 필요하지만(Flora et al. 1999) 그것이 완비되고 난 후에는 오히려 통일에서 다양성을 추구하는 방향으로 나아가고 있다. 한편 언어정책에 있어 통일은 엘리트의식의 반영이어서 이런 방향이 사투리의 중요성을 간과하는 잘못을 낳았다. 따라서 일반인의 능력을 믿는데서부터 언어정책은 출발해야 한다고 생각한다.

2) 다양한 주장의 획일화

앞서 언급한 대로 하나의 표준만을 인정하는 결과는 다양성을 질식시켰다. 질서 있는 다원주의는 이런 이유로 필요하다(국립국어원, 2000). 예컨대, 다수 표준말의 인정('나들목'이라는 용어가 많이 쓰이지만 아직까지 표준어로 등재되어 있지 않다)이나 다수 문법용어의 채택 등이 그것이다. 따라서 둘 다 병행하여 선택을 허용하는 지혜가 필요하다는 점을 강조하는 것이다.

3) 갈등의 현재모습

하지만 비추어지는 우리 모습은 시장 간의 경쟁이 아니라 시장과 국가영역 간의(어느 면에 있어서는 쓸데없는) 갈등의 모습을 보인다. 그 보기가 사전편찬을 둘러싸고 벌어진 보기이다. 비슷한 내용을 특색이 없이 편찬하여 오히려 혼란을 초래하였다.[37] 먼저 시장 간에 경쟁이 이루어지는 영어의 경우를 보자. 대체로 옥스퍼드(Oxford) 대학 편찬의 사전이 정평이 있었다. 이에 캠브리지(Cambridge) 대학이 옥스퍼드(Oxford) 대학 편찬의 사전과 경쟁하기 위해 더 내용이 충실한 사전을 편찬하였다. 그런 요소 중 하나가 각국이 사용하는 엉터리 영어의 수록이다.[38] 위에서 언급한 영어사전의 편찬을 놓고 벌이는 옥스퍼드(Oxford) 대학과 캠브리지(Cambridge) 대학 간의 민간영역의 경쟁과는 달리 비슷한 내용을 국가비용으로 중복한다는 것은 문제이다. 옥스퍼드(Oxford) 대학과 캠브리지(Cambridge) 대학 간의 경쟁을 타산지석으로 삼아야 할 것이다.[39]

4) 공적분야의 지나친 확대

파킨슨의 법칙이 있다. 직무는 늘지 않아도 조직은 확대된다는 말이

---

37) 한글학회가 그들의 맞춤법에 따라 사전을 편찬하였더니(1992년 발간된 우리말큰사전), 국립국어원은 1999년에 표준국어대사전을 다시 편찬하였다. 둘 다 국고의 간접적 지원(한글학회 편찬) 또는 직접적 지원(국립국어원의 표준국어대사전)에 의존하였다. 이들은 서로 비슷한 내용이다. 다만 2007년 목표로 남북이 함께 편찬하는 겨레말큰사전은 좀 색다른 것이라 짐작한다.
38) 예컨대 우리나라에서 쓰는 cunning는 영어권에서는 cheating이라고 한다. 또 Back Number는 영어권에서는 월간지의 지나간 호를 지칭하는데 우리나라에서는 Uniform Number를 의미한다. 이런 점은 romatic이 낭만으로 변화하는 예에서처럼 일본 문화를 통한 굴절현상을 볼 수 있다.
39) 우리는 정부부문과 민간부문(또는 시장)간의 대립으로 나타난다고 강조했는데 시장에서 사전 편찬이 여러 번 이루어졌지만 이번에는 국가부문이 국가예산을 투입해 직접적으로 사전을 편찬했다. 이 논문의 논조에 따른다면 국가 예산으로 편찬하는 방식도 있을 수 있지만 사적분야의 지원을 통한 방식이 더 효율적이라 할 수 있겠다.

다. 언어정책 관련기구의 증가도 이와 같은 현상을 보인다. 한국어세계
화재단의 경우를 보자.

- 설립 목적 : 한국어의 세계 보급 및 외국어로서의 한국어 교육에 이바지 함.
- 목적 사업 : 1. 국내 및 국외의 한국어 진흥 및 보급에 관한 사업
　　　　　　 2. 외국인을 대상으로 한 한국어 교육에 관한 사업
　　　　　　 3. 교포 및 그 자녀를 대상으로 한 한국어 교육에 관한 사업
　　　　　　 4. 한국어 진흥에 관한 조사 연구 사업
　　　　　　 5. 한국어 진흥을 위한 수탁 사업 등

그런데 과연 그 임무를 잘하고 있는가를 검토해 보기 위해 그 기구
(한국어세계화재단)와 관련 있는 한국어 보급 관련 정부기관을 살펴보자.
우선 이들이 중첩되어 있음을 다음 표를 보면 알 수 있다.

[표 5-4] 한국어보급관련 주요 정부기관

기관명	주무부처	주요업무
한국어 세계화재단	문화관광부	한국어교육능력인증시험 주관, 교재 개발
한국교육과정평가원	교육부	한국어 능력시험 주관
한국학술진흥재단	교육부	해외 한국학 연구 확대 및 한국어 강사 지원
한국국제교류재단	외교통상부	해외 한국학 연구 확대 및 교수 지원
국립국어연구원	문화관광부	중국·러시아에 한국어 보급, 한국어 강사 양성 사업 (계획중)

그러면 이런 정부기관 이 제 역학을 수행하고 있으며 일선에 만족을
주는가?

이에 대해 대체로 언론은 정부 정책 난맥이라는 관점에서 보고 있다.
다시 위에 언급된 정부기관의 분립과 관련된 사례를 고찰해 보자. 해외
에서의 한국어 보급 관련 업무는 한국국제교류재단(외교통상부 산하), 한

국어세계화재단(문화광광부), 학술진흥재단(교육부), 한국교육과정평가원(교육부), 국립국어원(문화관광부) 등 여러 정부 기관에 분산돼 있다. 부처 이기주의 때문이다. 그러다 보니 한국어 능력시험은 한국교육과정평가원이, 한국어 교사를 위한 한국어 교육능력 인증시험은 한국어세계화재단이 주관하는 등 업무가 곳곳에 나눠져 있다. 남기심 전 국립국어원 원장은 "인건비·연구비 등 같은 사업이 중복 투자되는 경우도 많다"고 지적했다.

가뜩이나 빠듯한 예산에 체계적인 통합 관리가 안 돼 효율성이 더 떨어지는 것이다(http://kr.blog.yahoo.com/ram2dam/956485.html. 2004. 10. 28 오전 10 : 23).

일선에 만족을 주는가 하는 측면에서는 다음 사례들을 살펴보자.

[사례 5-1]

프랑스 루앙대는 4년 동안 개설했던 한국학 강좌를 올 가을 학기부터 중단했다. 한국학술진흥재단(학진)이 지원을 끊었기 때문이다. 이 학교에서 한국어를 가르쳤던 마른라발레 대학 한불언어문화연구소의 임준서(43)소장은 "그동안 학생이 40명까지 늘어 막 꽃이 피는 듯했는데 매우 아쉽다"고 말했다. 이종안 학진 해외한국학지원사업 담당은 "예산이 부족한 데다 국가당 1개 기관만 지원하는 원칙에 따라 올해는 프라숭에서 새로 신청한 라루셀 대학을 지원했다"고 밝혔다. 학진의 한국학 사업의 연간 예산은 15억 원, 학술연구 지원금을 빼면 강사 파견 등 한국어 지원 예산은 7억~8억 원이다. 이 담당은 "전 세계 70여 기관에서 한국어 강사를 파견해 달라고 요청하고 있지만 예산은 거의 그대로여서 연간 26명만 보낼 수밖에 없다"고 밝혔다(http//kr.blog.yahoo.com/ram2dam/956485.html. 2004. 10. 28 오전 10 : 23).

[사례 5-2]

뉴카슬 대학(University of Newcastle upon Tyne)에서도 똑같은 현상이 전
개되고 있다. 그곳에 진출해 있던 삼성, LG 등의 회사가 운영비를 보조하
였으나 그들이 동유럽으로 옮김에 따라 지원금이 끊기고 따라서 그 대학
Language Centre에서 한국어 교육을 폐지시킨다는 방침을 발표하였다. 이
에 대해 한국인 유학생회가 강력히 반발하여 몇 년간만 그 방침을 유예
시키기는 하였으나 곧 폐지될 예정이다. 이들 사례에 대해 대체로 언론
은 '정부 정책 난맥'이라는 점을 지적한다.

(http://kr.blog.yahoo.com/ram2dam/956485.html 2004. 10. 28 오전 10 : 23)

위 사례에서 보듯 국가기관은 난립하지만 실수요자의 욕구를 채워 주
지는 못하고 점점 세월이 흐름에 따라 예산부족이니 등등의 핑계만 대
는 관료제의 병리현상이 나타나고 있다고 할 수 있겠다. 이와 같이 재단
이 있어도 문제는 해결될 기미가 보이지 않는다. 그러면 무엇이 해결책
인가? 바로 민간화이다.

3. 과정과 대상

이상에서 언급한 문제점을 해결하는 방법은 민간화이지만 민간 화할
때 필자는 두 단계로 할 것을 주장한다. 이와 같이 하는 이유는 민간(또
는 시장)의 힘의 증진과 예측가능성을 주기 위함이다. 그 첫째 단계는 정
부로부터 국립국어원으로의 이관이다. 이는 후술 한 정부 고시의 방식에
서 웹사전 방식으로의 전환이다. 여기서 국립국어원은 완전한 정부영역
이라기보다는 중간영역으로 간주될 수 있다. 그다음 단계는 시장이 완비
되어 나가는 모습에 비추어 둘째 단계로 추진된다. 즉 국립국어원으로부

터 완전 미간화로의 진행이다. 그리하여 민간에서 경쟁하여 우수한 방식
이 정착되는 것을 의미한다.

어떤 분야부터 민간화하여야 하는가? 이 논문은 '확립된 것부터'라는
말로 표현하고자 한다. 예컨대 표준어나 맞춤법 분야에서는 1988년 개
정에서 본 바처럼 급속한 개정은 불가능하다. 이 말은 이에 관하여는 확
립되어 있다는 것을 의미한다. 따라서 이런 분야는 국가가 관장할 필요
가 없다. 사전편찬에 관하여는 국립국어원은 계속 관장하려는 의사를 보
이고 있으나 이도 완전 민간화로의 방향을 고려해 봄직 하다. 이런 요소
들의 선정이 바로 국가의 몫이다.

4. 방법

민간화를 하는데 저항을 불러오는 이유는 무엇인가? 대체로 교육을
꼽는다. 근대 사회의 형성에 있어서 필요한 표준어 교육이 산업사회로
전환되면서 공통어가 급속도로 형성될 때 사지선다형 문제를 통해서 정
오를 가려내는 형식의 교육이었고 이런 교육의 수혜자들이 미디어를 장
악하고서 경화된 언어규범을 무비판적으로 확대재생산하고 있다는 지적
에 귀 기울일 필요가 있다.

민간화를 위하여 어떻게 하여야 하는가? 이때 문제가 되는 것이 고시
(告示)의 문제이다. 즉 국가가 관여하는 방식인 고시는 또 다른 폐기 고
시나 개정 고시를 부른다. 이런 불합리를 고치기 위해 필자는 두 가지
방식을 제안하는데, 첫째는 정부가 고시한 표준어 규정이나 한글 맞춤법
규정에서 복수 규정의 인정이나 원칙과 준칙으로 나누어 선택의 폭을
넓혀 주는 것이 그 하나이고 둘째는 고시라는 방법 대신 보도자료를 통

해서 널리 알리고 실태조사를 통해 정해진 표준어나 표준발음을 웹사전
에 올리는 방법이다.[40)]

5. 방향

1) 질서 있는 다원주의

민간화는 민간 분야의 우수성을 인정한다는 의미에서 민간 분야의 능
력증진을 요구한다. 또한 둘 이상의 민간 분야의 존재를 함축하므로 다
양성을 전제한다. 아울러 민간 분야의 경쟁에 의한 선택을 의미하므로
이에 따른 질서를 의미한다. 이런 전제를 받아들이는 언어정책을 질서
있는 다원주의(문화관광부, 2004)라 할 수 있으며 국가의지(정용덕, 2001,
Lee, 2004)는 이 관점에 기초하여서 접근할 필요가 있다(문화관광부,
2004). 이 방향 아래서 국가의 역할은 무엇인가? 민간 화한다는 의미는
언어정책으로부터 국가의 자유를 의미하지는 않는다. 국가가 관장해야
할 부문은 여전히 남아 있다. 국가가 관장해야 할 역할 중 가장 중요한
것은 어떤 것을 민간 화할 것인가를 판단하고 결정하는 역할이다. 민간
화한 후 발생되는 갈등의 조절기능은 여전히 국가의 몫이다. 또 민간부
문이 감당하기에는 벅찬 부문(그것이 정치적이든, 경제적이든 간에)은 국가
가 해야 한다. 이런 관점에서 남북분단과 인적 물류 교류문제, 빈도조사,
한글정보화사업 등의 문제는 국가가 관장해야 할 것이다. 아울러 경제적

---

40) 표준어 규정, 맞춤법 규정에서 복수의 표준화는 예를 들어 현재 '수놈'의 경우 '수놈/숫놈'
둘 다 바른 표기로 인정하는 방법과 표기를 '수놈'으로 하고 발음은 [수놈 / 순놈] 두 가지
로 인정하는 방법이 있는데(실태조사 결과 [순놈]이 압도적), 이때 문제가 되는 것이 표준
발음법이고 또 '숫놈' 표기를 추가하자면 표준어 사정 원칙을 고쳐야 한다(이 부분의 기술
은 국립국어원의 어떤 연구원의 지적이며 이에 감사를 표한다).

관점에서는 시장이 형성되지 않았거나 형성되기 어려운 부문, 예컨대 장애인의 언어능력 증진은 역시 국가의 영역이다.

2) 문화의 터전으로서의 언어

나아가야 할 방향이 민간화를 통한 질서 있는 다원주의라면 귀착점은 어디인가? 그것은 문화의 터전으로서의 언어라고 생각한다. 문화는 통제와 통일에서 벗어남에서 시작한다는 명제를 받아들인다면 국가역할은 언어사용자의 능력 증진을 돕는 방향으로 움직인다. 이때 고려할 점은 그리는 미래의 모습이다. 경제적 관점에서 그 미래의 모습에 관해 두 견해가 맞선다. '100년을 내다본다면 한국어는 경쟁력이 없다'는 전제 아래 영어공용화론을 주장하기도 하고(Ohmynews. 2005. 4. 12 보도) 선진국의 경제민족주의가 엄존하는 현상을 지적하며 '줏대 있는 세계화'에(중앙일보. 2005. 4. 8) 기초한 방향을 제시하기도 한다.

경제적 관점이 문화를 빼놓고 수익적 측면에서 논의하는데 비해, 언어학적 견지에서는 언어를 '문화의 터전'이라는 관점으로 본다(최현배. 1995). 일반적으로 '문화는 사회구성원으로서의 인간이 습득하는 모든 능력과 관습의 총체'라고 하는데(서순복, 2006a). 사회구성원으로서의 기초는 언어에서 유래한다(최현배, 1995 ; 허웅, 1974). 즉 언어란 표현을 통한 마음의 즐거움이라는 개인적 차원은 말할 것도 없고 이런 차원을 넘어 사회적 차원에서 기여하는 외부적 가치를 가져다준다(서순복, 2006b). 예를 들어 '특정 공동체나 지역의 매력을 증대시키는 위상가치, 세대를 이어 전통으로 전수되는 유증가치, 인격수양을 위한 교육가치, 공동체 간 교류의 매개체가 되는 가교역할, 창의성과 생산성 증진을 초래하는 유발효과 등을 꼽을 수 있고(서순복, 2006b) 그 대표로 Elizabeth여왕 치하의

Shakespeare와 그 시대의 인물들을 꼽는다. 언어정책이 언어문화를 창출하는 방향으로 나아가면 모방에서 창조로,[41] 우리말을 다양성과 아름다움이 문화산업과 함께하는 길을 찾을 수 있을 것이다.

구체적으로 연극의 관점에서는 연극언어에 대한 검토와 지원이 필요하다. 예컨대, 음성학의 이론은 여러 분야에서 필요하다. 시의 운율, 연극이나 영화의 사투리 대사 등에 필요하므로 영화연극인을 위한 음성학교실 등의 설치 같은 서비스 제공은 어떤가? 사투리 구사에 진짜와 같을 때 극의 효과는 훨씬 증대된다. 또 대중예술의 관점에서는 대중가요용어에도 관심[42]이나 소지역 사투리의 아름다움을 표현하는 방법이 필요하다. 기타 문화상품의 견지에서 한글 디자인이라든가 한글 꼴의 상품화문제 등도 검토해야 한다.

앞서 언급한 바처럼 보다 더 큰 문제는 문화로서의 언어정책에 관한 마인드가 부족하다는 점을 지적할 수 있겠다. 언어에 관련된 인물들의 근거지를 발굴하여 관광지 화하는 방향으로 수익창출 가능한 이벤트를 기획하는 것이다.[43] 마당놀이를 변형시켜 한글마당놀이 등을 개최하여 인물이나 문학과 결부시키는 것이다.[44] 이런 문화로서의 언어정책에 관

---

41) 이와 관련하여 원작의 우수성에 관한 약간의 논쟁이 있다. 예컨대, 애국가 가사 '마르고 닳도록'은 Robert Burns의 A Red, Red Rose의 변형이라는 설이나 진달래꽃은 Ireland의 시인 Yeats의 시의 영향이라는 주장이 그것이다. 그러나 최근의 한류 열풍을 보면 창조의 과정에 시간을 필요로 한다는 의미로 해석할 수 있겠다(고정민 외, 2005).

42) 오래전에 지적된 바처럼 "행여나, 장가갔나 근심하였죠"('행여나'와 '근심하였죠'는 어울리지 않음)와 같은 노랫말 표현이 미리 정제될 필요가 있겠다.

43) 이와 관련하여 언어가 돈이 된다는 보기를 김슬옹의 책에 재미있게 설명하고 있다. 즉 '폭 5m와 가공속도 300m/분 이상의 것'이라는 구절을 상공부는 '폭이 5m이고 최대가공속도 300m/분 이상의 것'으로 해석했고, 회사 쪽은 '폭이 5m 이상이고 최대 가공 속도 300m/분 이상의 것'으로 해석했다. 이 해석으로 10억여 원의 이득이 오갔다고 하는데 결국 토시 하나(와)가 10억여 원인 셈이다(김슬옹, 1999).

44) 영국의 Cheltonham에서는 Book Festival을 연례적으로 개최하여 관광객을 모으고 Shakespeare

한 마인드는 부를 창출하는 산업가치나 주변 비즈니스에 편익을 끼치는 외부경제효과의 창출로 이어질 수도 있다(서순복, 2006b).

제6절 제5장의 결론

우리는 정부의 고시(告示)라는 방법으로 이루어지는 언어정책을 너무나 당연시하고 있다. 이제 국가개입에 의한 언어정책을 질서 있는 다원주의라는 방향으로 재검토할 필요가 있음을 이 글은 주장하였다. 이 주장을 위해 먼저 민간화 논의의 배경을 짚어보았는데 시대의 변천을 약탈국가 시대, 발전국가 시대, 민주국가 시대로 나누었다. 우리의 전통은 약탈국가 시대에 민간의 힘으로 언어규범을 확립한 경험에서 출발한다. 그럼에도 발전국가 시대에 다른 분야와 마찬가지로 국가개입이 일반화되어 언어정책도 정부 개입을 여전히 선호한다. 그 국가 개입은 역사적 소임을 다하여 대부분의 언어정책 분야에는 원칙의 확립이 이루어졌다.

현재의 시대정신은 민주국가 시대인데 이는 국가의 후퇴로 특징지을 수 있다. 민간 화할 필요성은 지난 시절 국가에 의한 언어규범의 통일이 가져다준 후유증이나 그로 인한 갈등과 파생된 여러 문제점에 기인한다. 이를 극복하기 위하여 민간에 맡기는 것인데 이미 국민의 의식 속에 규범으로 확립된 사항부터, 단계적으로 민간 화하는 경우 큰 변화의 충격은 가능성이 없으므로 쉽게 정책변화를 가져올 수 있다. 이는 더 차원 높은 언어정책을 기대하기 위해서이며 민간영역의 자율적 질서에 의해

와 관련만 되면(예컨대, 그의 생가와 세례 받은 곳 등) 상품화한다. 또 Scotland의 Tatoo축제를 문화상품화하는 방식을 살펴볼 필요가 있다.

정책이 형성되었던 우리의 지난 전통의 맥을 잇는 것이다.

이를 통해 각 개인이나 집단, 관련 학회의 장점을 발휘하도록 하여 우리 사회 구성원으로서의 인식과 연대를 한 단계 높일 수 있는 새롭고 풍요로운 언어문화를 창출할 수 있을 것이다. 또한 이는 모방에서 창조로, 문화산업을 가능하게 하는 원동력으로 작용할 것이다. 즉 민간화와 질서 있는 다원주의를 통해 언어정책이 문화의 터전으로서 언어를 지향해야 한다는 것이다.

‖ 제6장 ‖ **한국어의 UN공용어 가능성에 관한 연구**

제1절 머리말

지난 2007년 9월 28일 스위스 제네바에서 열린 세계지식재산권기구 (World Intellectual Property Organization : WIPO) 제43차 총회에서 183개 회원국의 만장일치로 한국어와 포르투갈어가 국제특허협력조약(Patent Coorperation Treaty : PCT) 국제 공개어로 채택되어, **PCT** 국제공개어는 기존의 영어·프랑스어·독일어 등 8개를 포함해 10개로 늘었다. 이러한 중견국가 언어의 도약은 지금까지의 국제의사소통[1] 방식에 상당한 변화 를 예고하기도 한다. 지금의 국제의사소통은 UN 공용어[2]에 의존하는데, UN 공용어는 몇 개 주요한 국가의 언어로 한정된다.

* 이 글은 2009. 11. 26. 한겨레말글연구소에서 발표한 글을 손질한 것이다. 발표하도록 해 준 한겨레말글연구소에 감사드린다. 아울러 아이디어와 자료를 제공해 준 오상현 선생께도 감사드린다.
1) 사회과학 분야에는 영어를 그대로 커뮤니케이션(communication)이라는 용어를 흔히 쓴다. 여기서는 의사소통으로 번역한다.
2) 본문에서 설명하듯이 국제의사소통은 다른 언어공동체로 구성되어 있기에 언어장벽을 수 반한다. 이 언어장벽을 낮추기 위하여 국제기구가 규정하는 언어를 가지게 된다. 이 국제 기구가 UN으로 UN이 규정하는 언어가 UN 공용어이다. 공용어에 대한 개념은 한학성 (2000 : 37~39)에 기댄다. '공용어(official language)란 원래 한 국가 안에 서로 다른 언어 를 사용하는 여러 민족이 살고 있어 서로 의사소통이 원활하게 이루어지지 못할 때나 UN처럼 여러 국가가 모여 만든 국가 간 의사소통을 위해 사용되는 개념이다.

UN의 문제는 창설 당시에 비해 참여국이 늘었음에도 여전히 승전국 위주로 형성된 몇 가지의 기득권이 오히려 갈등 요인이 되고 있고 그 대표적인 것이 UN 공용어라는 지적(오상현, 2009)에 충분히 공감이 간다. UN 공용어는 현재 영어, 프랑스어, 러시아어, 중국어, 스페인어, 아랍어인데, 그 배경을 보면 영어는 UN창설 당시 주요역할을 하였던 미국과 영국의 언어이고, 프랑스 공동체의 언어인 프랑스어와 가장 많은 인구가 사용하는 중국어, 남아메리카에서 주로 사용된 스페인어, 그리고, 막강한 오일달러로 급성장한 중동의 아랍어 등 6가지 언어가 지정되어 있다. 그렇지만, UN과 그 산하기구는 영어와 프랑스어를 중심으로 운영된다.

이들 현재의 UN 공용어 체제는 다음의 논의에서 보듯 국제사회에서 중요한 역할을 하고 있는 국가들(예컨대, 독일, 일본, 이탈리아 등)과 중요한 역할을 할 국가(예컨대, 인도나 브라질 등)를 포괄하지 못하기에3) 조만간 UN 공용어 문제가 논의의 터(場)로 나와야 함을 의미한다. 이미 일본이나 인도는 민간에서든 국가 차원이든 국제의사소통의 방식을 바꾸어 자국어를 UN 공용어에 진입시키려고 노력하고 있다.

---

3) 향후 국제의사소통에 관해서 '2050년의 경우 세계언어 최상층부는 대언어인 중국어, 힌디(인도)어, 영어, 스페인어, 아랍어 등 5 내지 6개 언어로 구성되고 그다음 계층인 광역언어에는 중국어, 아랍어, 말레이·인도네시아어, 영어, 러시아어, 스페인어를 꼽았다. 이러한 지적은 세계의 언어가 힘이 있는 국제어를 중심으로 구성되는 것을 의미하는 것'(박영준, 2003 ; 오상현, 2009에서 재인용)이라고 한다.

제2절 국제의사소통 방식

1. 국제의사소통 방식의 변천과 유형

국제의사소통을 이야기하기 위해서는 우선 의사소통을 이야기하여야 하는데, 후술 하는 포스트모던(Post-modern)의[4] 특징은 의사결정에서 의사소통에 많이 의존하고 또 중요해지기 때문이다(강준만, 2007). 처소(Locus)가 국가 내(內)라면 공적 사안에 대한 서로 다른 견해와 믿음들은 사회 구성원들의 토론을 통해 조정하는(이상철, 2009) 기제가 이미 오래 전에 자리 잡았다. 즉 정치적·사회적 기본 소양으로서의 의사소통은 아주 중요한 민주주의 원칙으로 존중되어야 한다는 전제에 이의를 제기하지 않는다. 의사소통은 모든 인간 행위의 핵심(Littlejohn, 1982 : 244 ; 구현정(2009)에서 재인용)으로 코드화(encode)와 코드해독(decode)으로 이루어진 과정이다.[5]

국제의사소통은 의사소통의 단위를 개인 간의 관계에서 국가 간의 관계로, 그리고 그 환경(communication environment)을 개인으로 구성된 사회에서 국가들로 구성된 국제사회로 변화시킨 것이다. 이때 개인으로 구성된 사회는 일반적으로 같은 언어공동체에 속하기에 언어장벽이 없으나, 국가들로 구성된 국제사회는 서로 다른 언어공동체로 이루어져 있다는 점이다.[6] 여기에서 그 수단이 어떤 언어인가 하는 점이 이슈로 제기된다.

---

4) 포스트모던(Post-modern)을 어떻게 번역해야 하는지에 관한 논의가 필요하리라 생각한다. 여기서는 원어를 그대로 노출시킨다.
5) 의사소통이란 '어떤 이(화자)가 전하고자 하는 내용을 언어기호를 통해 전달되어 다른 어떤 이(청자)가 그 내용을 이해하는 것'을 말한다(구현정, 2009 : 14). 이때 화자는 개념을 말소리로 바꾸게 되는데 이를 코드화(encode)라 하고 청자는 전달된 말소리를 개념으로 되바꾸게 되는데 이를 코드해독(decode)이라 한다.
6) 물론 국가 안에 서로 다른 언어공동체가 있으면 여기도 언어장벽이 존재한다. 특히 문제가 되는 경우는 다문화 사회에서의 진입장벽이다(이광석, 2009).

이를 좀 더 살펴보면 국가와 국가 사이의 의사소통 방식을 통시적 관점에서는 전근대(pre-modern), 근대(modern), 포스트모던(post-modern)의 시기(Lynch & Cruise, 2006)로 나누어 살펴볼 수 있고[7] 공시적 관점에서는 '울타리치기(two-nation)' 방식과 '함께하기(one-nation)' 방식으로 나눌 수 있다.

공시적 관점에서 울타리치기의 사고방식이란 함께하기에 대립되는 개념으로, 계층처럼 어떠한 기준을 중심으로 둘로 때로는 몇몇으로 나누어 차별하는 것을 말한다(Fraser, 1999). 함께하기 방식은 EU와 같은 국제기구에서 언어동등주의로 나타나고(부록의 [표 6-9] 참조), 울타리치기 방식은 UN에서 패권국가 언어중심주의로 나타난다. 'UN은 모든 회원국의 주권평등 원칙에 기초한다'(제2조 제1항)고 선언한다. 이는 함께하기를 받아들이고 울타리치기를 배척함을 의미한다. 그럼에도 공용어를 한정함은 UN 헌장의 태도와 모순되는 사고방식이다. 물론 UN이 EU와는 비교할 수 없도록 규모가 크지만, 지구 상에 존재하는 언어가 6,000여 개가 있는 점을 감안하면 0.1%에 불과한 6개의 UN 공용어로 다양한 삶의 방식이 영위되는 현대세계의 문제들을 해결할 수 있을지는 의문이라는 지적(오상현, 2009)은 들을 만하다.

여기서 같은 언어공동체에서의 의사소통은 언어(학)적 문제로 환원되지만 다른 언어공동체일 경우에는 전혀 다른 양상 - 정치적 갈등과 통합, 제국주의와 동등주의 등 - 을 띤다.[8] 이를 사회과학적인 개념들인 처소(Locus)와 초점(Focus)을 이용하여 틀을 짤 수 있는데 [표 6-1]이 그것이다.

---

7) 이에 관한 자세한 설명은 이광석(2006)을 참조하라.
8) 대표적으로 벨기에이다.
  http://weekly.hankooki.com/lpage/politic/200711/wk2007112813182937050.htm 참조할 것.

[표 6-1] 의사소통의 처소(Locus)와 초점(Focus)

		처소(Locus)	
		국내	국가 간
초점(Focus)	대등 구조	A	C
	2층 구조9)	B	D

여기서 A(처소가 국내로서 대등 구조)는 중심언어와 중심언어 관계로서 스위스에서 볼 수 있고 표준어와 표준어인 관계는 벨기에에서 볼 수 있다. B(처소가 국내로서 2층 구조)는 중심언어와 주변언어 또는 한계언어의 관계로서 영국(영어와 웨일즈어)이나 스페인에서(스페인어와 바스크어) 나타난다. C(처소가 국가 간으로서 대등 구조)는 중심언어와 중심언어 관계로서 영어, 독일어, 프랑스어 간의 관계를 일컫는다.10) D(처소가 국가 간으로서 2층 구조)는 힘이 있는 국제어를 중심으로 구성되는 것을 말하며 여기서 논의하고자 하는 핵심이다. 위에서 의사소통의 방식으로 울타리치기의 방식과 함께하기의 방식으로 나눈 것을 [표 6-1]에 대입하면 울타리치기의 방식은 대등 구조로 표현되며 EU에서 실현되고 있고 함께하기의 방식은 2층 구조로 UN에서 이루어지고 있다. 따라서 UN 방식과 EU 방식을 비교해 보자.

2. UN 방식과 EU 방식

UN은 정부 간 회합이나 문서(intergovernmental meetings and documents)

---

9) 실제로는 다층(多層)구조로 이루어져 있지만 논의의 편의상 2층 구조만을 언급한다.

10) 유럽 국민국가의 중심언어들은 Portuguese, French, English, Danish, Swedish, Dutch, German, Italian 등이고, 표준어로 확립된 주변언어는 Welsh, Icelandic, Finnish, Flemish 등이고, 그렇지 않은 주변언어는 Irish, Basque, Sardinian 등이고, 한계언어들은 Gaelic, Lappish 등이다(Flora, 1999 : 145).

에서 아랍어(Arabic), 중국어(Chinese), 영어, 프랑스어, 러시아어 및 스페인어 등 6개 언어를 사용하고 UN사무국(secretariat)은 실무언어(working languages)로 영어와 프랑스어를 이용한다. 문서는 이들 6개 공용어로 작성되고 출판된다.[11] UN 공용어의 지정절차는 그 지정을 원하는 국가에서 그 나라의 외교부를 통하여 발의하는데 이는 UN 사무국 제5위원회(예산행정 담당)에서 채택되어야 총회에 발의할 수 있다. 제5위원회에서 채택되면 총회로 넘겨서 지지를 의미하는 표결로 채택된다. 즉 이 안건은 총회 결의사항이므로 UN 헌장을 바꿔야 하고 이는 국제현실상 쉽지는 않다. 이 어려움의 기저에는 예산문제 - 모든 문서의 번역 및 동시통역의 비용 문제 - 라는 현실적 제약이 있다. UN 공용어에 진출하고자 하는 국가가 비용을 대는 방식은 세 가지이다. 첫째는 UN이 그 비용을 모두 부담하는 방법이 있다. 둘째는 UN과 그 해당 국가가 비용을 나누어 부담하는 방법이다. 셋째는 그 해당 국가가 그 비용을 부담하는 방법이다. 기득권 국가들의 저항을 줄이기 위해 자기 언어로 번역하는데 드는 비용을(초기에는) 스스로 부담할 수 있도록 하여야 한다. 대체로 각국은 현재에도 UN 대표부에서 자국어로 동시통역하고 있다.[12]

　EU에서의 국제 의사소통은 어떠한가? 이는 EU의 확대 과정과 관련이 있는데 이를 살펴보자. EU에서의 국제 의사소통은 1958년 공동체 공용어 규정에 기초하였는데, 6개국 4개어로 시작하여 1973년 영어와

---

11) http://www.un.org/Depts/DGACM/fag_languages.htm(오상현, 2009에서 재인용)
12) 한국어의 UN 공용어 진출을 논할 때는 오히려 이 방법이 한국어에게 이로움을 줄 수 있다. 이는 기계번역의 활성화로 이어질 것이다. 또 UN 공용어 논의 과정에서나 성공적으로 UN 공용어에 진입했을 때의 그 효과는 국제화가 촉진되어 젊은이가 국제기구나 외부세계로 관심을 돌릴 것이고 이는 청년실업 해소에 이바지할 것이다. 아무쪼록 머리를 맞대어 먼저 UN 공용어 논의의 활성화가 이루어지는 것이 급선무이다.

덴마크어 2개 공용어가 추가되었고 15개 회원국 시대에는 11개 공용어로, 2007년에는 27개국 23개로 증가하였다(부록 [표 6-10] 참조).13) 가입국의 수에 비례해서 공용어의 수도 급속히 늘어난 것이다. 왜 EU는 국제의사소통을 위해 하나의 공용어 체제를 고집하지 않고 다언어주의 정책을 유지하는가? EU 시민이 언어 장벽의 제거와 하나의 공용어 선정이 어렵기 때문이다.14) 그러나 그 비용이 적지 않다. 2005년 기준으로 매년 11억 2,300만 유로가 들며, 이것은 EU의 연간 예산의 1%에 상당하며, 시민 한 명 당 2.28 유로의 부담이 되고 있다(이복남. 2009 ; 오상현. 2009).15) 이런 점에서 보면 EU방식은 국가 간에 상호 교류 가능한 의사소통의 확립과 지역 언어의 생존 가능성을 인정하고 다양한 언어 사용 능력, 공통언어에 대한 이해의 필요성을 이해하는 2층의 언어구조이다.16) 위의 논의를 표를 통해 살펴본 것이 [표 6-2]이다.

---

13) 2007년 6차 확대 이후 회원국 수는 27개 국인데 비해 공용어 수는 23개 어로 그 수가 적은 것은 벨기에의 경우 공용어가 네덜란드어, 독일어, 프랑스어이며, 사이프러스의 경우 대다수가 그리스어를 사용하고 있기 때문이다. 2007년 1월 1일 자로 기존 '조약어' 위상인 아일랜드어(게일어)가 EU 공용어가 되었다. 문자에 있어서 그간 그리스 로마 알파벳에 국한되었던 EU의 기록 문자는 2007년 불가리아의 가입으로 키릴 문자를 더하게 되어 EU의 언어 다양성은 더욱 증대되었다(이복남, 2009).

14) 그 어려움을 이복남(2009)은 다음과 같이 설명한다. EU에서 모어 화자수가 가장 많은 언어는 독일어이지만독일어는 독일과 오스트리아에서만 주로 사용되고 있다. EU 언어로 세계적으로 가장 많은 화자를 갖고 있는 언어는 스페인어와 포르투갈어이지만 그 사용자 대다수가 유럽 밖에 있다. 프랑스어는 EU 3개 회원국의 공용어이고 세계 여러 지역에서 프랑스어를 사용하고 있지만 그 사용자가 주로 유럽 남부와 서부 지역에 치중되어 있다. EU 언어 중 영어는 제1외국어, 제2외국어로 가장 많이 사용되고 있고 EU 시민의 47%가 별 문제 없이 영어를 사용할 수 있다고 한다.

15) EU 시민 일인당 2유로 정도인 통번역비는 커피 한잔 값에 불과하며 예상보다 많은 통번역 비용이 소요되는 것이 아니라는 점을 EU는 지속적으로 홍보하고 있다고 한다(이복남, 2009).

16) 이러한 원칙은 EU 국가의 언어정책이 '모국어+2개 언어' 정책으로 나타나고 EU 공용어가 아닌 유럽 지방어(지역어)·소수언어의 사용 또한 지원한다(이복남, 2009).

[표 6-2] UN 방식과 EU방식의 비교

	UN 방식	EU 방식
특징	울타리치기	함께하기
비용부담	UN	균분
목적	시민의 알 권리나 적극적인 참여보다는 효율적 운영	EU 시민의 알 권리와 능동적이고 적극적인 참여를 충족

UN 방식과 EU방식에 관한 선행연구를 살펴보면 발트3국 사례를 언급한 강량(2009), UN 개혁의 관점에서 바라본 박재영(2007), 박수길(2002), 유엔 안전보장이사회 개혁의 문제를 다룬 김열수(2008)이 있고, 공용어의 관점에서는 강휘원(2008 ; 2009), 오상현(2009), 이복남(2009), 이광석(2009) 등이 있으나 UN 사무총장을 배출한 국가 치고는 상당히 연구가 부진한 실정이다.

제3절 UN 의사소통 방식의 변화 필요성

1. UN의 문제점

오늘날 우리가 알고 있는 UN공용어 성립은 덤버튼 오크스 회합에서 유래한다. 여기에서 새로운 국제기구의 뼈대에 관한 합의가 이루어졌다.[17] 1945년 4월 25일 샌프란시스코 회담에서 세부 문제의 토의를 거쳐 헌장이 기초되었다. 그리고 드디어 6월 26일에는 장장 8시간에 걸쳐 51개국에서 온 2백여 명의 대표들이 5개의 문서에 서명함으로써 UN 헌장 조인이 완료되었다(교육도서편집부. 1989). 이 헌장 제 111조에 의하여

---

17) 새로운 국제기구는 모든 회원국이 참여하는 총회와, 강대국을 핵심으로 하여 평화와 안전 보장에 책임을 지는 안전 보장이사회로 이루어지게 됨을 의미한다.

UN의 공용어가 5개 국어로 확정된 것이다.

중요한 것은 회원국 자격문제에 있는데, 1945년 3월 1일까지 추축국 (樞軸國)에 대해 선전을 포고한 국가는 UN 가입의 자격이 있는 것으로 했다. 추축국이 일본, 독일, 이탈리아라는 사실은 이들 국가의 언어가 UN 공용어로 진출하는데 상당한 걸림돌로 작용한다. 그러나 현실적으로는 UN의 운영과 재정 분담에서 이들 국가를 무시할 수 없다(부록의 [표 6-18] 참조). 즉 현실적으로는 이들 국가의 도움이 필요하고, UN의 설립 정신으로는 그렇지 않다는 점은 UN의 새로운 질서를 요구한다는 사실이다. 같은 관점에서 전후 세계질서의 종식의 의미는 추축국(일본, 독일, 이탈리아)과 전승국(G-5)의 화해를 의미한다. 즉 추축국이 UN을 주도적으로 이끌고 있다는 현실은 UN 개혁의 필요성을 의미하고 이는 오래전부터 제기되어온 터라 더 이상의 언급은 췌언일 것이다.[18] UN 개혁의 필요성은 UN의 헌장의 효력이 실효되었음을 의미한다.[19] 따라서 UN 개혁에 관한 논의가 지속적으로 이슈화할 것이다. 이 기회가 추축국의 언어를 포함하여 UN 공용어 화대의 논의가 적절한 시기이다.

2. 경제적 관점에서의 UN 개혁의 필요성

경제적 측면을 고려하면, 선진 7개국(G-7)이 주도하던 시절에서 주요 20개국(G-20)으로의 확대는 지난 반세기의 질서가 근본적으로 바뀌었다는 것을 의미한다. 먼저 경제 규모의 변화를 보자.

---

18) 이에 관해 자세한 것은 박재영(2007)을 참고하라.
19) 그 예로 제3조 회원 조항이나 12장 신탁통치 이사회 등이 그것이다.

[표 6-3] 경제규모의 변화

Indicator	25 : Market share(goods and services)											
Statistical measure	1 : Current prices, current exchange rates											
Time	1970	1980	1990	2000	2001	2002	2003	2004	2005	2006	2007	2008
Country												
Australia	1.49	1.11	1.17	1.13	1.04	1.01	1.01	1.08	1.16	1.09	..	..
Austria	1.17	1.18	1.41	1.1	1.19	1.25	1.32	1.31	1.26	1.22	..	..
Belgium	3.5	3.05	3.19	2.45	2.54	2.56	2.67	2.64	2.52	2.33	..	..
Canada	5.03	3.25	3.41	4.12	4.03	3.75	3.51	3.34	3.32	3.1	..	..
Czech Republic	..	..	0.3	0.45	0.52	0.56	0.6	0.67	0.7	0.73	..	..
Denmark	1.22	1	1.14	0.93	0.98	1.01	1.02	0.97	0.98	0.96	..	..
Finland	0.71	0.71	0.71	0.66	0.67	0.67	0.67	0.66	0.63	0.63	..	..
France	6.04	6.26	5.99	4.73	4.87	4.86	4.89	4.64	4.33	4.07	..	..
Germany	8.99	8.01	9.63	7.91	8.51	8.86	9.25	9.22	8.83	8.79	..	..
Greece	0.31	0.54	0.37	0.39	0.41	0.38	0.42	0.44	0.41	0.39	..	..
Hungary	..	..	..	0.43	0.49	0.52	0.54	0.57	0.57	0.59	..	..
Iceland	0.06	0.05	0.05	0.04	0.04	0.04	0.04	0.04	0.04	0.04	..	..
Ireland	0.06	0.42	0.61	1.18	1.35	1.42	1.4	1.36	1.27	1.17	..	..
Italy	4.52	4.16	4.93	3.7	3.91	3.85	3.93	3.84	3.57	3.46	..	..
Japan	5.75	6.23	7.17	6.39	5.59	5.47	5.39	5.37	5.05	4.71	..	..
Korea	0.32	0.88	1.67	2.6	2.35	2.37	2.45	2.62	2.59	2.57	..	..
Luxembourg	0.35	0.23	0.29	0.38	0.38	0.39	0.42	0.44	0.45	0.47	..	..
Mexico	0.81	1.13	1.11	2.24	2.22	2.14	1.89	1.77	1.78	1.79	..	..
Netherlands	4.14	4.07	3.77	3.37	3.48	3.45	3.6	3.55	3.42	3.29	..	..
New Zealand	0.37	0.29	0.27	0.23	0.24	0.24	0.25	0.25	0.24	0.21	..	..
Norway	1.22	1.19	1.07	0.98	1.01	0.97	0.96	0.95	1.04	1.05	..	..
Poland	..	..	0.38	0.58	0.67	0.7	0.77	0.83	0.87	0.92	..	..
Portugal	0.41	0.31	0.53	0.42	0.43	0.44	0.47	0.45	0.41	0.41	..	..
Slovak Republic	..	..	..	0.18	0.2	0.21	0.27	0.28	0.28	0.32	..	..
Spain	1.3	1.43	1.9	2.1	2.25	2.3	2.47	2.37	2.25	2.14	..	..
Sweden	2.25	1.7	1.69	1.43	1.35	1.36	1.45	1.45	1.38	1.35	..	..
Switzerland	1.88	1.7	1.96	1.45	1.51	1.52	1.52	1.47	1.41	1.36	..	..
Turkey	0.2	0.16	0.45	0.6	0.63	0.66	0.7	0.76	0.77	0.76	..	..
United Kingdom	7.22	6.26	5.38	5.05	5.08	5.09	4.95	4.79	4.6	4.57	..	..
United States	15.64	12.09	12.51	13.67	13.35	12.36	11.05	10.36	10.13	9.83	..	..

출처 : OECD 통계(2009)

위 표를 근거로 언어권 별로 살펴보자. 우선 영어권 국가는 오스트레

일리아(1.49→1.09), 뉴질란드(0.37→0.21), 캐나다(5.03→3.1), 영국(7.22
→4.57), 미국(15.64→9.83)이다. 이들 국가의 위상(오스트레일리아, 뉴질란
드, 캐나다, 영국, 미국의 숫자 합계)은 1970년의 29.75에서 2006년도에
18.80으로 추락하였다. 여기에 프랑스도 6.04에서 4.07로 추락하였다.
독일의 경우는 8.99에서 8.79로 대체로 그 수준을 유지하였다. 또 이탈
리아는 4.52에서 3.46으로 추락한 반면, 한국은 0.32에서 2.57로, 터키
는 0.2에서 0.76으로 상승하였다. 이 도표가 의미하는 바는 영어권의 경
제적 지위가 내려앉기에 그 영향력이 쇠퇴함을 알 수 있다.

이제는 국가별로 GDP의 변화만 살펴보자(계산식은 각국의 GDP/세계의
GDP).[20] 먼저 브라질의 경우는 1970년과 2007년을 비교해 보면 경제
규모의 차이가 확연하다. 반면 독일의 경우는 큰 차이를 보이지 아니한
다. 이는 이탈리아도 같은 현상을 보이는데 유럽권 국가의 경우는 벌써
1970년대에 세계 경제의 지도국의 대열에 진입했음을 보여준다.

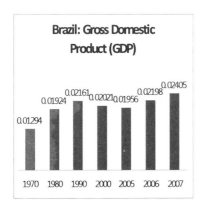

[그림 6-1] 브라질의 GDP

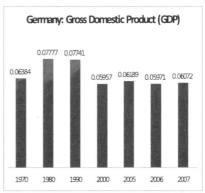

[그림 6-2] 독일의 GDP

---

20) 자료는 UN 자료이다.

이제는 한국과 터키의 변화(즉 세계의 GDP 중에서 차지하는 비율의 변화)를 보이면 아래 표가 된다. [그림 6-3]은 한국의 GDP의 변화이고 [그림 6-4]는 터키의 GDP의 변화이다.

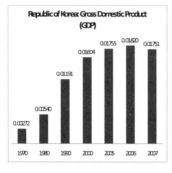

[그림 6-3] 한국의 GDP

[그림 6-4] 터키의 GDP

반면 미국의 경우, 세계 GDP 몫에서 비중이 상당히 후퇴했음을 보여주는 것이 아래 [그림 6-5]이다.

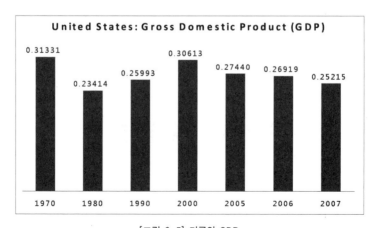

[그림 6-5] 미국의 GDP

3. UN의 구질서와 새로운 질서

지금 UN에는 UN 개혁의 문제가 화두로 등장한다. UN의 개혁은 냉전의 종식과 함께 그동안 내재해 있던 문제가 자연스레 표면화되었다.[21] 이미 UN의 세력판도에 중대한 변화가 일어나 일국 일표주의에 따르는 수적 우세를 바탕으로 한 개발도상국과 정규예산 분담률 2위와 3위를 차지한 일본과 독일의 약진(2차대전에서의 패전국이라는 멍에에도 불구하고), 그리고 국력신장에 기대어 UN에서 점차적으로 역할을 확대해 가는 중견국가(Middle Power)들은 UN에 새로운 질서의 목소리를 내고 있다(박재영, 2007 : 366). 그중 안전보장이사회의 개편이 핵심인데, 일본을 비롯하여 상임이사국 진출을 노리는 나라들(통칭하여 G-4 : 일본, 독일, 인도, 브라질)과 이에 대해 유보적이거나 반대의 태도를 갖는 한국을 비롯한 중견국가(스페인, 파키스탄, 아르헨티나, 캐나다 등의 국가들로 Coffee Club이라고도 함. 박재영, 2007 : 375)의 이해관계의 불일치로 개혁안은 좌초된 경험을 갖고 있다.

앞서 보았듯이 사회·문화적 관점에서도 UN은 6개 공용어가 형식적으로 동등한 효력을 가진다고 선언하고 있음에도(UN 헌장 제111조 참조), 그 산하 기구인 UNESCO에서는 6개 언어 모두가 동등한 효력을 갖지 않고 영어 프랑스어 2개가 공식 언어이다(UNESCO 헌장 제14조 제1항 참조). 이는 비록 UNESCO가 언어 동등성이나 언어 다양성을 주제로 내세우지만 그 실천에서는 울타리치기의 방식인 지역적 불평등을 용인하고 있다고 보아야 한다. 그러나 인적 교류나 이민이 활발한 오늘날에는 UNESCO 헌장 제14조 제1항의 의미가 퇴색될 수밖에 없다.

---

21) 이에 대한 자세한 논의는 박재영(2007)을 참조하라.

이상에서 본 바처럼 UN은 이제 새 판을 짜야한다. 더욱 UN의 재정 문제가 심각함은 이미 널리 알려진 사실이다(비록 공식적인 발표를 하지 않아 자료가 없으나). 이는 UN의 개편 논의가 예상외로 빨리 전면에 등장할 수 있고 이는 UN 공용어의 확대를 이슈화하기에 좋은 기회임을 의미하고 따라서 그 대책이 시급히 논의되어야 함을 의미한다. 대체로 UN 개편의 방향은 UN 체제 개편과 UN 공용어 개편으로 나누어질 수 있다. 지금까지의 UN 개혁의 걸어온 길을 정리한 것을 표로 보이면 아래 [표 6-4]가 된다.

[표 6-4] 구질서와 새로운 질서

기본 변수	구질서	중간의 개혁		신질서	어디로
회원국	50		지속적 재정 위기와 그 해결의 필요성	198	① 다수의 참여 ② 전승국과 전범국의 화해 ③ 개도국의 역할 확대 ④ UN 개편의 두 방향(상임이사국 진입국가와 공용어)의 필요성
상임 이사국	5개 전승국	① 구질서 유지 ② 석유 위기로 아랍의 국제적 위상 확대 ③ 아랍어 UN 공용어 지위 획득 ④ 그 의미는 비(非)알파벳 국가 언어의 진입		확대 방안 논의	
전범국	재정분담 증가			재정 분담과 아울러 권한 확대 요구	
개도국	권한 없음			다수표를 앞세워 권한 확대 요구	
공용어	5개 공용어 체제			6개 공용어 체제 개편	

4. UN 방식의 변화에 동참할 수 있는 언어들

UN 방식의 변화에 동참할 수 있는 언어들을 논의하기 전에 UN 공용어를 비롯한 주요 언어들의 영향력을 살펴보자. 이에 관해서 연구된 바는 적으나, 어떤 형태로든 모어(母語) 사용자의 수치가 높을 뿐만 아니라 국제적 영향력,[22] 국제적 인지도, 사용되는 국가수와 지역안배의 차원, 경제력이라는 다섯 가지의 조건이 잘 부합되어야 한다(오상현, 2009). 이들 기본 변수에 더하여, 때로는 하위 변수를 추출하여 그 영향력의 근거로 삼는다. 이를 표로 보이면 아래 [표 6-5]가 된다.

[표 6-5] 추출된 변수

기본 변수	하위 변수	참고할 부록의 표
모어 사용자의 수	–	[표 6-11]
국제적 영향력	인터넷 인구상으로 본 언어	[표 6-12]
	노벨 문학상 수상작	[표 6-13]
	언어별 서적출판 비율	[표 6-14]
국제적 인지도	국제 공개어 채택여부	[표 6-15]
	개발원조국위원회 (Development Assist Committee) 가입 여부	–
사용되는 국가수와 지역안배의 차원	–	[표 6-16]
경제력	GDP	[표 6-17]
	UN 분담금	[표 6-18]
이민	–	[표 6-19]

먼저 모어(母語) 사용자의 수를 보면 중국어가 1위이고 힌디어, 스페인어 등이 그 뒤를 따르고 있다(부록의 [표 6-11] 참조). 이 기준에 따르면 주요 20개국 언어 중 힌디어, 포르투갈어, 일본어, 독일어, 한국어 등이 UN 공용어에 포함될 만한 언어들이다.

이어서 둘째 기준, 즉 국제적 영향력을 살펴보자. 이에 대한 하위 변

---

22) 통상적으로 외국인들이 모어 외의 다른 언어를 배우게 되는 동기는 '필요성' 때문이라고 말할 수 있다. 예컨대, 취직 또는 사업을 하기 위해, 학문을 하기 위한 이유 등을 들 수 있다. 이는 자연스레 그 국가의 영향력과 직결되는데 국가가 미치는 영향력이 증대될수록 그 국가가 사용하는 언어 습득의 필요성 또한 이에 비례하여 높아질 것임을 쉽게 예측할 수 있다.

수는 인터넷 인구상으로 본 언어 순위, 노벨 문학상 수상작 언어, 언어별 서적출판 비율이다(오상현, 2009). 인터넷 인구상으로 본 언어 순위를 매기면, 영어는 35.20%를 차지할 정도로 막강하다. 한편 한국어의 경우는 인터넷 인구상으로 본 언어 순위는 약 3천백만 명으로 3.90%를 차지한다(오상현, 2009). 한편 지난 100여 년의 세월 동안 노벨 문학상을 수상한 작품 집필원고의 언어별 통계를 보면, UN 공용어로 쓴 작품이 56편인데 비해서, 비공용어로 쓴 작품은 48편에 이른다. 이 중에 영어로 된 작품은 25편에 불과하다(오상현, 2009). 이는 지금의 UN 공용어의 정당성에 상당한 의문을 제기하는데 지금의 UN 공용어가 세계 언어분포 표면을 충분히 대표하지 못하고 더욱더 확장하여야 한다는 근거가 된다. 이어서 언어별 서적출판 비율을 짚어 보기로 하자. 앞서 예를 든 인도는 힌디어 소프트웨어, 사전 그리고 기타 교육용 자재들을 재외공관에 공급하고 16개의 주요 힌디어 잡지들이 100여 개의 재외공관에 의해 구독되도록 하였다. 이는 서적이나 출판권이 중요시됨을 나타낸다. 부록의 [표 6-14]를 보면, 언어별 서적출판 비율에서도 UN 공용어로 지정된 언어들은 60.7%에 불과하다[영어(28.0%), 중국어(13.3%), 프랑스어(7.7%), 스페인어(6.7%), 러시아어(4.7%)].

이상의 논의에서 둘째 기준에 따라서도 UN 공용어의 문호를 넓혀 이른바 주요 20개국의 언어들[독일어, 이탈리아어, 한국어, 일본어, 인도어, 포르투갈어(브라질), 터키어 등]에게 UN 공용어로 인정할 수 있는 근거를 찾을 수 있다.

셋째 기준 즉 국제적 인지도에 관해 살펴보자. 그 구체적 지표는 국제 공개어 채택여부와 개발원조국 위원회(Development Assist Committee) 가입 여부이다. 지금까지 국제특허 협력조약에 따른 국제 공개어는 UN 공

용어 6개 언어와 독일어 및 일본어였다. 2007년 제43차 총회에서 한국어
와 포르투갈어가 추가됨으로써 국제 공개어는 10개 언어로 늘어났다(부
록의 [표 6-15] 참조). 이는 UN 공용어를 함께하기 방식으로 나아가게 하
는 데에 지침이 될 만한 사건이다. 또 다른 국제적 인지도의 기준은 개
발원조국(Development Assist Committee) 여부이다. DAC에 속하는 국가
는 국제 사회의 지도국이라 할 수 있고 이들 국가의 언어들은 고려의 대
상이 된다고 하겠다.

이제는 사용되는 국가수와 지역안배의 차원이라는 기본 변수를 살펴보
기로 하자. 현재 UN 공용어는 2개 이상의 대륙에 걸쳐 있거나 다수 국
가가 사용하는 언어이다(부록의 [표 6-16] 참조). 이 기준에 따르면 포르투
갈어가 가장 근접해 있는 언어로 보인다. 이 기준에는 독일어, 이태리어,
힌디어, 마인어, 터키어, 일본어, 한국어 등은 제한된 분포도를 보이고 이
들 언어(한국어 포함)의 UN 공용어 진출에 많은 시사점을 줄 수 있다.

다음은 경제력을 살펴보자. 이에는 GDP와 UN 분담금을 하위 변수로
할 수 있겠다. 먼저 GDP를 살펴보자. 부록의 [표 6-17]을 보면 UN 비
공용어 국가인 일본, 독일, 이탈리아, 브라질 등이 10위권에 포진해 있고,
인디아, 한국, 터키 등이 뒤따른다. 이어서 분담액의 비율순위를 살펴보
자(부록의 [표 6-18] 참조). GDP와 마찬가지로 UN 비공용어 국가인 일본,
독일, 이탈리아, 네덜란드, 브라질 등이 상위권에 포진해 있다. 이 기준에
의해서도 UN의 울타리치기 국제의사소통 방식은 문제가 많다.

마지막 기준으로 이민을 살펴보자. 부록의 [표 6-19]에서 보듯이 이
주민의 인구가 가장 많은 국가인 미국(3천 6백만 명)과 영국, 캐나다, 타
이완, 스페인 등은 UN공용어 국가이기에 논의의 대상에서 제외하고 이
주민의 인구가 100만 명 이상으로 UN 공용어가 아닌 국가를 보면 독

일, 네덜란드, 쿠웨이트, 사우디아라비아, 일본, 이탈리아, 한국 등의 언어는 UN공용어로 논의될만한 가치가 있다.

이상 논의한 바를 정리하면 영어를 모어(母語)로 하는 말하는 사람은 3억 5000만 명, 공용어로 영어로 말하는 사람은 14억 명으로, UN 및 각 국제기구에서 압도적으로 많이 쓰이는 최상층의 언어는 영어이다. 그러나 [표 6-5]의 추출된 변수와 부록의 표를 기준으로, GDP 수치나 이민의 기준으로는, UN 공용어를 쓰는 국가와 자그마한 차이를 보인다고 할 수 있으나 UN 공용어로 진출해 봄직한 언어들은 대체로 이른바 주요 20개국의 언어들[독일어, 이탈리아어, 한국어, 일본어, 인도어, 포르투갈어(브라질), 터키어 등]과 일치한다고 할 수 있다.

앞서 언급한 국제 현실은 점차 UN에 개혁이 필요하다는 쪽으로 움직이고 있고(박재영, 2007) 이 기회를 UN 공용어의 확대로 물꼬를 틀 경우에 가장 강력한 대안은 현실적으로 주요 20개국(G-20)의 언어이다.[23] 따라서 주요 20개국의 언어를 짚어 보자. 다음의 [표 6-6]은 이를 나타낸다.

[표 6-6] 주요 20개국(G-20)의 언어

		언 어	사 용 국 가	비 고
유엔공	1	영어	미국, 영국, 캐나다, 인도, 호주, 남아공	① 주요 20개국은 전 세계 인구의 2/3와 전세계 생산의 90%, 교역의 80%를 차지한다.[24]

---

23) 주요 20개국(G-20)은 선진 7개국(G-7 : 미국, 일본, 영국, 독일, 프랑스, 캐나다, 이태리 ; 또는 러시아를 포함한 이름은 G-8을 확대·개편한 세계경제 협의기구로서 선진·신흥경제 20개국 재무장관 및 중앙은행 총재회의를 의미한다. 한국, 중국, 인도, 아르헨티나, 브라질, 멕시코, 러시아, 터키, 호주, 남아프리카공화국, 사우디아라비아 등 11개 주요 신흥시장국이 첫 회의 때 회원국으로 결정되었고 이후 인도네시아가 추가로 회원국이 되었다. 여기에 유럽연합(EU) 의장국이 들어가 모두 20개국이 된다. 그리고 국제기구로 IMF(국제통화기금), IBRD(세계은행), ECB(유럽중앙은행)이 참여한다(오상현, 2009).

	2	프랑스어	프랑스
용어	3	스페인어	아르헨티나, 멕시코
	4	러시아어	러시아
	5	중국어	중국
	6	아랍어	사우디아라비아
非공용어	7	독일어	독일
	8	포르투갈어	브라질
	9	이태리어	이탈리아
	10	힌디어	인도
	11	마인어	인도네시아
	12	터키어	터키
	13	일본어	일본
	14	한국어	한국(＋재외한국인동포 포함) (남북한 공동 인구 총수 7,800만 명)

② 주요 20개국 중에서 UN 非공용어 국의 인구는 아래와 같다.
인도(1,147,995,898)
인도네시아(237,512,355)
브라질(191,908,598)
일본(127,288,419)
멕시코(109,955,400)
독일(82,369,548)
터키(71,892,807)
이탈리아(58,145,321)
총합(2,105,068,346)[25]

출처 : 오상현(2009) 수정, 보완

[표 6-6]에서 영어, 프랑스어, 스페인어, 러시아어, 중국어, 아랍어는 이미 UN 공용어이기에 이슈가 되는 언어들은 독일어, 포르투갈어, 이태리어, 힌디어, 마인어, 터키어, 일본어, 한국어 등이다. 이들이 차지하는 국제 비중은 [표 6-3]에 나타난 국가(독일 [오스트리아], 이탈리아, 일본, 한국, 터키, 포르투갈, 멕시코)만 보아도 23.71%이다. 이는 UN이 당면한 문제를 해결하는데 이들 나라의 도움 없이는 어렵다는 것을 의미한다. 따라서 UN이 공용어를 넓히는 아량이 필요하다고 생각한다. 이러한 이유로 사용되는 국가 수를 늘리고 지역적으로 고루 분포되도록 주요 선진국은 자국어의 전파와 안배에 많은 신경을 쓴다.[26] 이를 요약한 것이

24) http://blog.naver.com/yychae1214/10045148635
25) http://kr.ks.yahoo.com/service/ques_reply/ques_view.html?dnum=KAK&qnum=5839883. 2008년 7월 자료이다.

[표 6-7]에 있다.

[표 6-7] 자국어 보급 현황(2007년 현재)

구분		개설 국가 수	보급 시설 수	2006년도 예산
국가	기관 명칭			
프랑스	알리앙스 프랑세즈	136개국	1,074개소	독립채산제에 따른 유료 교육
영국	브리티시 카운슬	110개국	238개소	9,200억원
독일	괴테 인스티튜트	79개국	147개소	2,700억원
일본	일본어 국제센터	10개국	122개소	438억원
중국	공자학원	52개국	140개소	250억원
한국	세종학당	6개국	16개소	8억6천5백만원

출처 : 국립국어원(2007)
주) 한국의 통계는 2009년임.

제4절 UN 의사소통 방식의 변화와 한국어의 가능성

한편 한국어는 어떠한가? 한국어는 지리적 분포로 보면, 한반도를 중심으로 한 한정된 지역에서 사용되는 언어이고 공용어(公用語)로 이용하는 사람 수나 모어(母語)로 이용하는 사람 수가 비슷하며 약 7천8백만으로 집계된다. 인터넷 인구상으로 본 언어 순위는 약 3천1백만 명으로 3.90%를 차지한다(부록의 [표 6-12] 참조). 이른바 주요 20개국의 언어들[27] 중에도 한국어는 우선순위가 밀리는 언어이다. 그러나 가능성을 중심으로 살펴보기로 하자.

---

26) 중앙일보(2009. 3. 17) 보도에 따르면 우리 정부도 세종학당을 '문화를 통한 대한민국 국가 브랜딩' 사업으로 추진한다고 한다. 이 정책도 같은 취지이다.
27) 기타 지역 안배의 차원에서 아프리카 언어를 넣어야 한다고 주장한다(오상현, 2009). 아프리카 언어 중 아랍어, 영어, 프랑스는 이미 UN 공용어로 채택되었고, 아마도 스와힐리어 정도가 고려될 수 있을 것이다. 그러나 그 영향력이 너무 미약해 가능성이 작아 보인다.

한국어가 더 많이 사용될 가능성이 있는가? 공용어나 표준어로서의 사용 외에도, 재외동포나 한국계로서 외국에 거주한 이민 1세대는 물론이고 2세대나 3세대의 경우 거주하는 국가의 언어와 함께 한국어를 사용하는 경우가 많기 때문에, 여기에 초점을 맞추어야 한다(재외동포 현황은 부록의 [표 6-20]과 [표 6-21]에 정리되어 있다). 거주 자격별 재외동포 현황을 보면 외국 국적자만을 기준으로 하여서 중국이 1,923,329명이고 이어서 미국이 1,003,429명, 독립국가연합은 526,774명이다. 따라서 독립국가 연합의 중요성을 한 눈에 알 수 있다. 그 의미는 중국, 미국, 일본에 이어서 4위를 차지하고, 앞의 세 나라에서의 한국어가 크게 증가하기 어려운데 비해, 독립국가연합의 한국어 전파 가능성은 상당히 높다는 것을 의미한다. 그동안 이에 관해 소극적 접근을 벗어버리고 이제는 적극적 접근이 필요하다고 생각한다.

이를 위해 필요한 것은 무엇인가? 한국어 사용 인구수의 증대를 위한 방법이 세종학당(King Sejong Institute)의 운영이다. 정부 방침은 2010년까지 한글학교, 세종학당, 한국교육원, 한국문화원 등의 명칭을 단일 브랜드인 '세종학당'으로 통합하고 현재 17개인 해외 세종학당을 2012년까지 60개로 확대하기로 했다. 그러나 이 방침도 부족하다. 한국어를 UN공용어로서 지정하기 위해서 우선, 한글의 현재의 상황과 지위에 대해서 파악할 필요가 있다. 이를 가능한 한 [표 6-5]의 기준에 따라 살펴본다. 먼저 모어 사용자의 수치를 보자. 현재 한국어를 사용하는 국가 혹은 지역 및 인구는 다음과 같다.

이를 보았을 때, 현재 한국어를 국가단위 공용어 혹은 표준으로 지정하여 사용하는 곳은 대한민국과 조선민주주의인민공화국, 중화인민공화국 3곳이라고 할 수 있다. 이 외에도 일부 소수 중앙아시아 국가들에게

서 한국어를 사용하는 경우도 있다. 공용어나 표준어로 한국어를 사용하
는 인구 순위는 12위를 차지하고 있다(부록의 [표 6-11] 참조).

[표 6-8] 한국어를 모어로 사용하는 인구

국가 / 자치구	구분	사용인구(어림값)
대한민국	국가	4900만
조선민주주의인민공화국	국가	2400만
창바이 조선족 자치현(중국)	자치구	1만
옌볜 조선족 자치주(중국)	자치구	85만
합계		7400만

출처 : 위키백과 참조 후 가공

다음으로 국제적 영향력과 인지도 중에서 인터넷이나 서적, 국제공개
어 하위 변수는 이미 언급하였듯이, 어느 정도의 위상은 이미 확보하고
있다고 할 수 있다. 다만 노벨문학상은 아직 받지 못했다는 점이 아
쉽게 느껴진다.

다음은 경제력을 고려해 보자. 현재의 한국의 상황을 수치로 보자면,
경제력의 표준지표라 할 수 있는 전체GDP는 $1조 2,010억, 1인당 GDP
는 추산 $26,940, 실질 $19,637로, 전체GDP 순위는 세계 13위이고 실질
1인당 GDP 순위는 28위이다. UN 분담률을 살펴보면, 경제규모가 증가
함에 따라 분담률 수준은 점차적으로 증가해 왔다. 2000년까지 분담률
수준은 1.006%로 전체 회원국 가운데 16위였으나 2001년에는 1.318%,
2002년에는 1.866%, 2003년에는 1.851%, 2007-9년도는 2.173%(UN 회
원국 가운데 11위)로 지속적으로 상승해 오고 있다(김지영, 2009). 이를 도
표로 나타낸 것이 다음 [그림 6-6]이다.

앞서 언급한 UN 공용어의 지정절차에서 각국 정부의 발의에서 시작

함을 지적하였다. 이는 한국어를 UN공용어로 만들기 위해서 한국 정부의 역할이 중요함을 의미한다. 하지만 이 문제에 대한 한국 정부의 관심과 열의가 현저히 떨어진다.28) 그러나 우리에게 기회가 찾아왔고 그 기회를 주요 20개국(G-20) 회의에서 찾는다. 그 회의의 의제 중의 하나로 UN 공용어 문제를 이슈화하려고 노력하여야 한다. 이를 위해 뜻이 있는 사람들의 도움을 받아 서명운동을 하는 등의 방법을 통해 한국 정부가 이를 받아들이도록 할 필요가 있다.

[그림 6-6] UN정규예산 분담률 변화 추이

출처 : www.index.go.kr

국외로 눈을 돌리면, 국제사회에서 한국어의 영향력을 인정받을 수 있는 노력을 해야 한다. 국제사회에서의 영향력은 경제력에 의한 순위나 국가 간의 친밀도로 결정되기도 하지만, 이러한 경제력과 군사력을 잘 활용할 수 있는 외교력이 뒷받침되어야 한다. 이는 UN 활동의 적극화,

---

28) 필자가 이 글을 쓰려고 관련 공무원 및 전직 공무원과의 인터뷰를 하였다. 그 결론은 이런 문제에 전혀 관심이 없고 '안 되는 일'로 여기고 있었다.

즉 대한민국이 국제문제의 해결에 한 축을 담당하는 주요한 국가가 되어야 한다는 것을 의미한다. 구체적 방법으로는 첫째, 한국의 경제적 지위에 걸맞은 UN분담금을 납부한다(부록의 [표 6-18] 참조. 한국은 UN 분담금 종합 기준으로 납부순위가 19위이다). 경제 규모가 한국의 4분의 1인 아르헨티나와 비슷한 수준이며, 이마저도 체납을 면치 못하고 있다. 이렇듯 경제순위에 어울리지 않게 저개발국가와 UN에 대한 지원이 부족한 상황에서 한국어의 UN 공용어화를 섣불리 주장할 수 없다. 따라서 경제 수준에 맞는 적극적 UN 활동이 필요하다. 둘째, 대한민국이라는 국가가 어떤 국가인지 국제사회에 알려, 대한민국이라는 브랜드의 인지도를 높일 필요가 있다. UN 공용어를 사용하는 국가는 상임이사국이나 강대국을 떠나, 그들의 국가에 대한 인지도부터가 높으며, 대다수는 호의적인 이미지를 가지고 있다. 한국도 국제사회에서 호의적인 이미지를 떠올릴 수 있도록 하는 정부차원의 외교적 노력이 필요하다. 셋째, 독일이나 일본어가 UN 공용어가 되기 어려움은 독일과 일본이 제2차 세계대전의 전범국이라는 데 있다. 이와는 반대로, 한국어를 사용하는 국가는 한반도와 중국에 한정되나 대한민국은 다른 나라를 침공하거나 전쟁을 일으킨 전례가 거의 없으므로 한국어를 평화의 언어로 인식하도록 하여야 한다. UN이 세계평화를 지향하는 만큼, 한국어가 평화의 언어로 인류에게 인식된다면, 한국어가 UN의 공용어가 되는 일은 더 이상 꿈이 아니게 될 수 있다.

덧붙여, 한국어를 비롯한 몇몇의 언어가 UN 공용어에 채택되기 위해서는 진출 희망국끼리의 국제연대가 가장 필요하다. 예를 들어 앞서 언급했듯이 일본·독일과 같이 경제적 지위에 걸맞게 UN과 국제사회에 기여하는 국가들에 대해서 그들 국가 언어의 UN공용어화를 지지해준다면, 주요 20개국에 속하는 다른 나라들이 자기언어의 UN공용어화에 대한 논의가 지금보다 더 활발해질 것이다. 즉 그들 국가의 언어를 우선적으로 UN 공용어에 추가함으로써, 나중에 다른 언어(주요 20개국의 언어)를 추가하는데 대해서 거부감을 줄일 수도 있을 것이다.[29) G-4(일본, 독일, 인도, 브라질)와 중견국가(박재영, 2007 : 375)의 이해관계의 불일치로 개혁안이 좌초되었음은 이미 기술하였다. 이것이 시사하는 바는 한국어가 UN 공용어가 되기 위한 전략으로 UN 상임이사국과 UN 공용어의 분리를 통한 UN 공용어 진출을 고려할 수 있다는 점이다. 즉 G-4의 요구를 일부 들어주는 대신에 UN 공용어에 관해서는 주요 20개국 국가들의 요구를 수용하는 교환방식의 협상이 가능하리라 본다. 또 하나의 협력 방안은 국제 공개어에 채택된 언어들을 사용하는 국가들의 연합을 생각해 볼 수도 있다.

제5절 마무리

이 글은 한국이 국제사회에서 차지하는 비중이 높아져 UN 사무총장을 배출한 이 시대에 발맞추어, 영어 공용화가 논의의 중심이 되고 있는 언어정책의 방향을 한국어를 국제사회에 진출시키는 문제에 대하여 논의하였다. 이는 영어 하나만의 외국어 정책을 지양하고 다른 외국어의 중요성도 아우르는 방법이 되리라 생각한다. 이런 논의의 전초로서 국제 의사소통이 중요하고 그렇게 하기 위해서는 국제 의사소통의 기초를

---

29) 다만 이들 국가의 지지는 무조건적인 지지보다는 후에 한국어의 UN 공용어화 시에 그들 국가의 지지를 얻는다는 약속이 전제되어야 할 것이다.

UN 공용어를 넘어 중견국가인 주요 20개국의 언어까지 포괄해야 한다고 주장하였다. 그렇게 함으로써 국제사회의 일원으로 공헌할 수 있는 국가 수를 늘리고 현실적으로 국제사회에 통용되는 현상을 반영하여 이른바 함께하기를 실현하는 기회를 주어야 한다고 주장하였다. UN 공용어의 확대는 더 많은 나라들의 언어에서 함께하기의 정신을 실현할 수 있을 것이고 한국어도 그중 하나의 국제의사소통의 기초로 UN공용어가 되어야 하고 이를 위한 조건을 논의해 보았다. 이는 먼 미래의 이상이기는 하나 UN 개편의 급물살이 다가 올 때 UN공용어 확대도 급물살을 탈 수 있고, 그 논의를 위하여 충분히 준비하여야 한다.

부록

[표 6-9] EU에서 결의한 언어동등성에 대한 의제 및 결의사항

연 도	의제 및 결의사항	구 체 내 용
1981	Council of Europe에서 Arfe Resolution 채택	지역언어문화와 소수민족의 권리를 보호하기 위한 결의
1987	Kuijpers Resolution 채택	유럽에서의 소수언어보호의 방향성을 결정
1990	Organization for Security and Co-operation in Europe(OSCE)에서 Charter for a New Europe 채택	가맹국가 내에 거주하고 있는 소수민족의 민족적인 아이덴티티와 함께 언어적 아이덴티티도 보호해야 한다고 결의
1992	Council of Europe에서 European Charter for Regional or Minority Languages 채택	지역 또는 소규모 언어들의 보호를 위한 국제협약
1993	Treaty of European Union(1992년에 마스트리히트에서 서명한 것을 1993년에 발효한 조약)	가맹국의 문화적 다양성과 언어적 다양성을 긍정하는 記述이 존재, EU가 소수민족의 언어권을 존중하고 있다고 평가할 수 있는 중요한 요소
1999	Council of Europe에서 2001년을 유럽언어의 해(European Year of Languages)로 선언	가맹국 국민의 언어권의 보호와 유럽의 언어적 문화유산의 보호를 제창한 것. 이 제창에 따라서 유럽의 다문화언어의 추진과 다언어사회에서의 언어교육에 관해서 전유럽적인 기획과 각국별로 독자적인 기획이 실시.
2000	Nice 정상회담에서 Charter of Fundamental Rights of European Union 채택	헌장 제22조를 통해 언어의 다양성 존중을 선언하고 언어와 관련된 모든 차별 금지.
2007	Lisbon 조약에 Charter of Fundamental Rights of European Union을 헌법안 2장에 편입	헌법안 1장 3조를 개정하여 '문화, 언어 다양성 존중'으로 '언어'라는 용어 추가

출처 : 오상현(2009), 이상규(2008), 이복남(2009) 종합

[표 6-10] 2007년 1월 1일 이후 EU 23개 공용어 및 공식약호

지정 연도	공용어수	EU 공용어 및 EU 공용어 약호
1958	4	네덜란드어(NL) 독일어(DE) 프랑스어(FR) 이탈리아어(IT)
1973	6	덴마크어(DA) 영어(EN)
1981	7	그리스어(EL)
1986	9	포르투갈어(PT) 스페인어(ES)
1995	11	핀란드어(FI) 스웨덴어(SV)
2004.5.1	20	에스토니아어(ET) 체코어(CS) 리투아니아어(LT) 헝가리어(HU) 라트비아어(LV) 몰타어(MT) 폴란드어(PL) 슬로바키아어(SK) 슬로베니아어(SL)
2007.1.1	23	아일랜드어(GA) 루마니아어(RO) 불가리아어(BG)
가입후보국	3	크로아티아어 마케도니아어 터키어

출처 : 이복남(2009)

[표 6-11] 모어 사용자의 수치로 본 언어

순위	언어	모어 사용자(단위 : 100만)	비율(단위 : %)
1	중국어(표준 중국어)	874	16
2	힌디어	366	6
3	스페인어	358	6
4	영어	341	6
5	벵골어	207	3
6	포르투갈어	176	3
7	아랍어	175	3
8	러시아어	167	3
9	일본어	125	2
10	독일어	100	2
11	자바어	84.6	1.5
12	한국어	78	1.5

출처 : 테라링구아, 2002년, 『에스노로그』 제14판(www.unesco.or.kr에서 재인용).
자바어 출처는 http://ko.wikipedia.org/wiki/%EC%9E%90%EB%B0%94%EC%96%B4
그리고 국립국어원(2009)임.

[표 6-12] 인터넷 사용인구 순위

순위	언어	이용자	전체인구에 대한 비율(%)	인구수 (백만명)	비고
1	영어	295.4	35.2	508	*
2	중국어	110.0	13.7	874	*
3	스페인어	72.0	9.0	350	*
4	일본어	67.1	8.4	125	
5	독일어	55.3	6.9	100	
6	프랑스어	33.9	4.2	77	*
7	한국어	31.3	3.9	78	
8	이태리어	30.4	3.3	62	
9	포르투갈어	24.4	3.1	176	
10	말레이어	14.2	1.8	229	

주1) UN 공용어인 아랍어와 러시아어는 통계자료에 없음.
주2) 기준일은 2004년 9월임.
주3) 비고의 *표시는 UN 공용어 표시임.
출처 : 2004년도 Global Reach의 통계를 오상현(2009)에서 재인용함.

[표 6-13] 노벨 문학상 수상작 언어별 분류표(1901~2008)

		영어	불어	서어	노어
UN 공용어	56편	25	14	10	5
		아랍어	중국어		
		1	1		
非공용어 (유럽어)	44편	독어	이태리어	폴란드어	덴마크어
		12	6	4	3
		포르투갈어	체코어	히브리어	헝가리어
		1	1	1	1
		오크어	크로아티어	그리스어	이디시어
		1	1	1	1
		스웨덴어	노르웨이어	핀란드어	아이슬란드어
		6	3	1	1
非공용어 (非유럽어)	4편	일본어	벵골어	터키어	
		2	1	1	

출처 : 오상현(2009)

[표 6-14] 언어별 서적출판 비율(단위 : %)

순위	언어	비율	순위	언어	비율
1	영어	28.0	8	포르투갈어	4.5
2	중국어	13.3	9	한국어	4.4
3	독일어	11.8	10	이태리어	4.0
4	프랑스어	7.7	11	네덜란드어	2.4
5	스페인어	6.7	12	스웨덴어	1.6
6	일본어	5.1	13	기타	5.8
7	러시아어	4.7			

출처 : 오상현(2009)

[표 6-15] UN 공용어와 국제 공개어 채택

No.	언어	UN 공용어 채택	국제 공개어 채택	비고
1	영어	*	*	
2	프랑스어	*	*	
3	러시아어	*	*	
4	스페인어	*	*	
5	중국어	*	*	
6	아랍어	* (1973년 채택)	*	
7	독일어		*	
8	일본어		*	
9	포르투갈어		*	2007년 채택
10	한국어		*	2007년 채택

출처 : 오상현(2009)

[표 6-16] 사용되는 국가수와 지역 안배의 사용언어

언 어	사 용 국 가	대륙 분포
영어	미국, 영국, 캐나다, 인도, 호주, 남아공	6개 대륙
프랑스어	프랑스, 프랑스 공동체 소속 일부 국가	유럽, 아프리카, 오세아니아
스페인어	스페인어는 스페인, 멕시코, 콜롬비아, 아르헨티나, 페루, 베네주엘라, 칠레, 쿠바, 에콰도르, 도미니카, 과테말라, 온두라스, 볼리비아, 니카라과, 코스타리카, 푸에르토 리코, 우루과이, 파라과이, 아이티, 필리핀 등에서 모국어로 사용하며 미국, 브라질, 프랑스 등에서도 사용.	유럽, 아메리카, 아시아
러시아어	러시아	유럽, 아시아
중국어	중국	아시아, 기타 대륙
아랍어	사우디 아라비아, 이라크, 오만, 예멘, 아랍 에미레이트, 카타르, 쿠웨이트, 바레인, 시리아, 레바논, 팔레스타인, 요르단, 이집트, 리비아, 튀니지, 알제리, 모로코, 수단, 모리타니아, 소말리아, 지부티 등의 공용어로 약 3억 명 정도가 사용.	아시아, 아프리카
독일어	독일, 오스트리아	유럽
포르투갈어	포르투갈, 브라질	유럽, 아메리카
이태리어	이탈리아	유럽
힌디어	인디아	아시아
마인어	인도네시아	아시아
터키어	터키	아시아
일본어	일본	아시아
한국어	한국(+재외한국인동포 포함) (남북한 공동 인구 총수 7,800만 명)	아시아

여기서의 대륙 분포 기준은 제1유형(모국어), 제2유형(가정과 지역에서 쓰는 언어)으로만 한정.
출처 : 오상현(2009) 수정, 보완.

[표 6-17] 각국의 Gross domestic product(2008년 기준)

Ranking	Economy	(millions of US dollars)
1	United States	14,204,332
2	Japan	4,909,272
3	China	4,326,187
4	Germany	3,652,824
5	France	2,853,062
6	United Kingdom	2,645,593
7	Italy	2,293,008
8	Brazil	1,612,539
9	Russian Federation	1,607,816
10	Spain	1,604,174
11	Canada	1,400,091
12	India	1,217,490
13	Mexico	1,085,951
14	Australia	1,015,217
15	Korea, rep	929,121
16	Netherlands	860,336
17	Turkey	794,228
18	Poland	526,966
19	Indonesia	514,389
20	Belgium	497,586
21	Switzerland	488,470
22	Sweden	480,021
23	Saudi Arabia	467,601
24	Norway	449,996
25	Austria	416,380

World Development Indicators database, World Bank, 7 October 2009.

[표 6-18] UN 분담률 순위

순위	의무분담금				사업분담금 (02-06)	분담금 종합
	UN 정규(07-09)		PKO(07-09)			
1	미국	22.000%	미국	25.9624%	미국	미국
2	일본	16.624%	일본	16.6240%	영국	일본
3	독일	8.577%	독일	8.5770%	일본	영국
4	영국	6.642%	영국	7.8383%	네덜란드	독일
5	프랑스	6.301%	프랑스	7.4359%	노르웨이	이태리
6	이태리	5.079%	이태리	5.0790%	스웨덴	네덜란드
7	캐나다	2.977%	중국	3.1474%	캐나다	프랑스
8	스페인	2.968%	캐나다	2.9770%	이태리	캐나다
9	중국	2.716%	스페인	2.9680%	UAE	노르웨이
10	멕시코	2.257%	한국	2.1730%	독일	스웨덴
11	한국	2.173%	네덜란드	1.8730%	브라질	UAE
12	네덜란드	1.873%	호주	1.7870%	호주	브라질
13	호주	1.787%	러시아	1.4161%	덴마크	호주
14	스위스	1.216%	스위스	1.2160%	프랑스	덴마크
15	러시아	1.200%	벨기에	1.1020%	아르헨티나	스위스
16	벨기에	1.102%	스웨덴	1.0710%	스위스	스페인
17	스웨덴	1.071%	오스트리아	0.8870%	벨기에	벨기에
18	브라질	0.893%	노르웨이	0.7820%	이스라엘	중국
19	오스트리아	0.887%	덴마크	0.7390%	페루	한국
20	노르웨이	0.782%	핀랜드	0.5640%	핀랜드	아르헨티나
	덴마크	0.739%		0.739%		
	핀란드	0.564%		0.564%		
	아일랜드	0.445%		0.445%		
	싱가폴	0.347%		0.321%		
29					한국	

출처 : 외교통상부

[표 6-19] 국가별 이주 노동자 현황

Nation	Total Population	Immigrant People	Migrant Workers
Hong Kong	6,940,432	290,000	225,310
Singapore	4,017,700	754,500	612,000
Austria	8,192,800	770,200	362,300
New Zealand	4,076,100	793,300	372,300
Belgium	10,379,000	858,800	427,700
Republic of Korea	49,130,000	1,000,254	358,167
Switzerland	7,523,900	1,057,300	817,300
Sweden	9,016,500	1,082,900	216,000
Spain	40,397,800	1,588,900	1,076,700
Netherlands	16,491,400	1,764,500	299,400
Japan	127,463,600	1,912,600	192,100
Kuwait	2,992,000	1,999,800	1,175,000
Italy	58,133,500	2,219,000	1,479,400
United Kingdom	60,609,100	2,929,900	1,445,000
France	60,876,000	3,409,000	1,537,600
Twain	23,086,087	3,639,974	336,945
Australia	20,264,000	4,620,200	2,524,100
Canada	33,098,900	5,448,400	3,150,800
Germany	82,422,200	7,325,000	3,701,000
Saudi Arabia	27,019,731	9,006,577	5,637,947
United States	298,444,200	36,410,100	21,985,200

출처 : www.withee.or.kr

[표 6-20] 재외동포현황 총계

연도별 지역별	2005	2007	2009	백분율(%)	전년비 증감율(%)
아주지역	3,590,411	4,040,376	3,710,553	54,39	-8.16
일 본	901,284 (284,840)	893,740 (296,168)	912,655 (320,657)	13.38	2.12
중 국	2,439,395	2,762,160	2,336,771 (1,923,329)	34.25	-15.40
기 타	249,732	384,476	461,127	6.76	19.94
미주지역	2,392,828	2,341,163	2,432,634	35.65	3.91
미 국	2,087,496	2,016,911	2,102,283	30.81	4.23
캐나다	198,170	216,628	223,322	3.27	3.09
중남미	107,162	107,624	107,029	1.57	-0.55
구주지역	640,276	645,252	655,843	9.61	1.64
독립국가연합	532,697	533,976	537,889	7.88	0.73
유 럽	107,579	111,276	117,954	1.73	6.00
중 동 지 역	6,923	9,440	13,999	0.20	48.29
아프리카지역	7,900	8,485	9,577	0.14	12.87
총 계	6,638,338	7,044,716	6,822,606	100	-3.15

출처 : 외교통상부

[표 6-21] 거주 자격별 재외동포 현황

자격별 지역별	재 외 국 민				시민권자 (외국국적)	총 계
	계	영주권자	일반체류자	유학생		
아 주	1,434896	539,004	723,226	172,666	2,275,657	3,710,553
일본	591,998	486,471	78,414	27,113	320,657	912,655
중국	413,442	3,526	350,955	58,921	1,923,329	2,336,771
기타	429,456	49,007	293,817	86,632	31,671	461,127
미 주	1,297,523	656,223	512,901	128,399	1,135,111	2,432,634
미국	1,098,854	524,084	469,528	105,242	1,003,429	2,102,283
캐나다	124,462	80,705	21,508	22,249	98,860	223,322
중남미	74,207	51,434	21,865	908	32,822	107,029
구 주	114,264	22,505	50,579	41,180	541,579	655,843
독립국가연합	11,115	454	8,080	2,581	526,774	537,889
유 럽	103,149	22,051	42,499	38,599	14,805	117,954
중 동	13,878	515	12,943	420	121	13,999
아프리카	9,360	1,314	6,813	1,233	217	9,577
총 계	2,869,921	1,219,561	1,306,462	343,898	3,952,685	6,822,606

출처 : 외교통상부

제3부

국어정책의 전개에서의
새로운 제도와 새로운 접근

‖ 제7장 ‖ 국어발전기금제도의 도입

제1절 머리말

언어는 세계를 내다보게 해 주고 앎을 가능하게 해 주는 도구이다. 이집트 상형문자를 해독하는 방법을 찾았기에 피라미드가 왜 그렇게 웅장하였고 장례절차가 어떠했으며 그 시대 사람들은 어떻게 살았는지를 알 수 있었다. 언어학자들의 논의에 따르면 언어 행위는 개인적 창의성의 측면과 사회적 약속의 측면을 동시에 포함하고 있는데, 이 둘 사이의 관계를 어떻게 정립해야 하는가에 대해 논의해 왔다(Kibbee, 1998 : 1 ; 조태린, 2009에서 재인용). 우선 언어의 사회적 약속의 측면을 어떻게 이행할 것인가에 대해 단순히 관습으로 남겨두는 방식에서부터 국가가 개입하여 표준을 정하는 방식 등이 있고(이광석, 2006a), 이들 사이에서 고민하는 모습이 언어정책의 전형이라 할 수 있다. 현재 언어학자들이 이야기하듯이 언어생활의 1차적 목적은 의사소통이라고 한다면, 아래에서 보여주는 공공언어가 언어공동체에서 의사소통이 가능한가라는 문제부터 질문해야 한다. 이 글은 의사소통을 저해하는 모습을 보인다면 국가는 무엇을 해야 할 것인가 하는 담론에 관심을 둔다. 국가개입의 모습은 우리나라의 공공언어에서 찾을 수 있다. 남영신(2010)은 공공언어를 주체, 대상, 매개체, 성격 등의 세 측면에서 정의할 수 있다고 보았다. 주체의 측면에서는 공무원과 공무원에 준하는 사람이 일반인이 듣거나 보는 것을 전제로 함을 말하고, 대상의 측면에서는 일반인이 보거나 들을 것을 전제로 하여 사용하는 언어나 특별한 노력이 없이도 일반인이 보거나 들을 수 있도록 사용하는 언어(거리 간판, 현수막, 홍보 포스터 등), 매개체의 측면에서는 사용하는 언어(정부 문서 및 자료, 법령, 판결문, 보고서, 보도자료, 게시문, 안내문, 설명문, 홍보문, 민원서류 양식 등)를 제시한다.[1] 이 공공언어의 개념은 후술할 국어발전기금의 부담금의 대상을 결정짓는 중요한 개념으로 이 영역에 대해서만 이 글이 논의하는 범위와 대상이 된다.

　이 글은 현재 우리 국어에서 나타나는 폴란드와 비슷한 갈등을 해결하기 위하여 새로운 제안 즉 국어 아닌 외래요소를 사용하려는 욕구를 인정하는 대신 이를 사회적 규제의 하나인 기금을 창설하고 사용에 어떤 형태로든 부담금을 부과하여 해결하려는 제안을 담은 것이다.

---

1) 남영신(2010)은 공공언어의 성격을 덧붙여 논의하는데 이는 규범적 측면과 실증적 측면을 혼동한 듯하다. 참고로 공공언어의 성격은 ① 규범성, ② 나이, 성별, 교육 정도, 하는 일, 관심 분야 등이 매우 다양한 국민을 대상으로 하는 언어를 의미하는 보편성, ③ 공공기관이 국민들에게 해야 할 의무를 표현하는 언어를 의미하는 책임성, ④ 공공기관의 언어는 공익을 기반으로 공익적 판단에 따르므로 특정 계층이나 집단에게 유리하거나 우호적인 표현 또는 불리하거나 적대적인 표현을 사용해서는 안 된다는 의미의 공정성, ⑤ 민주국가에서는 국민의 알 권리보다 더 소중한 가치가 없기 때문에 특별히 비밀에 부쳐야 할 사항이 아니라면 공공언어는 사실을 사실대로 말하는 언어가 되어야 한다는 의미에서 정보성, ⑥ 품위유지를 들고 있다.

제2절 국어의 현황과 위기

　세계는 지금 언어 문제로 몸살을 앓고 있다. 예루살렘의 간판(영어, 아라비아어, 헤브류어), 뉴질랜드의 간판(영어, 마오리어), 퀘벡의 간판, 웨일즈의 거리 간판 등이 논쟁의 중심에 섰다. 간판에 어느 언어를 넣느냐는 지엽적인 지역의 문제일지 모르나 이러한 언어의 이슈는 중요한 갈등의 원천이 되고 있다(Spolsky, 2004 : 1).[2] 언어로 인한 폭동은 1960년과 1972년의 아샘(Assam) 지역, 1956년과 1958년의 스리랑카(Sri Lanka), 1966년의 모리타니아, 1972년의 하이데라바드, 1994년의 방갈로(Bangalore) 등 수없이 많다. 대표적으로 익히 알려진 보기는 벨기에이다. 벨기에 남북 간 언어격차는 경제 격차가 심화됨에 따라 지역 반목을 심화시켰다. 벨기에 정부는 뿌리 깊은 남과 북의 문화 차이를 수용하기 위해 1970년 이후 네 차례에 걸친 개헌을 통해 지방자치를 확대하는 개혁을 단행했지만 첨예하게 대립한 지역 갈등은 좀처럼 해소되지 않고 있다. 한 정치인은 "벨기에에서 왈롱인과 플라망인이 함께 살지만 벨기에인은 없다"고 한탄한 적도 있다(서울신문, 2010. 6. 15 ; pressian, 2007. 9. 6 참조).

[그림 7-1] 벨기에 언어권

---

2) 이 부분의 기술은 계속해서 Spolsky(2004)에 기댄다.

최근에 폴란드의 새 「국어법」 제정은 언어정책의 중요성을 시사하는
또 다른 보기이다.³⁾ 그러나 이 법률의 제정은 폴란드와 유럽연합(EU) 사
이에서 갈등, 즉 언어정책이 국내에서의 문제를 뛰어넘는 국제적 문제로
나타났다.⁴⁾ 그럼에도 이 정책이 통용되는 이유는 후술할 언어의 초국가
현상에 기초한다. 글의 순서는 먼저 흔히 말하는 국어의 위기부터 시작한
다. 국어는 대한민국의 공공언어를 지칭하는 것으로 공공언어는 그 국가
나 사회에서 통용되는 공용어로 정의된다(남영신, 2010). 공공언어는 영어
의 official language의 뒤침(translation)으로⁵⁾ 관료어(bureaucratise)와 행

---

3) 폴란드는 탈냉전 이후 봇물 터지듯 밀려드는 영어에 맞서 폴란드어의 순수성을 지키기 위해
   새로운 국어법을 제정했다. 8일부터 시행에 들어간 이 법은 폴란드에서 팔리는 모든 상품에
   폴란드어 상표를 붙이고, 이미 일상생활에 뿌리내린 낯익은 영어 광고문안에도 폴란드어 설
   명문을 달도록 의무화했다. 이를 위반하는 업체에 대해선 최고 1200달러의 벌금이나, 문제
   가 된 상품의 판매금지 처분을 받도록 규정했다. 지금까지 폴란드 내 외국기업들은 폴란드
   기업들과 계약할 때는 그때 그때 서로 편한 언어를 사용했다. 그러나 지난해 7월 폴란드 하
   원은 1989년 공산주의 몰락 이후 문호를 개방하자 영어와 프랑스어 등이 밀고 들어와 폴란
   드어를 몰아내고 있다며 폴란드어의 순수성을 지킬 새 국어법을 마련했다. 새 국어법은 폴
   란드에서 활동하는 외국 기업은 폴란드어를 쓰도록 했다. 폴란드에서 팔리는 모든 외국 상
   품에도 폴란드어로 표기한 상표를 의무적으로 붙이도록 했다. 광고문구 등에도 폴란드어로
   번역된 내용을 실어야 한다. 위반하면 벌금이 부과되거나 위반한 상품은 판매금지 처분을
   받게 된다. 경쟁 및 소비자 보호국의 엘즈비에타 오스트로브스카 부국장은 기업 이름까지
   폴란드어로 바꿀 필요는 없지만 '조이스틱'이나 '티셔츠'같은 제품 이름은 폴란드어로 번역해
   쓰거나, 아니면 진열대에서 치워버려야 한다고 말했다(한겨레신문, 2000. 5. 12).
4) "바르샤바 시내에 영어간판만 넘쳐 난다. 폴란드에서는 폴란드어만 써야 한다." "무슨 말씀.
   그러면 영국제 위스키 '조니 워커'나 스위스제 만년필 '몽블랑'도 모두 폴란드어로 표기해야
   한다는 것인가." 폴란드가 자국 내에서의 폴란드어 사용을 강화하는 새 국어법을 제정해 9
   일부터 시행하자 유럽연합(EU) 국가들이 반발하고 있다. 폴란드의 새 국어법은 폴란드에서
   영업중인 외국기업들도 모든 행정 법률 기술 관련 문서를 작성할 때 폴란드어만을 사용하
   도록 규정했다. EU는 10일 폴란드의 새 국어법이 외국기업의 활동을 제한한다며 이를 비
   관세 장벽으로 간주한다고 밝혔다. 폴란드가 새 국어법을 곧 개정하지 않으면 EU 회원국에
   서 활동 중인 폴란드 기업들에 '상응하는 보복'을 가할 것이라고 경고했다. 이 같은 EU의
   경고는 EU에 가입신청을 해놓은 폴란드에 적지 않은 부담을 줄 것으로 보인다고 AFP통신
   이 11일 전했다. 폴란드의 '모국어 사랑'이 EU 회원국들의 등쌀에 얼마나 견뎌낼지 관심이
   다(동아일보, 2000. 5. 12).
5) 예컨대, 국제연합(UN)은 공용어(official language)를 정부 간 회합이나 문서(intergovernmental

정언어(governmentalese), 실무언어(working language)와 차별화된다. 또한 법률용어(legal terms)를 비롯한 전문용어와도 구별되어야 한다.[6] 여기에서 는 국어의 위기를 살펴보기로 하는데 먼저 이글의 분석의 틀을 보자.

1. 분석의 틀

위기는 전환점(turning point)으로 발전하여(Lee, 2004 ; 유훈, 2009), 정 책변동을 가져온다(crisis-induced policy change).[7] 위기가 전환점(turning point)으로 발전하여 정책변동을 가져오는 과정은 무시(disregard)에서 시작하여 관심(attention)으로, '체계적-직접적' 형태로 진행해 간다. 이 를 이 글의 분석의 틀로 삼고자 하는데 사회과학에서만 이 이론이 일반 화되어 있다. 간단히 설명하면 관심(attention)은 정부가 더 이상 그 쟁 점 및 문제를 무시하지 않는 상태를 일컫는다. 그러나 그 관심이 반드 시 긍정적(positive)인 형태를 취하는 것은 아니며, 특히 관심 표명의 초기에 그것은 부정적(negative)인 형태를 취할 수도 있다. 부정적 관심 에는 두 가지 형태가 있을 수 있다. 하나는 억압(repression)이고, 다른 하나는 무의사결정(non-decision)이다. 억압은 국가 엘리트의 기득권이나 그 기득권을 수호하는 제도에 도전하거나 도전할 가능성이 있는 사회

---

meetings and documents)에서 사용되는 언어로 국제연합(UN)이 정한 공용어 지정절차를 거 친 언어들을 말한다. 이들은 아랍어(Arabic), 중국어(Chinese), 영어, 프랑스어, 러시아어 및 스페인어 등 6개 언어이다. 실무언어(working languages)는 UN사무국(secretariat)에서 이용하 는 언어로 영어와 프랑스어를 말한다.

6) 이는 차후 이에 관한 전문적 연구가 나와야 함을 의미하는데 이 글은 이의 필요성을 언급 하는데 그치고자 한다.

7) 이러한 예는 1987년 하반기부터 1988년에 걸친 한국의 토지투기와 지가의 앙등이 택지소 유상한제, 개발이익환수제 및 토지초과이득세로 구체화된 토지공개념 정책의 도입이 대표 적이다(유훈, 2009).

쟁점, 문제 및 사회집단을 억압적 법이나 물리적 강제력을 동원하여 억누르는 국가 반응의 형태이다. 무의사결정은 그러한 쟁점·문제·집단 등을 주로 편견의 동원을 통해 정부의 정책의제에서 배제하는 국가개입의 형태이다.

긍정적 관심에는 간접적(indirect)인 형태와 직접적(direct)인 형태가 있을 수 있다. 이 두 형태는 사회문제에 대한 국가의 긍정적 정책이 해당 문제 및 관련 사회집단을 직접적으로 다루고 있느냐의 여부에 의해 구분된다. 즉, 특정 정책이 해당 문제와 집단을 직접적인 대상으로 하고 있다면, 이는 직접적 형태라 할 수 있다. 한편, 하나의 정책이 해당 문제와 집단을 직접적인 대상으로 하고 있지는 않지만, 그것들과 관련을 지니고 간접적이나마 긍정적 효과를 내는 경우에는, 그 정책은 간접적 형태라 볼 수 있다.

다음 범주인 체계적(systematic) 정책과 비체계적(unsystematic) 정책의 구분은 직접적 형태에서 좀 더 세부적 정책 발전을 기술한다. 해당 문제와 집단을 직접적인 대상으로 하는 특정 정책 수단이 정밀하면서도 포괄적인 규정에 기반을 두고 집행될 때 이를 체계적-직접적 정책이라 한다. 반면, 대상으로 하는 문제와 집단을 직접적으로 다루긴 하지만, 불완전하거나 불분명한 원칙 하에서 수행될 때 이를 비체계적-직접적 정책이라 부른다. 두 정책 유형 간의 주된 구분 기준은 그 직접적 정책이 법적 기반 위에서 집행되는가 아니면 임시적(ad-hoc) 기반 위에서 집행되는가 하는 것이다. 관심의 보기는 국어책임관 제도의 출현이고 체계적-직접적 형태는 국어발전기금이라는 관점에 선다.

2. 위기의 조짐

국어의 위기는 전통적으로는 국어에 대한 가치 인식의 변화에서 왔다. 한자나 한문의 숭상은 이미 수없이 지적되었고 그 위치를 이제는 영어가 차지한 것이 그 대표적이라 할 수 있다. 여기에서의 초점은 오늘날의 위기는 영어 공용화 논쟁에서 보듯이[8] 국어와 영어와의 관계가 정립되지 않은 데에서 출발한다. 이는 단순한 언어문제가 아니라 경제문제로 비화한다. 예컨대, "한국에서 서비스산업이 잘 육성되지 않는 것은 언어문제 때문이며 만약 공용화론이 이뤄지지 않으면 한국의 IT·서비스산업은 국제시장에 들어갈 수 없을 것"이라고 전망하기도 했다. 뿐만 아니라 "앞으로 100년을 내다본다면 한국어는 경쟁력이 없다"고 한다.[9]

이런 견해와 같은 맥락에서 한국과학기술원(KAIST)에서 보는 바처럼 '전면 영어 강의' 제도로 나타난다.[10] 이에 대해 비판적인 태도를 보자. 프레시언 보도를 보면 "영어 강의 제도는 교육에 얼마나 효과적인지는 입증되지 않았을 뿐만 아니라 교수와 학생 간 인간적 접촉을 단절해 버리는 부작용을 낳고 있다. 이런 부작용에도 대학교에서는 지속적으로 영

---

8) 이에 관하여 잘 정리된 글로서는 한학성(2000)을 참고하라.
9) 2005. 4. 12. 서울 프라자호텔 별관에서 개최된 LG경제연구원 창립 19주년 세미나에서 이성용 베인&컴퍼니 한국지사 대표의 주장이다.
10) 그 근거는 언어적 장벽은 큰 손실로 작용할 수 있으며 세계적인 석학들이 대부분 영어 논문을 발표·토론하고 있기 때문에 그들과 의사소통이 불가능하면 그만큼 이 분야에서 소외될 수밖에 없다고 설명한다. 이에 반대하는 견해는 "영어 강의는 마치 수학 시간에 영어 공부를 하는 것과 마찬가지"라며 "영어 공부는 영어 시간에 함으로써 학생들이 제대로 배워야 한다"고 주장했다. 또한 영어능력은 오랜 시간 노력을 해야 일정 수준에 오를 수 있는데, 일정 수준 준비가 되지 않은 학생들에게 전 과목 영어 강의는 '체계적인 고문'에 지나지 않는다. 이를 종합하면 KAIST의 어느 교수의 주장처럼 영어 강의의 필요성을 인정하면서도 전 과목 영어 강의를 통한 득과 실을 따지기가 쉽지 않다. 그렇지만 대학원에 진학해 연구로 세계 경쟁에 뛰어들려면 연구에 걸림돌이 되지 않을 만큼 토익 900점 이상은 갖출 필요가 있다고 한다(Pressian, 2011. 4. 11).

어 수업 비중을 늘려가는 추세로 신규임용교원에게 영어 강의를 의무화하고 영어로 강의를 진행하는 교원에게는 평가업적 가점 등 인센티브를 주며 영어 강의를 독려하고 있다. 영어 강의는 '글로벌화'의 상징으로 받아들인다(Pressian. 2010. 3. 19 ; 2011. 4. 11)."11) 이 인용문은 영어에 대한 전체적인 반대로 읽힐 수 있다. 그러나 모두를 무조건 반대할 이유는 없다. 영어 강의를 의무화하는 것이 문제인 것은 영어강의를 할 필요가 없음에도 영어강의를 하기 때문이다. 예컨대, 한국인 학생들에게 한국어 교재를 두고 하는 강의일 경우가 문제이지, 외국학생들에게 외국어로 된 교재로 강의한다고 생각해 보라. 따라서 어떤 경우에서의 영어교육인가가 문제이고, 영어에 대한 부드러운 접근이 필요하다.

오히려 문제 되는 것은 관공서와 대학가의 언어파괴 현상과 영어, 외래어 남용이 문제로 이는 심각한 수준이라고 한다. 그 몇몇 보기를 살펴본다.

'2007 컬러풀 대구 페스티벌' 행사 일정 가운데 ①대구의 지명인 동성로를 이용한 표현에 '동성로 D/B/G다', '동성로가 美 / 親 / 多' 등 시민들이 생소한 프로그램명을 이해하지 못해 한참 동안 고개를 갸우뚱거려야 했다. ②세부행사 명칭도 토털 비주얼 아트 쇼, 매직 버블 쇼 등으로 외래어 일색이며 컬러풀 석고 마임과 컬러풀 가요제, 신천 컬러숲 등 억지로 갖다 붙인 느낌이 드는 명칭의 프로그램도 많았다. ③또 매년 5월께 열리는 대구약령시 한방문화축제의 주제로는 2005년 '東醫寶路 Since

11) 예컨대, 프랑스에서 박사 학위를 받아도 영어 강의를 해야 하고 온갖 부작용에도 2010년 1학기 현재 영어 강의 비율은 전체 강의에서 10~20퍼센트를 차지했던 2007년 2학기와 비교해 보면 곱절은 늘었다. 어느 대학교의 경우, 영어 강의 비율이 60퍼센트에 달한다고 한다 (Pressian, 2011. 4. 11).

1658', 2006년 '한방웰빙로드 2006'에 이어 2007년에는 '대한민국 한방허브-웰빙로드 2007'이란 국적불명의 문구를 내걸었다.

이 같은 현상은 민간과 대학가 행사 및 사업에도 파급되고 있는데, ① 대구 월드컵경기장에서 열릴 예정인 2007년 대구세계애견산업엑스포는 'Life Partner!, Life Culture!'란 문법에도 어긋난 영문 문구를 주제로 내세우고 있다. ② 2007년 우방타워에서 열린 테디베어 전시전의 이름은 'Teddy & Friends'였고 2007년 3월 경북대 미술관에서 열린 전시회의 이름은 'Moi & Non Moi : 自我와 非自我'展이었다. ③ 대구지역 대학들의 장기 발전 계획 명칭은 계명대 'K-UP project', 영남대 'Jump-up YU', 대구가톨릭대 'CU-V project' 등이었고 금오공대 지역전략산업기반인력 양성사업단의 이름은 'PoP-iT'(Product Oriented Practical IT)였다.[12]

이를 아래와 같이 유형화할 수 있다(남영신, 2010).

[표 7-1] 국어의 위기를 나타내는 보기들

	유형	보기
1	순화어가 있는데도 외국어(외래어)를 사용한 것	바이버 / 리더 / 리스트 / 티타임 / 워크숍 / 캠프 / 세일즈맨 / 스탠더드 / 메이커 등
2	알맞은 우리말이 있는데도 굳이 사용한 외국어	레터 / 러브미 / 액티브 / 뉴트론 / 패밀리 / 핫이슈 / 에코폴리스 / 투어 / 뮤지엄 / 사이언스 / 섹션 / 클래스 / 클린 등
3	**우리말과 조합한 외국어**	한류우드 / 육아데이 / 혁신유렉카 / 클린경남 / 생생포터 / 끼블러그 / 넷서포터즈 / e-세상 / e-민원 클릭 / e-뉴스 등
4	한글 대신 사용한 글자	e-Biz Expo / Global Inspiration / We-Start 마을 / One-Stop / Cool Service / Hot Issue / Q&A / FAQ / u-IT 정보 / Quick Menu / MORE / 정보통신CS센터 등
5	맞춤법이나 외래어 표기법 어김	선진국으로써 / 추진하므로써 / 점검율 / 지원률 / 포탈(포털) / 씨네마(시네마) / 컨텐츠(콘텐츠) / 리더쉽(리더십) / 레져(레저) / 셋트(세트) / 꽁트(콩트) / 휀스(펜스) / 컨셉(콘셉트) 등
6	지나치게 어려운 한자어	위요하다(둘러싸다) / 의제하다(여기다) / 소류지(늪지) / 종구

---

12) 연합뉴스 보도를 2007. 10. 7 중앙일보에서 인용함.

	나 용어의 어려움	(씨알) / **맘프러너** / **여행**(女幸) / **여행화가**(女幸花家) / **컬처노믹스** / **컬처밸리** 등.
7	정책 용어	me first 운동 / green start 운동(이상 정부 차원 지원 사업) / Mom Project(문광부 사업) / G-이노잡 2010(농림수산부) / Time-off 제도(고용노동부) / Walking School Bus(행정안전부) / 플로팅아일런드 / SH공사 / SH ville / 행복한 걸(GIRLs) 60+ / 쿠킹클래식[Cooking Class] / CPTED[Crime Prevention Through Environmental Design] 설계 / 외부출입구 논슬립 설치 / 유모차개찰구[스피드게이트] / 다산패트롤 / Eco-ABC(Eco Apartment · Building · Classroom) / 에코마일리지 / CO_2 닥터 등
8	**지방자치단체 상징 구호**	LOHAS[13] 연천(경기도 연천군) / 사랑海요 영덕(경북 영덕군) / 水려한 합천(경남 합천군) / G&G[14] PAJU(경기도 파주시) / 動트는 동해(강원도 동해시) / G&D[15] YeongJu(경북 영주시) / Singgreen Cheongdo(경북 청도군) / 예스민 YESMIN[16](충남 논산시) / 좋아you(충북 보은군) / FAST[17] CHEONAN(충남 천안시) / Good[18] Chungju(충북 청주시) 등

출처 : 남영신(2010) 재정리

이 현상은 지방자치단체의 브랜드에도 같은 현상을 보인다. 즉 필자가 조사한 강원도에는 모두 영어로 나타내고 있다.[19] 다만 양구군은 한글을 형상화하였다. 아래 브랜드 비교는 그 보기이다.

---

13) '로하스'는 'Lifestyles Of Health And Sustainability'의 이니셜을 따서 연천군이 만든 구호이다.

14) 'G&G'는 'Good and Great'를 줄인 말이다.

15) G&D는 'Good and Different'의 약어이다.

16) 'YESMIN'은 다음과 같은 영어의 이니셜로 만든 구호란다. y=young(젊은, 기운찬, 청춘의), e=energitic(활기찬, 강력한), s=standard(권위 있는, 표준의, 탁월한), m=master(명인의, 주인다운, 숙달한), i=in, n=Nonsan.

17) 'FAST'는 다음과 같은 영어 이니셜로 만들었다고 한다. f=first(제일의 도시), a=abundant(풍부한 도시), s=satisfied(시민 만족의 도시), t=technologic(첨단과학산업의 도시).

18) 'good'는 다음과 같은 영어 이니셜로 만들었다고 한다. g=great(광대한 발전 가능성을 두고 있는 도시), o=oppotunity(성공의 기회가 주어지는 도시), o=open(기업에게 열린 도시), d=development(계속 발전하는 도시).

19) 강원도 정선군의 경우 영어가 상징 브랜드 아래에 조그마하게 'the mecca of arirang, Jeongseon'으로 나타내고 있다.

[그림 7-2] 고성군의 브랜드   [그림 7-3] 양구군의 브랜드

위 보기에서 두 가지 의문을 제기한다. 그 첫째는 이 정책의 대상이 누구인가 하는 문제이고, 둘째는 왜 그런 정책을 펴는가이다. 이 정책의 대상이 누구인가 하는 문제에 대한 답은 어느 정도의 지식수준을 갖춘 사람이다(남영신, 2010)라는 답을 구할 수 있다. 즉 어느 정도의 지식수준을 갖춘 사람만이 국민의 범주에 속한다는 것을 보여준다. 다시 말하면 행정당국이 보편성 있는 시정을 펴기보다는 유식한 자 또는 영어에 익숙한 자를 대상으로 시정을 폈다고 볼 수 있고(남영신, 2010), 이는 당국이 울타리치기(Two-Nations)의 정책을 선도하고 있다는 점이다. 왜 그런 정책을 펴는가에 대한 답은 정치적 경제성이다. 현재 언어정책의 핵심은 정책의 두 가지 측면이다 : 울타리치기(Two-Nations)의 정책을 선도하는 점과 정치적 경제성이다. 이를 차례로 설명해 보자.

인류의 역사를 한 마디로 표현하면 하나되기(One-Nation)의 정책을 통해 사회통합의 방향으로 진행되어 왔다. George & Wilding(1994)은 예전에는 부자들만의 배타적 특권이었던 가난의 공포로부터 벗어나는 것과 자유를 부여하는 것을 이제는 국가가 **모든 국민**이 벗어나도록 해 주고 **모든 국민**에게 자유를 부여(all citizens were released by the state from the fear of poverty and given a freedom which previously had been the exclusive privilege of the rich)하며 이것이 정책의 목표라고 한다. 잘 알려진 베버리지 보고서

(Beveridge Report)는 국가정책의 목표를 다음과 같이 정의한다 : **모든 국민**(또는 시민)이 요람에서 무덤까지 재난으로부터 보호를 받는다(all citizens are insured "from the cradle to the grave" against eventuality). 그리하여 서구의 역사는 '저 높은 곳을 향하여'의 정책에서부터 점점 '낮은데로 임하소서'의 정책으로 변화되어 왔다. 우리는 정반대의 언어정책을 취하고 있다. 언어는 갈등과 통합에서 중요한 구실을 한다. 현재 정책결정을 담당하는 공무원은 비교적 사회구성의 중상층에 위치하여 그들의 눈으로 행정을 재단하기 때문에(?), 아랫것들은 모든 국민(all citizens)의 범위에서 벗어나 있다. 이는 사회통합을 저해하는 심각한 문제이다. 그 보기를 벨기에에서 볼 수 있다.

정치적 경제성에 관해 논의해 보면, 말에는 뜻도 있고 멋도 있고 맛도 있다고 한다. 위의 보기에서 본 그러한 표현 사용자는 뜻에 치중하지 않고 맛이나 멋을 추구한다고 볼 수 있고 그 노림은 무언가 일을 하고 있다는 모습을 보임으로 어떠한 목적을 달성하려고 하는 데 있다. 예를 들어 경북 청도군의 Singgreen Cheongdo를 보자. 'Singgreen'의 s=spirit(화랑정신, 새마을정신의 고장), i=infinity(영원하게 뻗어나가는 기상), n=natural(깨끗하고 맑은 자연), g=genial(쾌적하고 기분 좋은 환경), g=glad(기쁘고 즐거운 전원생활), r=richly(풍족하고, 여유로운 생활), e=emotion(정서적으로 감성이 넘치는 생활), e=energy(힘과 역동성 활성화가 있는 미래), n=nice(밝고 맑은 미래가 펼쳐지는 곳). 모두 합하면 "맑고 싱싱한 즐거움이 있는 세계일류전원도시" 뜻이 된다(남영신, 2010). 이 문제의 핵심은 이런 정치적 경제성이 사회적 경제성을 침해하는 데 있다. 이를 보여주는 것이 아래 [표 7-2]이다.

[표 7-2] 공공언어 개선의 정책 효과 분석

	경제분석의 유형			비용
1	대민 기관 '행정 서식 용어' 개선의 경제적 효과 분석	행정 서식 용어의 어려움으로 민원인이 부담하는 비용 (행정기관에서 서식 등을 작성할 때 쓰는 '귀책사유', '봉입', '불비', '익일' 등 어려운 행정용어 때문에 치러야 하는 시간 비용)		연간 170억 원
		정책 용어 개선의 비용 절감 효과	5년간 지속하는 경우	570억 원
			10년간 지속하는 경우	1168억 원
			20년간 지속하는 경우	2031억 원
			영구적인 경우	3431억 원
2	정책 용어 개선의 경제적 효과 분석	어려운 정책 용어로 국민이 겪는 불편의 경제적 비용		연간 114억 원
		정책 용어 개선의 비용 절감 효과	5년간 지속하는 경우	354억 원
			10년간 지속하는 경우	716억 원
			20년간 지속하는 경우	1238억 원
			영구적인 경우	2085억 원
3	'맘프러너[20]' 개선의 경제적 효과 분석	이 용어를 이해하지 못해서 여성들이 혜택을 받지 못한 비용 효과		116억 원
		이 용어를 개선하여 얻을 수 있는 생산 유발 효과		4336억 원
		이 용어를 개선하여 얻을 수 있는 부가가치 유발 효과		2046억 원

출처 : 국립국어원(2010. 5. 31. 발행)

이러한 공공언어로 인해서 국민이 받는 심적 부담과 경제적 비용 부담이 무시할 수 없을 뿐 아니라 공공기관의 정책 집행의 효율성도 떨어지고 있고, 국가와 국민 사이에 소통이 원활히 이루어지지 않고 있어서 국가와 사회 발전에 나쁜 영향을 끼치고 있다(남영신, 2010).

한편 '저 높은 곳을 향하여'의 정책으로 인하여 그 반대편에서는 대학생 92%가 우리글 제대로 쓰기 어렵다고 한다.

---

20) 서울시의 주부 창업 스쿨 지원 제도로서, 엄마(momy)와 기업인(enterpreneur)의 합성어이다.

[표 7-3] 우리글을 제대로 쓰는 데 어려움

우리글 사용에 가장 어려움을 느끼는 부분은?		
1위	맞춤법	30.2%
2위	띄어쓰기	26.1%
3위	적절한 어휘 사용	24.5%
4위	어법 및 문법	11.9%
5위	순우리말	3.7%
6위	높임말	3.3%

일상생활에서 한글을 사용할 때 맞춤법을 틀리는 실수		38.2%
맞춤법 실수'의 주요 원인		
1위	잦은 인터넷 사용	33.6%
2위	맞춤법에 신경을 쓰지 않아서	23.2%
3위	맞춤법이 어려워서	27.6%

일상생활에서 메신저, 이메일, 편지 등을 이용할 때 맞춤법을 고려하느냐		
그렇다	남학생	81.6%
	여학생	76.5%
전공별 맞춤법 고려	인문계열	84.4%
	사회과학계열	84.2%
	사범계열	84.0%
일상생활에서 맞춤법을 가장 고려하지 않는 전공계열	이공계열	76.7%
	예체능계열	70.7%
맞춤법을 고려하는 가장 큰 이유	정확한 의미 전달을 위해	37.2%
	바른 말과 글을 사용해야 하니까	30.1%
	맞춤법을 틀리면 무식해 보이니까	21.2%
맞춤법을 고려하지 않는 이유(맞춤법을 고려하지 않고 사용한다고 응답한 180명)	그게 편해서	50.6%
	이모티콘, 말줄임 등이 요즘의 대세라서	24.4%

최근의 우리말 사용에 많은 문제점이 있는가?	있다	99.2%
1위	인터넷 상의 언어 및 맞춤법 파괴가 심각하다	35.3%
2위	은어나 비속어의 남발	26.3%
3위	소홀해지는 우리말 교육	13.0%
4위	맞춤법이 틀려도 용인해 주는 분위기	7.9%
5위	과도한 외국어 사용	6.8%
6위	외국어 조기교육 열풍	6.0%
7위	정제되지 않은 방송 언어	4.0%

출처 : www.albamon.com(세계일보, 2009. 10. 8.에서 재인용)

대통령도 맞춤법을 모르는 이 현실에서 언어의 여러 모순을 어떻게 할 것인가? 이 글에 초점을 맞추면 맞춤법이나 외래어 표기법, 띄어쓰기, 틀린 낱말, 지나치게 어려운 한자, 저속한 용어 등은 우선적으로 바룰 수 있다. 문제는 바룰 수 있다는 견해와 내버려 두라는 견해 사이의 간격이다. 즉 순화가 가능하다는 인식과 그러한 표현 사용자 사이의 간격이 있고 그 간격을 줄일 수 있는 길은 무엇인가가 초점이다. 말에는 뜻도 있고 멋도 있고 맛도 있다고 한다. 그러한 표현 사용자는 뜻에 치중하는 순화주의와는 달리 맛이나 멋을 추구한다고 볼 수 있다.

여기서 언어공동체를 우선하는 주장과 언어는 자연스런 발화라는 선택의 자유에 치우치는 주장 사이의 상당한 간격을 살펴보자.

제3절 관심의 표출 : 국가의 개입 여부

우선하는 주장과 언어는 자연스런 발화라는 선택의 자유에 치우치는 주장 사이에는 상당한 간격이 존재하고 그 간격은 판단의 기준(이른바 패러다임)이 다른 데에서 연유한다. 여기서 언어정책이 필요하다. 즉 간격이 있는 것을 문제로 보고 이 문제의 해소를 위해 어떻게 할 것인가를 결정하고 구체화하게 된다. 이 과정에서 언어정책을 필요로 하는 문제들을 살펴보자.

1. 언어의 초국가 현상

라이트(S. Wright, 2004 : 101)는 역사발전에 따른 언어발전을 추적하였는데 그 요지는 다음과 같은 점을 지적하였다. 언어는 정치형태와 어울리는 언어정책이 나타났고 국민형성은 언어적 동질성(linguistic homogeneity)과 밀접한 관계가 있다. 이 과정에서 언어는(약간의 예외는 있으나) 국가의 정체성(national identity)의 상징이기에 국민국가를 형성하려는 엘리트에게는 언어가 가장 먼저 해결해야 할 문제였다. 또 언어는 의사소통의 의미뿐만 아니라 정체성의 의미도 있기에 언어의 국경이 그어졌다. 여기서의 문제는 언어의 국경을 넘으려 할 때는 매개언어(interlanguage)를 개발하거나 역학 관계에 따라 한 그룹의 언어(즉 강자의 언어)를 학습하여 사용하게 된다고 한다. 그 보기를 프랑스 언어에서 찾을 수 있다. 프랑스어도 영어의 영향으로 약자의 위치로 전환되었고 이에 대한 반응이 국가개입의 요구였다. 그 결과, 국가기관의 설립과 프랑스어 사용법(바로리올 법)의 제정이다. 이 법의 핵심은 '제품 또는 서비스의 명칭, 제공, 소개, 서면이나 구두 광고, 사용법이나 사용설명서, 보증 기간과 조건 그리고 계산서와 영수증에서 프랑스어를 사용하여야 한다'라는 제1조 1항이다. 그럼에도 불구하고 영어의 강자적 위치와 프랑스어의 약자적 위치는 계속 강화되어 새로운 법의 제정으로 이끌었다. 이 법이 현재 시행되고 있는 프랑스어사용법[투봉(Toubon)법]이다.[21] 투봉법의 목적은 처벌을 통한 프랑스어 수호라고 볼 수 있다. 상품화를 비롯한 몇몇 분야에서 프랑스어 사용을 의무화하고 그에 대한 위반은 경범죄를 적용하여 범칙금을 부과하는 것이 투봉법의 특징이라고 한다. 그

21) 투봉법과 바로리올 법 사이의 가장 중요한 차이는 시행령에 있다. 시행령이 수반되지 않았던 바로리올 법과는 달리, 투봉법 시행령(4개 장, 17개 조목)은 1995년 3월 3일에 제정되었는데 그 중심 규정은 '프랑스어사용법 제2, 제3, 제4, 제6, 제9-II조에 대한 위반은 4급 경범죄에 해당하고 범칙금형으로 처벌한다'(송기형, 2007).

러나 투봉법은 처벌 대상을 확대한 시행령에도 불구하고 상품화 이외의 분야에서는 처벌을 포기하는 바람에 유명무실해지고 말았다는 비난을 받고 있으며 유럽의 통합에 따른 유럽연합(EU) 법과의 충돌로 다시 개정될 수도 있다고 지적한다(송기형, 2007). 여기서의 핵심은 국가 단위의 언어정책이 초국가 단위(여기서는 유럽연합[EU])에서는 효력을 잃을 수 있다. 여기서 어느 단위에서 정책을 논의하는가가 중요한 관점이 될 수 있다. 전통적으로 개인의 자유와 언어공동체 사이에 어느 것이 중시되는 가였기에 이에 대해 살펴보기로 하자.

2. 언어공동체와 선택의 자유22)

1) 정책의 두 지향

정책은 일반적으로 두 부류로 나눌 수 있다. 그 하나는 사회의 지도층에 초점을 두어 이들을 정책의 대상 집단으로 보는 견해이다. 이 정책의 근거는 물방울 이론(trickle-down theory)이다. 즉 물방울이 위에서 아래로 흐르듯이 위쪽에 정책을 시행하면 그 효과가 아래로 퍼진다는데 기초한다.23) 여기에서는 이를 '저 높은 곳을 향하여'의 언어정책이라 부른다. 우리 조상의 한자 숭배나 오늘날의 영어공용화 정책은 대표적인 보기이다. 또 다른 정책지향은 '의사의 자율', '행위의 자기결정성', '행위결과의 자기 책임성'에 기초하여 생활할 수 있기에 사회통합을 위하여 아래쪽에 정책의 관심을 두는 형태이다. 이를 '낮은 데로 임하소서'라고

---

22) 이 부분은 필자의 지난 논문 2010, 2009, 2006 등에서 따 왔고 약간 고쳐 썼다. 따라서 여기에서 인용 출처는 생략한다.
23) 오늘날 우리나라에서 문제가 되고 있는 감세정책은 물방울 이론에 근거한다.

이름 지을 수 있다. 언어공동체주의는 후자의 대표적 언어정책이고 신자유주의적 언어정책은 전자의 대표이다. 이 둘을 비교해 보자. 언어공동체주의는 공동체적 가치에서부터 출발하고 신자유주의언어정책은 개인적 가치에서부터 출발한다. 언어공동체주의는 인간의 사회성을 신뢰하고 존중하지만 신자유주의 언어정책은 인간의 이기심을 가장 신뢰할 만한 것으로 본다. 따라서 신자유주의 언어정책은 경쟁을 중시하는 점 등에서 많은 중요한 본질적인 차이가 있다. 현재 우리 사회의 언어인식은 언어공동체주의보다는 신자유주의 언어정책에 기초하고 있는 듯하다.[24) 이에 따라 국어보다 영어에 더 많은 투자를 하고 영어신화를 만들어 내고 있다.

2) 언어정책에의 적용

언어공동체는 그 개념이 불명확하고 이제 생성과정에 있는 그 개념이다. 여기서는 생활세계에서 의사를 소통하는 공동체라고 규정한다.[25) 앞서 서술한 대로 숲 속에 있을 때는 나무만 보이고 숲 전체는 볼 수 없듯이 언어공동체의 문제를 잘 인식하지 못한다. 언어공동체의 문제는 언어공동체의 경계를 넘을 때나 경계를 넘는 사람들이 가장 잘 인식하고 이들이 절실하게 느낀다. 이들이 느끼는 것을 장벽을 진입장벽이라 한다. 또 언어공동체는 사회 구성원으로서의 정체성[26) 문제를 낳기도 하

---

24) 다만 언어공동체주의는 언어집단주의는 근본적으로 다르다. 언어집단주의(예 : 왜정시대의 언어정책, English Only Movement 등)는 집단의 가치를 앞세워 개인의 가치와 대립하지만 언어공동체주의는 개인의 가치를 존중하지만 개인의 가치를 절대화하지 않는다.
25) 언어공동체의 생활세계 개념은 이광석(2010)을 참조하라. 필자의 견해로는 이 개념은 언어정책의 정당성의 원천이라 생각한다.
26) 방리유 폭동과 관련하여 도대체 누가 프랑스인인가라는 물음이 제기되었다. 이곳에서 태어난 이민자 자녀들에게 물어보면 그들은 자신이 프랑스인이라고 대답할 것이다. 그런데

고 학문하는 이들에게는 학문의 같음과 다름을 구별하는 기준으로 작용한다.27) 오늘날처럼 세계화하는 현상 속에서는 언어공동체 사이의 접촉이 잦아지고, 이 과정에서 언어의 중요성을 증가시키고 있는데, 이는 지리적으로 사회·문화적으로 떨어져 있어도 가능한 행동(action at a distance)을 낳기 때문이다.

적절한 언어는 생활 및 생산과정에 필수적인 요소이고, 강력한 외부경제효과(externality) 창출이라는 인식의 확산되고 있다. 더욱 언어공동체로의 진입에 나타나는 장벽을 극복하지 못하면 갈등 증폭의 원인이 된다. 따라서 사회과학자들은 언어공동체의 삶에서 언어의 역할이 얼마나 중요한가를 보여주는 사례들을 발굴하고 연구하여야 한다. 여기서 언어공동체와 선택의 자유를 주장하는 두 흐름을 표로 나타내면 아래와 같다.

[표 7-4] 언어공동체와 선택의 자유 주장의 비교

흐름	언어공동체	선택의 자유
의미의 원천	규칙 내	자연발화
의미의 인정	언어공동체에서 인정되어야 한다	선택에 맡겨야 한다
강조점	언어주권	창의성
강조될 때의 문제점	개인의 창의성	의사소통
중심 단위	사회 중심	개인 중심

도 그들을 프랑스인으로 여기지 않는 사람들이 있다. 한 의원은 프랑스 국적을 가진 젊은이라 하더라도 소요사태와 관련해 유죄 판결을 받으면 국적을 박탈해야 한다고 말했다. 프랑스엔 자유·평등·박애라는 이념이 있다. 하지만 모든 사람을 위해 모든 곳에 있는 것은 아니다(http://h21.hani.co.kr/section-021003000/2005/11/021003000200511300587006.html).

27) 예컨대, behavioralism을 행태주의로 번역하면 행정학의 영역이지만, 행동주의로 번역하면 심리학의 영역이 된다.

언어공동체주의의 구체적 형태가 질서 있는 다원주의로 나타난다.[28] 오늘날의 사회는 다원주의에 기초하고 있으므로 다양한 의견과 다양한 이해(利害)의 집결형태로 나타나고 서로 간에 어긋나고 충돌할 수 있다. 이 현상이 어떤 모습으로든 조정되지 아니하면 무질서가 되어 만인에 대한 만인의 투쟁으로 치달아 획일적 질서보다 더 못할 수 있다. 이를 언어현상에 비추어 보면 어떤 형태로든 표준을 인정하지 않으면 서로 간에 어긋나고 충돌할 수 있고 무질서 현상이 나타난다. 이는 언어공동체를 갈등으로 몰고 갈 수 있다. 이를 피하기 위해서는 언어에도 질서가 필요하고 하나의 표준만을 고집하기가 어려울 때는 다른 표준도 인정하는 정책이 필요하다. 다행히 우리는 선학(先學)들이 언어에 표준을 정하여 질서를 부여하였다. 다만 다원주의가 충분하지는 않으나 가능성도 열어두었다. 이제부터는 이런 질서 있는 다원주의로의 이행에 정책의 초점을 두어야 한다. 이때 주안점은 정책의 일관성이 문제가 된다. 정책이란 정부의 활동이 시민이나 사회에 영향을 미치는 것이므로 정책 하나가 바뀌면 그 파급효과는 엄청나다. 따라서 가능한 정책은 변경하지 않는 게 좋다. 즉 점증주의 방식이 합리주의보다 현재의 우리 상황에서는 더 우수하다.

현재의 상태는 세계화로 인하여 한국어와 영어, 외래어와 외국어의 구분을 무의미하거나 약하게 만들고 국가적 정체성과 의사소통 중에서 어디에 더 치중할지에 대해 합의가 없다.[29] 이에 대한 대책으로 복수

---

28) 이 문단은 「한글」에 실린 이광석(2006a)에서 따왔다.
29) 이로 말미암아 ① 신자유주의적 인식에 기초하는 영어공용화론이 상당한 파급효과를 끼쳐 울타리치기(two-nation)의 사고방식을 일반화하였다. 즉 영어 사용능력이 있는 윗분들의 우아함과 아랫것들의 상스러움이 대비되어 '저 높은 분들을 향하여'라는 이데올로기로 점철되는 경우가 있다. ② 심히 일그러진 말과 글(올바르지 않는 말과 글보다 정도가 심한

표준의 인정이나 민간화의 필요성을 강조한다.[30] 나아가 민간의 능력을 충분히 활용하는 언어정책이 필요하다. 즉 언어공동체의 유지를 위하여 민간영역에서 일차로 임계선을 넘은 언어를 순화하고 임계선 측정을 위하여 민간의 능력을 인정할 필요성이 있다. 예컨대 어떤 언어는 내재화할[31] 수 있는가를 어문기자회에게 맡겨서 스스로 걸러내도록 할 수 있다. 더 나아가 국가가 정한 표준어 외에 어문기자회에서 정하는 표준어나 표준도 있을 수 있다. 이 부분이 우리에게 약하고 발전하기 위해서는 이런 방향으로 발상의 전환이 필요하다고 생각한다.

선택의 자유와 관련 있는 주제는 우리 사회에서의 영어 문제이다. 영어는 세계를 시장으로 하는 언어로 한국어나 한글에 비해 그 가진 힘이 훨씬 강하다. 영어공용어화를 주장하는 사람은 이제 세계국가가 되기 위해서는 영어가 필수이며, 기본적인 생존수단이라 말하고 있다. 이들의 주장은 영어가 아니면 생존의 문제일 뿐만 아니라 사람다운 삶을 살아가는데 필요한 수단이라고 주장한다(복거일, 2000). 세계화 시대의 국제어인 영어를 우리의 모국어로 삼아 앞으로 출현할 '지구제국'에서는 중심부로 진출하자는 주장을 내놓았다. 그는 영어를 당장 우리의 모국어로 만드는 불가능하므로, 잠정적으로 영어를 한국어와 함께 우리의 공용어로 삼은 후에 궁극적으로는 모국어로 삼아야 하며, 민족어인 한국어는 다른 민족어와 함께 장차 '박물관 언어'가 될 것이지만 이는 전문가들이

상태)이나 심히 일그러진 말은 아니지만 교정할 필요가 있는 말과 글이 어떠한지에 대한 개념 정립이 시급하다. 예컨대 노무현 전 대통령의 화법은 바람직한 가 아닌가? ③ 행정언어의 병리 현상인 관료언어(Bureaucratese)도 많이 나아졌으나 만족할 만하지는 않다. ④ 지나치게 뽐내기 위해 사용되는 언어나 이를 관용화한 말에 대한 검토가 필요하다.

30) 이에 대해서는 이광석(2006)을 참조하라.
31) 완전히 우리의 언어생활에 녹아들어 스스럼없이 쓰이는 경우를 말한다.

연구, 보존하면 된다는 의견을 피력했다(복거일, 2000 : 20).

  이 책에서의 주장은 지금 영어의 문제에서 보듯 공동체의 윤리만으로 개인의 선택의 자유를 막기 어렵다고 본다. 그 대안으로 재정적 부담을 부과하는 편이 온당하다. 즉 말글살이를 자유롭게 하려고 공동체의 규칙을 깨뜨리는 이에게 그에 상응하는 부담금(국어발전기금)을 부과하면 그런 경향은 완화될 것이다. 국어기본법의 문제는 이와 같은 꼭 필요한 조항이 없다는데 문제가 있다. 그러면 법 조항은 어떻게 언어문제를 규정하고 있는가? 스폴스키(B. Spolsky, 2004 [조태린(2009)의 재인용])에 따르면 세계 각국의 헌법에 언어관련 조항이 있는 국가는 125개국이며 이는 전체 191개국 중에서 65%를 넘는다.[32] 헌법에 언어 관련 조항이 명시되는 국가는 그 내부에 언어로 사회적 문제와 갈등이 발생하거나 내재하고 있는 경우라는 지적은 들을 만하다. 한편 대한민국을 비롯하여 아르헨티나, 호주, 덴마크, 미국, 가나, 일본, 모로코, 멕시코, 네덜란드, 태국, 토고, 우루과이, 자이레 등 40여 개국의 헌법에는 언어에 관한 언급이 전혀 없으나(Gauthier et al. 1993 : XV ; [조태린(2009)에서 재인용]), 이는 관습헌법에 보장되어 있다고 해석할 수 있다.

  언어로 인한 어려움을 겪는 국가들은 이 문제를 해결하려고 국가의 공권력을 이용하는 경우가 많다. 조태린(2009)의 논의에 따르면 벨기에, 스페인, 영국, 미국 등과 같은 다언어사용 국가들이 대표적이라고 한다. 이를 정리한 것이 아래 표이다.

---

32) 현재 정치권에서 헌법개정(개헌)에 관한 논의가 화두가 될 모양이다. 이때 언어 관련 조항의 삽입을 위해 관련 분야에서 노력하여야 할 것이다.

[표 7-5] 지역 자치정부 또는 연방 소속정부 차원의 언어 관련법의 몇 가지 예

국 가	지역 자치정부 또는 연방 소속정부 차원의 언어 관련 법
벨기에	프랑스어 보호에 관한 법령(1978) 네덜란드어권 선거에서의 언어 사용에 관한 법령(1994) 독일어권 교육에서의 언어 사용 및 언어 지식 전달에 관한 법령(2004) 등
스페인	아라곤의 언어들에 관한 법(안)(2001) 발레아레스 언어 규범에 관한 법(1986) 카탈로니아 언어 정책에 관한 법(1998) 바스크어 사용의 규범화에 관한 기본법(1982) 발렌시아어 사용 및 교육에 관한 법(1983) 등
영 국	웨일즈어에 관한 법(1993) 스코틀랜드 게일어에 관한 법(2005) 등
미 국	캘리포니아주 이중언어 서비스에 관한 법(1973) 아이다호주 영어 공용어 지정에 관한 법(2007) 칸사스주 영어 공용어 지정 법(2007) 메사추세스주 초심 재판에서의 사법 통역에 관한 법(1988) 뉴욕주 영어를 공용어로 하는 법(2001) 몬타나주 영어의 공용어로서의 지위에 관한 법(1995) 등

출처 : 조태린(2009)

언어 문제 관련하여 공권력의 개입이 가능한 영역을 조태린(2009)은 다음과 같이 정리한다.

[표 7-6] 언어 문제 관련하여 공권력의 개입이 가능한 영역

대 영역	중·소 영역
A. 언어의 지위	① 공용어 ② 국민어
B. 입 법	③ 법 제정 및 편집에 사용되는 언어 ④ 법 공포 및 출판에 사용되는 언어 ⑤ 국회 토론 및 의결에 사용되는 언어 ⑥ 소수자 언어 사용자의 비례대표 참여
C. 사 법	⑦ 체포 단계에서의 통역 ⑧ 재판 전 진술 단계에서의 통역 및 번역 ⑨ 재판 단계에서의 통역 및 번역 ⑩ 수감 단계에서의 통역 및 번역
D. 공공 행정	⑪ 행정 업무용 언어

318 제3부 국어정책의 전개에서의 새로운 제도와 새로운 접근

대 영역	중 · 소 영역
	⑫ 출판용 언어 ⑬ 공공 서비스 언어 ⑭ 국가 공무원 선발에 사용되는 언어 ⑮ 각종 선거 및 투표에서 사용되는 언어 ⑯ 시민권 · 영주권 획득을 위한 언어 ⑰ 신문 · 방송 등 언론에 사용되는 언어
E. 경 제	⑱ 상품 설명에 사용되는 언어 ⑲ 안전 표시에 사용되는 언어 ⑳ 계약에 사용되는 언어 ㉑ 광고 및 간판에 사용되는 언어
F. 교 육	㉒ 모어 교육 ㉓ 외국어로서의 자국어 교육 ㉔ 이중언어 교육 ㉕ 제2언어 및 외국어 교육 ㉖ 초 · 중 · 고 단계별 언어 교육
G. 언어적 권리	㉗ 소수자 언어 ㉘ 토착민 언어 ㉙ 지역어 및 방언 ㉚ 이민자 언어

위 분류 내용은 새로운 것으로 상당히 노력한 흔적을 보인다. 그러나 여기서 국가와 공공, 그리고 사회의 개념을 혼용한 아쉬움이 있다. 이를 재분류하고 유형화하면 국가영역과 사회영역으로 나누고, 공적 권력을 행사할 수 있는 곳인가 또는 단지 행정지도를 할 뿐인가 하는 점을 기준으로 도표로 나타내면 다음과 같다.

[표 7-7] 언어 문제와 관련하여 공권력의 개입이 가능한 영역

		영역	
		국가영역	사회영역
방식	공권력	A, B, C, ⑪, ⑭, ⑮, ⑯, G	⑬, F, G
	행정지도	⑫, F, G,	⑰, E,

위 표에서 국가영역이란 넓은 의미의 정부조직의 일부로서의 기관이 하는 행위를 말한다. 그 밖의 영역은 사회영역으로 간주된다. 한편 방식 이란 법 효과를 강제할 수 있는 경우를 공권력 방식이라 하고 상대방의 협조를 얻어야 가능한 방식을 행정지도라고 한다. 여기서 어떤 형태로든 왜 국가가 개입하며 그 근거와 정당성은 어디에 있는가? 국가개입의 근거와 정당성을 통일성과 불확실성의 제거, 역선택의 방지, 가치재 이론 등에서 찾을 수 있다.[33)

이러한 문제를 해결하는 방식으로 또는 정책적 의지의 표현으로 국가 개입(특히 법을 통한 국가개입)이 선호된다. 그러나 문제는 그 실효성이다. 즉 법 규정이 언중이 지킬 수 있는 법적 장치를 하여야 하고 그렇지 않 은 경우 그 규정은 사문화된다. 더 이상의 개입이 역효과를 낳을 수 있 다는 것이다. 여기서 국가개입의 한계를 살펴볼 필요가 있다.[34)

3. 언어생활의 규제는 가능한가?

사회과학의 핵심 논의 중에 하나가 사회적 규제(social regulation)이 다. 사회적 규제란 기업의 사회적 행동(social conduct)에 대한 규제에서 출발하였으나(최병선, 2006) 여기서는 기업이 아닌 법 규정의 부정적 사 회적 효과에 대한 규제이다.[35) 사회적 규제의 목적은 첫째가 삶의 질

33) 이에 대해서는 이광석(2006)에 자세하다.
34) 국가개입의 한계로 지적할 수 있는 것은, 첫째로 국가개입 없이 임무를 잘 수행하였던 역 사적 전통, 둘째로 현실적 불가능에서 찾을 수도 있다(이광석, 2006). 특히 국어학자들이 중심이 되어 만든 규범은 일반인의 견지에서는 지키기 어려운 규정이 있다는 점이다. 따 라서 복수의 규정이나 느슨한 규정도 필요하리라 생각하며 서민에 의해 사용되는 빈도 높 은 표기를 인정할 줄 알아야 한다고 주장하였다.
35) 환경규제의 주요한 대상은 기업이라고 할 수 있지만 개인이나 가정도 환경오염의 원인자

확보이다. 사회적 규제는 생활수준의 향상에 따라, 삶의 질(quality of life)의 욕구가 상승함에 따라, 그것의 계속적인 강화가 요구되는 경향이 있다.36) 두 번째 목적은 인간의 기본적 권리의 신장이다. 사회적 규제는 사회적으로 바람직하다고 여겨지는 가치(value)의 실현을 추구한다. 사회적으로 바람직하다고 여겨지는 가치란 인간 생명의 존엄성, 기회의 균등, 부당한 차별을 받지 아니할 권리, 인간다운 생활을 영위할 권리 등을 포함한다(최병선, 2006). 세 번째 목적은 경제적 약자의 보호와 사회적 형평 확보이다.

언어현상의 한 특징은 강자의 위치에 서면 규제완화를 요구하고 선택의 자유를 주장하는 반면에 약자의 경우는 시장에서 강자와 경쟁하면 살아남기가 어렵다. 따라서 시장에 맡길 수 없고 규제를 요구하게 된다. 더욱 언어공동체로의 진입장벽을 극복하지 못하면 사회의 통합 또는 갈등의 원인이 된다. 장벽을 느껴 이 문제를 제기하는 것은 사회 소수자의 소리이고 '사회 소수자의 소리에 귀를 기울이는 것이 기본적인 인권보장과 민주적 기본질서 확립에 중요한 요소'(ohmynews, 2006. 6. 12)라는 국

가 되는 한 사회적 규제의 대상이 될 수 있다. 공공장소에서의 흡연에 대한 규제는 개인을 대상으로 하는 대표적인 환경규제라고 할 수 있다. 또 다른 예로서 낙태에 대한 규제, 음란물(淫亂物)에 대한 규제는 병원이나 음란물의 제작 및 배포기업뿐만 아니라 이를 이용하는 개인을 대상으로도 이루어진다. 또한 기도(school prayer)에 대한 규제는 이를 강요하는 학교가 규제대상이 된다. 이와 같이 사회적 규제는 반드시 영리를 목적으로 하는 기업뿐만 아니라 모든 사회구성원을 규제의 대상으로 삼는 경우도 있다'(최병선, 2006).
36) 이것은 소득수준 및 생활수준의 향상으로 국민들의 건강과 안전에 대한 관심이 증가하고 여가(leisure), 쾌락한 자연환경(amenities) 등에 대한 인식이 새로워지게 되기 때문이다. 또한 생활수준의 향상은 이런 것들에 대한 평가(valuation)를 높이게 됨으로써 한 시대에는 비경제적인 것으로 생각되었던 것을 다음 시대에는 경제적으로 타당하고 실현가능한 정책 요구로 만든다. 예를 들면 보다 안전한 약품을 개발하기 위해서는 새로운 연구와 기술개발이 이루어져야 하고 여기에는 엄청난 비용이 수반되어 약값이 턱없이 비싸지게 됨으로써 경제성이 없는 것으로 판단될 수 있다. 그러나 소득수준이 향상되면 보다 안전한 약품의 개발이 경제성을 가질 수 있게 된다(최병선, 2006).

가기관의 결정은 이를 뒷받침한다고 할 수 있다. 결혼이민자 및 귀화자들이 한국어, 우리사회 이해가 부족하여 사회적응 곤란이 심화되고 있고, 이민자와 이민 2세가 교육과 취업의 기회에서 소외되어 사회적·경제적 취약 계층으로 전락, 사회비용 발생하는데(법무부, 2008d) 이들 현상은 진입장벽에 기인한다. 따라서 사회과학자들은 언어공동체의 삶에서 언어의 역할과 어떻게 하면 이주민들의 진입장벽을 낮출 것인가에 관심을 가져야 한다.

필자는 욕구에 따른 외국어(또는 표현)가 아니라 자격에 따른 기준을 도입하여 자격 있는 외국어(또는 표현)과 자격 없는 외국어(또는 표현)로 나누자고 제안한다. 즉 먼저 자격 기준을 논의해 보자는 것이다. 위 표현 중 순화어가 없는 외국어는 자격 있는 표현으로 인정받을 수 있다. 다음에 시간지체를 고려하여야 한다.

제4절 국어발전기금의 창설을 위하여

1. 유사한 제도

국어발전기금의 창설을 위해 살펴본 기금 중 유사하여 참고할 만한 기금은 영화발전기금이다. 먼저 영화발전기금과 관련된 사항을 정리하면 아래 표와 같다.

다른 예는 부산광역시 영화·영상진흥기금이다. 그 조례를 보면[37] '영화·영상산업의 진흥을 도모하기 위하여 설치하고(제1조), 이 조례의 목

---

37) 2001. 2. 15에 조례 제3684호로 제정되고 2008. 9. 17 조례 제4298호로 전부 개정되었다.

적을 달성하기 위하여 필요한 자금을 운용한다'(제2조)고 되어 있다.[38]

[표 7-8] 영화발전기금

	기금 총액	4000억 원	
기금 조성	국고	2000억 원	
	영화상영관 입장료	2000억 원	입장료에 5%의 부가기금
	극장계 반대		
	영화인	1년 영화산업 매출을 1조 원으로 잡았을 때 약 300억 원의 기금이 형성	과거 문예진흥기금처럼 입장권에서 원천 징수하되 그 비율은 3~5%
문제점	지난 2003년 폐지된 문예진흥기금 위헌논란이 재연		
	기금 마련을 소비자 부담으로 돌리는 것은 일종의 준조세 성격을 띠게 되고, 이는 지극히 권위주의적 발상		

출처 : 서울신문(2006. 1. 31)

이 글의 요지는 이 제도를 응용하여(bench-marking) 이와 유사한 효과를 거둘 수 있는 조항을 국어기본법에 넣자고 주장하는 것이다. 그러면 이는 법적 의무가 발생하므로 국어발전에 큰 기여를 하게 될 것이다. 예컨대 앞서 설명한 영화발전기금의 경우에서 보듯 그 의무를 이행하지 않으면 과태료 처분을 행할 수 있다.[39]

---

38) http://www.busan.go.kr/open_admin/admindata/LAW/MAST/A/A3684.html를 참조하라.
39) 영화 상영업자들이 상영신고를 하고 영화를 상영하였으나 영화발전기금을 납부하지 않았다고 하는데, 이런 경우 과태료 부과 실무지침에서 정한 바(지침 제4조 2항)에 따라, 과태료를 부과할 수 있다. [관련법령 : 영화 및 비디오물의 진흥에 관한 법률 제25조의 2(부과금의 징수)]
   http://k.daum.net/qna/view.html?category_id=QFE&qid=3yQEl&q=%BF%B5%C8%AD%C1%F8%C8%EF%B1%E2%B1%DD.

2. 기금제도

기금이란 특정 목적을 위해 특정한 자금을 신축적으로 운용할 필요가 있을 때에 한해 법률로써 설치되는 특정 자금으로 해당 법률을 제정하고, 기금 타당성에 대한 기획재정부장관의 심사를 받아 신설할 수 있다 (국가재정법 제14조). 기금은 국가의 특정한 정책 목적을 실현하기 위해 예산 원칙의 일반적인 제약에서 벗어나 좀 더 신축적으로 운용될 수 있도록 특정 사업을 위해 보유·운용하는 특정 자금으로 예산 외(off budget)로 운용할 수 있다(윤영진, 2009).[40] 최근 신설된 기금으로는 방송통신발전기금(2011년 1월)이 있고[41] 기금의 폐지는 기금존치평가 제도와 관련이 있다. 기금존치평가 제도의 목적은 기금의 설치목적 및 기능 등에 대한 검토를 통해 존치필요성을 재평가하여 기금의 통·폐합, 중복 사업 조정 등 기금정책 수립 및 제도개선에 활용한다. 평가는 2004년에 최초로 실시하였고, 2007년에 이어 2010년 3번째로 평가하였다. 평가결과의 유형으로는 ①존치, ②조건부 존치, ③타기금과 통합, ④폐지 또는 민간전환이 있다.[42]

기금은 그 설치 목적 및 성격에 따라 ①사회보험성 기금, ②계정성 기금, ③금융성 기금, ④사업성 기금으로 분류할 수 있다. 사회보험성 기금은 사회보험제도를 관리·운용하는 기금이며, 계정성 기금은 특정

---

40) 기금과 예산이 다른 점은 예산이 회계연도 내의 세입이 그 해에 모두 지출되는 데 반해, 기금은 조성된 자금을 회계연도 내에 운용해 남는 자금을 계속 적립해 나간다는 점이다. 또한 특정 수입과 지출의 연계가 강하다는 점, 기금 운용의 자율성과 탄력성이 강하다는 점 등에서 예산과 차이가 있다(윤영진, 2009).
41) 방송통신발전기본법이 2010년 3월에 제정됨에 따라 방송발전기금과 정보통신진흥기금의 일부 재원이 통합되어 2011년 1월 1일부터 방송통신발전기금으로 신설되어 운용하고 있다.
42) 2008 기준으로는 60개였으나 최근 평가된 기금(2010. 5 기준)은 61개 기금이다.

자금을 관리·운용하는 기금이다. 금융성 기금은 금융적 성격을 갖는 기금을 말하며, 사업성 기금은 특정한 목적의 사업을 수행하는 데 필요한 자금을 관리·운용하는 기금이다.

[표 7-9] 기금의 분류

구 분	기 금 명
사회보험성 기금(6개)	국민연금, 사립학교교직원연금기금, 고용보험기금, 산업재해보상보험및예방기금, 군인연금기금, 공무원연금기금
계정성 기금 (5개)	공공자금관리기금, 외국환평형기금, 공적자금상환기금, 양곡증권정리기금, 복권기금
금융성 기금 (10개)	신용보증기금, 기술신용보증기금, 농림수산업자신용보증기금, 주택금융신용보증기금, 산업기반신용보증기금, 수출보험기금, 부실채권정리기금, 예금보험기금채권상환기금, 농어가목돈마련저축장려기금, 학자금대출신용보증기금
사업성 기금 (39개)	대외경제협력기금, 사학진흥기금, 보훈기금, 순국선열·애국지사사업기금, 청소년육성기금, 과학기술진흥기금, 원자력연구개발기금, 남북협력기금, 국제교류기금, 군인복지기금, 관광진흥개발기금, 국민체육진흥기금, 문화예술진흥기금, 신문발전기금, 영화발전기금, 지역신문발전기금, 농산물가격안정기금, 농작물재해보험기금, 농지관리기금, 쌀소득보전변동직접지불기금, 자유무역협정이행지원기금, 축산발전기금, 전력산업기반기금, 특정물질사용합리화기금, 정보통신진흥기금, 국민건강증진기금, 응급의료기금, 금강수계관리기금, 낙동강수계관리기금, 영산강·섬진강수계관리기금, 한강수계관리기금, 근로자복지진흥기금, 임금채권보장기금, 장애인고용촉진및직업재활기금, 여성발전기금, 국민주택기금, 수산발전기금, 중소기업진흥및산업기반기금, 방송발전기금
합 계	60개(2008년 기준)

출처 : 윤영진(2009)

기금을 신설의 기준으로 ① 부담금 등 기금의 재원이 목적사업과 긴밀하게 연계되어 있을 것, ② 사업의 특성으로 인해 신축적인 사업 추진이 필요할 것, ③ 중·장기적으로 안정적인 재원 조달과 사업 추진이 가능할 것, ④ 일반회계나 기존의 특별회계·기금보다 새로운 기금으로 사업을 수행하는 것이 더 효과적일 것을 적용한다(국가재정법 제14조). 이러한 기금 신설의 조건을 부여한 것은 방만한 기금 신설을 억제하기 위함이다(윤영진, 2009).

3. 국어발전기금의 도입가능성

국어발전기금은 선택의 자유를 허용하는 대신 공동체의 의무를 부과하는 방식을 의미한다. 만약에 국어발전기금이 설치된다면 그 성격은 위의 사업성 기금이 될 것이다. 그 재원은 어디서 마련할 것인가? 국어발전기금의 창설을 위하여 그 재원이 중요하다. 가장 쉬운 재원은 후술할 부산영화·영상진흥기금을 참고할 수 있다.[43] 그러나 국가나 지방자치단체의 출연금을 기대하기는 어렵고 지금까지 국가가 한글맞춤법에서 보듯 문화인프라에 대한 저작권을 지급하지 않아 왔다. 필자는 이에 대한 사용료를 청구하여 그 사용료를 재원으로 국어발전기금을 창설하자고 주장한다. 사업이나 기금의 운용 수익금은 언어문화사업을 통해 충당하고,[44] 그 밖의 수입금으로 벌금과 범칙금, 과태료 등이다.[45] 이를 표

---

43) 부산영화·영상진흥기금은 '다음 각 호의 재원으로 조성한다'고 규정되어 있다.
   1. 부산광역시의 출연금
   2. 국고보조금
   3. 영화관련 사업 수익금
   4. 기금의 운용수익금
   5. 그 밖의 수입금
44) 예컨대 한국어 학습능력 시험에 대한 인가권을 국어발전기금으로 흡수할 수 있겠다.
45) 벌금과 범칙금, 과태료는 그 성격이 다르다. 벌금은 원칙적으로 검사의 기소와 법원의 재판을 거쳐 죄를 범한 사람에 대해 부과되는, 형법상의 형벌의 한 종류이다. 범칙금은 경범죄처벌법이나 도로교통법규 등을 범하거나 위반했을 때 부과하는 벌금이다. 과태료는 공법상의 의무 이행, 질서의 유지 등을 위하여 위반자에게 과하는 금전상의 벌이다. 즉, 법을 어긴 이에게는 범칙금, 해야 할 일을 안 했거나 늦게 한 이에겐 과태료가 부과된다.
   이런 금전수입의 용도에도 차이가 있다. 벌금이나 범칙금은 납부 후에 국고로 귀속된다. 그러나 그 사용처는 꼭 부과 근거에 부합하지 않는다. 교통에 관련하여 살펴보면, 음주운전이나 자동차사고로 인한 벌금, 그리고 과속이나 차선 위반 등으로 부과되는 범칙금은 꼭 교통안전을 위해서 쓰이는 건 아니다. 한해 1조원(벌금·범칙금 각각 5천억 원)에 달하는

로 나타낸 것이 아래 표이다.

[표 7-10] 국어발전기금의 재원(안)

재원		영역	
		국가영역	사회영역
	국가 또는 지방자치단체	한글맞춤법의 저작권 등	-
	수익금	-	언어문화 사업
	그 밖의 수입금	벌금과 범칙금, 과태료 등	

　여기서 그 밖의 수입금이 문제가 되는데 이는 도로교통법을 참고로 할 수 있다. 도로교통법 시행규칙 제5조에 따르면 교통범칙금을 부과하는데, 국어발전기금을 적용시키면 국어발전기금의 적용 대상이 되는 사안이 발생하는 경우 국어발전기금의 부담금을 물리게 된다. 예컨대, 대전의 유성구에서 테크노동으로 이름을 지으려 하면 불허할 필요는 없다. 거주민 당사자가 경제적 불이익을 감수하고도(이 경우 반기에 5,000 또는 10,000원을 부과한다면) 그 외국 이름을 선택하면 허용하고 그 대가로 국어발전기금이 충실해져 국어발전에 도움이 된다면 그 방안이 합리적이다.

　　5,000원을 부과하면 5,000 × 2 × 세대수(5,000) = 50,000,000/년
　　10,000원을 부과하면 10,000 × 2 × 5,000 = 100,000,000/년의 기금 증

교통관련 수입은 현재 일반회계로 편성된다.
지방자치단체가 부과하는 과태료는 지자체 예산으로 분류돼 관리된다. 벌금이나 범칙금과 같이 해당 개별법에 따라 정해지는데 그 종류도 많다. 대구 지자체의 과태료 수입은 연간 150억 원 정도다. 대부분의 지자체는 이를 일반회계로 편성해 사용한다. 일부 구청에선 특별회계로 편성하는 곳도 있다. 중구청 세입 담당자는 "과태료 부과 대상 범위가 넓고 수입이 많은 경우 교통특별회계를 편성해 따로 관리하기도 한다"고 했다. 과태료 수입이 일반회계로 잡히면 사용처가 특별히 정해지지 않는다. 그러다 보니 주정차 위반 단속으로 인한 과태료도 주차장 확보 등을 위해 쓰이기보다 구청 예산으로 집행되는 경우가 대부분이다. (http://blog.daum.net/qkfmsrlf106/7805690)

가가 예상된다(여기서 한시적으로 5년을 부과하면 위 액수에 5를 곱하
면 된다.).

이 제도에서의 문제점은 결정에 참여하여 반대하였으나 소수이기 때
문에(만약 투표를 하여 결정한다면) 사표가 되어 부담금 징수 대상이 된 이
들을 어떻게 할 것인가가 문제된다. 또 결정에 참여하지 아니한 새롭게
전입해 온 이들에게 이를 부과할 수 있겠는가 하는 점이다. 이는 차후의
연구과제로 남겨 놓는다.

이제는 그 밖의 수입금의 확보를 위한 노력을 살펴보자. 즉 누가, 어
떻게 기금의 적용 대상이라 확정할 것인가가 문제가 된다.

스폴스키(E. Spolsky, 2004)는 언어정책의 적용분야(domains)로 가족
(Families), 학교, 종교와 종교조직, 직장(workplaces), 지방정부, 초국가조
직(Super-national groupings), 정치체제(nations and states : polities)로 나
열하고 있다. 여기에서 대상을 한국어로서의 공공언어를 사용하는 조직으
로 공공성을 갖는 언어의 사용으로 제한하는 것이 좋겠다. 따라서 위 열
거에서 가족이나 초국가조직은 제외된다. 적용대상으로서 한국어로서의
공공언어를 사용하는 조직이란 사인을 제외하고, 공공성을 갖는 기관, 정
부기관, 신문 방송 등이 여기에 속한다. 다음에 공공성을 갖는 언어의 사
용이란 이른바 공공언어로서 앞머리에 언급한 글들이 그 대상이다. 예컨
대, 간판이 공공언어에 들어간다면 이도 기금의 부담금 징수의 대상이 될
것이다. 따라서 공공성을 갖지 않는 사적성(Privateness)을 갖는 언어는
제외된다. 누가 살펴볼 이가 될 것인가? 가장 좋은 방식은 쓸만한 인력의
동원제도(이른바 인력 풀제)의 운용이다. 그러나 이는 현실적으로 어렵다.
그 대안은 무엇인가?

언어현상을 살펴볼 이를 주체의 관점과 영역의 관점으로 나누어 살펴보자. 주체의 관점은 조직이나 단체와 개인으로 나누고 영역은 국가영역과 사회영역으로 나눈다. 조직이나 단체로서 국가영역에 해당하는 조직은 국어를 관장하는 조직이다. 사회영역에 해당하는 조직은 국어단체일 것이다. 개인으로서 국가영역에서 언어현상을 살펴볼 이는 국어책임관들이다. 이 유명무실한 제도를 다시 활성화하여 이들에게 법에 의무로 부과된 책임을 다 하라는 것이다. 다음으로 민간의 영역에서는 자격증을 도입하는 것이다. 가칭 '국어문화평가사'와 같은(일종의 파파라치) 제도를 도입하여 국어문화의 발전은 물론 고용증대와 아울러 새로운 직업의 창출에 이바지할 수 있다. 이를 표로 나타낸 것이 아래 표이다.

[표 7-11] 국어 현상을 살펴 보는 이들(안)

		영역	
		국가영역	사회영역
주체	조직이나 단체	국어를 관장하는 조직	국어단체
	개인	국어책임관	국어문화평가사

이를 위해 논의해야 할 영역이 앞서 [표 7-7]에서 제시한 대로 논의의 순서를 잡는다.

공권력의 전형적인 적용 대상인 국가영역에 해당하는 A, B, C, ⑪, ⑭, ⑮, ⑯, G 등은 이론상 당연히 국어책임관의 관할 영역이기에 잘못된 언어현상에 대해 책임소재가 분명하다. 공권력의 적용 대상인 사회영역에 해당하는 ⑬, F, G도 큰 문제가 없어 보인다. 이들에 관하여는 국어문화평가사가 활동해야 할 영역이 될 것으로 보인다. 행정지도 대상인 국가영역에 속하는 ⑫, F, G도 같다. 문제의 핵심은 ⑰과 E이다. 물론 이들도 국어문화평가사가 활동해야 할 영역이다. ⑰은 다른 이들의 발표가 있기에 간단히 언급하면 공공성의 영역으로 그 파급효과가 크기에 당연히 적용대상이 된다. 다만 실제로는 교정장치가 있으므로 크게 잘못될 가능성은 적다. 이보다 더 큰 문제의 가능성은 E이다. 예컨대, ㉑에서 소규모 영세 상인의 간판을 잘못되었다고 그 소유주에게 부담금을 물릴 수 있겠는가? 필자는 이 갈등을 줄이기 위해 단계적 적용을 주장한다. 300인 이상의 사업장의 간판이나 그 상표 등에서부터 행정지도를 1차, 2차에 걸쳐 시행하고 이행하지 않을 때에 부담금을 고지해야 한다는 것이다. 차후 100인 이상 사업장, 50인 이상 사업장, 10인 이상 사업장 등으로 범위를 넓힐 수 있다. 여기서의 문제는 상표법의 적용이다. 대체로 이른바 프렌차이즈 상표는 간판 등에 이를 넣어 놓는다. 그런데 이 때 누구에게 부담금을 부과할 것인가? 세 가지 가능성이 있다. 프렌차이즈 당사자가 그 하나이고, 실제 간판 소유자가 그 둘째이고, 셋째는 양쪽에 부과하는 것이다. 필자 생각에는 첫째가 온당할 것이고 이도 점진적으로 범위를 넓혀 시행하는 방법을 선호한다. 또 비록 수출용에 쓰이는 상표라 하더라도 내수용으로 전용되는 경우에는 위에서 논의된 취지의 적용을 받아야 한다. 실제로 자동차의 경우는 이른바 시장분리정책이 적용되고 있다. 마찬가지로 국어에 관계되는 사항도 동일한 원칙이 적용된다고 할 수 있다. 이를 정리하여 표로 보이면 아래 표가 된다.

[표 7-12] 국어책임관과 국어문화평가사의 활동 영역

		영역	
		국가영역	사회영역
방식	공권력	국어책임관, 국어문화평가사	주로 국어문화평가사
	행정지도	주로 국어문화평가사	국어문화평가사

제5절 마무리

입법가에게 너무 많은 조항의 입법을 요구하면 하나도 실현되지 아니할 가능성이 크지만 꼭 필요한 조항 몇몇을 요구하면 실현될 가능성이 크다. 이 글은 이런 관점에서 몇 가지 제안을 하였다. 그 첫째는 국어기본법의 개정에 꼭 필요한 조항은 국어발전기금으로 보고 이 조항이 들어가도록 노력해야 한다는 함축을 던졌다. 그 기초에는 경제적 이익을 우선하는 현대 한국에서 국어에 경제적 요소를 가미하면 뜻있는 이들의 바람대로 이루어질 것이라 가정에 서 있다.

이 가능성이 현실로 바뀌면 새로운 직업의 창출도 가능하여 국어가 이제는 경제적 가치를 가지는 영역으로 바뀌고 이는 새로운 패러다임이 될 것으로 확신하며 여기에 온 힘을 모아야 한다고 생각한다.

‖ 제8장 ‖ 한국어진흥재단의 도입에 관한 연구

제1절 한국어진흥재단 설립방안

1. (가칭) 한국어진흥재단의 필요성

1) 외국어로서 한국어 수요의 폭발적 증가

과거 한국어에 대한 수요가 많지 않을 당시에는 여러 기관에서 나름의 보급 전략으로 한국어의 존재를 알리는 방식이 주효하였다.[1] 사실 그러한 기관들의 노력에 힘입어 현재와 같은 괄목할만한 성과를 이루게 되었다. 하지만, 아시아 지역의 거의 모든 국가, 동유럽 지역, 구(舊) 소련 지역의 개인과 기업의 관심이 한국으로 몰리면서 한국어의 수요가 전례 없이 늘어나고 있는 추세에 발맞추어 한국어가 '믿을만한 세계어'로 자리매김하기 위해서는 체계적이고 일관성 있는 보급 전략이 절실히 요구된다.

---

[1] 이 장은 2007년도 연구용역보고서 국어책임관 제도의 활성화 및 한국어진흥재단 설립방안 이라는 연구보고서를 인용하였다.

(1) 국외 한국어 수요 증가

한국 기업의 해외 진출과 한류 문화의 확산에 힘입어 매년 한국어 능력 시험 현지 응시자수가 130~150%씩 꾸준히 상승하고 있다. 이런 상승 추세는 계속될 것으로 예측하여도 무리가 없다. 2006년 한국어 능력 시험 국가별 지원자 분포는 중국 > 일본 > 미국 > 베트남 > 우즈베키스탄 > 몽골 > 태국 > 대만 > 러시아 순으로 집계되었다.

[표 8-1]에 나타난 바와 같이 한국어 능력 시험 현지 응시자수는 초창기인 1997년에 비하여 2006년에 13배 이상으로 증가하였고 앞으로도 꾸준히 상승할 것으로 예상된다. 이와 같은 한국어 능력 시험의 수요자 상승에 효과적으로 대처할 수 있는 기관이 필요하다.

[표 8-1] 한국어능력시험 현지 응시자 수 현황

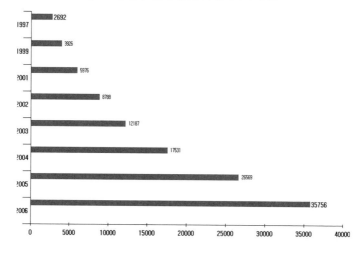

(2) 국내 외국인 거주자 증가

해외 현지 한국 기업과 한국으로의 취업을 희망하는 외국인 근로자의 증가에 따라 국내외에서 한국어 교육에 대한 필요성이 급증하고 있다.

또한 한국인과 결혼한 외국인의 한국 거주가 급격히 늘어나면서 한국어 교육의 필요성이 급증하고 있다.

[표 8-2]에 나타나 있듯이, 국내 체류 외국 인력은 총 401,684명이다. 이중 불법체류자가 188,000여 명으로 전체 인력의 46%를 차지하고 있다. 비록 불법체류자이기는 하여도 이들에 대한 한국어 교육을 지원할 방도를 모색할 필요가 있다.

[표 8-2] 외국 인력 체류 현황 (법무부)

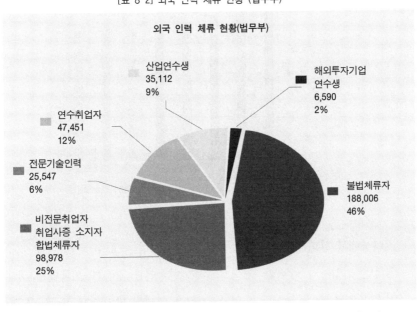

(2006. 7. 31. 기준, 단위 : 명, %)

국내 외국인 거주자 증가에 일조를 하고 있는 다른 요인으로 한국인과 결혼한 외국인의 한국 거주자의 상승을 들 수 있다.

아래 [표 8-3]에 나타난 바와 같이, 한국인의 국제결혼 비율은 1990

년 4,710건에서 2005년 43,121건으로 900% 이상 상승하였고, 총 결혼 건수에서 국제결혼이 차지하는 비율은 1990년 1.2%(총 399,312건 중 4,710건)에서 2005년 13.6%(총 316,375건 중 43,121건)로 증가하였다. 이러한 증가 추세는 계속될 전망이다.

[표 8-3] 한국인의 국제결혼 증가 추이

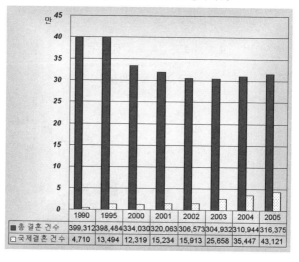

	1990	1995	2000	2001	2002	2003	2004	2005
■ 총 결혼 건수	399,312	398,484	334,030	320,063	306,573	304,932	310,944	316,375
□ 국제결혼 건수	4,710	13,494	12,319	15,234	15,913	25,658	35,447	43,121

이상에서 살펴본 바와 같이, 한국어 능력시험 수요의 급증, 국내 거주 외국인 취업자의 급격한 증가, 그리고 한국인과 결혼한 외국인의 국내 거주가 전례 없이 늘어나고 있다. 이러한 추세에 발맞추어 한국어가 '믿을만한 세계어'로 자리매김하기 위해서는 체계적이고 일관성 있는 보급 전략이 절실히 요구된다.

따라서 지금까지 이루어져 온 한국어 교육의 실태를 조망하여 어떤 문제점이 있는지를 파악하여 건설적인 해결책을 마련해야 한다.

2) 국내 외국인대상 현행 한국어 교육의 문제점

국내에서 외국인을 대상으로 한국어 교육이 이루어지는 방식을 보면 크게 두 가지이다. 하나는 대학의 부설 기관인 언어교육원에서 한국어 교육의 실제 수요자가 수업료를 지불하고 체계적인 교육을 받는 경우이다. 이 수요자는 교육 수준이나 경제적 수준이 높은 외국인으로 한국 사회에 적응하는 데 큰 어려움을 겪지 않는 집단이다. 이 집단을 대상으로 하는 한국어 교육은 질적 수준이 높고 운영 방식도 우수하다고 할 수 있다. 다른 하나는, 정부 각 기관에서 외국인 근로자와 결혼으로 한국에 거주하는 외국인 여성을 대상으로 실시하고 있는 한국어 교육이다. 한국어 교육의 문제점으로 고려해야 할 대상은 바로 후자이다.

(1) 기타 부처 및 지자체에서 주관하는 한국어 교육의 문제점

기타 부처 및 지자체에서 주관하는 한국어 교육이 한국어 교육관련 전문성이 부족한 비전문가들에 의해 추진되고 있어 정책 혼선과 기능의 중복 현상을 보이고 있다. 또, 한국어 교육이 대부분 부수적인 업무로 추진되고 있다. 끝으로, 지방자치단체에서 추진하는 경우 이벤트성, 일과성 사업으로 끝나는 사례가 많다는 점을 들 수 있다.

(2) 여성가족부가 주관하는 한국어 교육의 문제점

여성가족부가 주관하는 한국어 교육은 이주 여성, 즉 한국 남성과 결혼하여 한국에 거주하는 외국인 여성 대책차원의 일환으로 추진됨으로써 한국어 교육 부분은 그 비중이 상대적으로 축소되어 있고, 대부분 가정폭력, 결혼상담소 및 인권문제 위주의 사업으로 구성되어 있다.

(3) 이주 노동자·여성 한국어 교재의 문제점

2007년 11월 23일 개최된 한국사회언어학회 토론회의 주제는 이주여

성, 이주노동자 등 사회적 소수자 집단에 대한 한국어 교육의 문제점과 개선 방향이었다. 이 토론회에서 지적된 사항 중의 하나가 한국어 교재의 문제점이다. 여성 가족부가 발행한 초급교재나 농림부에서 발행한 교재가 학습자의 수준을 제대로 반영하지 못하였고, 구성이나 내용면에서 부족한 점이 많다는 사실이 지적되었다. 그 개선 방향으로 정서적 교육을 강화할 수 있는 학습 교재, 교사용 교재의 제작을 위한 꾸준한 노력이 거론되었다.

3) 한국어 보급 및 문화교류 관련 해외 기관의 난립

국내 및 국외에서 한국어 교육에 대한 수요가 급격히 증가하면서 각종 기관에서 제공하는 서비스의 양도 크게 증가하였으나 대동소이한 프로그램과 사업을 중복 제공하는 문제점을 안고 있다. 더욱이 소규모 기관들이 많아 예산 부족으로 사업이 부실하여 서비스의 질이 낮고 지역별로 기관 편중이 심하다는 문제점도 안고 있다. 따라서 한국의 언어와 문화를 현행보다 조직적으로 일관성 있게 보급 관리할 총괄 기관을 설립해야 한다.

자국의 언어와 문화를 조직적으로 보급하고 있는 국가는 하나의 통로를 통하여, 언어 교육, 언어 능력 시험, 각종 문화 행사를 기획 홍보하고 있다. 이러한 나라 중에서 미국과 영국은 영어 교육과 영어 능력 시험을 일관성 있는 조직체를 통하여 통괄 운용하여 막대한 경제적 이익을 누리고 있다고 해도 과언이 아닐 것이다.

[표 8-4]에 나타난 바와 같이, 한국어 교육을 소관하고 있는 부처가 3군데이고, 뚜렷한 특색 없이 각 부처의 산하 기관에서 실시하고 있다. 일원화된 체계적인 보급이 되어야 할 한국어 교육이 교육부의 한국교육

원, 문화부의 해외문화원, 국립국어원, 그리고 한국어세계화재단, 외교부
의 국제교류재단과 한글학교에서 실시되고 있다. 또한, 한국어교재개발
관련 사업도 교육부, 문화부, 외교부에서 각각 이루어지고 있다.

한 국가를 대표하는 절대 신뢰성을 담아야 할 한국어 능력 시험마저
도 교육부, 노동부, 법무부에서 각각 실시하고 있다. 그리고 한국어 교
원 자격시험은 산업 인력 관리 공단에서 시행하고 있다.

[표 8-4] 한국어 보급 및 문화교류 주요 기관 현황

소관부처	기관명	해외현황	내 용
교육부	한국교육원	14개국 35개	한국어와 한국문화 교육 재외동포와 외국인 대상
	국제교육진흥원		한국어교재개발 한국어교사 파견 외국인학생 장학 지원
	한국학중앙연구원		학술교류 및 해외 한국학 지원
문화부	해외문화원	8개국 11개	한국어 강좌, 문화홍보와 교류 국내외인 대상
	국립국어원	세종학당 200여 곳 설치계획	한국어 해외보급
	한국어세계화재단		한국어 교재 개발 및 한국어 시험 개발 한국어 교육, 한국어 교사 연수
외교부	한글학교	106개국 2,072개	민간단체가 설립운영 외교부 등록/재외동포 재단 지원 재외 동포 대상 한국어 교육
	국제교류재단	5개국 5개소	학술문화교류 및 한국학 지원 한국어 해외보급 및 교재개발
국정홍보처	해외홍보원	23개국 27개소	정부 정책 및 문화홍보

출처 : 2007. 7. 10 한국일보 제공

이제 우리나라도 각 기관과 조직의 존속을 위한 작은 명분에서 벗어
나 거시적인 안목에서 한국어와 한국 문화를 효율적으로 보급할 수 있

는 전략을 구상하여야 한다. 그리고 더 큰 문화적 경제적 이익 창출을 담당할 하나의 총괄 조직체를 구심점으로 여러 군소 기관의 공동 협력 네트워크를 구축해야 한다.

이상 세 가지 측면 - 외국어로서 한국어 수요의 폭발적 증가, 국내 외국인을 대상으로 한 현행 한국어 교육의 문제점, 한국어 보급 및 문화교류 관련 기관의 난립 - 에서 살펴보았듯이, 사회적으로나 경제적인 측면에서 국내 및 국외 외국인에 대한 한국어교육 지원을 정책적으로 강화하고 사업을 전담할 기구의 설립이 절실하다. 이와 같은 한국어교육은 법적이나 기능적으로 볼 때 국립국어원의 고유한 업무이며 의무라고 사려 된다.

2. 재단 설립 방식

한국어를 체계적으로 보급하고 세계어로 진흥할 기능을 수행할 기관을 설립할 방식은 두 가지, 완전히 새로운 기관을 설립하는 것과 기존의 유사 기관을 확대 개편하는 것이다. 간략하게 두 가지 방법의 문제점 및 타당성을 살펴본다.

1) 두 가지 설립 방안 비교

(1) 기관 신설 방안의 문제점

첫째, 앞에서 논의한 기능 - 국내 및 국외 한국어 보급, 한국어교재 개발, 한국어 능력 시험, 한국어 교사 연수 - 을 수행할 기관을 신설하는 데는 최소 80억 원 이상이 소요될 것으로 추정한다.

한국어 보급과 관련된 사업을 추진하는 정부 부처의 2006년도 예산은 문화관광부 16,4억 원, 교육인적자원부 37,4억 원, 외교통상부 145,8억 원이었다([표 7] 90페이지 참고). 이 중에서 신설 기관이 추진할 사업의 내용은 문화관광부와 교육인적 자원부에서 추진하고 있는 사업 내용과 유사하므로 신설 기관의 추정 예산은 두 기관의 예산을 합한 금액 53,8억 원과 그 외 신설 관련 부대비용 17억 원을 합산한 금액이다.

둘째, 기존 기관과 유사한 기능을 수행할 기관을 신설하는 일은 또 다른 군소 기관을 추가하는 일이 된다. 결국 비슷한 과업들을 중복해서 추진하게 될 것이므로 예산과 인력의 낭비를 초래한다. 이런 낭비를 막으려면 유사 기관을 폐쇄하고 새로운 기관을 설립해야 한다.

셋째, 유사한 기존 기관의 인력이 축적해 온 지식과 방법을 활용하지 못하므로 과업 수행의 성과가 낮다.

(2) 유사 기관을 확대 개편하는 방안의 타당성

첫째, 현행 기관 중 한국어세계화재단(이하 '세계화재단')이 (가칭)한국어진흥재단(이하 '진흥재단')이 추구하고자 하는 사업의 일부를 유사하게 수행하고 있는 기관이다.

둘째, 세계화재단은 문화관광부에 소속된 기관이고, 국립국어원에서 설립을 기획하는 진흥재단 역시 문화관광부 소속이다.

셋째, 세계화재단은 민법상의 재단으로 한국어진흥재단이 목표로 하는 사업을 수행할 능력이 부족한 기관이다. 반면, 신설될 진흥재단은 장관이 임명하는 특수법인 전문기관으로 조직의 안정성을 확보할 것이다.

따라서 확장된 기능과 사업을 수행할 진흥재단이 세계화재단을 흡수하여 진흥재단을 구심점으로 한국어 보급 관련 제 기관들의 공동 협력 네트워크를 구축하는 것이 마땅하다.

2안으로 한국어진흥재단을 설립할 경우, 1안의 총 예산에 비하여 17억 원 정도를 절감하여 재단을 설립할 수 있고 세계화재단의 인적 자원을 최대한 활용하게 되므로 가장 경제적으로 과업 수행의 성과를 창출할 수 있다.

결론적으로, 유사한 기존 기관을 폐쇄하는 일은 재원 및 인적 자원의 낭비가 되고, 또 기존 기관과 유사한 기능을 수행할 기관을 신설하는 일은 또 다른 군소 기관을 추가하는 일이 되므로 모두 바람직하지 않다. 따라서 지금까지 기존 기관이 이루어온 업적을 최대한 활용하는 방안을 수용하는 것이 가장 효율적이다.

한국어진흥재단이 수행하게 될 과업을 구체적으로 가시화하는 일환으로 다른 나라의 문화원에서 이룩한 성공적인 운영 사례를 살펴볼 필요가 있다.

2) 세계 다른 나라의 유사한 기관 고찰

국립국어원에서 설립하고자 하는 한국어진흥재단은 그 명칭에서부터 외국의 문화원과 상당한 차이가 있다. 그리고 한국의 해외문화원이 있기 때문에 오해의 여지가 많다. 하지만, 한국어진흥재단이 외국의 문화원에서 벤치마킹을 하여도 무방한 이유는 두 가지이다. 첫째, 한국어를 신뢰할만한 세계어로 진흥하고자 하는 목적이 외국의 문화원에서 수행하는 사업과 유사하다. 둘째, 한국의 해외 문화원이 설치되어 있지 않은 국가에서 한국어진흥재단이 한국의 해외문화원과 유사한 기능을 수행하여야 할 것이다.

[표 8-5]에 소개한 국가 중에서도 영국이 가장 체계적으로 일관성 있게 영어 보급 및 문화 교류를 진행하고 있다. 우리나라도 국내외에서 도

움을 필요로 하는 외국인에게 질 높은 서비스를 제공하기 위해서는 한
국어와 한국 문화의 보급 환경을 개선할 수 있는 새로운 조직 개편이
절실히 필요하다.

[표 8-5] 외국의 문화원이 수행하는 기능

국가	총괄 기관	업무
영국	영국 문화원	어학 교육
		영국 (영어자격) 시험
		교류 협력 / 유학 및 장학금 안내/ 유학박람회
		문화 보급 및 교류
미국	한미교육위원단	영어 교육
		영어시험
		교류(유학 장학금 안내)
	미국 문화원	문화 보급 및 교류/ 도서관 운영
캐나다	캐나다교육원	유학/연수 안내 및 박람회
		어학강좌
		문화이벤트/ 유학관련 안내책자 발행
독일	독일문화원	교육 협력
		어학 강좌 및 시험
		정보센터/도서관
프랑스	프랑스문화원	프랑스어 교육
		유학 언내 및 대학 협력
		예술과 문화 교류/ 미디어 도서관/정보센터
일본	일본공보문화원	교류 및 어학시험(JET)
		어학 교육
		일본정보/ 문화행사/ 유학안내
중국	중국문화원	정보센터 : 중국소개, 중국신문 제공
		어학교육, 유학 및 어학 연수
		HSK 중국어 능력시험
		문화관광 : 중국문화탐방, 중국 철학

3) 한국어진흥재단 설립을 위한 세부 방안

한국어진흥재단의 설립 목적은 국내 거주 외국인 및 국외 외국인의 한국어교육 진흥을 위하여 이를 전담하는 별도의 특수법인을 설립하고 예산을 지원하는 데 있다.

국어 기본법 개정안 제19조 2항(한국어진흥재단의 설립)에 근거하여 아래와 같이 설립 방안을 마련한다.

(1) 한국어의 세계 보급과 외국어로서의 한국어 교육 및 진흥을 위하여 문화관광부장관의 인가를 받는다.

(2) 한국어진흥재단에서는 아래와 같은 사업을 한다.

① 국외의 한국어 진흥 및 교육에 관한 사업

- 교육 대상자의 수준과 수요를 체계적으로 분류하여 가장 합당한 교육 자료와 교수방법을 도입하여 교육을 실시한다. 아울러 교육 대상자의 수요에 맞는 한국 문화 교육을 실시한다.
- 교육 대상자는 전문 인력, 대학생, 일반인, 근로자, 한국 이주 희망 여성 등으로 분류 가능하다.

② 국내 거주 외국인을 대상으로 한 한국어 교육사업

- 국외와 마찬가지로 교육 대상자의 수준과 수요를 체계적으로 분류하여 가장 합당한 교육 자료와 교수방법을 도입하여 교육을 실시한다.
  - 국내 거주 외국 근로자를 대상으로 한 한국어 교육
  - 국제결혼 가정 및 그 자녀를 위한 한국어 교육
  - 정부기관 및 지방자치단체의 한국어 교육사업 지원

③ 한국어 진흥에 관한 조사 연구 사업

- 교육 대상자의 수준과 수요에 맞는 교재, 교육자료, 교수법, 그리고 교사 연수 프로그램을 연구 개발한다.
  - 한국어 교재 및 교육자료 개발

　　　-한국어 교사 자격시험 개발

　　　-한국어 교사 연수 프로그램 개발

　④ 한국어 능력 관련 시험에 관한 사업

　　・교육 대상자의 수준과 수요에 맞는 다양한 종류의 능력 시험을
　　　개발한다.

　　　-일반인 및 대학생 대상 능력 시험

　　　-근로자 대상 능력 시험

　　　-결혼 여성 대상 능력 시험

　　　-아동 대상 능력 시험

위 사업 내용을 토대로 [표 8-6]과 [표 8-7]에 한국어진흥재단의 사업 내용과 조직도를 제시한다.

[표 8-6] 한국어진흥재단의 사업 내용

재단 조직		사업 내용
교육	해외보급	• 국외의 외국인 대상 한국어 진흥 및 교육에 관한 사업
	국내보급	• 외국인 및 국내이주 외국 근로자 대상 한국어 교육사업 • 국제결혼 가정 및 그 자녀를 위한 한국어 교육사업
연구개발		• 한국어 진흥에 관한 조사 연구 및 교육자료 개발 사업 　-한국어 교재 및 교육자료 개발 　-각 대학에서 개발한 한국어 교재 통합 관리 　-한국어 교사 자격시험 개발 　-교수법 및 한국어 교사 연수 프로그램 개발
평가		• 한국어 능력 관련 시험에 관한 사업 　-한국능력시험 　-한국어교사 자격시험
지원협력		-정부기관 및 지방자치단체의 한국어 교육사업 지원 　-국내외 한국어 보급 및 교류 관련 기관의 공동 협력

(3) 해외 보급 및 지원 방안

해외에서 한국어진흥재단의 역할은 영국문화원처럼 한국문화원을 주축으로 한국어 교육, 한국어 능력 시험, 국제 교류 사업이 이루어질 수 있

게 센터를 개설할 수 있도록 지원하는 것이다. 한국어진흥재단의 한국어 관련 센터 지원 방식은 아래 세 가지 경우로 나누어 고려할 수 있다.

[표 8-7] 한국어진흥재단의 조직도

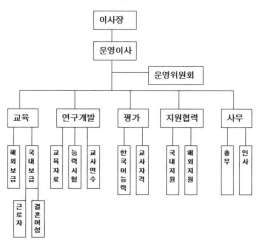

① 한국 해외문화원이 있는 국가

한국어진흥재단은 문화원과 공조 관계를 유지하면서 위에서 언급한 업무를 총괄할 수 있게 지원한다.

② 한국 해외문화원은 없으나 한국어교육 센터가 있는 국가

기존하고 있는 한국어 관련 센터를 한국어진흥재단이 지원하여 그 센터가 위에서 언급한 기능을 수행할 수 있게 한다.

③ 한국어 관련 센터가 개설되지 않은 국가

국립국어원에서 추진하고 있는 세종학당의 기능을 계획보다 좀더 확대하여 위에서 언급한 기능을 수행할 수 있도록 지원한다.

4) 한국어진흥재단 설립을 위한 전략

(1) 중앙부처와의 조직 문제

각 부처가 주관하고 있는 한국어 관련 사업 중에서 고유한 특성 사업을 유지한 채, 기관별로 중복되는 사업에서는 공동 협력하여 불필요한 기구를 축소 또는 통폐합한다. 이런 과감한 개혁을 단행하여야만 불필요하게 집행되고 있는 예산을 감축하여 효율적인 예산 지원을 도출할 수 있다.

[표 8-8] 부처별 국외 한국어 교육 특성 비교

구분	문화 관광부	교육 인적 자원부	외교 통상부
관계 법률	국어기본법 (제19조 국어의 보급 등)	재외 국민의 교육지원에 관한 법률	재외동포재단법
교육 대상	• 현지 외국인(일반 대중) • 국제결혼 이주 여성 및 외국 국적의 이주 근로자	• 한국 국적의 재외 국민 • 한국 국적이 없는 동포 • 외국의 한국학 연구자	• 한국 국적의 외국 장기체류자 및 영주권자 • 국적 불문 한민족 혈통을 지닌 자
교육 내용	• 일반대중을 대상으로 생활 한국어와 한국문화의 이해	• 국민으로서의 소양 함양을 위한 한국어 교육 • 한국학 연구자 지원	• 재외 동포에 대한 한국어 교육 및 한국문화 보급 • 해외 한국학 진흥 지원
교육 성격	'문화상호주의 원칙'에 입각한 한국어 교육과 쌍방향의 문화교류 확대 및 문화적 연대 도모	재외 국민 대상의 정규 국어 교육과정에 의한 한국어 교육 실시	재외 동포 한국어 교육 및 문화사업 지원
교원 자격	• 한국어교사 자격증 ※ 한국어(교육)학과	• 국어교사 자격증 ※ 국어(국문)학과	해당 없음
'06년 예산	16.4억 원	37.4억 원	145.8억 원

(2) 예산 문제

한국어세계화재단을 흡수할 경우 특수법인 한국어진흥재단 설립을 위한 총 예산(최소 추정 80억 원) 중에서 기본적인 재원으로 최소 17억 원을 확보할 수 있다. 그리고 축적된 인적 자원 및 기술을 최대한 활용하여 단기간에 이윤을 극대화할 수 있으므로 예산 규모의 단계적 확대가 용이하다.

① 민간재단인 한국어세계화재단의 조직을 특수법인으로 전환하여 건설적인 구조 개편을 단행한다(2007. 6 현재 기본재산 1억 원).

② 한국어세계화재단에 대한 문화관광부 지원액을 한국어진흥재단 개편에 활용한다(2006년 기준 약 16억 원).

③ 한국어교육 사업성과를 바탕으로 매년 예산을 확보하여 점진적으로 규모 확대가 가능하다.

(3) 대내적 문제

① 기존의 각 기관들에서 행하고 있는 교육 및 교육자료 개발을 관리한다.

② 정부 기관 및 대학 부설 기관에서 행하고 있는 한국어 교육, 한국어 교사 양성 교육, 한국어 교재개발 등에 관한 데이터베이스를 구축하여 일관성 있는 교육이 되도록 관리한다.

(4) 대외적 문제

① 각 기관의 고유한 해외 특성 사업을 유지한 채 공동 협력을 모색한다.

② 기존의 각 기관들이 이루어 놓은 해외 지역별 사무소 및 성과를 파악하여 해외센터 관장 기관을 적정 분담한다.

[표 8-9] 재단과 유사 기관의 사업 차이점

기 관 명	근거법령	목 적	사 업
한국어진흥재단(가칭)	국어기본법(안)	외국어로서 한국어 교육과 진흥	국내외 외국인에 대한 한국어 교육 국제결혼가정과 자녀 대상 한국어교육 한국어 능력 시험 한국어교재 개발
한국국제교류재단	한국국제교류재단법	국제 교류 및 구제 우호증진	국제교류행사 지원 국외 한국연구 지원 국제교류기관과 교류 및 우호증진
재외동포재단	재외동포재단법	재외동포의 민족적 유대감 유지	재외동포 교류사업 재외동포사회 대상 조사 및 연구 재외동포 대상 교육문화홍보사업
국제교육진흥원	교육인적자원부 직제	재외동포 교육 국제 교육 교류	재외국민의 교육 국제 교육 교류 교원 및 대학생의 연수 외국인유학생 유치

3. 재단 설립의 시사점 및 기대효과

1) 한국어교육 업무를 전담하여 추진하는 전문적인 조직체로서 외국어로서 한국어 보급사업을 내실화한다.

2) 한국어교재 개발을 현행보다 체계적이고 과학적으로 관리하고 추진한다.

• 전문성과 현장경험을 갖춘 인력을 중심으로 각국 언어권별, 교육대상별 양질의 한국어교재 및 교수기법을 개발하는 일이 가능하다.

3) 장기적인 사업추진체계를 통한 양질의 사업성과 도출이 가능하다.

• 단발성 사업으로 끝나지 않고 전문성 있는 조직을 통하여 장기간에 걸쳐 경험과 노하우가 지속적으로 이어진다.

• 이와 같은 환류 체계를 통하여 우수한 교재개발 및 양질의 교육인력 양성이 가능하다.

4. 재단 설립의 필요성에 대한 강조

모든 외국어의 습득은 강의를 듣는 것만으로 성취될 수 있는 단순한 학습이 아니다. 외국어의 효과적인 성취에는 상이한 문화 이해, 학습자의 배경과 수준을 고려한 적절한 교재 및 교수법 등 복합적인 요소가 상호작용 한다. 외국어로서 한국어의 습득도 마찬가지이다. 외국인을 위한 효율적인 한국어 교육을 위해서는 합당한 교재개발, 교수기법, 능력 있는 교사의 양성 등 해결해야 할 문제가 복합적으로 연결되어 있다. 그런데, 현재까지 여러 기관에서 주관해온 외국인을 위한 한국어 교육시스템은 다양한 현장의 수요를 충족시키지 못하고 있다. 무엇보다도, 한국 사회에 거주하는 외국인들 중에서 한국어교육 보급이 절실하게 필요한 대상은 결혼 이주자이다.

이들을 위한 사회정책의 일환으로, 법무부에서 재한외국인처우기본법에 따라 2008년부터 사회통합교육을 실시하겠다고 발표하였다. 사회통합교육의 내용은 한국어교육과 한국문화교육 등으로 구성된다고 한다. 또한, 여성가족부에서는 '다문화가족지원법'을 추진하면서 여성단체 및 인권단체를 '다문화가족지원센터'로 지정하여 한국어 교육을 실시하고자 한다. 이와 같은 취지는 바람직하다고 할 수 있으나, 이런 방법만으로는 부처에서 추구하는 교육의 기대를 충족할 수 없다고 본다. 결혼 이주민과 그 자녀의 한국어교육 문제는 많은 연구와 투자를 필요로 하는 분야이다. 최소한, 결혼 이주 여성의 문화 및 교육 수준, 더 나아가 그들이 속한 한국의 사회적 환경을 반영한 교재 개발이 절실하고, 학습 효과를 고취할 수 있는 교수법을 활용할 수 있는 전문적 교사가 그들의 교육에 투입되어야 한다. 단지 몇 천 만원 예산을 투자하면 한국어 교재가 단시

일에 개발되고, 일정 시간의 한국어 교육을 실시하면 결혼 이주 여성이 한국 사회에 성공적으로 동화할 것이라고 생각한다면 예산과 시간의 낭비를 초래할 뿐이다.

한국어 교육은 한국어 전문가 집단에 맡기는 것이 바람직하다. 상당수의 대학에는 한국어교육을 체계적으로 실시하는 언어교육원이나 국어상담소와 같은 전문가 집단이 구성되어 있다. 그리고 사회 각층에는 한국어교사 자격증을 가진 교사 및 외국어 교육 경험을 갖춘 자원봉사자들이 많다. 또한 민간기업 영역에서도 한국어교육을 담당할 수 있는 출판사와 보습학원들이 많이 있고, 지방의 문화원에서는 이미 다양한 문화강좌를 실시해온 경험을 축적하고 있다. 사회 각층의 다양하고 풍부한 자원을 활용하는 방안을 고려하지 않고, 인구 몇 명당 1개 시설 지정, 일정 시간 채우기 식의 강좌 개설, 또는 주관 부서와 관련이 있는 여성 인권단체나 시민단체의 활용이라는 입장만을 고수한 채 결혼 이주민에 대한 사회통합교육 방안을 모색한다면 궁극적으로 바람직하지 않은 결과를 초래할 가능성이 크다.

사회통합교육이 달성하고자 하는 바람직한 목표를 성취하기 위한 일환으로 행해지는 한국어교육은 공급자의 시각과 이해에서 과감히 벗어나 수요자인 외국인에게 맞춰져야만 한다. 결혼 이주민 중에는 거주 지역이 교통이 불편한 벽지에 있거나 출산 및 육아로 인하여 몇 개월 또는 반년씩 날마다 일정한 강의실에 앉아서 강의를 들을 수 없는 사람들이 많을 것이다. 또 결혼 이주 여성 수강생은 모국어가 상이할 것이고 개인별 수준도 천차만별일 것이다. 이런 수요자들의 상이한 배경을 고려하지 않은 한국어 수업이 과연 어느 정도로 수준 있게 진행이 될 수 있을지 의문을 제기하지 않을 수 없다.

행정도 일종의 서비스라고 볼 수 있다. 서비스는 고객에 대한 배려와 만족을 중요시하는 업종이다. 그런데 고객의 사정을 고려하지 않은 채 무조건적인 수업 참여를 의무화하는 것은 고객만족을 우선으로 하는 추세를 거스른 일이 될 것이다. 적어도 법무부에서 추진하고자 하는 사회통합교육이 바람직한 행정 서비스가 되기 위해서는 수요자의 편의를 고려한 이주민 가정 방문교육시스템을 도입하여 실시하여야 할 것이다. 또한, 수강자들의 학업성취도를 평가할 수 있는 평가방법을 동원하여야 할 것이다. 그렇게 한 경우라야만 고객만족의 행정을 구현하고 국가예산 투입에 대한 성과를 담보할 수 있다.

한국내 외국인 이주노동자·여성은 그 규모나 사회적 기능면에서 우리 사회의 주요 구성원으로 자리 잡고 있다. 이들을 위한 한국어 교육을 체계화하기 위해서는 정부 기관과 민간 전문가의 협력을 주도하는 특수재단 법인의 설립이 시급하다.

제2절 정책적 제언

1. 법률의 정비

아래의 정리는 법률의 정비가 필요한 부분을 모은 것이다. 그 안과 이유를 차례로 설명하였다.

1	국어책임관 지정 의무화 및 대상기관 범위 명확화 (안 제10조)

• 국어책임관을 '**지정할 수 있다**'에서 '**지정하여야 한다**'로 수정하고 지정 대상기관의 구체적인 범위를 대통령령으로 정하도록 함으로써 법집행의 실효성 확보 및 의미의 명확화

현　　행	개　정　안
제10조(국어책임관의 지정) ① 국가기관 및 지방자치단체의 장은 국어의 발전 및 보전을 위한 업무를 총괄하는 국어책임관을 그 소속공무원 중에서 <u>지정할 수 있다.</u> ② 제1항의 규정에 의한 국어책임관의 <u>지정 및 임무</u> 등에 관하여 필요한 사항은 대통령령으로 정한다.	**제10조(국어책임관의 지정)** ① 국가기관 및 지방자치단체의 장은 국어의 발전 및 보전을 위한 업무를 총괄하는 국어책임관을 그 소속공무원 중에서 <u>지정하여야 한다.</u> ② 제1항의 규정에 의한 국어책임관의 <u>지정범위 및 임무</u> 등에 관하여 필요한 사항은 대통령령으로 정한다. ③ <u>국어책임관으로 지정받은 자는 이 사실을 즉시 상급기관과 국립국어원에 보고하여야 한다.</u>

□ 개정 배경과 검토 내용

○ 국가기관 및 지방자치단체의 국어책임관 지정을 임의조항으로 할 경우 지정하지 않을 수도 있다는 해석이 가능하게 되어 제도의 실효성 확보 어려움. → 국가기관 및 지방자치단체의 국어책임관 지정을 의무조항으로 규정하여 법집행의 실효성을 확보할 필요

○ 국어책임관의 지정범위가 국가기관 및 지방자치단체로 되어있으나 '국가기관'의 범위가 모호하고 확대 해석될 경우 그 대상이 지나치게 넓어져 오히려 제도가 유명무실하게 될 우려 → 지정대상 기관을 필요한 범위 내로 한정할 수 있도록 국어책임관 지정범위를 대통령령으로 정하도록 함.

○ 대내적 공표의 문제점 (보고체계) : 누가 책임관인지 상부기관이나 국어원에 보고도 되지 않는 현실 교정.

2. 제도의 정비

다음의 내용은 도입되어야 할 제도를 설명한 것으로 그 안과 이유를 차례로 설명하였다.

1) 국어학예사

2	국어학예사 배치 규정 신설 (안 제10조의2)

> • 국어책임관의 업무를 보조할 수 있도록 **국어책임관을 지정한 기관은 국어학예사를 배치하도록 함.**

현 행	개 정 안
<신 설>	**제10조2(국어학예사)** ①국어책임관 업무의 효율성과 전문성을 높이기 위하여 국어책임관을 지정한 기관은 국어책임관의 업무를 보조하는 국어학예사를 임명하여야 한다. ②국어학예사의 자격 및 배치인원 등에 관하여 필요한 사항은 대통령령으로 정한다.

□ 개정 배경과 검토 내용

○ 국어책임관의 지정은 소속 공무원 중에서 임명하도록 되어 있으나, 대부분 국어관련 전문성이 없는 홍보담당 부서장직을 수행하는 공무원에게 추가됨으로써 국어책임관의 업무가 제대로 추진되기 어려운 현실 – 전문성이 있는 직원을 채용하여 국어책임관의 업무를 보조할 수 있도록 하는 등 현행 국어책임관 지정제도의 일부 미비점을 보완할 필요성이 있다.

→ 국어학예사의 자격 및 배치인원 등에 대하여는 대통령령으로 정하도록 한다.

※ 중앙부처 및 광역자치단체에 우선 최소인원을 배치하도록 하고 사업성과에 따라 그 적용범위를 확대 필요. ▷ 활용예시) 노동부 외국인노

동자 한국어능력시험, 여성부 결혼이민자 및 가족 한국어교육, 법제처 법제업무, 정통부 인터넷 사용언어 순화, 행자부 지자체의 결혼이민자 한국어교육 등

□ 유사 사례 : 기록연구사

○ 비교적 성공한 사례로 판단.

○ 업무 – 당해 공공기관의 기록물 관리에 관한 계획 수립 시행 – 당해 공공기관의 기록물 수집관리 및 활용 – 영구기록물관리기관으로의 기록물 이관 등

○ 국가기록원과의 관계를 고려할 때 국어학예사 제도의 관련성을 검토할 필요성

○ 기록연구사의 자격과 배치를 살펴 볼 때 국어원의 교육기능 검토.

○ 기록연구사가 부처의 일꾼(?)으로 동원되는 현실을 거울 삼아 전문성 확보방안 연구.

2) 제도의 도입을 위한 방안

국어학예사를 도입하기 위한 방안은 다음과 같다.

① 직위[(position) : 한 사람의 근무를 요하는 직무와 책임]의 입증.

② 직급[(class) : 직위가 내포하는 직무의 성질 및 난이도, 책임의 정도가 유사해 인사행정의 편의상 채용, 보수 등에서 동일하게 다룰 수 있는 직위의 집단]의 적절성 조정.

③ 직렬[(series) : 직무의 종류는 유사하나 곤란도·책임도가 서로 다른 직급의 계열]이나 직류[(sub-series) : 동일한 직렬 내에서 담당 직책이 좀더 유사한 직무의 군] 신설의 검토.

④ 직무기술서[(job description) : 직위가 요구하는 직책 내용을 명시한 것]

⑤ 직급명세서[(class specification) : 직무분석 및 직무평가에 따라 결정

된 직급의 직책 내용, 자격 요건 및 시험 내용을 명시해 놓은 것
으로 이는 채용·승진·보수 등 인사행정의 기준으로 사용된다]의
명확화.

3. 의사소통지수의 개발과 도입(대화 매뉴얼 개발)

다음으로 국어정책의 발전을 위하여 하여야 할 일들은 아래와 같다.

첫째, 영국에서 보듯이 협력관계(partnership)의 조성을 위하여 국어
관련 민간 단체의 활성화를 추구하여야 한다. 이 민간단체들이 풀뿌리
운동을 통하여 언어생활을 풍요롭게 할 수 있다. 더 나아가 국어 관련
민간단체는 오늘날 정부조직의 개편에서 보듯이 국어 관련 행정조직에
게는 때로는 강력한 우군이 될 수도 있다. 국어책임관의 역할에 그 지역
에 있는 국어 관련 민간단체를 조장하고 조직하게 하고 관리하는 역할
이 부여되어야 한다.

둘째로 지역 국어 상담소를 다목적으로 활용할 필요성이 있다. 지난
번 여성가족부에서 관심을 보였던 다문화가정을 위한 국어교육의 활동
을 지역 국어상담소가 수행하도록 하여야 한다. 극어책임관은 관할 지역
의 국어상담소와 연계하여 다문화가정의 국어능력을 증진시키는데 이바
지하여야 한다.

셋째로 사회적 일자리 창출이 국가적 이슈가 되고 있는 요즘, 영국의
쉬운 영어운동 본부(Plain English Campaign Center)와 같은 문화적 기업
의 가능성을 검토하여야 한다. 이런 업무를 국어책임관이 맡도록 장기
계획을 연구하여야 한다.

넷째로 국어책임관 제도의 업무평가를 시행하여야 하고 이를 위해 정

책분석의 방법이 개발되어야 한다.

마지막으로 국어원이 중심이 되어 의사소통지수의 개발과 도입을 연구하여야 한다. 아울러 각 지역이나 행정조직의 국어책임관은 대화 매뉴얼 개발을 개발하고 관리하여야 한다.

4. 행정적 조처

행정적 조처로는 국어원에 국어책임관을 관리할 수 있는 통합 관리직책 신설하여 실질적인 관리가 되도록 하여야 한다. 현재의 제도가 가지는 문제점은 이미 언급하였기에 이에 대한 개선책이 필요하다.

‖ 제9장 ‖ 도로명 부여사업에서의 도로명

제1절 서론

언어는 생각하고 그 생각을 전달하는 도구 以上의 것으로 우리의 세계관을 구성하는데 기본이 되는 요소라고 한다. 그럼에도 언어에 관심을 보이지 않고 있는 풍조가 사회에 널리 퍼져, 언제부터인가 '로드맵'처럼 영어를 맹목적으로 이용하여 말을 만들었고 '말도 안 되는 말'이 '말'이 되어 있는 현상을 볼 수 있다. 예컨대, (아파트의 불안전성을 증명하는) 안전진단, (불명예스럽게 물러나게 하는) 명예퇴직, (타율적으로 실시하는) 자율학습 등의 우리말이나 Happy Suwon 등이 그것이다. 학계에도 언어로 학문 활동을 영위하고 있건만 행정학 계통의 학술잡지에 행정언어를 다룬 논문이 거의 실리지 않을 정도이다. 그 결과 언어학 쪽에서는 행정언어를 이해하려 하지 않고 사회과학 분야에서는 이에 관심이 없어서 연구영역의 사각지대(死角地帶)가 발생하였다.

이런 흐름에 자그마한 변화가 있으니, 하나는 행정고시에 언어논리가 과목(PSAT)으로 들어갔고, 또 행정 각 부처에 국어책임관이 임명되었다. 행정언어에 관한 한 행정실무 분야가 행정연구의 분야를 앞지르고 있는데, 요즘 행정언어의 중요성을 보여주는 또 다른 의미심장한 제도 도입은 도로명(道路名) 부여사업이다. 전통적으로 애용되어 왔던 지번 중심의 주소체계는 여러 가지 문제점을 노출하였다. 시대의 변화에 따른 적응의 문제라든가, 정확하고 적정한 정보제공에 부응하지 못하고 있다는 자체평가(행정자치부, 2003 : 1) 등은 익히 알려져 있다. 또 다른 문제점으로 지적하고 있는 보기는 지역의 특성이나 역사성을 담고 있지 않고는 방위만 표시한 남면, 동면, 중리 등과 같은 행정구역의 이름을 문제점으로 꼽고 있었다.

이번에 시작하는 주소체계의 개편은 세계화에 따른 우리의 반응의 한 양식이 지번중심에서 도로명(道路名) 중심(행정자치부, 2003 : 7)으로 표현할 수 있다. 이 글은 학계 차원에서 이 분야 연구에 너무 미진한 감이 있기에 앞날의 방향을 점검해 보려고 한다. 아울러 행정에서 사용되는 언어현상에 행정학자의 연구를 기다리며 또한 그 시안을 제시하는 측면에서 이 글을 올려 행정언어에 대한 학계의 관심을 촉구하며 아울러 한 단계 더 높은 발전을 위하여 비판을 받으려 한다.

제2절 행정언어의 이론

1. 행정언어의 개념

언어와 사고는 뗄 수 없이 서로 얽혀 있어서 상호작용한다는 관점에서 행정언어(The Language of Public Administration)의 이론을 제창한 학자는 파머(D. Farmer, 1999)였다. 그는 '행정이론은 하나의 언어다'라는 명제 아래 행정정보를 배열하는 방식을 행정언어라고 하였다. 행정현상이란 실존 그 자체가 언어라는 렌즈를 통해 보인 것이라는 이론으로 나타난다. 그런데 하나의 제약이 존재한다. '내 언어의 한계는 내 세계의 한계이다'라는 그것이다(Wittgenstein, 1951 ; Farmer, 1999 : 49). 이런 관점에서 Farmer는 modernity에 기초한 행정과 post-modernity에 기초한 행정이라는 렌즈에 맞추어 이론을 전개한다. 이를 도표로 정리한 것이 아래 표이다.

[표 9-1] modernity와 post-modernity에 기초한 행정담론의 차이

Modernism	Post-modernism
Form(conjunctive, closed)[형식, 연속적, 폐쇄적]	Antiform(disjunctive, open)[反형식, 분리적, 개방적]
Purpose(의도)	Play(놀이)
design(설계)	Chance(우연)
Hierarchy(계층제)	Anarchy(무정부성)
Art object/Finished work(기술대상/완성된 일)	Process/Performance/Happening(과정/과업수행/발생)
Distance(거리)	participation(참여)
Creation/totalization(창조/총합계)	Decreation/Deconstruction(탈창조/탈구성)
Synthesis(합성)	Antithesis(反합성)
Centering(중앙집중)	Dispersal(분산)
Signified(기호화된 대상)	Signifier(기호부여자)
Determinacy(결정성)	Indeterminacy(비결정성)
Transcendence(초월)	Immanence(내재)
Selection(선택)	Combination(결합)
Genre/Boundary(장르/경계)	Text/Intertext(텍스트/텍스트간)

출처 : Farmer(1999 : 51)
주 : Farmer는 이밖에도 여러 가지로 들고 있으나 글쓴이가 지면을 고려하여
일부는 제외하였음.

또 파머(D. Farmer)의 연구의 특징은 표층구조와 심층구조(Farmer, 1999 : 4)로 나누고 있다는 것이다. 표층구조는 행정과 행정학의 언어를 나타내고 심층구조는 행정과 행정학의 기본구조(Farmer, 1999 : 51)라고 설명하고 있다.[1] 그의 이론을 기초로 하면서 그 매개체로서 성과를 도

입하여 약간 바꾸면 아래 표와 같이 된다.

[표 9-2] 행정언어 연구에서의 표층구조와 심층구조

구조와 그 연결	표현 양태	보기
표층구조	관료언어(bureaucratese)	언어로 표현된 청결
매개체	관료제의 성과	도시의 청결도
심층구조	관료제	위생국

출처 : Farmer(1999 : 51)를 약간 변형한 것임.

따라서 그의 이론에 따르면 관료제의 현상을 어떻게 언어로 표현하느냐 하는 것이 행정언어이다.

이 글에서는 행정의 영역에서 현실적으로 사용되는 언어를 중심으로 행정을 이해하는 관점에서 파머(D. Farmer, 1999)의 접근방법과 약간 차이가 있다. 즉 여기서는 행정 분야에서 사용되는 언어현상을 행정언어라는 이름으로 고찰한다. 그러나 이에 대해 사회과학자(특히 행정학)가 관심을 두지 않았기 때문인지 선행연구의 부족(또는 부존재) 현상을 심심찮게 볼 수 있다. 선행연구 중 일부는 행정에 있어 언어현상을 행정담론이나 행정철학과 연계하여 연구하는 관점을 제시하였으나(김대성, 2006), 이는 현실에서 사용되는 언어를 중심으로 살펴보는 이 글의 관점과는 다른 모습을 보여주었다. 어떤 의미에서는 이런 연유로, 현실적으로 많이 쓰이는 행정의 언어현상에 대해 이론 체계를 세워야 할 필요성이 여기에 있다. 우선 행정언어를 구성요소를 중심으로 개념을 구성하는 경우2) '행정'이라는 하위 개념과 '언어'라고 하는 또 다른 하위 개념으로

---

1) 이 이론은 언어학자 N. Chomsky에서 유래한다. Farmer(1999 : 51)는 심층에서 언어패턴의 기초적 특징을 분석한다고 서술하고 있다. 이 글은 이를 약간 변형하여 표층에서 분석한 것이다.

구성된다.[3] 그렇다면 행정용어와는 어떤 차이가 있는가? 첫째 차이는 행정용어가 단어와 구를 중심으로 한 개념인데 비해 행정언어는 그 부분을 넘어서 통사적(統辭的) 모습까지 다루는 개념이라는데 차이가 있다. 둘째로 행정언어의 개념 속에는 행정언어를 통하여 그 뒷면에 숨어 있는 여러 현상(예컨대, 문화성, 이데올로기, 권력, 역사성 등)을 포괄한다. 그러나 이 글은 이런 노력을 위한 첫 출발이므로 여기에서는 행정언어란 도로명 부여사업에 있어서의 도로명이라는 기술적이며 부분적이고 구체적인 행정언어의 모습과 성격을 살펴 볼 것이다.[4]

2. 행정언어의 속성과 구성요소

앞서 말한 대로 행정언어는 행정과 언어의 합성어이므로 행정의 속성과 언어의 속성을 그대로 가지고 있기에 여기에서 행정언어의 속성과 그 구성요소를 찾기로 한다. 먼저 행정이란 권력을 배경으로 한 정책형성과 그 구체화라고 정의(定義)되므로(박동서, 1984 : 46) 행정언어는 권력과 밀접한 관계가 있다(Ng & Bradic, 1993 ; Fairclough, 2001). 이런 속성은 행정언어에 권위를 부여하게 된다. 나아가 행정언어가 지향하는 바가 공공성이나 공익성에 있으므로 이들도 행정언어의 속성을 구성한다

---

2) 이 방법은 행정을 사회적 구성물로 보는 Farmer(1999)나 개념을 언어적으로 분해하는 방법에 유래한다. 물론 후자에 대해 K. Popper는 이 방법을 반대하고 있다(Popper, 1972).

3) 행정언어의 구성요소를 철학적 부문과 과학적 부문으로 나눌 수도 있겠다. 이는 장차 해야 할 작업으로 맡겨 두려한다. 또 보통명사의 성격과 고유명사의 성격으로 나눌 수도 있겠다. 전자에 속하는 것은 대통령 담화문이나 보도지침 등이며, 후자에 해당하는 것이 地名, 개인 이름 등이다. 여기서는 이 방법을 취하지 아니한다.

4) 따라서 행정언어란 행정에서 사용되며 행정기능을 수행하는 정보를 제공하고 의사소통을 이루는 언어 현상을 연구하는 영역이라고 정의할 수 있다.

(Erreygers & Jacobs, 2005). 또 행정언어를 어떤 지시물(referent)에 부여하고 그로 인해 일단 한번 정해지면 바꾸기가 쉽지 않을 뿐만 아니라 바꾸는데도 어떠한 행정절차를 요구하는 특성을 갖고 있는데 이를 형성적 속성(조연홍, 2000 : 35)이라 할 수 있다.[5]

한편 언어에서 유래하는 기능으로서 행정언어는 '어떤 당사자'(이른바 話者)가 '다른 당사자'(이른바 聽者)에게 매개체를 통해 '어떠한 내용'을 전하는 과정으로(심재기, 1995 : 33-39), 그 기능은 개인의 내적 상태를 표현(expressive)하는[6] 표출 기능, 정보를 알려주는 신호기능, 외부세계에 있는 상태나 상황을 묘사하는 묘사기능, 설명(explanations)이나 논증을 제시하거나 평가하는 논증(argumentative) 기능이 있다(이성범, 1999 : 114-116 ; Leech, 1983 : 48-56 ; Popper, 1972).[7]

행정언어의 구성요소로서는 당사자(행정언어의 주체인 행정당국과 그 상대방인 국민이나 지역주민), 행정언어의 당사자들을 연결하는 매개체인 언어, 그리고 행정언어에 영향을 주는 행정문화의 셋으로 잡는다(심재기, 1995 : 33-39). 먼저, 연결하는 매개체인 언어부터 설명하자.

1) 언어

언어는 문화의 도구로 기능할 뿐만 아니라(Leech, 1983 : 48-56 ; 최현배, 1970) 그 소속 사회의 성격과도 밀접한 관계를 갖고 있다(김민수 외,

---

5) 조연홍(2000 : 35)은 어떤 지시물(referent)에 행정언어를 부여하는 기능은 서술하지 않고 있다. 그러나 행정언어를 연구하는 데는 이 기능이 필수적이므로 형성적 속성에 이를 추가한다.
6) 여기에 속하는 보기 가운데 자연대상(physical objects : World I)을 표현하는 기능이 地名이라고 할 수 있다(이성범, 1999 : 114-116 ; Leech, 1983 : 48-56).
7) 심재기(1995 : 33-39)는 언어의 기능을 정보적 기능, 표출적 기능, 명령적 기능, 친교적 기능, 관어적(關語的) 기능, 미학적 기능으로 나누고 있다. 한편 Leech(1975)는 관어적 기능을 제외한 다섯을 들고 있다.

1995). 예컨대, 한국과 미국과의 관계를 나타내는데 8가지의 용어가 존재하는데8) 어떤 용어나 언어가 선택되느냐 하는 문제는 그 의식세계를 나타내고 언어를 표현하는 당사자의 가치를 나타내는 것이다. 따라서 행정언어의 연구도 동일한 연장선상에 있다. 행정언어를 *행정언어 그 자체* (administrative language in itself), *행정언어의 역사성과 그 변용*의 둘로 나누어 설명한다.

(1) 행정언어 그 자체

행정언어는 언어에 기초하므로 언어의 특성을 그대로 응용할 수 있고, 언어학의 지식이 이용될 수 있다. 행정언어가 중요한 이유는 요즘 대법원에 개명신청을 하는 현상에서 유추할 수 있고 이는 언어현상과 관련이 있음을 쉽게 이해할 수 있다. 즉 상당수가 발음하기 나쁘거나 듣기가 거북한 개인의 성명(姓名), 예컨대 김치국, 공순이, 박건달, ○창녀, ○음순 등이 그 사례라고 할 수 있겠다(중앙일보. 2006. 6. 27). 따라서 앞으로는 행정언어나 여기서 주로 논의하는 도로명(道路名)에 있어 이런 측면을 고려하여야 한다. 여기서는 음성언어와 의미를 살펴보고자 한다.

먼저 음성언어를 살펴보자. 음성언어가 무엇이며 그 개념이 어떠하니 등의 설명은 여기서는 군더더기 말에 불과할 것이다. 문제는 전통적으로 행정언어는 그 의미성에 치중하여 음성언어에 관한 고려는 전혀 없었다는 데 있다. 음성언어에 너무 무관심한 보기는 지하철 역 화양역(還鄕

---

8) 이들은 미국에 저항하는 항미(抗美), 혐오하는 혐미(嫌美), 반대하는 반미(反美), 폄하하는 폄미(貶美), 이용하는 용미(用美), 연대하는 연미(連美), 찬성하는 찬미(贊美), 숭배하는 숭미(崇美) 등이다. 흥미있는 것은 이 용어 분석이 한국인이 아닌 미국인에 의해 이루어졌다(중앙일보, 2006. 6. 27). 또 倭食, 日食, 和食이나 倭王, 日王, 日皇, 天皇을 서로 비교해 보라. 이들은 같은 대상을 부르는 칭호이지만 그 위상에서 차이가 난다. 즉 그 상대적 가치가 점점 상승하는 관계로 배열되어 있다.

女 : 나중에 건국대 입구역으로 개명), 객사리, 하품리, 통곡리(地名) 등에서 볼 수 있고 이는 행정지명의 정비를 초래한(중앙일보. 2006. 8. 9) 원인이다. 따라서 이후부터는 행정언어에 있어 음성언어의 측면을 고려해야 한다는 교훈을 얻을 수 있다.

다음으로 의미의 측면을 살펴보자. 음성언어의 경시와 아울러 역사성에 치중하여 의미를 고려하지 않는 경우가 있다.[9] 지명 등의 행정용어에 의미를 고려해야 하는데, 그 의미가 혐오감을 주는 경우가 있다. 예컨대, 대구시의 수성구의 내환동이나 달서구의 파산동은 역사성의 측면에서는 몰라도 의미상 좋은 행정명칭이라 할 수 없다.[10] 기타 '대통령 하사품' '대권' 등의 용어가 의미하는 바는 현 시대와 어울리지 않는 비민주적 성격을 갖고 있는 좋은 보기들이다.

(2) 행정언어의 역사성과 그 변용

지명 등의 행정언어는 쉽게 바꾸기 어려운 성격을 갖고 있으며 일단 채용되면 그 나름의 역사성을 갖고 지속적으로 효력을 발휘한다. 왕(旺)산면·왕(旺)전리 등은 일제 강점기에 민족정기를 말살할 목적으로 일제가 변경한 행정명칭 등인데 그대로 오늘날까지 답습하고 있다고 한다(한겨레신문. 2006. 3. 20). 또 이에 기초하여 새로운 행정용어가 도입되거나 변용을 일으킨다. 대표적으로 초등학교로 바뀌기 전에 행정언어였던 국민학교가 그 보기일 것이다. 국민학교에서 '국교'로, 그들을 위한 신문을 '국판(國版)'이라 부르는 것들이 여기에 속할 것이다.

---

9) 예전에 기상대(氣象臺)를 전통에 맞게 관상대(觀象臺)로 하였던 적이 있다.
10) 수성구가 내환동은 대흥동으로, 달서구가 파산동을 호산동으로 각각 바꾸었다(한겨레신문, 2006. 3. 20).

2) 행정문화

사회나 행정조직의 성격은 행정문화를 구성하는데 있어서 중요한 요소로 행정언어에 상당한 영향을 준다. 다음 두 보기에서 행정언어에 어떠한 차이가 있는지 살펴보자.

> A. 귀하의 건의사항은 관할 관청인 ○○시에 이첩하여, 면밀히 검토한 후 그 결과를 회신토록 하였으니 양지하시기 바랍니다.
> B. 귀하의 건의사항은 관할 관청인 ○○시 넘겨 검토를 거친 뒤 결과를 알려드리도록 하였으니 그리 아시기 바랍니다. (최인호, 2006 : 129)

'민주적일수록 언문체(諺文體)인 반면, 권위적일수록 한문체(漢文體) 언어'(이기문, 1995 ; 김완진, 1995)라는 이론에 기초하면 A가 권위적인 문체(이첩, 회신, 양지 등)인데 비해 B가 민주적인 문체임을 알 수 있다. 또 위 두 보기는 시대에 따라서 행정언어가 어떠한 차이를 보여주는지를 나타내준다. 좀 더 살펴보면 권위주의 시대의 사회는 '긴급조치'라는 행정언어를 낳는 문화를 안고 있었고, 발전국가의 유산을 간직하고 있는 우리 사회는 공단(工團)과 공단(公團)의 동의어를 만들었고, '개발', '새마을', '기획', '고속도로' 등의 행정언어를 퍼뜨렸다.

한편 조직의 성격도 행정언어에 영향을 미친다. 예컨대, '까버립시다'는 범죄조직이 사용할 때와 경찰이 사용할 때는 그 뜻이 다르고 후자의 경우 검찰조직에서 쓰는 '체포합시다'에 상응한다. 이런 요소들이 행정언어에 영향을 준다고 할 수 있다.

3) 행정언어의 당사자

행정언어의 당사자, 특히 행정 당국이 어떤 언어를 쓰느냐 하는 것은 행정 당국이 그 국민에 대해 어떤 태도를 갖고 있느냐를 알 수 있고 또 행정언어의 차이를 가져오는 중요한 요인이다. 이미 이 책 제3장(p.153)에서 사례로 든 박정희 대통령의 1963년도 연설문(1973)과 김대중 대통령의 연설문(1999)을, 행정언어의 구성요소를 어휘적 요소와 비어휘적 요소로 나누어 비교해 보면 아래와 같다.

[표 9-3] 행정언어 주체 간의 행정언어 비교

		박정희 대통령		김대중 대통령	
어휘적 요소	1인칭 지칭	나는---(또는 본인은)11)		저는---12)	
	2인칭 지칭 (일반인)	친애하는 국민 여러분		존경하고 사랑하는 국민 여러분13)	
	2인칭 지칭 (외국인 포함)	동포 여러분		내외국민 여러분	
	일반인의 당사자 지칭	각하		대통령님	
비어휘적 요소	표현 양식	국한혼용		한글전용	
	문장 길이 (평균)	전체 문장 수	51	전체 문장 수	168
		전체 글자 수	3755	전체 글자 수	5384
		1문장 당 글자 수	73.6	1문장 당 글자 수	32.0
	용어	군사용어중심	낙오 없는 隊伍의 嚮導	구어체의 표출	먼저 물가를 잡아야 합니다
		문어체 중심	草家三間의 燒失을 초래하는 愚를 범하는		
	지향	타자지향	동포 여러분의 현명한 決斷과 勇猛을 촉구하는 바입니다	자기지향	저를 믿고 적극 도와주십시오

---

11) 취임사를 분석해 본 결과 박정희 대통령의 경우 본인을 지칭하는 '나'의 빈도는 12회로 전체비율(전체 어휘 중 '나'의 비율)은 0.434783이다. 그는 '저'는 한 번도 사용하지 않았다.
12) 김대중 대통령의 경우 '저'의 빈도는 18회로 전체비율은 0.469729이다. 참고로 김대중 대통령의 '나'의 빈도는 1회로 전체비율은 0.026096이다.

이상을 비교해 보고 지적할 점은 문체 이론(민주적일수록 諺文體인 반면, 권위적일수록 漢文體 언어)에 기초하면 박정희 대통령 취임사는 비교적 권위적 취임사인데 비해 김대중 대통령은 비교적 덜 권위적 취임사임을 알 수 있다. 이를 국가 발전 이론에 따르면(김태성·성경륭, 1999) 권위적 취임사는 발전국가 시대에 어울리고 덜 권위적 취임사는 민주국가 시대에 어울린다는 견해를 수긍할 수 있다.

3. 행정언어의 최근 전개

그러면 행정언어의 최근 흥미로운 전개를 간단히 살펴보자. 행정언어와 관련되는 요즘 이슈는 앞서 언급한 행정고시에 PSAT(Public Service Aptitude Test)의 도입이라든가 도로명(道路名) 부여사업 외에 개명신청14)과 일제 '창지개명(創地改名)' 잔재에 대한 전수조사사업, 행정용어 개선사업 등인데 차례로 살펴보자.

개명신청을 먼저 살펴보자. 최근 신문 보도에 따르면 '한 달에 4,000 ~6,000건 수준이었던 전국 개명 접수 건수는 지난해 11월 대법원 결정으로 개명이 쉬워지면서 급증, 12월 1만 1536건까지 치솟았고 현재 1만 건 정도를 유지하고 있다'고 한다.15)

---

13) 물론 '친애하는 국민 여러분'의 표현도 보인다. 대통령 비서실(1999)을 참조하라.

14) 改名이 행정언어인지는 논쟁의 소지가 있다. 그러나 행정의 범위를 넓게 잡아, 개명은 호적에 의한 행정작용으로 확정되므로 여기서는 행정언어로 본다.

15) 이름을 바꾸려는 사람들이 모여 인터넷 개명 카페를 만들어 '고통을 공유하며 서로 격려하는 모습이 환자들 커뮤니티 못지않다'고 하며 최근 사흘간 서울가정법원에 접수된 111건의 개명 신청 사례를 보면, '이름이 촌스럽다고 놀림을 받아서' 개명한다는 사유가 압도적으로 많았다. '말순' '몽실' '추월' 등의 옛날 이름이나, '춘자' '화자' 등의 일본식 이름, '귀남' '인덕' 등의 남자 같은 여자 이름이다. 신청인 박달고만(朴達高萬)씨는 한 지방 법원에 접수된 개명(改名) 신청사유는 그 뜻이 '딸을 그만 낳으라'는 뜻이라고 한다(조선일보,

[표 9-4] 개명 신청 증가 추이

월별 변화	서울 가정 법원	전국 합계
2005년 9월	345	5647
2005년 10월	336	5694
2005년 11월	493	7536
2005년 12월	737	11,536
2006년 1월	615	11,161
2006년 2월	698	12,657
2006년 3월	674	10,590

출처 : 조선일보(2006. 5. 27)

다음으로 행정자치부의 일제 창지개명(創地改名) 잔재에 대한 전수조사 사업이란 '일제가 자원 수탈이나 통치 편의 등을 위해 일본식으로 개명한 지명들에 대해 본래 이름을 찾아주는'(동아일보. 2005. 9. 8) 사업을 말한다. 행정자치부는 '조사결과가 취합되는 대로 국토지리정보원에 자료를 제공, 일제가 민족정신과 정체성을 말살하려고 단행한 창지개명(創地改名)을 바로잡는 데 참고할 수 있도록 할 방침이라고 한다(동아일보. 2005. 9. 8).[16]

또한 2006년 3월부터 행정자치부에서 추진하는 '행정용어 개선사업' 도 행정언어와 관련이 있다. 공문서에서 사용되는 행정용어나 부서 · 직급 · 장소 등의 이름을 국민이 쉽게 알 수 있도록 바꾸는 일을 말하고 아래 표들에 그 동안의 성과와 대상을 정리해 놓았다.

2006. 5. 27).

16) 부산시의 경우 전수조사에서 부산 중구 남포동의 경우 고유지명인 '자갈치'가 일제때 '남빈정'으로 왜곡됐다가 해방후 '남포동'으로 전환됐고, 중구 중앙동의 고유지명인 '논치'는 일제때 '대창정'으로 불렸다가 해방후 '중앙동'으로 바뀐 것으로 확인됐다(동아일보, 2005. 9. 8).

[표 9-5] 행정용어 개선 사업 대상 용어

용어의 성격	보기
위화감을 조성하는 용어	시달・주사・서기・기능직 등
권위주의적 용어	전투경찰・관용차량 등
혐오감을 주거나 이해하기 어려운 용어	폐기물・도압장(오리도축장) 등

자료 : http://bbs.yonhapnews.co.kr/board/0211000000.asp

[표 9-6] 2005년도에 각 부처에서 추진한 행정용어 개선 노력과 내용

부처	개선 노력과 내용
환경부	아름답고 알기 쉽게 바꾼 환경 용어집 발간
특허청	심결문 용어순화 편람 발간
국세청	편하고 바르게 쓰는 세정용어 길잡이 발간
대통령경호실	22면회실 → 북악면회실, 55면회실 → 분수대면회실 등
국무조정실	계리 → 계산하여 정리, 복권자금 → 복권판매대금 등
산림청, 문화관광부, 특허청	순화된 행정용어를 한글 맞춤법 소프트웨어(바른한글)에 반영하여 각종 문서작성에 활용

자료 : http://bbs.yonhapnews.co.kr/board/0211000000.asp

위에서 언급한 이 현상들은 행정언어에 대한 무관심을 더 이상 방치할 수 없고 다듬어야 할 필요성을 보여주는 본보기이다. 이제는 행정언어가 큰 흐름으로 보아 어떻게 변화되었는가를 패러다임 이론을 이용하여 살펴보자.

4. 행정언어의 패러다임

두루 알려졌다시피 쿤(T. Kuhn)에서 시작된 패러다임 이론은 학문의 발전을 설명하는데 큰 공헌을 하고 있다(Barnes, 1982). 행정에 있어서

도 그 변화를 '개입에서 민간 자율로', '권위적인 정부에서 민주적 정부로', '발전국가에서 민주국가로' 등으로 요약할 수 있다. 이에 기초하여 행정언어도 그 변화를 쉽게 볼 수 있다. 문제는 행정언어의 패러다임 선정기준이 무엇인가 하는 데 있다. 여기서는 그 기준을 '지배언어가 무엇인가?'에 초점을 둔다. 여기서는 이병혁(1993 : 19)에 따라 '지배계층의 필요나 이해관계에 따라 사용되는 언어'로 정의하고 지배계층의 언어의 성격은 통치의 수단으로서 공식적이고 공시적인 지위를 부여받은 언어라고 규정한다. 이에 따라 조선조로 돌아가면 비록 훈민정음을 만들었다 하더라도 그 시대 지배언어는 한문이었다. 반면 왜정 시대의 지배언어는 일본어였다. 이를 정리하면 아래의 [표 9-7]이 된다.

[표 9-7] 패러다임의 선정

	朝鮮朝	日帝 시대	해방 이후	세계화 추진
말	한국어	日本語	한국어	한국어
글	漢文	日本 글자	한글	한글과 영어
패러다임	한자 패러다임	일본(어) 패러다임	한글 패러다임	영어 패러다임
보기	欲使人人易習便於 日用耳		통일호, 새마을 호	KTX

앞서 언급했듯이 행정담론이나 행정철학과 연계하지 않고 행정의 영역에서 현실적으로 사용되는 언어를 행정언어라고 할 때 요즘 이슈가 되고 있는 도로명(道路名) 부여사업에서의 도로명은 기술적이고 구체적인 행정언어의 좋은 사례이다. 위에서 언급한 행정언어의 패러다임과 이 글에 있어서 다루는 내용 즉 도로명(道路名) 부여사업에서의 도로명과 어떤 관계가 있는가? 도로명(道路名) 부여사업은 여러 패러다임이 복합적으로 관련되어 있다. 먼저 현재 도로명(道路名) 부여 방법은 위의 [표 9-7]에

서 보듯 일본 패러다임에서 유래하여 한글 패러다임에서 확립된 모습이
다. 이를 다시 영어 패러다임으로 바꾸려는 시도이다. 즉 도로명(道路名)
부여사업에는 여러 패러다임이 혼재해 있었던 도로체계를 개편을 통해
'한글패러다임을 유지하면서 영어패러다임을 수용하려는 것을 의미한다'
라고 정리할 수 있다. 따라서 이는 행정언어의 방향 바꾸기의 한 보기로
여기서 살펴보고자 한다.

제3절 도로명(道路名)에 있어서의 행정언어

1. 도로명(道路名) 부여사업 개요

우리나라의 주소체계는 1910년 일제시대에 지번에 기초하여 설정되
었다. 이후 급속한 도시화에 따른 토지의 분할, 합병으로 지번이 불규칙
하게 부여되어 위치식별이란 본래의 기능 발휘하지 못하고 있다. 이를
해결하기 위하여 1996년부터 행정자치부에 '도로명 및 건물번호 실무기
획단'을 설치하고 '도로명 및 건물번호 부여사업'[17]을 실시하여 법안이
2006년도 정기국회를 통과하여 법적 근거를 얻었다.[18] 이에 따르면
2011년 12월 31일까지는 기존의 지번체계와 병용해 사용하고 2012년
1월 1일부터 주소체계는 도로명만으로 사용하도록 되어 있다. 그 변화
에 대하여 행정학계가 무관심한 듯한데 우선 주소표시제도의 비교부터
보기로 하자. 이는 아래 [표 9-8]에 정리되어 있다.

---

17) 행정자치부(2003)에 따르면 이 사업의 주요 내용은 1)도로명 제정 및 건물번호 부여, 2)도
   로명판 및 건물번호판 설치, 3)새 주소 안내 전산시스템 구축 등 3개 분야라고 한다.
18) 정식 명칭은 도로명주소 등 표기에 관한 법률(도로명주소법)이다.

[표 9-8] 주소표시제도의 비교

구분	지번 방식	도로 방식	블럭 방식	Geocoding 방식
내용	• 지번을 주소로 사용	• 지번과 주소를 분리 • 도로명과 건물번호를 주소로 사용	• 지번을 주소로 사용 • 일정구역(block)을 단위로 기초번호(지번) 부여	• 필지 중심지의 좌표값을 주소로 표시
주소표시	○○시 ○○동 ○○-○○번지 ○통 ○반	○○시 ○○로 ○○	○○시 ○○구역 ○○번 ○○호	○○시 ○○동 ①②③④-⑤⑥⑦⑧
장·단점	• 한 번지로 지번과 주소를 동시에 사용 • 주소찾기가 불편하고 도시정보 관리 곤란 • 토지 분·합필 시 주소변경	• 주소 찾기 및 지리정보연계가 쉽고 토지 분·합필과 주소표시가 무관 • 도로구간 변경 시 주소변경	• 도로망이 정비되지 않은 지역에 적합 • 지적과의 불합치 등 지적제도 문제점 개선이 필요	• 지리정보 체계와 연계가 용이 • 주소찾기가 불편
시행국가	한국	유럽 미주, 아시아의 거의 모든 국가	일본	없음

출처 : 행정자치부(2003 : 36)

도로명(道路名) 부여사업에는 필연적으로 도로명(道路名)을 부여해야 하는데 이 실무 차원에서는 도로를 시에서 관리하는 간선도로와 자치구에서 관리하는 소로와 골목길로 나누었다. 간선도로는 주요지역간 대량통과 교통기능을 수행하는 주간선도로와 도시교통의 집산기능을 수행하는 보조간선도로로 하고 시(市)지명위원회에서 심의를 거쳐 도로명을 부여하였다. 소로(小路)는 간선도로에서 분기되어 도로구획 내부로 접근기능을 수행하는 도로로 구(區)지명위원회 심의를 거쳐 도로명을 부여하며 골목길은 차량통행이 곤란하며 보행위주 기능을 수행하는 좁은 도로이면서 개별 건물에 접근하는 국지도로이다. 이 골목길은 소로명(小路名)에 일련번호를 부여하여 이름으로 하고 있다. 이 글은 여기에 문제점이 있음을 지적하고 보다 바람직한 방향으로의 도로명 사업의 전개를 탐색해 보고자 하는 데 있다.

2. 주소체계의 구성

1) 숫자체계와 문자체계

도로를 어떻게 나타낼 것인가? 여기에는 숫자로 표시하는 방법과 문자로 표시하는 방법이 있다.[19] 거리의 경우는 숫자체계는 번지로 표시되는데 비해 문자체계는 도로명(道路名)으로 나타낸다. 이 글에서 비교하려고 하는 영국의 주소체계와 우리나라의 그것은 사뭇 다르다. 고속도로의 경우 우리는 문자체계를 사용하고 있다. 예컨대, 경부고속국도, 호남고속국도 등으로 사용되는데[20] 영국의 경우 숫자체계를 사용하여 M6, M5 등으로 나타낸다(M은 Motor Way를 지칭).

홍미로운 것은 거리명의 경우이다. 고속도로의 경우와 정반대로 우리는 숫자체계를 사용하는데(즉 번지) 영국은 문자체계를 사용하여 도로명(道路名)으로 표시한다. 따라서 우리나라에서의 도로명(道路名) 부여사업은 숫자체계에서 문자체계로의 전환이라 할 수 있다. 이 글은 바로 이 과정에서의 문제점을 지적하려고 하는 의도이다.

2) 주소체계의 구성요소

주소체계의 구성요소로 내용요소와 형식요소, 기술적 요소로 분류할 수 있다. 내용요소라 함은 도로명(道路名)을 말하고 형식요소란 도로의 주소체계에 있어 내용요소를 제외한 나머지 요소를 말한다. 즉 기점을 어디에서, 종점은 어디로, 도로를 중심으로 짝수와 홀수로 나누어 번호

---

19) 물론 여기에도 국가에서 사용하는 공식적 표현 방법인가, 아니면 일반인들이 많이 사용하는 표현방법인가의 논쟁이 있을 수 있다.
20) 물론 이들 도로에 숫자체계가 부여되어 있다. 여기서의 기준은 일반인이 어느 쪽을 많이 사용하느냐를 기준으로 삼았다.

를 부여할 것인가 등등을 말한다. 기술적 요소란 디자인, 그 디자인을 行政區 사이에 통일할 것인가 아닌가, 부착의 높이 등등을 말하는데 여기서는 내용요소만 다룬다.21)

이제 위 [표 9-8]에서 보인, 현재 우리나라가 시행하고 있는 지번방식과 시행하려 하는 도로방식을 비교해 보자.

3. 선행연구의 검토와 분석의 틀

선행연구의 검토 결과 행정학적 입장에서 학술적인 문헌은 드물고 용역보고서는 몇 편이 출판되었다. 지난 연구의 특색은 국어학자가 지명연구를 주도했다는 점이다. 이를 「지명학」22)의 분석을 통해 살펴보자. 2001년부터 지금까지 실린 논문은 6권 8편, 7권 5편, 8권 6편, 9권 6편, 10권 7편, 11권 6편, 모두 38편을 분석의 대상으로 삼았다.

이에 따른 문제점은 첫째, 언어학적 고찰이 주류를 이루고 행정언어의 측면에서의 접근은 아주 적다.23) 둘째, 과거지향적인 측면이 강하므로 당장 새로운 지명의 창출을 위한 교범이 될 만한 지침이 없다. 즉 조어법적 연구를 통한 실용성 측면에서 유익하다고 보기 힘들다. 셋째, 비교연구가 적다. 특히 서양의 경우는 소개도 하지 않고 있다. 이 글은 이런 문제점을 극복하고자 하는 데 있다.

---

21) 그런데 필자가 인터뷰한 공무원들은 이보다 형식적 요소나 기술적 요소에 더 치중하고 있다. 그들에 따르면 이는 국회에서의 지적 때문이라고 한다. 여기서도 행정언어의 경시현상을 볼 수 있다.

22) 이 저널은 한국지명학회에서 발행하는데 지명연구에 관하여는 가장 저명한 저널이다. 여기서 분석 대상으로 한 권수는 6, 7, 8, 9, 10, 11권이다.

23) 그 중 흥미있는 연구는 이병운(2004)의 연구인데 이도 먼 옛날로 거슬러 올라간 과거의 행정지명연구이다.

이제는 분석의 틀을 살펴보자. 내용요소에서 지난 연구 중에서 체계적인 연구로 꼽을 수 있는 논문은 박병철(2004)의 연구이다. 그의 연구는 다음과 같은 특색을 갖는다. 첫째로, 도로는 계층성을 갖고 있다. 즉 큰 도로(또는 중요한 도로)부터 도로명(道路名)이 달라진다. 이에 따르면 '대로', '로', '가', '골목', '거리'의 체계를 갖고 있다. 둘째로, 도로 이름에는 몇 가지 구성요소가 있다. 전부요소, 분할요소, 후부요소 등인데 전부요소는 고유명사이고, 분할요소는 숫자체계 또는 방향 표시가 주로 이루고 후부요소는 대로, 로, 길 등의 도로임을 나타내는 요소이다.

필자는 그의 연구에 기초하고 있지만 영국의 도로명(道路名)과 비교하기에는 이 모형이 부적당하다고 생각한다. 따라서 그 모형을 변형시켜 분석의 틀로 삼기로 한다. 그 변형은 필수항과 선택항으로 먼저 나누는 것이다.[24] 필수항이란 없어서는 안 되는 요소이고 선택항이란 없어도 되지만 정밀함을 위하여 선택되는 항목이다. 필수항은 전부요소로, 선택항은 분할요소, 후부요소, 그리고 영국의 도로명(道路名)에서 보이는 보충요소 등이다. 이 보충요소는 다시 도시명과 우편번호 둘로 나뉜다. 이를 표시하면 다음과 같다.

아울러 계층성은 영국의 주소체계에 나타나지 않지만,[25] 우리나라에서는 일정한 지역 내에서의 위계는 숫자체계를 대체하기 위해 후술하는 바처

---

[24] 필수항과 선택항을 설정하는 이유의 핵심은 후부요소에 있다. 그 의도는 후부요소를 선택항으로 설정함으로써 삭제가능하고 이를 통해 후부요소의 다양성을 추구하려는데 있다. 어떤이는 우리나라 道路名만 고려할 때 후부요소도 필수항이라 주장할지 모르나 영국의 道路名이나 앞으로의 발전방향을 고려할 때 이도 선택항에 넣기로 한다.

[25] 우리나라나 영국이나 도로의 계층성은 언어적 요소로 표기하기보다 관리주체의 위계에 따라 결정하는 것 같다(예컨대, 국도, 지방도 등). 다만 영국의 경우 앞에 Great를 붙여서 언어적 요소를 가미하는 경우가 있기는 하다(예컨대, Great North Road). 필자가 인터뷰한 우리나라 담당 공무원들은 언어적 요소로서 도로의 계층성을 표현하는 방법에 대해 그 실현가능성을 낮게 보고 있다.

럼 필요할 것이라 생각된다. 비교는 대구와 Tyne & Wear(주로 Newcastle city)를 중심한 지역의 도로명(道路名)을 비교하였다.

[표 9-9] 도로명의 틀

항		필수항		선택항			
박병철(2004)의 용어		前部要素	분할요소	後部要素	보충요소26)		
					도시명	postcode	
보기	우리나라 (불로1길)	불로	1	길	–		
	영국 (Beech Ave.)	Beech		Ave.	Dgton	NE13	
박병철과 비교		필수항으로 지정하지는 않지만 성격상 필수항으로 봄	언급없음	필수항으로 여기는 것으로 생각됨	존재하지 아니함		

제4절 영국자료와 한국 자료의 비교로 본 주소 체계

1. 영국자료의 검토

먼저 영국의 도로명(道路名)을 검토하기 전에 그 표현 양식을 보아야 한다. 아래 [표 9-10]과 [표 9-11]은 그 일부의 보기를 제시한 것인데 여기에서는 두 가지 표현 양식이 나타난다.

[표 9-10] 영국 도로명(道路名)의 필수항과 선택항(1)

필수항	선택항		
(전부요소)	(분할요소)	(후부요소)	(보충요소)
Aged Miner's Homes.			Annit NE23

---

26) 보충요소는 필자가 명명한 용어이다. 본문 중에 나오는 실제의 보기에는 하위 분류(즉 도시명과 postcode)는 하지 않는데 그 이유는 번거로움을 피하기 위함이다. 본문 [표 9-8]과 [표 9-9]를 참조하라.

필수항	선택항		
(전부요소)	(분할요소)	(후부요소)	(보충요소)
Aged Miner's Homes.			Ashgn NE63
Aged Miner's Homes.			Boldon NE35
Aged Miner's Homes.			Burnop NE16
Aged Miner's Homes.			B Vill NE13
Aged Miner's Homes.			Bourn DH4
Aged Miner's Homes.			Cam NE24
Aged Miner's Homes.			Cram NE23
Aged Miner's Homes.			Dud NE23
Aged Miner's Homes.			E Cram NE25
Aged Miner's Homes.			E Rain DH5
Aged Miner's Homes.			Gr Lum DH3
Aged Miner's Homes.			H-le-H DH5
Aged Miner's Homes.			H-le-Sp DH4
Aged Miner's Homes.			H Spen NE39
Aged Miner's Homes.			Kibble NE11
Aged Miner's Homes.			N Silk SR3
Aged Miner's Homes.			N-b-t-S NE64
Aged Miner's Homes.			N-u-T NE5
Aged Miner's Homes.			Prud NE42
Aged Miner's Homes.			R Gill NE39
Aged Miner's Homes.			Ryhope SR2
Aged Miner's Homes.			Ryton NE40
Aged Miner's Homes.			Seaham SR7
Aged Miner's Homes.			S Hill DH6
Aged Miner's Homes.			S Shs NE34
Aged Miner's Homes.			Sland SR5
Aged Miner's Homes.			Stake NE62
Aged Miner's Homes.			Sunn NE16
Aged Miner's Homes.			Shire NE27

위 [표 9-10]에서는 Aged Miner's Homes의 도로명을 가진 모든 도로를 열거하였다. 이 보기에서 필수항과, 선택항에는 분할요소와 후부요소는 없고 보충요소만 나타나는 형이다. 즉 필수항과 보충요소만으로 훌륭히 변별력을 가지는 주소체계를 이룩하였음을 알 수 있다. 다음 [표

9-11]을 보자.

[표 9-11] 영국 도로명(道路名)의 필수항과 선택항(2)

필수항	선택항		
(전부요소)	(분할요소)	(후부요소)	(보충요소)
Beech		Ave.	Dgton NE13
Beech		Ave.	H-le-Sp DH4
Beech		Ave.	Hexham NE46
Beech		Ave.	Mpeth NE61
Beech		Ave.	N-u-T NE3
Beech		Ave.	Whick NE16
Beech		Ave.	Whit SR6
Beech		Cl.	N-u-T NE3
Beech		Ct.	N Shs NE29
Beech		Ct.	Pont NE15
Beech		Ct.	Tyne NE29
Beech		Dr.	Crbdge NE45
Beech		Dr.	Duns NE11
Beech		Dr.	Elling NE61
Beech		Gdns.	Gates NE9
Beech		Gr.	B Mill NE17
Beech		Gr.	Bed NE22
Beech		Gr.	Lbtn NE12
Beech		Gr.	Prud NE42
Beech		Gr.	S Shs NE34
Beech		Gr.	Spring NE9
Beech		Gr.	W Bay NE26
Beech		Gr.	Walls NE28
Beech		Gr. S	Prud NE42
Beech Grove[27]		Ct.	Craw NE40
Beech Grove		Rd.	N-u-T NE4
Beech Grove		Terr.	Craw NE40
Beech Grove	S.[28]	Terr.	Craw NE40
Beech		Hill	Hexham NE46
Beech		Sq.	Wash NE378

필수항	선택항		
(전부요소)	(분할요소)	(후부요소)	(보충요소)
Beech		St.	Gates NE8
Beech		St.	Jarrow NE32
Beech		St.	M Sq NE43
Beech		St.	N-u-T NE4
Beech		Terr.	Blay NE21
Beech		Terr.	Burnop NE16
Beech		Way.	Kill NE12

위 [표 9-11]에서는 필수항에 Beech가 들어가는 도로명을 모두 열거하였다. 이 유형은 분할요소는 없고 후부요소와 보충요소만 나타나는 형이다.

이상의 자료를 좀더 일반화하여 살펴보면 영국의 도로명(道路名)의 특징은 첫째, 그 수가 많다는 점이다. 약 20,516개의 도로명(道路名)을 가지고 있는데 대구의 경우 4,029개에 불과하다.[29] 지역의 인구수를 기준으로 하여도 영국 쪽은 전체가 150만이 안되는데 비해 대구는 250여만 명이다. 이는 도로명(道路名)에 있어 전자가 훨씬 세부적인 체계를 갖고 있다는 것을 의미한다.

둘째, 위에서 보듯, 도로 이름의 구성은 우리와 사뭇 다르다. 즉, 전부요소, 분할요소, 후부요소 등의 우리의 구성 방식과 견줄 때에 분할요소는 거의 존재하지 않는다.

27) Grove를 분할요소 또는 후부요소로 볼 수도 있다. 하지만 여기서는 후부요소(예컨대, Ct.)나 분할요소(예컨대, S.)가 있으므로 이를 전부요소로 보았다. 즉 이들이 없을 때에는 전부요소로 보지 아니하는 태도를 취한다.
28) 원래는 후부요소 Terr 다음에 위치한다. 즉 Terr S.이다.
29) 이 글을 완성한 후 대구 도로명이 더 부여되어 2006. 10. 18 현재 4042개이다. 서울 도로명의 숫자는 17,072개이다. 그럼에도 일부 의견처럼 서울의 경우 전체 숫자가 너무 많다는 주장(해당 공무원과의 인터뷰)은 우물 안 개구리 식이다.

셋째, 대신에 보충요소를 도입하고 있는데 지역(또는 도시명)과 우편번호가 그것이다.

넷째, 길에 해당하는 후부요소(예컨대, road, street, avenue 등)가 없는 경우가 많다.

다섯째, 따라서 오히려 후부요소는 다양하고 유연하다.

[표 9-12] 영국의 도로명(道路名)에 나타나는 후부요소 일람

	후부요소				
A	Acre	App.	Arc.	Arch.	Ave.
B	Banks	Bglws.	Bldgs.	Bridge	Bush
C	chare	Chase	Church	Cir.	Cl.
	Cnr.	Cote	Cotts.	Cres.	Croft
	Crook	Cross	Cswy.	Ct.	Ctr.
	Ctyd. Fst. Sch.				
D	Dale	Dene	Dr.		
E	Edge	End	Est.		
F	Field	Flat	Foot	Ford	Freightway
	Front				
G	Garth	Gate	Gdns.	Gn.	Golf Course
	Gr.	Grange	Grove		
H	Hamlet	Haugh	Head	Heaven	Highway
	Hill	Homes	Hospl.	House	
I	Ind Est.				
L	La.	Landing	Law	Lea	Loan.
	Lodge	Lough			
M	Marina	Market	Meadows	Mews	Mow
	Mt.	Mus.			
O	Open	Oval			
P	Par.	Pastures	Path	Pk.	Pl.
	Place	Plain	Precinct	Prom.	
Q	Quay				
R	Range	Rd.	Ridge	Rig.	Rise

후부요소					
	Rly.	Row			
S	Side	(Inf.) (Jun.) Sch.	Sq.	St.	Sta.
	St E.	St W.			
T	Terr.	The.	Top	Tower	
V	Vale	View	Villas		
W	Way	Wlk.	Wood	Wynd	
Y	Yd.				

이제는 전부요소를 좀 더 자세히 살펴보자.

첫째, 복수형이나 정관사를 붙여 분별할 수 있도록 한다 : The Beeches

둘째, 성(castle)이나 교회와 같은 지형지물을 본떠 도로명으로 삼은 경우가 많다.[30)]

셋째, 동물이름을 도로명으로 사용한 경우(보기 : Badger street)가 있다.

넷째, 지역의 교환(보기 : Durham Rd.)이 많이 나타난다.

다섯째, 직업군(보기 : Carpenter St., Miner's Homes)을 도로명으로 쓰고 있다.

여섯째, 산물(보기 : Chestnut Ave. 등)을 도로명으로 쓰고 있다.

일곱째, 공용물(보기 : Cemetery Rd.)을 도로명으로 쓰고 있다.

여덟째, 이상의 것을 변형하는 도로명(道路名)(보기 : Bamburgh Cl./ Bamburgh Cres. Bowsden Ct.에서 Bowes Ct. 등)이 많이 발달해 있다.

이러한 다양한 방법을 통해 전부요소를 다양하게 도출하여 전체적으로 풍부한 도로명을 갖고 있다. 이제는 한국자료를 검토하자.

---

30) 예를 들면 성의 경우는 Bamborough Ct./ Bamborough Terr. 등이고 교회를 본뜬 경우는 St. Nicholas Street 등이다.

2. 한국자료의 검토

앞서 본 방법과 마찬가지로 일부를 제시하면 아래 [표 9-13], [표 9-14]와 같다.

[표 9-13] 우리나라 도로명(道路名)의 필수항과 선택항 (1)

필수항	선택항		
(전부요소)	(분할요소)	(후부요소)	(보충요소)
오봉	1	로	
오봉	2	로	
…	…	…	
오봉	8	로	
오봉	-	로	
오봉순환31)	1	길	
오봉순환	2	길	
…	…	…	
오봉순환	6	길	
오봉순환	-	길	
오봉신	1	로	
오봉신	2	로	
오봉신	3	로	
오봉신	4	로	
오봉신	-	로	

위 [표 9-13]에서 보듯이 우리나라의 도로명은 필수항과, 선택항으로서는 분할요소와 후부요소에 의존한다. 즉 보충요소는 이용하지 않는다. 필수항에 있는 도로명은 기본형에 첨가형을 이용하여 도로명을 짓고 있다. 즉 '오봉'이라는 기본형에 '신'과 '순환'이라는 첨가형을 이용한다. 다

---

31) 여기서 (오봉)신, 순환, 등을 분할요소로 볼 수도 있다. 이렇게 볼 때의 문제점은 숫자를 어떻게 처리할 것인가 하는 문제가 생긴다. 따라서 본문처럼 처리하였다.

음 [표 9-14]는 분할요소와 후부요소에 초점을 두고 보자.

[표 9-14] 우리나라 도로명(道路名)의 필수항과 선택항 (2)

필수항	선택항		
(전부요소)	(분할요소)	(후부요소)	(보충요소)
체육관	1	길	
체육관	2	길	
체육관	3	길	
체육관	4	길	
체육관	5	길	
체육관	-	길	
체육관앞	1	길	
체육관앞	2	길	
체육관앞	3	길	
체육관앞	4	길	
체육관앞	5	길	
...	...	...	
체육관앞	8	길	
체육관앞	-	길	

위 [표 9-14]에서도 첫째, 선택항에는 분할요소와 후부요소가 나타나지만 보충요소는 존재하지 않는다. 둘째, 분할요소의 역할이 지나치게 크다. 아울러 필수항에는 기본형에 첨가형을 이용하여 도로명을 짓고 있다. 즉 '체육관'이라는 기본형에 '앞'이라는 첨가형을 이용하였다.

위에서 제시한 이들 표는 일부에 불과한 것이다. 따라서 도로명(道路名) 전체(대구시의 도로명)를 가지고 찬찬히 살펴보기로 하자.

1) 전부요소에 관한 연구

첫째, 한자어가 주류를 이루고 고유어 계통이 그 뒤를 따르고 있다. 요즘 들어 영어(벤처길, 쉬메릭길, 로데오길 등)가 들어오고 있다.

둘째, 행정지역명(특히 동 이름)에 많이 의존하고 있다(남산, 대봉, 대신 등).

셋째, 공공용물에 의존하고 있다는 점이다(시장에 의존하는 경우는 관문시장길, 학교에 의존하는 경우는 경대정문, 초등길, 공고앞 등).

넷째, 역사적 흔적에 의존하고 있다(경상감영, 국채보상로 등).

다섯째, 자연물에 의존하고 있다(가동못길, 감나무길 등).

여섯째, 감나무길 등에서처럼 산물을 기준으로 이름짓고 있다. 여기서 전부요소에 관한 행정부 자체의 평가를 들어보자.[32] 도로명부여사업의 문제점으로 세 가지를 지적한다. 첫째, 도로명이 낯설고 기억하기 어려우며 너무 길어서 주민들이 사용하기 불편하다. 둘째, 하나의 도로에는 하나의 이름이 부여되어야 함에도 구간마다 다른 이름을 부여하여 도로명이 불필요하게 너무 많고 복잡하다. 셋째, 일정한 지역 내에서는 예상 가능하도록 숫자체계의 도입이 필요하다.[33] 넷째, 도로명판이 체계적으로 부착되어 있지 못하고, 건물번호판은 획일적이고 디자인 수준이 낮아 시민호응이 낮은 실정이다.[34]

2) 문자체계 속의 숫자체계

위에서 언급한 자체평가의 문제 중에서 첫째 즉 '부르고 듣기가 어렵다'라는 지적과 '하나의 도로에는 하나의 이름부여', '예상 가능하도록 숫자의 도입' 문제를 검토해 보기로 하자. 부르기 쉽고, 특색이 있고, 대중친화적인 도로명(道路名)은 앞서 행정언어에서 논의했던 요소들에 기대어 살펴보면 언어적 측면(음성언어 측면과 의미 측면, 행정언어의 역사성과 그

---

32) 행정자치부 내부자료(도로명 및 건물번호부여사업 개선계획, 2005. 8)에 의한다.
33) 위 행정자치부 내부자료(도로명 및 건물번호부여사업 개선계획, 2005. 8)에는 둘째와 셋째를 하나로 묶어서 표현하고 있으나 여기서는 둘로 나누어 살펴본다.
34) 이에 대한 자세한 설명은 도로명 부여사업단의 *새주소 사업 개선 계획*(2006)을 참고하라.

변용), 행정문화, 행정인(행정 당국) 등이 전자와 관련이 있을 것이다.

음성언어 측면에서 특히 문제가 되는 것이 음성이나 음운에 대한 고려가 없다.[35] 의미의 측면에서는 지역과의 유연성(또는 연고)이 확연히 들어날 수 있도록 하여야 함에도(예 : 장터길, 꽃시장길, 여시나온길 등)[36] 지금은 역사적 흔적 등에만 이를 지킨다(예 : 신숭겸로). 음성언어 측면과 의미의 측면에서 크게 눈에 띄는 것은 조어법에 관한 연구가 실용적으로 연결된 흔적이 없다는 점이다. 이점은 조어법 연구가들이 미래를 위해, 또 행정언어를 위해 깊이 고려해야 할 점이다.

행정언어의 역사성과 그 변용을 살펴보기로 하자. 먼저 공간적 변용에서 살펴보면 충무공 : 충무로, 세종로 : 세종대왕상 등에서 보듯 그 연계가 가능하도록 함에도 실제로는 이루어지지 않고 있다. 이는 앞서 얘기한 지역과의 유연성(또는 연고)이라는 관점에서 어려운 숙제를 남기고 있다. 시간적 변용을 살펴보면 대구의 안심1길(왕건이 도망하다가 안전함을 느껴서 안심했다는 옛 이야기에서 유래한 지점에 부여함), 약령길, 종각길 등 오랜 시간적 맥락을 고려하는 작법은 바람직하다. 의미적 변용은 새동네1길처럼 가능한 한 보통명사화할 수 있는 요소는 피하는 것이 좋을 것이다.

행정언어의 주체인 행정 당국의 관점에서 우선 이 부분에 관심이 있어야 하는데 이글에서 부차적이라 할 수 있는 형식적 요소나 기술적 요소에 더 관심을 쏟는다. 이는 행정당국이 이 사업의 중요성을 간과하고

---

35) 예컨대 '오봉신로'의 발음은 [오봉실로]로도 [오봉신노]로도 실현되므로 어려운 편이다. 이 경우는 신오봉로가 낫겠다. '동화4로와 동화사로'의 경우나 '태복로와 태봉로'의 관계가 여기에 해당한다(이 발음은 모두 [태봉노]로 서로 같아진다).
36) 이들 길 이름은 필자가 지어본 것이다.

있기 때문이다.

행정문화의 관점에서는 지나치게 행정편의를 좇는 경향이 있는데, 분할요소에 숫자의 과도한 의존은 이에 기초한다. 숫자에 의존하는 또 다른 이유는 우리의 경우 후부요소의 어휘나 수가 너무 적으므로 후부요소에 몰리는 지나친 부담을 완화하는 방안이라 생각된다. 그러나 이는 숫자체계에서 보인 문제점을 그대로 간직하고 있다. 더욱이 이 방법은 채용한 비율이 소수일 때는 예측가능성을 제공한다는 장점도 있으나 현재의 상황은 지나칠 정도로 그 수가 많다. 숫자에 의존하는 비율이 어느 정도인가? [표 9-15]가 이를 나타내준다.

위 [표 9-15]에서 보듯 전체 도로명(道路名) 숫자 4,029개 중 2,971개의 도로가 숫자에 의한 분할요소를 채택하고 있고 이 비중은 73%를 차지한다. 즉 분할요소는 여전히 숫자체계라 할 수 있다.[37] 이는 앞서 보았던 것처럼 서양의 경우에도 숫자에 지나치게 의존하지 않는 체계와 대비된다. 숫자체계는 예측가능성 등은 장점이나 지명이 오래 계속되어야 할(고향과 같은) 관념을 부여한다는 관점에서는 부적합하다. 숫자는 우선은 편할지 몰라도 암기나 분별에 애로사항이 있다. 둘째, 하나의 도로에는 하나의 이름이 부여되어야 함에도 구간마다 다른 이름을 부여하여 도로명이 불필요하게 너무 많고 복잡하다는 주장에 대한 해결책은 구간을 관할하는 구의 명칭이나 동의 명칭을 사용함으로써 해결할 수 있다.

---

37) 필자는 이 현상을 道路名 부여사업의 정신을 근본적으로 훼손한다고 판단한다.

[표 9-15] 대구시 숫자체계 도로 숫자

구	전체 도로 숫자	숫자체계 도로 숫자	비율(%)
중구	146	126	86
동구	665	300	45
서구	657	605	92
남구	449	387	86
북구	742	654	88
수성구	501	450	89
달서구	581	278	47
달성군	288	171	59
합계	4029	2971	73

그러나 가장 큰 문제는 미래를 위한 도로명(道路名) 작법의 지침이 없다는 것이다. 예컨대, 그 지역이 도시화되기 전의 지명을 모두 조사하여 차후의 변화를 위한 지침으로 삼아야 한다. 그렇다면 그 이유는? 녹색연합의 지적에 따르면(동아일보, 2005. 9. 8) 첫째, 자연지명을 담당하는 시·군·구의 지명위원회의 기능이 제대로 수행되지 않고 유명무실한데 이유가 있다. 둘째로, 행정관할에 문제가 있다. 자연지명은 국토지리정보원이, 행정지명은 행정자치부가, 하천. 도로명은 건설교통부가, 군사시설명은 국방부가 맡는 등 지명 관리에 일관성과 체계성이 없어 지명이 바로잡히지 않고 있다. 따라서 이번 기회를 계기로 지명 담당부처 간 협조체계도 함께 구축해야 할 것이다.

또한 주민의 선택에 맡긴다고는 하지만 이 부분에서 주민선택은 형식적이다. 따라서 앞으로는 주민이 실질적으로 참여하고 지명위원회가 큰 역할을 할 수 있는 행정문화가 확립되어야 할 것이다. 이제는 정책적 해결방안을 찾아보자.

3. 개선 방안

개선 방안을 후부요소, 분할요소, 전부요소의 셋으로 나눌 수 있지만 실제로는 후부요소를 늘리는 방안과 분할요소를 대체하는 방법이 시급한 연구를 필요로 하는 분야이다. 여기서 주장하는 요지는, 첫째로 후부요소에서 '길'을 생략하는 경우에는 전부요소가 후부요소가 되는 방식을 일반화하자는 주장이다. 이는 다양한 명칭을 양산할 수 있음을 보여주는 좋은 보기이다. 그 방법은 의미의 고려, 문학작품에서 사용된 말에서 끌어오는 경우, 발음나는 대로 사용하는 방법이 있다. 둘째로 현재 분할요소의 과도한 숫자체계(앞서 지적한 바처럼 소로(小路)에서는 법원단지 31길, 심하면 45길까지 나가는 분할요소의 문제)[38]를 해결하기 위해 도로의 계층성에서 채택가능성이 높은 대안을 찾는다. 즉 여러 소로나 골목길 중에서 큰쪽이나 붐비는 길을 중심 소로(小路)로 하고 곁가지의 길을 방향이나 모양 기타 여러 방법으로 이름을 짓거나 위치를 고려하여 이름을 붙이는 방법이다. 보기를 들면 아래와 같다.

> 1) 상대적으로 중심이 되는 길을 정하여 중심 小路로 하는 방법
> • 중심부 : ○○한길, ○○머리(길), ○○큰길, ○○복판길, ○○마루길, ○○벼리길, ○○누리길 등
> • 다음 차례 : ○○갓길, ○○샛길, ○○눈섶길, ○○목[39](길), ○○곁길, ○○틈새길, ○○(재)넘이길,
> • 변두리 : ○○갈래(길), ○○골목, ○○고샅, ○○작은길 (조그만길), ○○아담(한)길, ○○(애들)놀이길, ○○안길, ○○옆길, ○○나래길, ○○막길

---

38) 도로명부여사업단(2006)을 참조하라.
39) '여울목'이나 '목' 지점 등 참조. 황순원의 소설 제목 '목넘이 마을의 개'에서 목넘이 등이 그것이다. 여기서 말하는 흐름이도 그 변용이다.

(막힌길), ○○끝길

2) 방향

어떤 중심요소를 근거로 하는 점에서는 지금 주소방식과 동일하나 숫자를 가능한 한 배제하는 방식을 선보이려 한다. 보기를 들어 약국길을 중심으로 한다면

약국*오른손편*길, 약국*왼손편*길, 약국위쪽(길), 약국고샅, 약국윗담길, 약국*아랫*담길 등

3) 모양[40]

(1) 가로 거리일 때 : 곧은길, 뻗은길(또는 벋은길), 가로지기길

(2) 세로 거리일 때 : 내리길, 세로지기길

(3) 곡선 거리일 때 : 굽이(길), 순환길(돌이길), 반달길이나 초승달길

(4) 기타 : 들머리(어귀 : mouth), 뚝방길, 방천길, 동글길, 아름길 등으로 할 수 있겠다.

4) 특징

새미, 우물 등이다. 또 건물의 형태나 특징을 道路名으로 사용할 수 있다(예, 모자건물길).

5) 사람

노인이 오래 살 경우엔 *여든이*길, 어진이길, *(잔*소리꾼길, 대흥동노랭이길 등으로 사용가능하다.

6) 산물 : 콩밭길

7) 서양의 서로바꾸기는 우리에게 나타나지 않는다. 그러나 이런 방법도 검토해 보아야 한다. 예컨대, 서울에 대구사람이 많을 경우 대구의 옛이름 *달구벌*길 등의 경우나 반대로 대구에 서울사람이 많이 살 경우

---

40) '길'을 생략할 수 있는 경우 생략했다. 이하 같은 방법으로 기술했다.

에는 서울깍쟁이길로 붙일 수 있을 게다.

8) 시골도 道路名을 통해 사라져가는 이름에 대한 대비하여야 한다. (예, 여시막등길, 안개골길, 큰골길 등). 아울러 이 중 보통명사로 전환할 수 있는 것도 있다(예, 뻗다/ 뻐든).

9) 의미를 만드는 경우 : ○○아름(美), ○○터(場所), ○○틈새, ○○넘이 (또는 너미), ○○흐름이, ○○굽이(또는 구비), ○○다듬이, ○○재넘이 등

10) 이를 발음나는 대로 변형 : ○○드리(어귀 : mouth), ○○구비(길), ○○내리, ○○고샅, ○○나래, ○○도리 등

11) 방향성의 경우 동서남북의 위치 결정이 요즘 영어표현을 받아들여 NSEW의 방향으로 굳어지는 것 같다. 더 큰 문제는 예컨대 ○○로의 남쪽을 ○○남로, ○○북로로 할 경우, 강변북로, 남로와 같은 문제를 해결하여야 한다. 따라서 동서남북의 사용을 인정하되 우리말 방향성의 경우(높새길 등)도 검토하여야 할 것이다.

이를 기초로 실제에 적용해 보자. 대구의 도로명을 살펴보면 '대덕'이라는 도로명이 들어가는 경우는 19개로 대덕로, 대덕시장길, 대덕초등길, 대덕남1길, 대덕남2길 … 대덕남9길, 대덕남안길 ; 대덕북1길, 대덕북2길 … 대덕북6길 등이다. 여기서 위에서 제시한 방법을 적용시켜보자. 대덕로 주변의 길이름 체계를 현행 대덕북4길을 중심되는 길로 할 경우 대덕내리길이 되고 현행 대덕북5길은 대덕나래길, 대덕북2길은 대덕굽이길, 대덕북1길은 대덕들머리길 등으로, 대덕남9길은 초승달이나 반달모양과 비슷하기에 대덕초승달길 또는 대덕반달길이 어떤가? 이런 방식으로 숫자에 의존하는 비율을 줄일 수 있다.

제5절 결론

행정에 있어서 상당한 분량을 차지하고 있는 것이 언어이다. 그럼에도 행정의 영역에서 현실적으로 쓰이는 언어에 대한 연구를 시작조차 하지 않았고 행정언어 현상에 관심이 없었다. 이 글은 행정언어를 제시한 파머(D. Farmer)의 견해를 소개하고 이런 관점과 달리 행정현실에서 이용되는 언어현상을 행정언어라고 정의(定義)하였다. 행정언어의 이론체계를 세우기 위해 행정언어의 속성과 구성요소를 검토하고 이에 기초하여 행정언어의 패러다임을 세워 보았다. 현재 진행되고 있는 도로명 부여사업에서의 도로명은 행정지명의 영역에서 패러다임이 전환하고 있다는 신호이다. 그런데 도로명(道路名) 부여사업에서의 도로명은 가려고 하는 방향인 문자체계와는 멀어진 새로운 숫자체계라 정의하고 그 바람직한 방향은 분할 요소에 과도한 숫자 사용을 억제하고 바람직하고 친근한 언어를 이용하여 도로명(道路名)을 지어야 한다고 주장하였다. 이 글은 이러한 방향을 위해 전부요소와 후부요소에 약간의 대안제시를 하였다. 먼저 상대적으로 중심이 되는 길을 정하여 중심 소로(小路)로 한 후에 모양이나 위치 등을 본뜬 분할요소 생성이 가능한 방법이라 생각한다. 그리하여 이들을 사용하여 숫자 분할요소를 대용하자고 주장한다. 이를 통해 보다 친근감 있는 도로명(道路名) 부여사업이 되어 올바르고 빠른 정착을 기대하면서 글을 마친다.

부록

[표 9-16]

후부요소의 약어와 원어		후부요소의 약어와 원어		후부요소의 약어와 원어	
약어	원어	약어	원어	약어	원어
App.	Approach	Arc.	Arcade	Ave.	Avenue
Arch.	Archway				
Bldgs.	Buildings	Bglws.	Bungalows		
Cswy.	Causeway	Ctr.	Centre	Cir.	Circus
Cl.	Close	Comm.	common	Cnr.	Corner
Cotts.	Cottages	Ct.	Court	Ctyd.	Courtyard
Cres.	Crescent				
Dr.	Drive	Dro.	Drove		
E.	East	Est.	Estate		
Fst.	First				
Gdns.	Gardens	Gn.	Green	Gr.	Grove
Hospl.	Hospital	Hts.	Heights		
Inf.	Infants				
Jun.	Junior				
La.	Lane	Loan.	Loaning		
Mt.	Mount	Mus.	Museum		
N.	North				
Orch.	Orchard				
Par.	Parade	Pk.	Park	Pas.	Passage
Pl.	Place	Prom.	Promenade		
Rd.	Road	Rig.	Ridge	Rly.	railway
S.	South	Sch.	Sch○○l	Sq.	Square
St.	Street, Saint	Sta.	Station		
Terr.	Terrace	The.	Theatre		
Wlk.	Walk	W.	West		
Yd.	Yard				

[표 9-17]

지역표시의 약어와 원어		지역표시의 약어와 원어		지역표시의 약어와 원어	
약어	원어	약어	원어	약어	원어
Annit	Annitsford	Ashgn	Ashington		
Bed	Bedlington	Blay	Blaydon	B Mill	Blackhall Mill
Bourn	Bournmoor	Burnop	Burnopfield	B Vill	Brunswick Village
Cam	Cambois	Cram	Cramlington	Craw	Crawcrook
Crbdge	Corbridge				
Dud	Dudley	Duns	Dunston	Dgton	Dinnington
E Cram	East Cramlington	E Rain	East Rainton	Elling	Ellington
Fst Sch	First School				
Gates	Gateshead	Gr Lum	Great Lumley		
H-le-H	Hetton-le-Hole	Hexham	Hexham	H Spen	High Spen
H-le-Sp	Houghton-le-Spring				
Kibble	Kibblesworth	Kill	Killingworth		
Lbtn	Longbenton				
M Sq	Mickey Square	Mpeth	Morpeth		
N Silk	New Silksworth	N-b-t-S	Newbiggin-by-t he-Sea		
N-u-T	Newcastle-upon-Tyne	N Shs	North Shields		
Pont	Ponteland	Prud	Prudhoe		
R Gill	Rowlands Gill	Ryhope	Ryhope	Ryton	Ryton
Sea	Seaham	S Hill	Sherburn Hill	Shire	Shiremoor
S Shs	South Shields	Sland	Sunderland	Spring	Springwell
Stake	Stakeford	Sunn	Sunniside		
Tyne	Tynemouth				
Walls	Wallsend	Wash	Washington	Whick	Whickham
Whit	Whitburn				

제4부

결론

‖제10장‖ 국어정책의 재인식

　제1부에서는 정책학의 관점에서 본 국어정책의 의미와 방향은 무엇인 가를 논의하였다. 국어정책이라면 국어학이나 언어학의 관점만을 아는 이들에게 주로 정책학적 관점에서의 국어정책도 중요함을 보여주려고 하였다. 이 글은 먼저 역사적 변천에 따른 언어정책을 먼저 살펴보았는 데 이는 국민국가 형성 이전과 국민국가의 형성, 그리고 다시 언어정책 이 문제가 되는 이유를 세계화에서 찾았다. 이어서 논의된 주제는 '어떤 정책(what)을' '누가', '어떻게', '왜', '어디서' 결정하고 관리하고 집행하 느냐 하는 문제이다. 여기서 '어떤 정책'이란 국어(언어)를 말하고 '어떻 게' 형성하느냐의 의미는 국가가 국어정책에 개입하느냐 내버려두느냐 (방임주의)의 관점에서 말하는 것이며 '왜' 형성하고 관리하는가 하는 것 은 정책의제 설정과 정책결정을 말하며 '어디서' 관리하고 집행하느냐 하는 물음에 대한 답은 행정부를 말하였다. 국가개입주의와 방임주의를 고찰할 때에 프랑스의 언어정책을 개입주의의 대표로 영어의 언어정책 을 방임주의의 대표로 하여 살펴보았다.

　그 다음으로 누가 국어정책을 결정하느냐 하는 관점에서는 두 측면에 서 논의가 되었는데 첫째로는, 엘리트주의와 다원주의를 살펴보았다. 이어서 위로부터의(top-down) 방식과 아래로부터의(bottom-up) 방식을 논하였는데 우리의 경우 전자에 기초하였기 때문에 가지는 문제점을 지적하고 방향을 바꾸는 문제를 의논하였다. 그 방향은 지난날의 획일화된 표준화에서 벗어나 질서 있는 다원주의로의 길이라고 주장하였다.

정책의제의 측면에서는 외부주도형과 내부주도형, 동원모형을 살펴볼 예정인데 여기에서 체제모형을 동원하여 진입의 장벽을 넘는데 공헌한 한글운동의 의의를 짚어보았다. 정책집행의 실례로서 한글전용과 국한혼용을 간단히 살펴보고 이어 바람직한 미래로의 길을 살펴보았다.

이 글은 의도는 국어정책이 국어학자나 언어학자들이 주장하는 범위를 넘어, 정책적인 국어정책, 학문으로서의 국어정책을 주장하려는 의도를 중심으로 짚어 보려는 것이다.

제2부에서는 국어정책을 논의하는데 있어서 새로운 환경 변화를 살펴보았다. 그 첫째가 다문화사회의 도래이다. 이 문화의 섞임 현상은 사회통합 정책을 한국사회에 요구하였다. 왜냐하면 다문화 현상이란 다문화사회 사이에 존재하는 경계를 넘으려는 사람들이고 이들에게 맨 처음 부딪치는 가장 큰 문제는 의사소통이기 때문이다. 그런데 의사소통은 진입장벽의 역할을 수행한다. 이 진입장벽은 부부간의 결혼생활이며 시집식구와의 교류, 직장에서의 원만한 작업수행을 방해하기도 한다. 이 진입 장벽을 해결할 방법을 찾는 것이 중요하며 여기서 제시하는 방법은 언어복지의 제공을 말하고 이 언어복지의 제공이 행정의 몫이라 주장하였다. 행정의 역할이란 언어공동체가 서로 다른 경우 한 언어공동체에서 순탄하게 원하는 언어공동체에 편입할 수 있도록 해 주어야 함을 설득력 있게 전개하였다.

국어정책을 논의하는데 있어서 또 다른 새로운 환경 변화는 민간화의 문제이다. 언어정책의 원형은 약탈국가 시대(일제 치하)에서 형성되고 발전국가 시대에 확대되어 왔다. 그러나 이제 민주국가로 이행하는 이 시기에 정부의 고시(告示)를 통하여 언어정책에 개입하는 것은 과도한 국가개입이며 이는 시대정신에 맞지 않는다고 주장하였다. 그 의미는 이제 민간영역과 정부부문의 역할 재조정이 필요하며 이미 확립되어 있기 때문에 큰 정책변화가 불가능한 것들은 민간부문에 맡기자는 견해를 베풀었다. 이를 통해 통제와 통일에 익숙해 있던 언어정책에서 이제는 질서 있는 다원주의로 방향 전환을 해야 한다고 주장하였다.

　더 나아가 세계화 추세는 어쩔 수 없이 받아들여야 하는 흐름이다. 문제는 우리가 독립변수가 아니라 종속변수라는 점이다. 이를 받아들이면 영어의 중요성을 인정하고 영어 공용화로 나아갈지 모른다. 이를 극복하기 위해서는 국제의사소통의 수단으로 현행의 UN 공용어 체제를 넘어 중견국가인 주요 20개국(G-20)의 언어까지 포괄해야 하며, 한국어가 그 중에 포함되어 있기에 우리 학계나 정부가 이를 대비하여야 한다고 주장하였다. 국제의사소통 방식은 '울타리치기'와 '함께하기'의 두 방식이 있는데 EU는 함께하기 방식으로, UN은 울타리치기의 방식으로 구체화된다. 현재 UN 공용어는 6개로, 영어·프랑스어·러시아어·중국어·스페인어·아랍어로만 한정된 울타리치기 방식이다. 이 체제는 제2차 세계대전의 전승국 중심의 UN 공용어인데, 이는 이미 그 시대적 사명을 다하였다. 그 대안으로는 주요 20개국의 언어들도 UN 공용어로 받아들여 국제의사소통을 활성화해야 한다. UN 공용어 문제는 UN의 조직과 운영체제와 밀접히 관련이 있는데, 이는 구체제와 새로운 질서의 두 유형이 있고, 전자는 1945년 UN 성립 후부터 지금까지의 조직과 운영 방식이다. 반면 새로운 질서는 개혁을 지향하는 체제인데, 1970년대의 개혁이 미봉책으로 끝났으나 조만간 21세기의 새로운 질서가 성립될 것으로 전망된다. 꾸준히 제기되는 UN 개혁의 논의가 물살을 타면 예상 외로 빨리 국제의사소통 방식의 변화나 UN 공용어 문제가 이슈로 제기될 수 있으며 이를 대비하기 위한 논의를 하여야 한다. 이슈가 되는 것은 비용인데 기득권 국가들의 저항을 줄이기 위해 자기 언어로 번역하거나 자국의 UN 대표부에서 동시통역하는데 드는 비용을 스스로 부담하여야 한다.

제3부에서는 새로운 제도와 새로운 접근으로 국어발전 기금의 도입을 주장하였다. 여기에서 국어가 아닌 외래요소를 언어로 쓰려는 욕구를 인정하는 대신 여기에 부담금을 물려 국어발전기금을 조성하자는 제안이 핵심이다. 기본적으로 현재 우리 언어의 문제는 고유한 언어공동체를 중시하는 주장과 언어 선택의 자유를 중시하는 주장이 엇갈리고 있는 데 있다. 지방자치단체가 쓰고 있는 상징 구호에서 'FAST CHEONAN' (FAST는 first, abundant, satisfied, technologic의 첫 글자, 충남 천안시)과 같은 말이 쓰이는 등 영어에 대한 선택 욕구가 높아지고 있는데, 이런 현상은 언어공동체 자체를 위태롭게 할 수 있다. 현재의 상황은 공동체의 윤리만으로 개인의 선택의 자유를 막기 어렵기 때문에 '사회적 규제'를 도입할 필요가 있다. 언어로서 외국어를 선택할 자유를 인정하되, 사회적 규제 장치로서 외국어를 쓸 때 국어발전기금에 대한 부담금을 부과하는 방법을 제안하였다. 언어현상의 한 특징은 강자의 위치에 서면 규제 완화를 요구하고 선택의 자유를 주장하는 반면에 약자의 경우는 시장에서 강자와 경쟁하면 살아남기 어렵다. 따라서 이에 대한 사회적 규제가 필요하다. 말글살이를 자유롭게 하려고 공동체의 규칙을 깨뜨리는 이에게 그에 상응하는 부담금을 부과하면 그런 경향은 완화될 것이다.

곧 전체 외국어를 국어로 순화할 수 없는 '자격 있는 외국어'와 그렇지 않은 '자격 없는 외국어'로 나눠, 자격 없는 외국어를 쓰는 이들에겐 부담금을 물리자는 것이다. 이를 위해 국어기본법을 개정해 영화발전기금과 같은 국어발전기금을 만들어야 한다고 주장하였다. 예컨대 대전의 유성구에서 '테크노동'이라는 이름을 짓고자 한다면, 이를 막는 것이 아니라 국어발전기금으로 쓰일 부담금을 부과하는 방식이다. 이 제도가 정착되면 국가와 사회 영역에서 국어 현상을 살펴보는, 가칭 '국어문화평가사'와 같은 새로운 직종도 만들어질 수 있을 것으로 전망하였다.

이와 연결되는 것이 한국어진흥재단의 도입이다. 국어가 살지기 위해서는 자본주의 시대에는 자본이 필요하다 그러나 국어 그 자체가 상업화될 가능성은 적다. 이른바 공공재 중에서도 가장 대표적인 공공재이기 때문이다. 따라서 이를 다른 각도에서 접근할 필요가 있는바, 그것이 바로 한국어진흥재단이다.

국어정책을 정책학적 관점에서 논의한다는 의미는 현상이 보이면 그 이면을 찾는다는 관점 아래에서 현상 속에서 규칙을 탐구한다. 그 규칙이 바로 국어정책으로 구체화된다. 앞으로도 국어의 구조를 연구하는 언어학적 접근이 국어학자에게 맡겨진 사명이다. 그러나 그 속에 담겨진 의식(망탈리테 : mentality)이나 사회공동체에게 공헌하는 기능등도 탐구되어야 할 것이다. 이 책이 전하려고 하는 메시지는 이것이다.

문화의 터전은 말과 글의 정책이다. 말과 글의 정책은 국어학자나 국어와 관계있는 이들만의 문제가 아니며, 모든 국민들의 문제이다. 그동안 글의 정책은 한글전용정책이었고, 말의 정책은 국어전용정책이었다. 이를 통해 모든 국민들이 하나가 되는 하나되기(one-nation)의 방향으로 나아가고 있다. 이러한 노력을 가볍게 보아서는 안 되며, 또한 이 시점에서 이를 송두리째 엎을 근거는 하나도 없다. 오히려 지금까지의 말과 글의 정책을 잘 발전시켜서 한글문화권의 창조로 이어져야 한다. 문화의 터전이라는 국어정책의 재인식이 필요한 시점이다.

••• 참고문헌

강내희(1998), 신자유주의와 문화, 강성구 등(편저), 「자본의 세계화와 신자유주의」, 서울 : 문화과학사. pp.114-145.

강 량(2009), 북유럽 신뢰구축조치 모델의 동아시아 영토분쟁지역 적용가능성에 대한 연구, 「사회과학 담론과 정책」(제2권 2호), 경북대학교 사회과학연구원.

강성구 외(1998), 「자본의 세계화와 신자유주의」, 서울 : 문화과학사.

강신항(1995), 漢子使用이 끼친 功績과 害惡, 김민수 외, 「국어와 민족문화」, 서울 : 집문당. pp.314-321.

강준만(2007), 「역사는 커뮤니케이션이다」, 서울 : 인물과사상사.

강휘원(2006), 한국 다문화 사회의 형성 요인과 통합정책, 「국가정책연구」(제20권 제2호), 중앙대학교 국가정책연구소. pp.5-32.

_____(2008), 키르키스스탄의 언어정책, 「행정논총」(제46권 제2호), 서울대학교 한국행정연구소, pp.77-98.

_____(2009), 스위스의 다중언어정책 : 다민족의 공존과 언어의 정치, 「한국정책과학학회보」(제13권 제1호), 한국정책과학학회, pp.263-286.

고영근(1993), 「우리말의 총체서술과 문법 체계」, 서울 : 일지사.

_____(2001), 「역대한국문법의 통합적 연구」, 서울 : 서울대 출판부.

고정민 외(2005), 「한류 지속화를 위한 방안」, 서울 : 삼성경제연구소.

곽준혁(2007), 다문화 공존과 사회적 통합. 「대한정치학회보」(제15집 제2권) 대한정치학회, pp.23-41.

교육도서 편집부(1989), 「대세계역사」(제13권), 서울 : 교육도서.

구현정(2009), 「대화의 기법 : 이론과 실제」, 서울 : 경진.

국립국어연구원(2000), 「국립국어연구원 10년사」, 서울 : 국립국어연구원.

국립국어원(2006), 「국어연감」, 서울 : 국립국어원.

_____(2007), 「다문화 가정 한국어 교육 지원 방안 마련을 위한 정책 토론회 자료집」

_____(2007), 「세종학당 백서」, 서울 : 국립국어원.

_____(2009), 한글, 세상을 담는 아름다운 그릇 : 한글, 한국어, 국어의 오늘과 내일, 서울 : 국립국어원.

국어학회(1993), 「세계의 언어정책」, 서울 : 태학사.

권순희(2006), 다문화 가정을 위한 언어교육정책 모색 : 호주의 언어교육정책 검토를 중심으로, 「국어교육학 연구」(제27집), 서울 : 국어교육학회, pp.223-251.

권재선(2002), 대구, 경산, 청도의 옛지명 연구, 「지명학」(7), 한국지명학회, pp.47-88.

권재일 외(2005), 「말이 올라야 나라가 오른다 2」, 서울 : 한겨레신문사.

김광웅(1996), 여론조사의 신뢰도를 저해하는 요인에 관한 소고, 김광웅(편), 「정당·선거여론」, 서울 : 한울.

김기빈(2002), 地名偶合-地名의 豫言性을 어떻게 볼 것인가, 「지명학」(8), 한국지명학회, pp.29-56.

김남국(2005), 다문화시대의 시민 : 한국사회에 대한 시론, 「국제정치논총」(제45권 제4호), pp.97-121.

김대성(2006), 「행정담론 운동에서의 narrative 분석 : Fox & Miller, Farmer, McSwite를 중심으로」, 전남대학교 박사학위 논문.

김민수(1973), 「國語政策論」, 서울 : 고려대 출판부.

김민수 외(1992), 「국어와 민족문화」, 서울 : 집문당.

김방한(1992), 「언어학의 이해」, 서울 : 민음사.

김비환(2007), 한국사회의 문화적 다양화와 사회 통합 : 다문화주의의 한국적 변용과 시민권 문제, 서울 : 성균관대 동아시아 연구소.

김상학(2004), 소수자 집단에 대한 태도와 사회적 거리감, 「사회연구」(제1호).

김선정(2007), 결혼 이주 여성을 위한 한국어 교육, 「이중언어학」(제33호), 이중언어학회. pp.423-446.

김선정(2008), 여성 결혼 이민자를 위한 한국어 교육, 「새국어생활」(제18권 제1호), 서울 : 국립국어원.

김성구 등(1998), 「자본의 세계화와 신자유주의」, 서울 : 문화과학사.

김세균(1998), 신자유주의와 정치구조의 변화, 강성구 등(편저), 「자본의 세계화와 신자유주의」, 서울 : 문화과학사, pp.61-77.

김수업(2004), 나라와 나라말 정책, 우리말 살리는 겨레모임, 「우리말 우리얼」(제42호).

김슬옹(1999), 「말을 번지르르하게 하는 저놈을 매우 쳐라」, 서울 : 다른우리.

김열수(2008), 탈냉전 후 유엔 안보리의 위상변화 : 군사력 사용을 중심으로, 「국제정치논총」(제48집 제1호), pp.349-373.

김완진(1995), 國語文體의 發達, 김민수 외, 「國語와 民族文化」, 서울 : 집문당.

김윤자(1998), 신자유주의와 세계의 정치사회운동, 강성구 등(편저), 「자본의 세계화와 신자유주의」, 서울 : 문화과학사, pp.146-162.

김은주(2005), 프리젠테이션 & 커뮤니케이션 스킬, 한국행정학회 동계학술대회 발표논문.

김재훈(2007), 「세종학당 설립 및 운영의 경제적 효과 분석」, 서울 : 국립국어원.

김정현·이상규·김형찬·오기석·박정환(2004), 「통신산업에서의 진입장벽 경정요인 연구」, 서울 : 정보통신정책연구원.

김종술(2009), 행정언어의 의미론적 전환과 행정학의 재구성, 「한국사회와 행정연구」(제20권 제3호).

김지영(2009), 「유엔 정규예산 분담률 협상」서울 : 조세연구원 보고서.

김진식(2003), 自然部落의 後部要素 硏究, 「지명학」(9), 한국지명학회, pp.35-60.

김태성·성경륭(1999), 「복지국가론」, 서울 : 나남출판.

김태영 외(2003), 「사회과학논문작성과 통계자료분석」, 서울 : 대영문화사.

김형렬(1997), 「政策決定論」, 서울 : 대영문화사.

남광우(1995), 國漢混用論, 김민수 외, 「國語와 民族文化」, 서울1 : 집문당. pp.322-330.

남영신(2010), 공공언어의 오늘과 내일, 「세상과 어울리는 한국어와 한글」, 564돌 한글날 기념 제2회 집현전 학술대회.

대구광역시(2009), 대구시 다문화가족 지원사업.

대통령 비서실(1973), 「박정희 대통령 연설문집 2」, 서울 : 대통령 비서실.

_____(1999), 「김대중 대통령 연설문집 1」, 서울 : 문화관광부.

도로명 부여사업단(2006), 「새주소 사업 개선 계획」, 서울 : 행정자치부.

문경희(2006), 국제결혼 이주여성을 계기로 살펴보는 다문화주의와 한국의 다문화현상, 「21 세기정치학회보」(제16집 제3호), 서울 : 21세기정치학회, pp.67-93.

문화관광부(2004), 「창의 한국」, 서울 : 문화관광부.

미우라 노부타카·가스야 게이스케(2005), 「언어제국주의란 무엇인가」, (이연숙 외 옮김), 서울 : 돌베개.

민현식(2005), 국어정책 60년의 평가, 국어정책학회 9월 발표문.

_____(1999), 「표준어와 언어정책론 (1)」, 「先淸語文」(27), 서울 : 서울대 사대 국어교육과.

박경일(2008), 「사회복지정책론」, 서울 : 공동체.

박경일 외(2000), 「사회복지학강의」, 서울 : 양서원.

박경현(2003), 君子의 話法, 「언어와 진실」, 서울 : 국학자료원.

박광주(1999), 「한국권위주의 국가론」, 서울 : 인간사랑.

박동서(1984), 「한국행정론」, 서울 : 법문사.

_____(2005), 「한국행정론」, 서울 : 법문사.

박병섭(2006), 다문화적 소수자 문제에서 한국의 특수성, 「사회철학」(제12호), pp.99-125.

박수미·정기선(2006), 사회적 소수자에 대한 편견적 태도에 관한 연구, 「여성연구」(제70 호), pp.891-895.

박병철(2004), 地名語 命名의 現況과 課題 : 道路名 後部要素 命名을 중심으로, 「한국어 의미학」(14), 한국어 의미학회, pp.31-54.

_____(1999), 도로명 후부요소 명칭부여에 관한 연구, 「지명학」(2), 한국지명학회, pp.109-134.

박수길 편(2002), 「21세기 유엔과 한국 : 새로운 도전과 과제」, 서울 : 오름.

박영준(2003), 「영어를 공용어로 쓰는 국가의 언어실태와 문제점」(2003년도 국어정책 연구 과제), 서울 : 문화관광부.

박재영(2007), 「유엔과 국제기구」, 서울 : 법문사.

박호숙(2005), 「정책결정과 정책집행」, 서울 : 조명문화사.

배용수(2006), 「규제정책론」, 서울 : 대영문화사.

법무부(2007), 보도자료.

_____(2008a), 이민자사회통합의 방향과 추진계획.

_____(2008b), 법무부의 이민자사회통합정책 추진계획.

_____(2008c), 사회통합프로그램.

_____(2008d), 이민자 사회통합정책 조정방안.

_____(2009), 출입국 외국인정책본부 통계수첩.

변광수 외(1993), 「복지의 나라 스웨덴」, 서울 : 외국어대학교 출판부.

보건복지부(2008), 사회복지 전달체계 관련 조직 및 인력 개선.

_____(2007), 복지전달체계 개편 시안.

복거일(2000), 「국제어 시대의 민족어」, 서울 : 문학과지성사.

서순복(2006), 지역문화정책 평가 연구, 「지방정부연구」(제7권 제4호), 한국지방정부학회.

_____(2006b), 지역문화정책의 정당화 논거와 공공부문 역할분담에 관한 담색적 연구, 미
　　　　간행원고.

서정수(1996), 「현대국어문법론」, 서울 : 한양대 출판원.

서　혁(2007), 다문화 가정 현황 및 한국어교육 지원 방안, 「인간연구」(제12호), 가톨릭대학
　　　　교 인간학연구소, pp.1-24.

설동훈(2006), 국민 민족 인종 : 결혼이민자 자녀의 정체성, 「동북아 시대 : 한국사회의 변화
　　　　와 통합」, 동북아시대위원회, pp.79-99.

손영우(2007), 프랑스 노동시장의 이원주의 성격, 이기라, 양창렬(편), 「공존의 기술」, 서
　　　　울 : 그린비, pp.254-309.

송기중(1993), 언어정책, 국어학회 (편), 세계의 언어정책」, 서울 : 태학사.

송기형(2005), 국어기본법과 프랑스어사용법의 비교 연구, 「한글」(269), 서울 : 한글학회.

_____(2004), 「프랑스어사용법연구」, 서울 : 솔.

_____(1993), 국어기본법과 프랑스어사용법의 비교, 국어정책학회 7월 발표문.

심보선(2007), 온정주의 이주노동자 정책의 형성과 변화, 「담론21」(10권 2호), 한국사회역
　　　　사학회, pp.41-76.

심재기(1995), 「국어어휘론」, 서울 : 집문당.

심희기(2006), 세계화, 지역화의 물결과 법령의 한글표기, 우학모 모임 발표 논문.

안병희(2000), 「21세기의 국어 정책」 국어 정책에 관한 학술회의 발표문.

안승덕(1993), 「漢字敎育」, 서울 : 배영사.

안해균(1984), 「정책학원론」, 서울 : 박영사.

양민애(2008), 한국어교사 교육에서의 이문화(異文化) 교육의 필요성과 방향, 「이중언어학」
　　　　(제38호), 이중언어학회, pp.235-262.

엄한진(2006), 전지구적 맥락에서 본 한국의 다문화주의 이민논의, 「동북 '다문화'시대 : 한
　　　　국사회의 변화와 통합」, 동북아시대위원회 연구용역, pp.13-46.

오상현(2009), 유엔공용어 확대론 : 유엔 공용어 제국시대에서 다언어화 시대로, 「한일군사
　　　　문화연구」(제7집), 서울 : 한일군사문화학회.

오석홍(1999), 「조직이론」, 서울 : 박영사.

원진숙(2007), 다문화시대 국어교육의 역할, 「국어교육학연구」(제30집), 국어교육학회, pp.
　　　　23-47.

위평량(2002), 해안과 내류의 마을 이름 비교 연구, 지명학」(8), 한국지명학회, pp.93-112.

유승무 · 이태정(2006), 한국인의 사회적 인정척도와 외국인에 대한 이중적 태도, 「담론21」

(9권 2호), 한국사회역사학회, pp.275-311.

유길상·이규용·박영범·박성재(2005), 「해외투자기업 연수생 노동시장 실태분석」, 서울 : 노동부.

유 훈(1986), 「정책학원론」, 서울 : 법문사.

_____(2009), 「정책변동론」, 서울 : 대영문화사.

윤영진(2009), 「새재무행정론」, 서울 : 대영문화사.

이광석(1984), 「우리나라 어문정책에 관한 연구」, 서울대 석사학위 논문.

_____(2005), 어문정책 : 민간화의 탐색, 국어정책학회 6월 발표문.

_____(2006), 언어정책의 민간화에 관한 연구, 「한국정책학회보」(제15권 제1호).

_____(2006a), 정책학의 관점에서 본 국어정책의 의미와 방향, 「한글」(271), 서울 : 한글학회.

_____(2007), 행정언어에 관한 연구 : 도로명부여사업에서의 도로명을 중심으로, 「한국행정연구」(제15권 제4호), 서울 : 한국행정연구원.

_____(2009), 다문화 사회에서의 진입장벽과 그 해결에 관한 연구 : 언어복지 제공을 중심으로, 「한국지방자치학회보」(제21권 제3호).

_____(2009), 양적방법론의 기초로서의 언어적 구성에 관한 비판, 한국거버넌스학회 추계학술대회 발표논문.

_____(2010), 새 시대의 언어정책, 「아나운서 저널」(2010 여름호), pp.30-33.

이광석·김주미·김준희(2010), 「한국행정학보」에 쓰인 문장의 코드화 양상, 「한국사회와 행정연구」(제20권 제4호), 서울행정학회.

이규호(편저)(1974), 「사회과학의 방법론」, 서울 : 현암사.

_____(1975), 문화의 집은 어떻게 짓는가? 「문학사상」(1974년 11월호), 서울 : 문학사상사, pp.362-369.

_____(1986), 「사람됨의 뜻 : 철학적 인간학」, 서울 : 제일출판사.

_____(1989), 「말의 힘 : 언어철학」, 서울 : 제일출판사.

이기라·양창렬(2007), 「공존의 기술」, 서울 : 그린비.

이기문(1995), 開化期의 國文問題, 김민수 외, 「國語와 民族文化」, 서울 : 집문당.

이미향(2008), 다문화 가정 구성원을 위한 언어교육의 실체, 경북대 다문화 사회통합연구회 주최 발표 논문.

이미혜(2007), 다문화 가정 한국어 교육 실시 방법론 및 전반적인 체계의 개발, 국립국어원 주최 다문화 가정 한국어 교육지원 방안 마련을 위한 정책 토론회 발표 논문.

이병운(2004), 「한국행정지명변천사」, 서울 : 이해문화사.

이병천·김균(1998), 「위기 그리고 대전환」, 서울 : 당대.

이병혁(1993), 「한국사회와 언어사회학」, 서울 : 나남.

이병희·조병익·김영민(2007), 「우리나라 서비스업의 진입장벽 현황 분석」, 서울 : 한국은행.

이복남(2009), 유럽연합 공용어 운용 실태 : 다언어주의 정책과 현실, 한겨레 말글연구소 학술대회 발표 논문.

이봉원(2005), 광화문의 한글현판은 한글자주국가의 상징이다, 광화문 한글현판 지키기 토론회 원고.

이상규(2008), 「둥지 밖의 언어」, 서울 : 생각의 나무.

이상철(2009), 스피치와 토론의 기법, 경북대 강의 자료.

이숭녕(1995), 民族 및 文化와 文化社會, 김민수 외, 國語와 民族文化」, 서울 : 집문당.

이승미(2007), 결혼이민자와 가족의 적응과 다문화 사회형성을 위한 과제 : 실태와 지원방안을 중심으로. 서울 : 성균관대 동아시아 연구소.

이성범(1999), 「언어와 의미 : 현대의미론의 이해」, 서울 : 태학사.

이시철·김혜순(2009), 지방 국제화 논의와 다문화 담론 : 의제화, 정책, 측정, 「한국행정연구」(제18권 제2호), 서울 : 한국행정연구원, pp.109-140.

이용승(2004), 호주의 다문화주의, 「동아시아연구」(제8권), pp.177-205.

이우진(1999), 평등주의적 관점에서 다시 바라본 한국발전국가 논쟁의 몇 가지 쟁점들, 한국사회경제학회, 「신자유주의와 국가의 재도전」, pp.15-54.

이정민(1989), 「言語理論과 現代科學思想」, 서울 : 서울대 출판부.

이종열·황정원·노지영(2008), 다문화정책의 거버넌스 접근-인천광역시 사례를 중심으로-, 한국행정학회 하계학술대회 발표문.

이희승(1970), 「벙어리냉가슴」, 서울 : 일조각.

_____(1969), 국어를 지킨 죄로, 「한국현대사」(제5권), 서울 : 신구문화사.

장윤상(2009), 상위이론의 관점에서 본 Dell Hymes, William Labov, 그리고 John Gumperz의 사회언어학의 특징 비교 분석, 「사회언어학」(제17권 1호), 서울 : 한국사회언어학회.

전미영(2007), 「김일성의 말, 그 대중설득의 전략」, 서울 : 책세상.

정용덕(2001), 「현대국가의 행정학」, 서울 : 법문사.

전인권(2001), 「박정희의 정치사상과 행동에 관한 전기적 연구」, 서울대 박사학위 논문.

정수복(2007), 「한국인의 문화적 문법 : 당연한 세계 낯설게 보기」, 서울 : 생각의 나무.

정시호(2000), 「21세기의 세계언어전쟁」, 대구 : 경북대출판부.

_____(2000), 제2외국어 무용론, 「독어교육」(제19집).

정정길(1994), 「정책결정론」, 서울 : 대명문화사.

정정길 외(2004), 「정책학원론」, 서울 : 대명문화사.

조수진(2001), 미국의 언어정책, 국어정책 수업 리포트.

조연홍(2000), 「韓國行政法原論 (上)」, 서울 : 형설출판사.

조태린(2009), 언어정책에서 법적 규정의 의미와 한계 : 국어기본법 다시 보기, 「한말연구」(제24호).

조현미(2007), 다문화시대의 지자체의 역할과 과제, 서울행정학회 주최 다문화 사회를 위한 정책 토론회 발표 논문.

조현미 외(2009), 결혼 이주 여성 가족의 생애주기별 핵심역량 강화 프로그램 개발 및 적용, 경북대 다문화 사회 통합연구회 발표 자료.

주한광(1999), 「現代經濟學演習」, 서울 : 율곡출판사.

채경석(2000), 「정책집행의 논리와 현실」, 서울 : 대영문화사.

채원호(2007), 다문화주의와 정책과제, 문화행정연구회 발표 논문.

최병선(2006), 「정부규제론」, 서울 : 법문사.

최인호(2006), 양지하시기 바랍니다 덜 쓰기, 「국회보」 2006년 8월호, p.129.

최준호(2009), 대구경북 결혼 이민자 인적자원 개발방안, 경북대 다문화 사회통합연구회 주
　　　최 발표 논문.

최현배(1970), 「우리말본」, 서울 : 정음사.

＿＿＿(1958), 「한글의 투쟁」, 서울 : 정음사.

＿＿＿(1995), 한글과 문화혁명, 김민수 외, 「國語와 民族文化」, 서울 : 집문당.

하상군(2005), 「행정학원론」, 서울 : 대영문화사.

한국노동연구원(2003), 「외국근로자 고용실태조사」, 서울 : 법문사.

한국일보(2007), 「한국홍보·문화교류만 15개 이상 기관 난립」(07월 10일 A08면).

＿＿＿＿(2007), 「이주노동자·여성 한국어 교육에 허점」(11월 21일 A30면).

한국정치연구회 정치이론분과(1993), 「국가와 시민사회」, 서울 : 녹두.

한글학회(1971), 「한글학회 50년사」, 서울 : 한글학회.

＿＿＿＿(1993), 「얼음장 밑에서도 강물은 흘러」, 서울 : 한글학회.

한승준(2008), 동화모형모델의 위기론과 대안론-프랑스의 선택을 중심으로, 한국행정학회
　　　하계학술대회발표논문.

한학성(2000), 「영어 공용어화, 과연 가능한가」, 서울 : 책세상.

행정자치부(2007), 장기체류 외국인 현황.

＿＿＿＿＿(2003), 「도로명 및 건물번호부여사업의 합리적 추진방안」, 서울 : 행정자치부.

＿＿＿＿＿(2005), 「세계의 주소제도」, 서울 : 행정자치부.

허만길(1994), 「한국현대국어정책연구」, 서울 : 국학자료원.

허만형(2004), 「사회복지행정론」, 서울 : 법문사.

허 웅(1986), 「언어학 : 그 대상과 방법」, 서울 : 샘문화사.

＿＿＿(1995), 「국어음운학」, 서울 : 샘문화사.

＿＿＿(1979), 「우리말과 글에 쏟아진 사랑 : 국어정책론」, 부산 : 문성출판사.

＿＿＿(1974), 「우리말과 글의 내일을 위하여」, 서울 : 과학사.

현외성(2008), 「사회복지정책강론」, 서울 : 양서원.

홍순이(2007), 「비즈니스 케뮤니케이션 실무론」, 서울 : 대영문화사.

Alcock, P.(2003) *Social Policy in Britain*, Houndmills : Palgrave Macmillan.

Alcock, P. et al.(2005) *The Student's Companion to Social Policy*, Oxford : Blackwell.

Anderson, J. E.(1984) *Public Policy-Making*, New York : Holt, Rinehart and Winston, Inc.

Baldock, J. et al.(eds)(1999)(2003) *Social Policy*, Oxford : Oxford University Press.

Barnes, Barry.(1982) *T.S. Kuhn and Social Science*, New York : Columbia University Press.

Becker, H. S.(1999) *Writing for Social Scientists : How to start and finish your thesis, books, or articles*, University of Chicago (이성용 & 이철우 옮김).

Bendeck, Jr, M.(1989) Privatizing Delivery of Service, in S. B. Kamerman & A. J. Kahn (eds) Privatization and the Welfare State, Princeton : Princeton University Press.

Beveridge, W.(1942) Social Insurance and Allied Services, Cmd.6404, London : HMSO.

Borre, O. & Goldsmith, M.(1995) *The Scope of Government*, New York : Oxford University Press.

Bruce, M.(1967) The Coming of the Welfare State, London : B. T. Batsford, Ltd.

Carr, E. H.(1982) *What Is History?* London : Macmillan Press.

Cobb, R.W. and Elder, C.D.(1971) The Politics of Agenda-Building : An alternative Perspective for Modern Democratic Theory, in *The Journal of Politics*, (vol.33, no.4), pp. 892-915.

_____(1972) *Participation in American Politics : The Dynamics of Agenda-Building*, Boston : Allyn and Bacon, Inc.

Cobb, R., Ross, J.K. and Ross, M.H.(1976) Agenda Building as a Comparative Political Process, in *The American Political Science Review*, (vol. 70, no.1), pp. 126-138.

Coulmas, F.(1992) Language *and Economy*, Oxford : Blackwell.

Dean, H.(2006) Social Policy : Short Introductions, Cambridge, Polity.

Easton, D.(1965) *A Systems Analysis of Political Life*, New York : John Wiley & Sons.

Edgar, A. and P. Sedgwick(2008). Cultural Theory : The Key Concept, London : Routledge.

Erreygers, G. & Jacobs, G.(2005) *Language, communication and the economy*, Amsterdam : John Benjamins Publishing Co.

Fairclough, N.(2001) *Language and Power*, London : Pearson Education.

Farmer, D.(1999) *The Language of Public Administration*, London : The University of Alabama Press, 강신택 (옮김), 「행정학의 언어」, 서울 : 박영사.

Fishman, J. A., C. A. Ferguson & J. D. Gupta(eds)(1968) Language Problems of Developing Nations, London : John Wiley & Sons, Inc.

Flora, P. et al. (eds.)(1999) *State Formation, Nation-Building, and Mass Politics in Europe : The Theory of Stein Rokkan*, Oxford : Oxford University Press.

Fraser, D.(1973) *The Evolution of the British Welfare State*, London : Macmillan.

Friedman, M.(1962) *Capitalism and Freedom*, London : University of Chicago Press.

Froyen, R.(1986) *Macroeconomics : Theories and policies*, New York : Macmillan Publishing Co.

George, V. and Wilding, P.(1994) *Welfare and Ideology*, London : Harvester Wheatsheaf.

Giddens, A.(1993) *Sociology*, Cambridge : Polity Press.

Gilbert, B.(1973) *The Evolution of National Insurance in Great Britain*, London : Michael Joseph.

Gilbert, N. and H. Sprecht(1974) Dimensions of Social Welfare Policy, Eaglewood Cliffs : Prentice Hall.

Ham, C. and Hill, M.(1993) *The Policy Process in the Modern Capitalist State*, London : Harvester Wheatsheaf.

Henry, N.(1980) *Public Administration and Public Affairs*, Englewood Cliffs : Prentice Hall.

Hill, M. & Bramley, G.(1986) *Analysing Social Policy*, Oxford : Basil Blackwell.

Husserl, E.(1970) *The Crisis of European Sciences and Transcendental Phenomenology*, Evanston : Northwestern University.

Jessop, B.(1982) *The Capitalist State : Marxist Theories and Methods*, Oxford : Martin Robertson.

_____(1990) *State Theory : Putting Capitalist States in their Place*, Pennsylvania : Pennsylvania State University Press.

Johnson, N.(1987) *The Welfare State in Transition*, Brighton : Wheatsheaf Books.

Jones, C.O.(1977) *An Introduction to the Study of Public Policy*, North Scituate : Duxbury Press.

Katz, D. and Kahn, R.(1970) Open Systems Theory, in O. Grusky and G. Miller, *The Sociology of Organization : Basic Studies*, New York : Free Press. pp. 149-160

Lasswell, H.D.(1956) *The Decision Process : Seven Categories of Functional Analysis*, College Park : University of Maryland.

Lee, K. S.(2004) *The Development of Korean National Pension Policy : A Paradigmatic Analysis*, Ph. D. Thesis, University of Newcastle upon Tyne.

Leech, G.(1983) *Principles of Pragmatics*, London : Longman.

_____(1975) Semantics and Society, 이정민 역, 언어의미의 기능과 사회, 이명현 외 「언어과학이란 무엇인가」 서울 : 문학과 지성사.

Lowe, R.(1993) *The Welfare State in Britain since 1945*, London : Macmillan.

Lynch, Thomas D. & P. L. Cruise(2006) *Handbook of Organization Theory and Management : The Philosophical Approach*, New York : Taylor & Francis.

Marsen, S.(2006) *Communications Studies*, Houndmills : Palgrave Macmillan.

Marshall, G.(1998) *Oxford Dictionary of Sociology*, Oxford : Oxford University Press.

Martinussen, J.(1997) *Society, State and Market : A Guide to Competing Theories of Development*, London : Zed Books, Ltd.

McDonald, A.(2006) Understanding Community Care : A Guide for Social workers, Basingstoke : Palgrave Macmillan.

Mishra, R.(1999) *Globalization and the Welfare State*, Cheltenham : Edward Elgar.

_____(1990) *The Welfare State in Capitalist Society : Policies of Retrenchment and Maintenance in Europe, North America, and Australia*, New York : Harvester Wheatsheaf.

Ng, Sik Hung & James J. Bradac(1993) *Power in Language : Verbal Communication and Social Influence*, London : Sage.

Nordlinger, E.A.(1981) *On the Autonomy of the Democratic State*, Cambridge, Massachusetts : Harvard University Press.

Ogden, C. & I. Richards(1923) *The Meaning of Meaning*, London : A Harvest/HBJ Book.

Ordnance Survey(1998) *Street Atlas : Tyne and Wear*, London : Philip's.

Pointon, G. E.(1983) *BBC Pronouncing Dictionary of British Names*, Oxford : Oxford University Press.

Popper, K.(1972) *Objective Knowledge : An Evolutionary Approach*, Oxford : Oxford University press.

Rein, M.(1989) The Social Structure of Institutions : Neither Public nor Private, Kamerman, S.B. & Kahn, A.J. (eds.) *Privatization and the Welfare State*, Princeton : Princeton University Press.

Ripley, R.B. and Franklin, G.A.(1986) *Bureaucracy and Policy Implementation*, Homewood, Illinois : Dorsey.

Rose, R.(1989) Welfare : Public/Private Mix, Kamerman, S.B. & Kahn, A.J. (eds.) *Privatization and the Welfare State*, Princeton : Princeton University Press.

Spicker, P.(1995) *Social Policy : Themes and Approaches*, Hemel Hempstead : Prentice Hall.

Spolsky, Bernard(2004) *Language Policy*, Cambridge : Cambridge University Press.

Starr, P.(1989) The Meaning of Privatization, Kamerman, S.B. & Kahn, A.J. (eds.) *Privatization and the Welfare State*, Princeton : Princeton University Press.

Stiglitz, J. E.(2000) *Economics of the Public Sector*, New York : W.W. Norton & Company.

Tilly, C.(1985) War Making and State Making as Organized Crime, in P.B. Evans and T. Skocpol (eds.), *Bringing the State Back in*, Cambridge : Cambridge University Press.

_____(1992) *Coercion, Capital and European States, AD 990-1992*, Cambridge, Massachusetts : Blackwell.

_____(1994) *Cities and the Rise of States in Europe, AD1000 to 1800*, Boulder : Westview Press.

Viscusi, W., J. Vernon, J. Harrington(1992) *Economics of Regulation and Antitrust*, Totonto : D. C. Heath and Company.

Walker, R.(2005) *Social Security and Welfare : Concepts and Comparisons*, Maidenhead :

Open University Press.

Watson, R. P.(2006) On the Language of Bureaucracy : Postmodernism, Plain English, and Wittgenstein in T. Lynch & P. Cruise (eds) *Handbook of Organization Theory and Management : The Philosophical Approach,* New York : Taylor & Francio.

Watson, T.J.(2002) *Organising and Managing Work,* Harlow : Prentice Hall.

Weber, M.(1978) *Economy and Society : An Outline of Interpretive Sociology,* Berkeley : University of California Press.

Wheelock, J.(et al)(eds.)(1999) *Insure Times,* London : Routledge.

Wilson, D. & C. Game(2002) *Local Government in the United Kingdom,* Basingstoke : Palgrave Macmillan.

Wittgenstein, Ludwig(1951) *Tractatus Logico-Philosophicus,* London : Routledge and Kegan Paul, 이영철 (옮김), 「논리철학논고」, 서울 : 책세상.

_____(1953) *Philosophical Investigations* (tr. by G. E. M. Anscombe), Oxford : Basil Blackwell, 이영철 (옮김), 「철학적 탐구」, 서울 : 책세상.

Wright, Sue(2004) *Language Policy and Language Planning : From nationalism to Globalism,* Basinstoke : Palgrave Macmillan.

••• 찾아보기

••• 인명 찾아보기

저자 이광석

부산대학교 행정학과(행정학사), 서울대학교 행정대학원(행정학 석사)에서 행정학과 정책학을 전공하고, 성균관대학교 영어영문학과(영어영문학 학사와 석사)에서 언어학을 전공하였으며, 영국 뉴카슬대학교(University of Newcastle upon Tyne)에서 사회정책학 박사학위를 받았다. 현재 경북대학교 행정학부 교수로 근무하고 있다. 주요 저서로는 『소통학 : 학문, 문화, 응용』(2016, 공저), 『복지언어론 : 복지정책의 과학철학과 인문학주의의 융합』(2016) 등이 있다.

행정언어 총서 ④

정책으로서의 행정언어 : 국어정책론

초판 1쇄 발행 2016년 5월 30일
초판 2쇄 발행 2017년 10월 10일

지은이 이광석
펴낸이 이대현
편 집 권분옥 오정대
펴낸곳 도서출판 역락
       서울시 서초구 동광로 46길 6-6 문창빌딩 2층
       전화 02-3409-2058(영업부), 2060(편집부)
       팩시밀리 02-3409-2059
       이메일 youkrack@hanmail.net
       등록 1999년 4월 19일 제303-2002-000014호

ISBN 979-11-5686-329-8 93370
정 가 30,000원

* 파본은 구입처에서 교환해 드립니다.

이 도서의 국립중앙도서관 출판예정도서목록(CIP)은 서지정보유통지원시스템 홈페이지(http://seoji.nl.go.kr)와 국가자료공동목록시스템(http://www.nl.go.kr/kolisnet)에서 이용하실 수 있습니다.(CIP제어번호: CIP2016013065)